KOMPENDIEN DER SOZIALEN ARBEIT

Sie arbeiten sich in ein neues Sachgebiet ein und benötigen rasch zuverlässige und umfassende Informationen? Sie möchten die wesentlichen Fakten zu Konzepten, Fällen, Arbeitsfeldern und Anwendungsgebieten der Sozialen Arbeit wissen, Good Practice-Beispiele kennenlernen und Handlungsempfehlungen für die Praxis erhalten?
In der Reihe „Kompendien der Sozialen Arbeit" erscheinen Werke mit direktem Praxisbezug. Die Bände richten sich an Studierende, gerade auch mit Blick auf Praxissemester und Anerkennungsjahr, sowie an Berufseinsteiger und -umsteiger und an fachlich interessierte Professionals.

Julia Gebrande

Soziale Arbeit nach traumatischen Erfahrungen

Grundkenntnisse für den Umgang
mit traumatisierten Menschen

Onlineversion
Nomos eLibrary

Die Deutsche Nationalbibliothek verzeichnet diese Publikation in
der Deutschen Nationalbibliografie; detaillierte bibliografische
Daten sind im Internet über http://dnb.d-nb.de abrufbar.

ISBN 978-3-8487-6412-9 (Print)
ISBN 978-3-7489-0503-5 (ePDF)

1. Auflage 2021
© Nomos Verlagsgesellschaft, Baden-Baden 2021. Gesamtverantwortung für Druck
und Herstellung bei der Nomos Verlagsgesellschaft mbH & Co. KG. Alle Rechte, auch
die des Nachdrucks von Auszügen, der fotomechanischen Wiedergabe und der Übersetzung, vorbehalten. Gedruckt auf alterungsbeständigem Papier.

Für meine Patenkinder Helen, Carla & Julius

Inhalt

1.	Einladung zur Auseinandersetzung mit Traumatisierungen	11
	1.1 Handlungskompetenz: Fachwissen – Praktisches Können – Erfahrungswissen	11
	1.2 Aufbau des Kompendiums	14
	1.3 Meine Motivation	16

Teil 1 Selbstsorge

Modul 1	Selbstsorge	17
	1.1 Risiken und Belastungen in der Sozialen Arbeit mit traumatisierten Menschen	19
	1.2 Sekundäre Traumatisierung	21
	1.3 Ressourcenaktivierung der eigenen Kraftquellen	24
	1.4 Selbstreflexion und Selbsterfahrung	28

Teil 2 Theoretische Grundlagen der Psychotraumatologie

Modul 2	Verständnis für Traumatisierungen	33
	2.1 Definitionen von Trauma	33
	2.2 Systematik traumatisierender Ereignisse	34
	2.3 Das Notfallprogramm der Seele	37
Modul 3	Folgen nach traumatischen Erfahrungen	41
	3.1 Klassische Traumafolgeerscheinungen	43
	3.2 Folgen von Traumatisierungen bei Kindern	47
	3.3 Die Berücksichtigung der Geschlechterperspektive	50
	3.4 Posttraumatisches Wachstum	51
Modul 4	Die Bewältigung von Traumata	55
	4.1 Bewältigung als Prozess	55
	4.2 Das Modell der sequenziellen Traumatisierung	57
	4.3 Die Rolle der Risiko- und Schutzfaktoren im Bewältigungsprozess	57
	4.4 Die biopsychosoziale Stabilisierung im Zentrum der Traumabewältigung	61
	4.5 Traumatherapie	65
Modul 5	Kritische Impulse zur Auseinandersetzung mit Trauma	67
	5.1 Politische Rahmung von Trauma am Beispiel von Folter, Flucht und Vertreibung	68
	5.2 Geschichte der Anerkennung	69
	5.3 Ein Trauma ist keine Störung! Zur Problematik von Diagnostik	73
	5.4 Der Diskurs um Selbstverantwortung und Selbstoptimierung	75
	5.5 Die soziale Dimension der Anerkennung	76

Inhalt

Teil 3 Konzepte der Sozialen Arbeit nach traumatischen Erfahrungen

Modul 6 Handlungsfelder der Sozialen Arbeit nach traumatischen Erfahrungen ... 83
- 6.1 Klinische Sozialarbeit ... 84
- 6.2 Kritisch ambitionierte Soziale Arbeit ... 88
- 6.3 Traumasensibilität in der Sozialen Arbeit ... 90

Modul 7 Beziehungsorientierte Soziale Arbeit ... 95
- 7.1 Die Begegnung im Zentrum ... 95
- 7.2 Die bindungsorientierte Soziale Arbeit ... 101
- 7.3 Das traumapädagogisch-therapeutische Milieu ... 105
- 7.4 Übertragung und Gegenübertragung ... 107

Modul 8 Einrichtungen der Sozialen Arbeit ... 119
- 8.1 Die Pädagogik des Sicheren Ortes ... 119
- 8.2 Transparenz und klare Strukturen ... 123
- 8.3 Schutzkonzepte ... 126

Modul 9 Soziale Arbeit der Selbstbemächtigung ... 135
- 9.1 Das Konzept des guten Grundes ... 138
- 9.2 Partizipation und soziale Teilhabe ... 141
- 9.3 Traumaorientierte Gruppenarbeit ... 145

Teil 4 Stabilisierende Methoden der Traumaberatung und Traumapädagogik

Modul 10 Die Förderung des Selbstverstehens ... 152
- 10.1 Bedeutung und Geschichte der Psychoedukation ... 153
- 10.2 Psychoedukation nach traumatischen Erfahrungen ... 155
- 10.3 Sprache als Brücke ... 157

Modul 11 Die Förderung der Wahrnehmung der Gefühle ... 163
- 11.1 Ich fühle, also bin ich ... 163
- 11.2 Gefühle nach traumatischen Erfahrungen ... 167
- 11.3 Wahrnehmung der Gefühle ... 167
- 11.4 Ausdruck der Gefühle ... 169

Modul 12 Die Förderung der Selbstregulation ... 175
- 12.1 Regulation von Gefühlszuständen ... 175
- 12.2 Hilfe im Notfall ... 177
- 12.3 Dissoziationen als unerwünschte Nebenwirkungen nach traumatischen Erfahrungen ... 179
- 12.4 Ideen zum Stoppen von Dissoziationen ... 181

Modul 13	Die Förderung der Körper- und Sinneswahrnehmung	187
	13.1 Traumatische Erfahrungen als verkörperte Schrecken	188
	13.2 Angebote für den Körper nach traumatischen Erfahrungen	190
	13.3 Berührung	192
	13.4 Bewegung, Anspannung und Entspannung	193
	13.5 Achtsamkeit	194
Modul 14	Die Aktivierung der Ressourcen	199
	14.1 Ressourcenorientierung	199
	14.2 Ressourcenaktivierung	201
	14.3 Genusstraining	205
Modul 15	Stabilisierung durch Imaginationen	211
	15.1 Die Arbeit mit inneren Bildern als Heilkunst	211
	15.2 Imaginationen in der Traumabewältigung	212
	15.3 Anleitung von Imaginationen	214
16.	Fazit	219

Literaturverzeichnis 223

Stichwortverzeichnis 243

Bereits erschienen in der Reihe KOMPENDIEN DER SOZIALEN ARBEIT 245

1. Einladung zur Auseinandersetzung mit Traumatisierungen

In allen Handlungsfeldern der Sozialen Arbeit können Sie mit Menschen in Kontakt kommen, die Traumatisierungen erleben oder erlebt haben. Diese Erfahrungen können das weitere Leben in vielfältigen Auswirkungen beeinflussen und prägen. In der professionellen Sozialen Arbeit nach traumatischen Erfahrungen stellen Kenntnisse über die Entstehung von Traumata, ihre möglichen Folgen und der Umgang mit ihnen unverzichtbare Kompetenzen dar.

Mein Ziel mit diesem Kompendium ist es, einen Überblick über die Ansätze der Sozialen Arbeit nach traumatischen Erfahrungen zu geben und Forschungs-, Theorie- und Praxiswissen aus unterschiedlichen Lehrgebieten zusammenzuführen. Damit will ich Fachwissen greifbarer machen und über das informieren, was in der Wissenschaft in Forschungsarbeiten geschrieben, auf Kongressen diskutiert und in vielen Handlungsfeldern der Sozialen Arbeit entwickelt wird, während Sie im Studium, in der Praxis und im Alltag vielleicht nach Antworten suchen. Im Mittelpunkt steht eine Sensibilisierung, eine Perspektivenerweiterung und ein Zuwachs Ihrer Handlungsmöglichkeiten in der Sozialen Arbeit mit Menschen, die traumatische Erfahrungen machen mussten.

Ganz allgemein hat sich die Soziale Arbeit im Laufe der Etablierung und Professionalisierung in ihren Zuständigkeiten deutlich ausgeweitet und ein immer ausdifferenzierteres Leistungsspektrum vorzuweisen: Sie hält Angebote für Kinder, Jugendliche und Erwachsene mit einem Bildungs-, Erziehungs- oder Unterstützungsbedarf in den unterschiedlichen Lebenssituationen vor (Bitzan/Bolay 2017: 7). Die Bewältigung von traumatischen Erfahrungen kann dabei in vielen Lebensbereichen und in allen Lebensaltern zum Thema werden – in Kindertagesstätten, in der Kinder- und Jugendarbeit, in Beratungseinrichtungen, in erzieherischen Hilfen, der Wohnungslosenhilfe, in der Sozialen Arbeit mit Menschen mit Behinderungen oder im Alter oder im Gesundheitswesen und vielen mehr... Dabei reicht das Spektrum der Aufgaben von vorwiegend administrativen Tätigkeiten, wie beispielsweise der Klärung einer Kostenübernahme, materieller Hilfen oder der Vermittlung in eine Klinik oder eine Psychotherapie, über Information, Beratung und Begleitung, die Gestaltung von Angeboten und Räumen der Begegnung, der Bildung, des Wohnens und Lebens bis hin zu (sozio-)therapeutischen Aufgaben. In Modul 6 werden wir uns daher nochmals näher mit den unterschiedlichen Handlungsfeldern und insbesondere mit der Klinischen Sozialarbeit, mit der Idee einer kritisch ambitionierten Sozialen Arbeit sowie mit der Traumasensibilität, die es in allen Bereichen braucht, beschäftigen.

1.1 Handlungskompetenz: Fachwissen – Praktisches Können – Erfahrungswissen

Das Ziel eines jeden Studiums und einer jeden Ausbildung ist *Handlungskompetenz* für das jeweilige Arbeitsfeld, für welches eine Qualifikation erreicht werden soll. Der Handlungskompetenz zugrunde liegen unterschiedliche Wissensformen: Das wissenschaftliche Deutungswissen (der Disziplin), das angewandte Fachwissen der Fachkräfte (der Profession) und das Erfahrungswissen der Adressat*innen. Je nach Bildungsinstitution werden unterschiedliche Schwerpunkte ins Zen-

1. Einladung zur Auseinandersetzung mit Traumatisierungen

trum der Qualifizierung gestellt: An den Universitäten stehen das akademische Fach- und Deutungswissen, die Grundlagenforschung und die diskursive Auseinandersetzung mit Theorien im Zentrum. Bei einer Ausbildung dagegen liegt der Schwerpunkt eher auf der Vermittlung von Fertigkeiten und Fähigkeiten. Das Erfahrungswissen gewinnt erst nach und nach an Bedeutung in Studium und Ausbildung. Bislang existiert häufig eine unangemessene und sozialtechnische Deutungshoheit der Wissenschaftler*innen und Fachkräfte, der es nach Dewe (2015: 324) in der Sozialen Arbeit entgegenzutreten gehe. Das Ziel müsse sein, diese Wissensdimensionen gleichermaßen anzuerkennen und vielmehr zwischen den Wissensarten zu vermitteln, ohne dabei die Frage nach Macht zu vernebeln (Dewe 2015: 330ff.). Dieses Kompendium unternimmt den Versuch, die unterschiedlichen Wissensdimensionen zur Unterstützung einer Traumabewältigung in den Blick zu nehmen und Anregungen zur Qualifizierung für die Handlungsfelder der Sozialen Arbeit mit Menschen nach traumatischen Erfahrungen zu geben.

1.1.1 Fachwissen

Die Psychotraumatologie ist eine relativ junge Disziplin, die sich mit der interdisziplinär ausgerichteten Lehre und Forschung von psychischen Verletzungen, hervorgerufen durch traumatische Erfahrungen, und ihren vielfältigen Folgen für die davon Betroffenen sowie mit ihrer erfolgreichen Behandlung beschäftigt (Fischer/Riedesser 2009: 17ff.; Krüger 2012: 149). Die traumasensible Soziale Arbeit, Traumaberatung und Traumapädagogik haben sich in den letzten Jahren daraus entwickelt, um diesen aktuellen Kenntnisstand der Psychotraumatologie auf psychosoziale und pädagogische Settings zu übertragen. In diesem Kompendium werden sowohl *theoretische Grundlagen* und wichtige *Definitionen* erläutert als auch auf *Fallbeispiele* und unterschiedliche Handlungsfelder der Sozialen Arbeit angewandt, um ein Verstehen zu ermöglichen. Die Absätze *Merke* enthalten zusammenfassende Botschaften, die Sie mitnehmen können. Und an wenigen Stellen gibt es auch *Exkurse* zur kurzen Darstellung eines angrenzenden Lehrgebietes. Am Ende jedes Moduls können Sie anhand von *Fragen zum Weiterdenken* überprüfen, ob Sie den Inhalt durchdrungen haben, bekommen *Anregungen zum Nachdenken* und können das Gelesene nochmals vertiefen. *Einführende und weiterführende Literaturtipps* runden jedes Modul ab.

1.1.2 Praktische Übungen

Neben der Erweiterung Ihres Fachwissens über Prozesse der Traumatisierung und der Traumabewältigung möchte ich Ihnen auch *praxisnahe Ideen für die Soziale Arbeit* vorstellen. Dazu werden *praktische Anregungen und Übungen* zur Unterstützung von Menschen nach traumatischen Erfahrungen beschrieben und Wege zu deren Realisierung aufgezeigt, um Ihre Handlungssicherheit im Alltag zu stärken.

Merke:

„Ich höre und vergesse.

Ich sehe und erinnere.

Ich tue und verstehe." (Konfuzius, 551–479 v. Chr.)

Nach wissenschaftlichen Erkenntnissen kann ein Mensch sich 20 % von dem merken, was gehört wurde, 30 % von dem, was gesehen bzw. gelesen wurde, aber 90 % von dem, was selber gemacht wurde. Je mehr Sinneskanäle beteiligt sind, desto eher werden diese Informationen behalten (Lernpyramide nach Green/Green 2009). Wer sich also eine Methode, eine Idee oder eine Übung aneignen möchte, sollte sie einmal selbst ausprobieren oder in einem geschützten Rahmen selbst anleiten. So können unterschiedliche Erfahrungen und Sinneseindrücke verknüpft, eine vertiefte Vorstellung gewonnen und das Ergebnis im Gedächtnis deutlich besser verankert werden. Ziel der vorgeschlagenen *Übungen* ist es, „das Lernen durch eigenes Erleben zu fördern, was [...] zahlreiche positive Effekte haben kann, z.B. die Entwicklung eines vertieften Verständnisses und einer daraus entstehenden klaren Haltung im Kontakt mit den [Adressat*innen]." (Wittmann 2014: 89) Ich möchte Sie dazu ermutigen, die vorgestellten Übungen einmal für sich selbst oder auch mit anderen Erwachsenen (Kommiliton*innen, Kolleg*innen oder Freund*innen) auszuprobieren, bevor Sie die Ideen in der Praxis durchführen!

1.1.3 Einbezug des Erfahrungswissens

Nach der globalen Definition der International Association of Schools of Social Work und der International Federation of Social Workers ist das Ziel Sozialer Arbeit die Stärkung und Befreiung der Menschen. Soziale Arbeit vertraut entsprechend ihres fachlichen Selbstverständnisses und ihres professionellen Ethikkodexes auf die Kraft der Menschen, ihr Leben selbst zu gestalten. Sozialarbeiter*innen verstehen es in diesem Sinne als ihren Auftrag, Menschen in Bezug auf ihre Selbstbestimmung, Partizipation und gleichberechtigte Teilhabe am gesellschaftlichen Leben zu unterstützen und dort Partei zu ergreifen, wo diesem Anspruch gesellschaftliche Rahmenbedingungen entgegenstehen (International Federation of Social Workers (IFSW) 2014). Wenn wir diesen Auftrag ernst nehmen, folgt daraus die logische Konsequenz, den einzelnen Menschen in den Mittelpunkt der Sozialen Arbeit zu stellen und als Gegenüber mit eigenen Erwartungen, Wünschen, Ideen und Aufträgen anzuerkennen. Durch *Fallbeispiele* werde ich immer wieder versuchen, das Erfahrungswissen von Adressat*innen miteinzubeziehen. Die Namen sind alle frei erfunden und die Fallbeispiele so gestaltet, dass sich keine reale Person darin wiederfinden kann. Dennoch sind es Beispiele, die in der Praxis so oder ähnlich vorgekommen sind und die in Ihrer Praxis vorkommen können. Gleichzeitig muss uns bewusst sein, dass Verallgemeinerungen nur bedingt als Schlussfolgerungen dienen können und es kein Rezept für die Bewältigung von traumatischen Erfahrungen geben kann. Jeder Mensch ist individuell.

1. Einladung zur Auseinandersetzung mit Traumatisierungen

Daher ist und bleibt die wichtigste Frage im Kontakt mit Menschen nach traumatischen Erfahrungen: *Was brauchen Sie jetzt gerade? Wie kann ich Sie dabei unterstützen, dass Sie gut für sich sorgen können?* Bleiben Sie im Kontakt, nehmen Sie feinfühlig die Reaktionen der Adressat*innen wahr und begleiten Sie den Prozess, anstatt ihn vorzugeben. Alle Ideen und Beispiele, die im Folgenden vorgestellt werden, sind nur Angebote, die aus dem Erfahrungswissen anderer Menschen stammen, die Traumatisierungen bewältigen konnten. Sie können hilfreich sein, aber nicht für jede*n! Ermutigen Sie Ihre Klient*innen, ihre eigenen Empfindungen und Gefühle wahrzunehmen und zum Ausdruck zu bringen. Jede Frau ist die Expertin ihrer Erfahrungen, jeder Mann kann am besten entscheiden, was für ihn hilfreich ist und was nicht – Sie können lediglich Ideen anbieten, die dann gemeinsam geprüft werden können.

Eine zentrale Botschaft für die Soziale Arbeit sollte daher immer sein: *Respektieren Sie die Erfahrungen, Möglichkeiten und Grenzen der Adressat*innen!* Niemand muss an Übungen teilnehmen oder etwas sagen! Jede*r sollte immer gut prüfen können, ob es ihr oder ihm gut geht – und andernfalls sich selbst schützen, zurückziehen und/oder Unterstützung holen dürfen. Vermitteln Sie die explizite Erlaubnis: *Es ist erlaubt, jederzeit STOPP zu sagen und die Teilnahme zu beenden!* Jede*r kann aber auch jederzeit wieder am Geschehen teilnehmen. Insbesondere durch traumatische Erfahrungen sind Gefühle von Ohnmacht, Hilflosigkeit und Kontrollverlust entstanden. Vorrangiges Ziel im Hilfeprozess sollte es sein, diese Gefühle nicht weiter zu verstärken, indem über den Kopf von Adressat*innen hinweg gehandelt wird, sondern durch Transparenz, Information, klare Strukturen und partizipatives Handeln Kontrolle zu ermöglichen und Orientierung zurückzugeben.

1.2 Aufbau des Kompendiums

Inhaltlich ist das Kompendium in vier Teile eingeteilt. Zunächst wird der erste Teil der *Selbstsorge* eine Basis für die Auseinandersetzung mit dem Thema der Traumatisierung bilden. Darauf aufbauend wird im zweiten Teil in die *theoretischen Grundlagen der Psychotraumatologie* eingeführt, bevor im dritten Teil einige *konzeptionelle Ansätze der Traumaberatung und Traumapädagogik* vorgestellt werden. Der vierte Teil stellt dann ganz *praktische Ideen zu wesentlichen Bausteinen der Sozialen Arbeit nach traumatischen Erfahrungen* – insbesondere Methoden zur Stabilisierung – dar. Diese Teile sind in Module unterteilt. Am Anfang jeden Moduls finden Sie eine *kurze Zusammenfassung*, was Sie in dieser Lerneinheit erwarten wird.

Tabelle 1: Überblick über die Teile und Module des Kompendiums

Teil 1: Selbstsorge	Teil 2: Traumatisierung	Teil 3: Traumaberatung & -pädagogik	Teil 4: Ideen der Stabilisierung
Modul 1: Selbstsorge	Modul 2: Trauma	Modul 6: Handlungsfelder	Modul 10: Selbstverstehen
	Modul 3: Folgen	Modul 7: Beziehung	Modul 11: Gefühle
	Modul 4: Bewältigung	Modul 8: Sicherer Ort	Modul 12: Selbstregulation
	Modul 5: Kritik	Modul 9: Selbstbemächtigung	Modul 13: Körper
			Modul 14: Ressourcen
			Modul 15: Imaginationen

Insgesamt finden sich in diesem Kompendium damit 15 Module, so dass sich die Lerneinheiten gut für eine 15-wöchige oder einsemestrige Einführung ins Thema eignen. Die Struktur dieses Kompendiums folgt einer inneren Logik und die einzelnen Kapitel bauen aufeinander auf. Je nach Vorerfahrungen und aktuellem Bedarf können Lesende aber auch innerhalb des Buches springen und auf Inhalte flexibel zugreifen. Sie finden immer wieder Verweise auf andere Module, in denen Themen vertieft werden. Zudem finden Sie am Ende jeden Moduls *einführende und weiterführende Literaturtipps*. Dort werden der Titel und der Kurzbeleg sowie eine kurze Einschätzung vorgestellt, die ausführliche Quellenangabe finden Sie dann im Literaturverzeichnis.

In der Sozialen Arbeit haben wir es mit vielfältigen Arbeitsfeldern und damit auch mit diversen sprachlichen Benennungen der Menschen zu tun, die diese Angebote in Anspruch nehmen: Adressat*innen, Bewohner*innen, Besucher*innen, Klient*innen, Leistungsberechtigte, Patient*innen, Kund*innen, Nutzer*innen, u.v.m. Sie speisen sich häufig aus dem jeweiligen Verständnis der Bezugsdisziplinen (Gahleitner 2019: 10). In Abgrenzung zur Medizin und zur Betonung der Sichtweise, „die systematisch die eigenen Deutungsmuster und Erlebensweisen der Adressierten beachtet und zugleich das Bedingungsgefüge zwischen institutionellem Zugriff und professionellen Interpretationen mitdenkt" (Bitzan/Bolay 2017: 11) wird im Folgenden meist der Begriff der Adressat*innen gewählt.

Mir ist eine reflektierte und sensible Sprache wichtig, weshalb ich beispielsweise durch eine geschlechtergerechte Sprache versuche, alle Geschlechter auch in der Schriftsprache sichtbar zu machen. Statt die weibliche Form lediglich mitzudenken, in eine Fußnote zu verbannen oder zu vermerken, dass alle männlichen

1. Einladung zur Auseinandersetzung mit Traumatisierungen

Formen auch für Frauen gelten, möchte ich in diesem Kompendium alle Menschen unabhängig ihres Geschlechtes gleichermaßen ansprechen. Durch das Gender-Sternchen sollen sinnbildlich erweiterte Perspektiven geschaffen werden, die Männer und Frauen sowie diejenigen Personengruppen, die sich keiner binären Geschlechtergruppe zuordnen lassen (z.B. intersexuelle oder transsexuelle Menschen), ansprechen. Mir ist bewusst, dass es aktuell noch keine idealtypische und anerkannte Regelung in der Schriftsprache gibt. Doch wissenschaftliche Analysen haben klar den Einfluss der Sprache auf unser Denken und Handeln belegen können. Sie kann als ein Spiegel gesellschaftlicher Realitäten entlarvt werden und Geschlechterrollenstereotype und Machtverhältnisse stabilisieren oder ihnen entgegenwirken (Röhr/Hoeft 2011: 9ff.; Stahlberg/Sczesny 2001: 131ff.). Der Stern soll ein Bewusstsein über den Freiraum für neue Identitätskonstruktionen jenseits der herkömmlichen Zweigeschlechtlichkeit sichtbar machen und repräsentiert eine sprachliche Form jenseits des binären Systems (Gäckle 2020: 11).

1.3 Meine Motivation

Dieses Kompendium basiert auf all meinen Erfahrungen, die ich im Laufe der Jahre ansammeln konnte und daraus entstandenen eigenen Überlegungen und Konzeptualisierungen: Durch mein Studium der Sozialen Arbeit, meine Praxiserfahrungen u.a. in einer spezialisierten Fachberatungsstelle bei sexualisierter Gewalt, in der Sozialen Arbeit mit psychiatrieerfahrenen Menschen und Müttern mit Depressionen und meine Doktorarbeit zur Unterstützung der Bewältigung sexualisierter Gewalterfahrungen im pädagogischen Alltag sowie durch meine langjährigen Lehrerfahrungen an der Hochschule Esslingen und zahlreichen Fortbildungen für die Praxis fühle ich mich motiviert, dieses Kompendium für Studierende, Lehrende und die Praxis Sozialer Arbeit zu schreiben. Durch Einzelberatungen, in denen Betroffene mich vertrauensvoll an ihrer Lebensgeschichte teilhaben ließen und durch meine Stabilisierungsgruppe konnte ich lernen, was für Menschen mit sexualisierten Gewalterfahrungen hilfreich sein und unterstützend wirken kann. Auch mein aktuelles Forschungsprojekt zu möglichen Traumatisierungen durch Krankenhausaufenthalte und medizinische Eingriffe hat mir einen Einblick in die Belastungen ebenso wie in die Überlebensstrategien und Bewältigungsideen von Menschen mit Körperbehinderungen ermöglicht. Aufgrund dieses Erfahrungsschatzes ist es mir möglich, das Erlernte und Erfahrene aus den Begegnungen mit den Adressat*innen, die Traumatisierungen erleben mussten, in Kombination mit meiner eigenen Lebensgeschichte sowie den vielfältigen Theorien und empirischen Ergebnissen zu dem vorliegenden Kompendium zu verdichten[1]. Das Schreiben dieses Kompendiums war für mich eine aufregende und anregende Herausforderung, weil es mir wichtig ist, die klinische Forschung und wissenschaftliche Erkenntnisse miteinzubeziehen, aber gleichzeitig ein persönlich ansprechendes, praktisches und mit Fallbeispielen und Übungen aus der Praxis untermaltes Buch für Sie zur Verfügung zu stellen. Eine spannende Lektüre und anregende Impulse für Ihr (Selbst-)Studium, Ihre Lehre oder Ihre Praxis wünsche ich Ihnen!

---

1 Durch diese Zusammenführung greife ich an einigen Stellen inhaltlich, stellenweise auch wortgetreu, auf eine Reihe vorangegangener eigener Publikationen zurück, verweise aber immer auf die Originalquelle.

Teil 1 Selbstsorge

Modul 1 Selbstsorge

> **Zusammenfassung:**
> In diesem Modul werden Sie auf die Auseinandersetzung mit dem Thema der Traumatisierung eingestimmt und vorbereitet. Sie erfahren, dass die Soziale Arbeit nach traumatischen Erfahrungen auch Gefahren birgt. Das Risiko einer sekundären Traumatisierung oder einer Erschöpfung kann jedoch dadurch minimiert werden, dass Sie sich mit Ihrer Selbstsorge beschäftigen, sich selbst reflektieren und konkrete Ideen für Ihre eigene Stabilisierung entwickeln. Das Sich-Bewusst-Machen und das Umsetzen der eigenen Selbstsorgemöglichkeiten und ein Erhalten der Freude am eigenen Beruf können einen wichtigen Beitrag dazu leisten, dass Fachkräfte in die Lage versetzt werden, mit Menschen nach traumatischen Erfahrungen professionell und engagiert zu arbeiten, ohne auszubrennen.

Es mag vielleicht ungewöhnlich erscheinen, dass ein Buch über die Soziale Arbeit nach traumatischen Erfahrungen mit einem Kapitel zur Selbstsorge beginnt. Doch es gibt gute Gründe dafür, warum die Sorge für sich ein zentraler Pfeiler der Arbeit sein sollte. Nach Ansicht von Expert*innen kommen pädagogische Fachkräfte nach wie vor in der Ausbildung oder im Studium weder mit dem Thema der Traumatisierung noch mit der Prävention, Intervention oder Traumapädagogik zwangsläufig in Berührung, was eine mangelnde Sensibilisierung sowie Verunsicherung und Angst mit sich bringt (Gebrande 2014: 273; Kavemann/Nagel 2018: 38 f.). Alleine das Wissen, dass ein Kind, ein Jugendlicher oder ein*e erwachsene*r Adressat*in eine traumatische Situation erleben musste, kann emotionale Reaktionen der professionellen Bezugspersonen auslösen – sie können dann selbst ähnliche Gefühle wie die Betroffenen erleben. Das Thema der Traumatisierung scheint bei vielen Menschen eine besondere Dynamik und intensive Gefühle freizusetzen, die es schwer machen, handlungsfähig zu bleiben (Gebrande 2014: 108). Viele Themen, die in diesem Kompendium behandelt werden, können schmerzhaft oder belastend für die Lesenden sein – die Welt ist leider auch ein Ort, an dem Traumatisierungen, Leid und Schrecken allpräsent sind. Aus diesem Grund ist die *Selbstsorge* oder auch Selbstfürsorge in der Sozialen Arbeit nicht nur notwendig, sie ist unabdingbar. Es ist sinnvoll, sich bereits im Vorfeld der Beschäftigung mit Traumatisierung mit den möglichen Belastungen und mit den eigenen Unterstützungsmöglichkeiten auseinanderzusetzen. In meinen Seminaren führe ich zum Abschluss meist eine Imaginationsübung (siehe Modul 15) durch. Ich lade Sie ein, dass auch Sie sich ein Bild, einen Klang oder etwas anderes vorstellen, dass Sie als tröstlich erleben und immer dann innerlich hin und her pendeln, wenn Sie sich mit den überwältigenden Erfahrungen von traumatisierten Menschen beschäftigen (Reddemann 2015: 15). Sorgen Sie mit Pausen, Ablenkung und einem bewussten Gegengewicht gut für sich! Doch was ist das eigentlich: Die Sorge für sich?

> **Definition: Selbstfürsorge (Reddemann 2003: 82 f.)**
> Selbstfürsorge ist ein liebevoller, wertschätzender, achtsamer und mitfühlender Umgang mit sich selbst und ein Ernst-Nehmen der eigenen Bedürfnisse. Sie beruht auf einer konsequenten Haltung des inneren wohlwollenden Beobachtens. Dadurch kann eine Person wahrnehmen, was sie denkt, sie fühlt die Handlungsimpulse und das Körperempfinden, ohne zu beurteilen und ohne sich mit dem jeweils Beobachteten dauerhaft zu identifizieren. Damit wird der Umgang der Person mit sich selbst zu einem Instrument zur Selbstberuhigung in belastenden Situationen.

Verschiedene Begriffe und Konzepte werden in diesem Zusammenhang diskutiert: Psychohygiene, Burnout-Prophylaxe, Schutz vor Mitgefühlserschöpfung oder vor sekundärer Traumatisierung sowie das Konzept der Selbstsorge widmen sich der Selbstfürsorge – aus ganz unterschiedlichen Perspektiven. So gilt nach dem französischen Philosophen Michel Foucault Selbstsorge im Sinne einer „Kultur seiner selbst" (1986/2019: 60) via Selbstaufklärung, Selbsterkenntnis, Selbstbeherrschung und freier Selbstgestaltung als ein Weg zur Selbstbemächtigung und als ein Instrument gegen Machtmissbrauch (1986/2019 und 1993). Der Foucaultsche Begriff (1986/2019) „Le Souci de Soi" (die Sorge um sich) meint das „Prinzip der Umkehr zu einem selber" (ebd.: 89), wonach „man für sich selbst sorgen" oder „sich an sich selbst wenden, mit sich selbst beschäftigen" (ebd.: 60) müsse und beinhaltet die „Sorgfalt, die man auf sich selbst verwendet" (Foucault 1993: 35). „In dem Maße, wie er frei und vernünftig ist [...], ist der Mensch dasjenige Wesen in der Natur, dem es aufgegeben ist, für sich selbst zu sorgen." (Foucault 1986/2019: 66) Es gelte für alle, für alle Zeit und für das ganze Leben und habe als ein Imperativ („man solle sich um sich selbst kümmern" und die eigene Seele hüten) eine lange Tradition im hellenistischen und römischen Denken (Foucault 1986/2019: 62). „Sie steht für eine Haltung und das Verhalten eines Menschen, der es unternimmt, das eigene Leben zu gestalten, es nicht an fremden Normen und Vorstellungen zu orientieren, sondern ihm eine unverwechselbare eigene ästhetische Form zu geben. Eine solche Haltung der Existenz meint, schöpferisch tätig zu sein, bedeutet, die ‚Regierung' über sich selbst zu übernehmen und sich nicht von jemand oder etwas anderem regieren und bestimmen zu lassen." (Gussone/Schiepek 2000: 108) Das Ziel sei es, die eigene Existenz als einen kontinuierlichen Prozess der Selbstformung zu begreifen und immer wieder die Perspektiven zu wechseln, anders zu denken und anders zu sein (Gussone/Schiepek 2000: 108). Für Foucault ist die Selbstsorge ein wichtiger Beitrag zur Stärkung der Eigenverantwortlichkeit, der anregende Perspektiven für die Soziale Arbeit und die Auseinandersetzung von Professionellen mit sich selbst, der Machtausübung durch naives Helfen und den eigenen Ressourcen im Sinne einer „Lebenskunst" eröffnet (Keupp in Gussone/Schiepek 2000: 12).

Scherwath und Friedrich (2014: 183ff.) gehen mit ihrer Definition expliziter auf das Berufsfeld der Sozialen Arbeit ein. Selbstfürsorge meint demnach das Sicherstellen eigener Ressourcen als Basisqualitäten, „um körperlich und psychisch so gesund zu bleiben, dass den Anforderungen und Belastungen des Berufsalltags begegnet werden kann, ohne Schaden zu nehmen." (Scherwath/Friedrich 2014: 190)

Dazu gehören der Auf- und Ausbau von Fähigkeiten einer guten Affektregulation und die regelmäßige Reflexion des eigenen Handelns in Form von Supervision, damit Sozialarbeitende „beziehungsfähig, regulationsfähig und konfliktkompetent bleiben" (Hantke/Görges 2019: 19).

> **Merke:**
> „Wer mit traumatisierten Menschen arbeitet, muss drei Dinge unbedingt beherzigen:
> 1. Gut essen
> 2. Feste feiern und
> 3. wütend putzen!"
>
> (Verona Engel zit. nach Lang B. 2013: 220)

1.1 Risiken und Belastungen in der Sozialen Arbeit mit traumatisierten Menschen

In vielen Arbeitsfeldern der Sozialen Arbeit erfahren wir von traumatischen Erlebnissen und Verletzungen in der Lebensgeschichte, die häufig tiefe Wunden in der Seele unserer Adressat*innen zurückgelassen haben. Doch wie viele Geschichten über Schmerz und Leiden, über Gewalt, Vergewaltigungen und sexuellen Missbrauch, über Folter und Krieg kann ein Mensch sich anhören, bevor er oder sie selbst beginnt zu leiden? Gerade diejenigen, die durch ihre Angebote zur Bewältigung der Erfahrungen beitragen möchten, werden zu indirekten Zeug*innen der erlebten Traumata:

> „We cannot protect ourselves from knowing the atrocities that happened, and we cannot protect our clients from what they have already experienced. This often leaves us in a position of helpless witness to trauma, which is itself traumatic."[1] (Pearlman/Saakvitne 1995: 32)

Die Folgen können gravierend sein: Gerade in psychosozialen Berufen, wo eine mitfühlende Haltung, ein Engagement und Interesse der Beratenden wichtige Elemente des Hilfeprozesses darstellen, macht ein mangelndes Sich-Einlassen auf die Adressat*innen eine gute Zusammenarbeit und professionelle Beziehung als tragende Grundsäule unwahrscheinlich, wenn nicht unmöglich (Poulsen 2009: 14). Mangelnde Erfolge werden dann oft durch noch stärkeres Engagement zu kompensieren versucht. Aber somit werden Belastungen und Erschöpfung nur verstärkt und damit ein Kreislauf in Gang gesetzt, der letztendlich in Burnout oder Mitgefühlserschöpfung (compassion fatigue) enden kann (Gebrande 2007: 17ff.).

---

1 Wir können uns nicht schützen vor dem Wissen über all die Grausamkeiten, die geschehen und wir können unsere Adressat*innen nicht davor schützen, was sie bereits erlebt haben. Das hinterlässt uns oft selbst in einer Position hilfloser Zeugenschaft, die selbst traumatisch wirken kann (eigene Übersetzung).

Modul 1 Selbstsorge

> **Exkurs: Burnout in der Sozialen Arbeit**
>
> Der Begriff „Burnout" (Ausbrennen) wurde vom Psychoanalytiker Herbert J. Freudenberger 1974 in den USA für Sozialarbeiter*innen und anderes Klinikpersonal eingeführt, an denen er nach ursprünglichem Engagement Symptome von Müdigkeit und Erschöpfung, aber auch von zynischen und negativen Einstellungen ihrer Arbeit und ihren Klient*innen gegenüber beobachtete (Reiners-Kröncke/Röhrig/Specht 2009: 10; Gussone/Schiepek 2000: 23ff.). Der klassische Prozess bestehe in einem Teufelskreislauf mit den Phasen von Enthusiasmus, Stagnation, Frustration und ende in Apathie (Gussone/Schiepek 2000: 87).
>
> Die Psychologin Christina Maslach beschreibt Burnout als ein Syndrom emotionaler Erschöpfung, Depersonalisation und reduzierter persönlicher Leistungsfähigkeit, das vor allem in der Arbeit mit Menschen auftreten kann. Nach heutigem Kenntnisstand konstituiert das Zusammenspiel von individuellen und Umgebungsbedingungen die Entstehung von Burnout, das in drei häufig kumulierenden Gruppen von Risikofaktoren beschrieben werden kann (Gussone/Schiepek 2000: 27ff.; Gebrande 2007: 20 f., Hantke/Görges 2012: 171):
>
> 1. Institutionell (Jobmerkmale): Überlastung durch Zahl der Klient*innen (Personalmangel oder Zeitmangel), Mangel an Einflussmöglichkeiten und Autonomie bei der Erledigung der Arbeitsaufgaben, Mangel an Unterstützung und Anerkennung, schlechte Bezahlung und Arbeitsbedingungen, ungenügende fachliche Qualifikation, geringe Kooperationsdichte und Fehlen von Supervision
> 2. Individuell (Persönlichkeitsmerkmale): innere Ängstlichkeit, Selbstzweifel bei gleichzeitiger Selbstüberschätzung, geringe Frustrationstoleranz, wenig Widerstandskraft gegen Anforderungen, soziale Anpassungstendenz, starkes Über-Ich (Gewissen), hohe Ansprüche an sich selbst, Hang zu Perfektionismus, Kontrollbedürfnis, Drang nach Selbstbestätigung durch Hilfe für andere, Sehnsucht nach Anerkennung
> 3. Interpersonell (arbeitsbezogene Einstellungen): Konzentration auf Probleme, Mangel an positiver Rückmeldung durch Klient*innen, hohe emotionale Belastung, geringe Möglichkeiten zur Veränderung und Verbesserung, überzogene berufsbezogene Erwartungshaltungen und großes Engagement
>
> Zusammenfassend lässt sich sagen, dass Burnout im Wechselspiel zwischen ungünstigen Bedingungen auf Organisationsebene und bestimmten personenbezogenen Faktoren entsteht und aufrechterhalten wird (Reiners-Kröncke/Röhrig/Specht 2009: 43ff.). Daher sind auch gesellschaftliche, institutionelle und individuelle Präventionsstrategien wichtig. Nach Foucault sind in der Selbstsorge alle drei Ebenen miteinander verschränkt, wodurch diese als Gegenbegriff zu Burnout interessant wird (Gussone/Schiepek 2000: 107).

Die Psychologin und Pionierin der Traumatherapie in Deutschland Michaela Huber weist in ihrem Buch „Wege der Traumabehandlung" zu Recht darauf hin, dass die Belastungen von Helfenden nicht nur durch die Konfrontation mit emotionalem Leid entstehen können, sondern auch durch ganz reale Bedrohungen der Klient*innen und damit einhergehende Gefährdungen der Unterstützer*innen durch Täter*innen sowie durch mangelnde Unterstützung oder sogar Entwertung durch Kolleg*innen, Vorgesetzte oder andere (Huber 2013: 277). Gerade in psychosozialen Arbeitsfeldern sollte die Selbstsorge institutionell stärker in den Blick genommen werden – schützende und unterstützende Rahmenbedingungen sind durch Arbeitgeber*innen und Leitungskräfte zu schaffen. Die Stärkung „der institutionellen Bedingungen der Möglichkeit zu praktizierter Selbstsorge" und eine kritisch-reflexive Haltung als normative Positionierung wäre „einer unreflektierten Fitnessperspektive" vorzuziehen (Keupp 2013: 762).

Denn Selbstsorge als Bestandteil des Arbeitslebens ist eine Gemeinschaftsaufgabe von einzelnen Fachkräften, Teams und Leitungen (Scherwath/Friedrich 2014: 201). Durch thematische Fortbildungen und unterstützende Netzwerke können gemeinsame Ideen für Schutzstrukturen entwickelt werden – sowohl für die Adressat*innen als auch für die Mitarbeiter*innen. Es ist möglich, an vielen unterschiedlichen Punkten anzusetzen „und damit bereits wichtige Schritte in die richtige, Gesundheit erhaltende Richtung zu tun" (Scherwath/Friedrich 2014: 201). Der Aufbau und die Pflege von Netzwerken machen daher sowohl für die Adressat*innen Sinn, um Hilfestrukturen sinnvoll aufeinander abzustimmen, als auch für Sie als sozialpädagogische Fachkraft: „Durch das Teilen der Verantwortung kann enorme Entlastung erfahren werden" (Wittmann 2015: 35). Überlegen Sie also einmal ganz konkret, mit welchen anderen Einrichtungen oder Personen es sich lohnen würde, Kontakt aufzunehmen und eine längerfristige und adressat*innenunabhängige Kooperation anzustreben!

1.2 Sekundäre Traumatisierung

Dem Konzept der *Sekundärtraumatisierung* (sekundäre Traumatisierungsstörung (STS) oder sekundäre traumatische Belastungsstörung (STBS), auch stellvertretende oder indirekte Traumatisierung genannt) liegt die Annahme zugrunde, dass es durch den Kontakt mit traumatisierten Menschen, durch die Auseinandersetzung mit dem traumatischen Erleben und durch die Konfrontation mit dem Leid zu einer eigenen Traumatisierung der professionellen Helfenden kommen kann – obwohl die Betroffenen dem Trauma nicht unmittelbar ausgesetzt waren (Lemke 2006: 14). Obwohl keine direkten sensorischen Eindrücke einwirken und eine zeitliche Distanz zum Ausgangstrauma besteht, kann eine solche Traumatisierung durch Erzählungen ausgelöst werden (Daniels 2006: 2). Es können in Folge ganz ähnliche Symptome wie bei einer direkten posttraumatischen Belastungsstörung (PTBS) (siehe Modul 3) auftreten. In Folge können verschiedene Phänomene erscheinen, die die Beziehungsqualitäten deutlich beeinträchtigen, wie Zynismus, Entwertung und eine herablassende Haltung gegenüber Adressat*innen über Beziehungsabbrüche bis hin zu körperlichem, emotionalem oder sexuellem Missbrauch von Schutzbefohlenen (Huber 2013: 285ff.).

Aus den Ergebnissen einer wissenschaftlichen Übersicht von Studien zu verschiedenen Konstrukten wie ‚stellvertretende Traumatisierung', ‚sekundärer traumatischer Stress', ‚Sekundärtraumatisierung', ‚Mitgefühlserschöpfung' und ‚Arbeit mit Traumatisierten' lässt sich folgern, dass deren Existenz bisher vorläufig bleibt und durch Studienergebnisse weder belegt noch widerlegt werden konnte (Sabin-Farrell/Turpin 2003: 475). Seit den 1990er-Jahren lässt sich aber ein wachsendes Interesse an den Folgen von Beratungsarbeit und Therapie mit traumatisierten

Modul 1 Selbstsorge

Menschen feststellen (Daniels 2006: 278). Dies zeigt sich insbesondere an der Vielzahl von Artikeln in Fachzeitschriften und Lehrbüchern zum Thema, an zunehmenden Angeboten von Fortbildungsveranstaltungen zur Psychohygiene und an der Anerkennung des Risikos einer sekundären Traumatisierung durch die Berufsverbände (Gebrande 2007: 7).

Daher halte ich es für zentral, bereits im Studium und in diesem Kompendium für diese Belastungen zu sensibilisieren und gemeinsam Ideen zur Selbstfürsorge zu entwickeln. Selbstfürsorge ist immer etwas ganz Individuelles – jeder Mensch kann nur für sich selbst herausfinden, was ihm oder ihr hilft, den eigenen Akku wieder aufzuladen oder mit Belastungen gut umgehen zu können. Der einen hilft es, eine Runde zu joggen, der andere nimmt eine Auszeit in der Badewanne und für die Dritte ist der fachliche Austausch mit dem Kollegen zentral. In einer eigenen Studie (2007: 58) konnte ich zeigen, dass die Arbeit mit traumatisierten Menschen in spezialisierten Fachberatungsstellen bei sexualisierter Gewalt tatsächlich Belastungen aufgrund von Schilderungen der Klient*innen mit sich bringt, aber es konnte kein erhöhtes Vorkommen von Sekundärtraumatisierung oder Burnout festgestellt werden. Die Ergebnisse sprechen für die Annahme, dass Mitarbeiter*innen in Beratungsstellen von den potenziellen Gefahren wissen und entsprechende Maßnahmen ergreifen, um sich zu schützen. Die Befragten haben in der Studie zahlreiche Schutzfaktoren benannt wie Urlaub und Reisen, gemeinsame Aktivitäten mit Freund*innen und Familie, Musikhören und Kinobesuch, Natur (Gartenarbeit, Spazieren,…), Lesen zur eigenen Unterhaltung und eine grundsätzliche Balance zwischen Arbeit und Freizeit, die von ihnen als nützlich erlebt und regelmäßig genutzt werden (Gebrande 2007: 43 f.). Gerade in der Arbeit mit traumatisierten Menschen sind Psychohygiene, ein bewusster Umgang mit Belastungen und gezielten Gegenstrategien daher zentrale Voraussetzung für die psychische Gesundheit der Beratenden und ebenso für den Heilungsprozess der Adressat*innen (Gebrande/Heidenreich 2012: 38).

Damit Sie sich intensiv auf die hier behandelten Themen einlassen können, ist es im ersten Schritt wichtig, dass Sie sich Ihren eigenen Kraftquellen, Ressourcen und Stabilisierungsmöglichkeiten, aber auch Ihren eigenen Verletzungen zuwenden. Wenn wir über Traumatisierungen schreiben, sprechen oder uns auch nur lesend damit auseinandersetzen, ist es von zentraler Bedeutung, WIE wir dies tun. Es braucht eine Darstellung, die einfühlsam, sachlich wie fachlich fundiert und klar strukturiert, aber keinesfalls polarisierend, reißerisch oder vorführend ist. Immer sollten auch die eigenen Reaktionen, Empfindungen und Gefühle beachtet werden. Statistisch gesehen müssen wir davon ausgehen, dass in jeder Kindergartengruppe, in jeder Schulklasse, in jedem Angebot der Sozialen Arbeit und natürlich auch in der Leser*innenschaft dieses Buches betroffene Kinder, Jugendliche, Frauen und Männer vertreten sind. Und auch für alle anderen ist es ein Thema, dass sich nur schwer auf Distanz halten lässt und daher immer auch eine ganz persönliche Auseinandersetzung anstößt. Vor allem wenn Sie selbst traumatisiert wurden oder Kind oder Enkelkind traumatisierter Vorfahren sind, kann eine Auseinandersetzung mit diesen Themen sehr belastend sein. Die Nervenärztin, Psychoanalytikerin und international anerkannte Expertin auf dem Gebiet der

Psychotraumatologie sowie Pionierin der Traumatherapie in Deutschland Luise Reddemann (2003: 79 f.) vermutet, dass gerade durch die fehlende Aufarbeitung von Krieg, Flucht und der schwarzen Pädagogik der Nazierziehung der Kriegskinder- und Kriegsenkel-Generation eine frühe Erfahrung mit ausreichender Fürsorge fehlt und diese oft auch im Nachhinein nicht betrauert werden konnte. Doch es brauche „diese Trauerprozesse mit anschließender Veränderung im Umgang mit sich selbst" (Reddemann 2003: 82), damit sich die Dämonen der Vergangenheit nicht wieder an- und einschleichen.

Wenn Erinnerungen an eigene Gewalterfahrungen und/oder zu heftige Gefühle durch die Auseinandersetzung mit dem Thema aktiviert werden, sollten Sie sich Unterstützung suchen. Dieses Buch kann keine Beratung oder Therapie ersetzen – auch wenn im Folgenden viele Ideen zur Stabilisierung vermittelt werden. Grundsätzlich ist es aber sinnvoll, wenn Sie zwischen Phasen der Lektüre von belastenden Inhalten und der Auseinandersetzung mit ihrer eigenen Geschichte und Phasen der Erholung, Ablenkung und Freude abwechseln. Das mag Sie vielleicht erstaunen, denn obwohl dieses Thema oft schwierig und schwer ist, dürfen und sollen die Auseinandersetzung und die Übungen auch leicht sein sowie Freude und Spaß machen. Dieses bewusste Pendeln zwischen Entsetzen und Ablenkung, zwischen Leichtigkeit und Schwere, zwischen Traurigkeit und Fröhlichkeit ist sowohl für Sie selbst hilfreich als auch für die Arbeit mit traumatisierten Menschen – probieren Sie es aus!

Exkurs: Eigene Betroffenheit als Chance oder als Gefahr?

In der Sozialen Arbeit wird immer wieder darüber diskutiert, ob es von Vorteil oder von Nachteil für die professionelle Beziehungsarbeit ist, wenn eine eigene Betroffenheit vorliegt. Einige Berliner Anti-Gewalt-Initiativen (wie *Wildwasser*, das *Weglaufhaus Villa Stöckle* und *Tauwetter*), die in den emanzipatorischen Ansätzen der sozialen Bewegungen der 1970er- und 1980er-Jahre wurzeln, haben eine grundsätzliche Kritik am bestehenden Gesellschafts- und Hilfesystem formuliert und deshalb in ihrem „betroffenenkontrollierten Ansatz" konzeptionell festgeschrieben, dass sie (auch) Professionelle einstellen, die selber Betroffene sexualisierter oder psychiatrischer Gewalt sind. Die Mitarbeiter*innen erfüllen damit eine gewisse Vorbildfunktion in Bezug darauf, dass es trotz Gewalterfahrungen möglich sein kann, ein selbstbestimmtes Leben zu führen, zur eigenen Geschichte zu stehen und diese bewusst in ihre Arbeit einfließen zu lassen. Wichtig ist ihnen aber zu betonen, dass es für eine Mitarbeit nicht ausreicht, betroffen zu sein (Tauwetter 2015: 1ff.).

Gegen diesen Ansatz spricht ein erhöhtes Risiko für eine *sekundäre Traumatisierung*, das traumatisierte Menschen zu haben scheinen. In anderen Studien wurde ein früheres Trauma dagegen als ein protektiver Faktor eingeschätzt (für einen Überblick Daniels 2006: 5). Dieser Widerspruch löst sich, wenn wir differenzierter hinschauen: Es geht weniger um das Erleben einer Traumatisierung an sich, sondern um die eigene Auseinandersetzung, Selbsterfahrung und Aufarbeitung: Wenn Bewältigungsstrategien im Umgang mit Traumasymptomen entwickelt wurden und eine innere Distanz zu den eigenen Erfahrungen im Kontakt mit Klient*innen hergestellt werden kann, dann kann die Lebensgeschichte des Helfenden sogar zu einem Gewinn für die helfende Beziehung werden, die von Empathie, bedingungsloser Wertschätzung sowie Authentizität und Kongruenz geprägt ist. Das sind nach dem humanistischen Psychologen Carl Rogers die entscheidenden Variablen einer klient*innenzentrierten Gesprächsführung (Bräutigam 2018: 166; Wittmann 2015: 32, 101 f.). Andreatta (2012: 271) postuliert, dass Helfende durch Ausbildung, Erfahrung und die Entwicklung von Schutzmechanismen mit vielen potenziell sekundärtraumatisierenden Eindrücken fertig werden können, wenn es ihnen gelingt, die eigenen traumatischen Erfahrungen zu transformieren, sie als Anstoß zu persönlichem Wachstum zu nutzen und sich bewusst zu machen, nicht „unverwundbar" zu sein (Daniels 2006: 5 f.).

In der Ausbildung zum*zur Psychotherapeut*in nimmt die Selbsterfahrung und eine eigene Psychotherapie daher einen wichtigen Stellenwert ein. In der Sozialen Arbeit ist es dagegen sehr umstritten, wie viel Selbsterfahrungsanteile ein Studium enthalten solle. Fischer und Riedesser (2009: 208 f.) verweisen auf zwei Gefahren, die eigene verdrängte oder nicht genügend bearbeitete Erfahrungen mit sich bringen: Zum einen kann das Verständnis für die Traumatisierung anderer Menschen behindert oder verzerrt werden („Selbsterkenntnis als Voraussetzung der Fremderkenntnis"), zum anderen besteht die Gefahr, die eigenen Erfahrungen auf andere Menschen übertragen zu wollen, im Sinne eines Egozentrismus des Helfenden, der die eigene Traumabewältigung als Maß aller Dinge nimmt und den eigenen Weg als Allheilmittel weiterempfiehlt. Ein solcher Fanatismus kann als problematischer Versuch und unbewusste Motivlage eines *hilflosen Helfenden* (so der Titel eines Buches von Schmidbauer 1977) angesehen werden, durch Hilfe für andere die eigene traumatische Erschütterung überwinden zu wollen (Fischer/Riedesser 2009: 208 f.; Gussone/Schiepek 2000: 84ff.). „Die persönliche Lebensgeschichte sollte unter traumatologischen Gesichtspunkten also zumindest soweit ‚aufgearbeitet' sein, dass sie nicht das Verständnis für den anderen verstellt." (Fischer/Riedesser 2009: 209) Dann besteht die Möglichkeit, dass gerade die eigenen Verletzungen lebendig, offen und sensibel für die Menschen um einen herum machen können, so wie Anselm Grün (2016: 95 f.) es in seinem Text „Der Engel der Heilung" vermittelt: „Sie spüren, dass sie Dir ihre Wunden zeigen können, dass Du sie verstehst, dass Du ihre Wunden nicht bewertest, sondern einfach annimmst. […] Sie können bei Dir von ihren Verletzungen erzählen, ohne dass sie Angst haben müssen, als krank oder weinerlich abgestempelt zu werden. Du weißt gar nicht, warum die Menschen so gerne zu Dir kommen und warum sie Dir so offen von sich erzählen. Es ist offensichtlich der Engel der Heilung, der Deine Wunden verwandelt hat und in Dir und durch Dich auch andern vermitteln möchte: Du bist gut, so wie Du bist. Du bist ganz, gesund. Auch Deine Wunden können heilen." (Grün 2016: 96)

Auch wenn Selbstsorge einen Wert für sich darstellt, kann nur, wer sich darum bemüht, glaubwürdig und kompetent andere Menschen in ihrer Selbstsorge unterstützen (Gussone/Schiepek 2000: 141).

1.3 Ressourcenaktivierung der eigenen Kraftquellen

Luise Reddemann (2003: 85) betont das komplexe Geschehen, „das auf verschiedenen Ebenen zu inneren Auseinandersetzungen und innerer Heilung führen kann. Dies wiederum kann zu einer veränderten Haltung im Umgang mit der Außenwelt führen." Es lohne sich, sich dafür Extrazeiten zu nehmen, aber auch im Alltag dafür Zeit einzuplanen. Die Selbstsorge braucht in jedem Fall einen reservierten Platz im Leben. Nach Foucault (1986/2019) müsse man von den anderen Beschäftigungen lassen, um „sich für sich selbst frei[zu]machen" (ebd.: 64) und „die Existenz in eine Art permanente Übung zu verwandeln" (ebd.: 67). Sei es ein bestimmtes Zeitfenster im Laufe des Tages oder in einer Arbeitswoche oder in wiederkehrenden Abständen eine Auszeit, in der Sie sich von Ihren Alltagsbeschäftigungen zurückziehen (Gussone/Schiepek 2000: 126). „Diese Zeit ist nicht leer, sie ist erfüllt von Übungen, praktischen Aufgaben, verschiedenen Tätigkeiten." (Foucault 1986/2019: 70 f.) Körperpflege, die maßvolle Befriedigung der Bedürfnisse, Meditationen und Lektüren gehören für ihn ebenso dazu wie Gespräche mit Vertrauten und das Schreiben von Briefen zur Befragung der eigenen Seele.

Dazu gehöre es auch, sich mit schönen Dingen zu umgeben – Dinge, die das Herz erfreuen und wenn möglich das Pflegen von Geselligkeit und Lachen (Reddemann 2003: 82). Eine schöne Gestaltung des eigenen Arbeitsplatzes mit Bildern, Postkarten, Grünpflanzen oder bequemen Stühlen kann ebenso der Selbstfürsorge dienen. Denn ein wichtiger Grundsatz der Traumapädagogik besagt: Viel Freude trägt viel Belastung! Daher können beispielsweise Methoden der Beruhigung und Distanzierung durch Selbstregulation (siehe Modul 12) oder der Ressourcenaktivierung (siehe Modul 14) sowohl zur Stabilisierung von Menschen nach traumatischen Erfahrungen als auch zur Selbstfürsorge angewandt werden.

Drei Basisqualitäten sind nach Scherwath und Friedrich (2014: 189ff.) das Fundament dieser eigenen Ressourcenarbeit: Wie die Abbildung zeigt, besteht der Schutz vor Sekundärer Traumatisierung zum einen aus der Fähigkeit der Affektregulation und Selbstberuhigung, um sich vor überflutenden Emotionen schützen zu können. Zum Zweiten bildet die Selbstannahme einen Baustein des Fundaments. Und drittens ist die Selbstwirksamkeit in Form erlebter Kontrolle und der Möglichkeit der Steuerung des eigenen Lebens von zentraler Bedeutung.

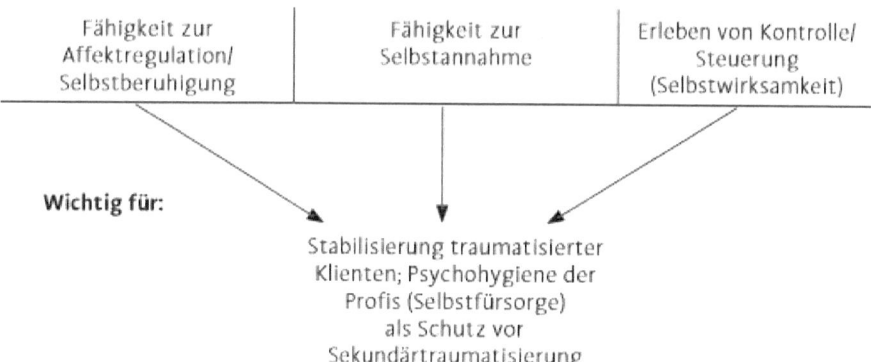

Abbildung 1: Innere Ressourcen als Basisqualitäten (Scherwath/Friedrich 2014: 190)

Modul 1 Selbstsorge

Zudem kann es sinnvoll sein, Arbeit und arbeitsfreie Zeiten klar zu trennen und die Übergänge bewusst zu gestalten. Hantke und Görges (2019: 133 f.) regen dazu an, imaginär als auch äußerlich Ideen für die eigenen Übergänge, beispielsweise symbolisch durch Kleidung oder durch eine bewusste Gestaltung des Heimwegs, zu entwickeln. „Nach der Arbeit geht es nun darum, den Arbeitsplatz nicht nur räumlich zu verlassen, sondern auch alles dort zu lassen…" (Hantke/Görges 2019: 133). Eine klare Trennung von Privatem und Beruflichem erleichtert die Selbstfürsorge. Für Luise Reddemann (2003: 83) ist es zudem „ein Akt der Psychohygiene", von sich nicht zu fordern, den Adressat*innen immer einen Schritt voraus sein zu müssen, sondern eine Partnerschaft in der gemeinsamen Arbeit anzustreben.

Überprüfen Sie Ihre Selbstfürsorge

Nun sind Sie dran – prüfen Sie anhand der folgenden Aussagen, wie gut Sie im Alltag für sich selbst sorgen. Anhand dieser Ideen können Sie ganz konkret überlegen, wie Sie für sich selbst gut sorgen können, wenn Sie die Lektüre in diesem Kompendium oder Ihre Arbeit belastet. Lassen Sie sich zur Auseinandersetzung mit der eigenen Selbstfürsorge anregen und erhalten Sie vielleicht neue Impulse.

Übung: Checken Sie Ihre Selbstfürsorge!

Physische Selbstfürsorge

- Ich achte auf meine Ernährung und esse regelmäßig gesund.
- Ich bewege mich regelmäßig oder treibe Sport.
- Ich betreibe medizinische Vorsorge.
- Ich lasse mich medizinisch behandeln, wenn es nötig ist.
- Wenn ich krank bin, gehe ich nicht zur Arbeit.
- Ich gönne mir Massagen oder andere gesundheitsförderliche Maßnahmen.
- Ich tanze, schwimme, spaziere, renne, singe oder unternehme andere körperliche Aktivitäten, die mir Spaß machen.
- Ich nehme mir Zeit für Sex, mit mir oder einem*einer Partner*in.
- Ich schlafe genug.
- Ich trage Kleider, die mir gefallen.
- Ich mache Ferien.

Psychologische Selbstfürsorge

- Ich nehme mir Zeit für Selbstreflexion.
- Ich gehe zur eigenen Psychotherapie oder lasse mich coachen.
- Ich schreibe ein Tagebuch.
- Ich lese Literatur, die nichts mit Arbeit zu tun hat.
- Ich tue etwas, worin ich kein*e Expert*in bin und nicht verantwortlich bin.
- Ich reduziere Stress in meinem Leben.
- Ich achte auf innere Erfahrungen, höre meinen Gedanken, Impulsen und Gefühlen zu.
- Ich lebe verschiedene Seiten von mir.

- Ich verbinde meine Intelligenz mit neuen Gebieten: Kunstausstellungen, Sportereignisse, Theater, ...
- Ich übe mich, Aufmerksamkeit von anderen zu empfangen.
- Ich bin neugierig.
- Ich lehne ab und zu (Extra-)Verantwortlichkeiten ab.

Emotionale Selbstfürsorge

- Ich verbringe mit Menschen Zeit, deren Anwesenheit mir gut tut.
- Ich bleibe mit wichtigen Personen meines Lebens in Kontakt.
- Ich mache mir selbst Komplimente und schätze mich.
- Ich mag mich.
- Ich lese Lieblingsbücher nochmals und sehe mir wiederholt meine Lieblingsfilme an.
- Ich entdecke angenehme Aktivitäten, Menschen, Gegenstände, Beziehungen, Orte und gehe dahin.
- Ich erlaube mir, zu weinen.
- Ich suche Situationen und Menschen auf, mit denen ich lachen kann.
- Ich bringe meine Empörung durch soziale Aktionen, Briefe, Spenden, Proteste, Demonstrationen, ... zum Ausdruck.

Professionelle Selbstfürsorge

- Ich gönne mir während der Arbeit Pausen (beispielsweise Lunch, Kaffee, Tee).
- Ich nehme mir Zeit, mit Kolleg*innen zu sprechen.
- Ich nehme mir Zeit, um Arbeiten abzurunden.
- Ich wähle mir Projekte und Arbeiten aus, die ich herausfordernd und lohnend finde.
- Ich setze gegenüber Kolleg*innen und Vorgesetzten Grenzen.
- Ich schaffe in meiner Arbeit Ausgleich, damit kein Teil des Tages mir zu viel wird.
- Ich bin manchmal telefonisch unerreichbar.
- Ich richte meinen Arbeitsraum so ein, dass er für mich gut, bequem und einladend ist.
- Ich habe regelmäßig Supervision und kollegiale Supervision.
- Ich bringe meine Bedürfnisse ein und verhandele über die Höhe meines Gehaltes.

- o Ich habe eine Gruppe von Kolleg*innen, die mich unterstützt.
- o Ich entwickle beruflich Interesse auf anderen Gebieten, die nichts mit Traumata zu tun haben.

Gleichgewicht
- o Ich strebe nach Gleichgewicht in meinem Arbeitsleben und Arbeitsalltag.
- o Ich strebe nach Gleichgewicht zwischen Arbeit, Familie, Beziehungen, Spiel und Ruhe.

Eigene Ideen zur Selbstfürsorge
- o
- o
- o
- o

Wenn Sie die Liste für sich selbst ausgefüllt haben, tauschen Sie sich doch in Kleingruppen im Seminar oder im Team untereinander aus. Grundsätzlich gilt natürlich, dass Sie Ihre Selbstfürsorge ausbauen sollten, wenn Sie nur wenige Kreuze setzen konnten. Gemeinsam fällt die Auswertung leichter und Sie können vielleicht gemeinsam Ideen entwickeln, wie Sie sich gegenseitig unterstützen können in Ihrem Bemühen um mehr Gleichgewicht!

1.4 Selbstreflexion und Selbsterfahrung

„Selbstsorge ist reflektierte Praxis."
(Gussone/Schiepek 2000: 118)

Selbsterkenntnis kann als reflektierte Praxis einer Person, die über sich selbst nachdenkt, definiert werden und dient dazu, eigene Stärken, Schwächen und Grenzen sowie Gefühle und Bedürfnisse kennenzulernen. „Es gibt eine dynamische Verwicklung, ein wechselseitiges Anrufen von Selbsterkenntnis und Selbstsorge; keines der beiden Elemente darf zugunsten des anderen vernachlässigt werden." (Foucault 1985: 39 in Gussone/Schiepek 2000: 118 f.) Dieses Nachdenken hängt eng mit der Fähigkeit zusammen, die eigenen Standpunkte und das damit verbundene Handeln in Frage zu stellen. „Im Prozess der Selbstreflexion distanzieren sich pädagogische Fachkräfte von sich selbst und betrachten das eigene Denken, Fühlen und Handeln aus einer Außenperspektive." (Wittmann 2015: 159) Dazu eignet sich beispielsweise auch eine Imaginationsübung von Luise Reddemann (2014: 39): „Den inneren Beobachter kennenlernen" (siehe zu der Arbeit mit Imaginationen Modul 15). In dieser Übung können sich Menschen damit vertraut machen, ihre Gedanken, Gefühle und Körperempfindungen zu beobachten. Diese Beobachtungen können dann auch für den fachlichen Austausch genutzt werden.

Merke:
Die regelmäßige Reflexion des eigenen Handelns in Form von kollegialem Austausch, Intervision oder Supervision für pädagogische Fachkräfte, in denen diese Entlastung erfahren und einen Raum erleben, in dem sie sich mit Gleichgesinnten über Traumatisierungen oder ihre eigenen Beobachtungen oder Unsicherheiten austauschen können, sind ein Qualitätskriterium für pädagogische und soziale Institutionen.

Auch die Auseinandersetzung mit sich selbst, der eigenen beruflichen Identität, mit der eigenen Motivation, der eigenen (Kindheits-)Geschichte, mit Verlusterfahrungen, emotionalem Leid und körperlichem Schmerz sowie mit eventuellen Schwachstellen kann Ihnen bereits im Vorfeld Selbsterfahrung ermöglichen (Gräbener 2013: 129 f.; Weiß 2011 a: 228 f.; Bräutigam 2018: 130) und ist ein zentraler Aspekt der Prävention von *sekundärer Traumatisierung* (Jegodtka 2016: 149). „Wenn Umkehren zu sich bedeutet, sich von den äußeren Umtrieben, den Sorgen des Ehrgeizes, der Flucht von der Zukunft abzuwenden, so kann man sich nun zu seiner eigenen Vergangenheit zurückwenden, sie versammeln, sie nach Belieben vor seinen Augen ablaufen lassen und ein Verhältnis zu ihr unterhalten, das durch nichts gestört wird. [...] Und die Selbsterfahrung, die sich in diesem Besitz bildet, ist nicht einfach die einer beherrschten Kraft oder einer Souveränität über eine aufrührerische Macht; es ist eine Erfahrung der Freude, die man an sich selber hat. Wer es vermocht hat, endlich Zugang zu sich selber zu finden, ist für sich ein Objekt der Freude." (Foucault 1986/2019: 91) Es ist ein Zustand, der aus uns und in uns selber entstehe. Fühlen Sie sich durch die folgenden Fragen zur Selbstreflexion und Selbsterfahrung angeregt, sich mit sich selbst zu beschäftigen und mögliche Risiko- sowie Schutzfaktoren zu identifizieren.

Übung: Fragen zur Sorge für sich selbst (Mahoney 1991: 370 zit. nach: Schaller/Schemmel 2013: 490)

Nimm Dir einen Zettel und alle Zeit, die du brauchst. Keine*r außer dir darf das lesen.

1) Wie glücklich bist Du die meiste Zeit?
2) Wie fühlst Du Dich, bezogen auf Dich selbst?
3) Wen und was liebst Du?
4) Wie gesund fühlst Du Dich gerade eben?
5) Suchst bzw. nimmst Du Hilfe von anderen an?
6) Was empfindest Du bezüglich Deiner Arbeit?
7) Ist Deine Ruhezeit üblicherweise angemessen und befriedigend?
8) Fühlst Du Dich oft geliebt und verstanden?
9) Was sind Deine Ängste?
10) Was gibt Deinem Leben Bedeutung und Bestimmung?
11) Kannst Du Dir selbst Fehler vergeben?
12) Was sind Deine Hoffnungen?
13) Fühlst Du Dich oft alleine?

Modul 1 Selbstsorge

14) Was schätzt Du als Freuden und Vergnügungen?
15) Worüber redest Du mit niemandem?
16) Was empfindest Du, wenn Du Dich selbst im Spiegel betrachtest?
17) Was könntest Du tun, um Dich mehr um Dich zu sorgen?
18) Mit wem kannst Du über Dein „inneres" Leben reden?
19) Lachst Du und weinst Du?
20) Wie ehrlich bist Du Dir selbst gegenüber?
21) Welche Arten von Musik und Bewegungen machen Dir Vergnügen?
22) Was sind Deine spirituellen Bedürfnisse und Tröstungen?
23) Wenn Du drei Dinge in Deinem Leben ändern könntest, welche wären das?

Zusammenfassend lässt sich festhalten: Sie brauchen für Ihre Arbeit genau das, was Sie Ihren Adressat*innen im Rahmen der Stabilisierung vermitteln möchten. Daher können Sie alle Ideen und Übungen in diesem Buch auch für sich selber nutzen. In diesem Sinne: Seien Sie gut zu sich – Ihre Adressat*innen brauchen Sie!

Fragen zur Überprüfung und zum Weiterdenken

Was verstehen Sie unter einer Sekundärtraumatisierung?

Welches Risiko birgt das Engagement in der Sozialen Arbeit nach traumatischen Erfahrungen?

Positionieren Sie sich zu der Frage, ob eine eigene Betroffenheit einen Vorteil oder einen Nachteil für die Arbeit mit traumatisierten Menschen darstellt.

Welche unterschiedlichen Ebenen umfassen die Selbstsorge und der Schutz vor Burnout?

Welche Ideen der Selbstfürsorge möchten Sie für sich in nächster Zeit stärker berücksichtigen?

Was können Sie tun, wenn Inhalte dieses Kompendiums oder Ihre Arbeit Sie belasten?

Einführende Literatur:

- *Ausgangspunkt Selbstfürsorge (Hantke/Görges 2019)*

In diesem Buch werden vor dem Hintergrund traumaorientierter Theorien viele Ideen beschrieben, wie Sozialarbeitende dafür sorgen können, in ihrem eigenen Ressourcenraum zu bleiben und gut für sich zu sorgen.

- *Einige Überlegungen zu Psychohygiene und Burnout-Prophylaxe von TraumatherapeutInnen (Reddemann 2003)*

Obwohl sich dieser Text an Traumatherapeut*innen richtet, können auch Sozialarbeitende von den Hintergründen und Überlegungen der Pionierin der Traumatherapie Luise Reddemann profitieren.

Weiterführende Literatur:

- *Soziale und pädagogische Arbeit bei Traumatisierung (Scherwath/Friedrich 2014)*

Diese gute Einführung in die Arbeit mit traumatisierten Menschen von Sozialpädagog*innen und anderen pädagogischen Fachkräften enthält auch ein ansprechendes Kapitel zur Selbstfürsorge.

- *Sekundäre Traumatisierung (Lemke 2006)*

Wer sich gerne näher mit den Begriffen und Konzepten der Mittraumatisierung und Erschöpfung beschäftigen möchte, dem sei diese wissenschaftliche Ausarbeitung empfohlen.

Teil 2 Theoretische Grundlagen der Psychotraumatologie

Modul 2 Verständnis für Traumatisierungen

> **Zusammenfassung**
>
> Das Modul 2 führt Sie in das Thema ein, erklärt den Unterschied zwischen belastenden Situationen und einer Traumatisierung und definiert ein Trauma als ein Erlebnis, das die Bewältigungsmöglichkeiten eines Menschen überfordert. Es gibt viele Ereignisse, die Kinder, Jugendliche oder Erwachsene traumatisieren können – sie alle verbindet, dass ein inneres Notfallprogramm ausgelöst wird, das das Überleben in der Situation sichert.

2.1 Definitionen von Trauma

Obwohl wir wissen, was alles passieren kann auf dieser Welt – dafür müssen wir nur die Nachrichten des Tages betrachten, gehen wir in der Regel mit dem Gefühl durch den Alltag: „Mir wird schon nichts passieren." Ohne dieses Grundgefühl des Vertrauens in das Leben und in unsere Mitmenschen wären wir weniger handlungsfähig und alltagstauglich. Mit einem traumatischen Ereignis geht dieses Grundgefühl oft verloren, denn wir wurden verletzt. Damit kann ein verändertes Einstellungsmuster zum eigenen Selbst und zur Welt einhergehen, indem die Überzeugung von der eigenen Unverletzbarkeit und die Wahrnehmung der Welt als bedeutungsvoll, verständlich und kontrollierbar erschüttert wird.

‚Trauma' ist das griechische Wort für Verletzung oder Wunde. „In der Medizin waren Traumata schon lange bekannt, meinten aber abrupte körperliche Verletzungen – und unter ‚Traumatologie' verstand man die Unfallheilkunde." (Maercker 2017: 11) Dieses Bild der körperlichen Verwundung wurde auf den seelischen Bereich übertragen: Ein psychisches Trauma ist also eine seelische Verletzung oder Wunde, die als eine „Reaktion auf ein belastendes Ereignis oder eine Situation kürzerer oder längerer Dauer, mit außergewöhnlicher Bedrohung oder katastrophenartigem Ausmaß, die bei fast jedem eine tiefe Verzweiflung hervorrufen würde" – so die Definition der Posttraumatischen Belastungsstörung (PTBS) nach dem internationalen Klassifikationsschema der Weltgesundheitsorganisation ICD 10: F 43.1 (DIMDI 2020). Doch was bedeutet außergewöhnlich? Nach der amerikanischen Psychiaterin und Professorin für Klinische Psychologie Judith Lewis Herman sind „traumatische Ereignisse [...] nicht deshalb außergewöhnlich, weil sie selten sind, sondern weil sie die normalen Anpassungsstrategien des Menschen überfordern" (1992/2014: 53).

Ob eine Situation traumatisch war, wird durch die Folgen bestimmt. Nicht das äußere Geschehen allein bestimmt die Traumafolgestörungen, „sondern ob kurz- oder langfristig das Gedächtnis und die Bewusstseinsfunktionen geschädigt werden" (Maercker 2017: 70). Bestimmte kurz- oder langfristige psychische

Reaktionsmuster können durch ein Ereignis oder eine Erfahrung hervorgerufen werden – erst wenn beides vorhanden ist, das Erlebnis und die daraus entstandenen Folgen, sprechen wir von einem Trauma. Eine postTRAUMAtische Belastungsstörung in Folge einer TRAUMAtisierung durch ein TRAUMAtisches Erlebnis ist im Prinzip eine ziemlich tautologische Diagnose, weil ja im Begriff der Traumatisierung die krankheitswertige psychische Belastung schon impliziert ist. Es lässt sich also gewissermaßen an den Folgen (also an der sogenannten Traumatisierung) ablesen, ob ein belastendes Erlebnis die Qualität eines Traumas hatte (Gebrande 2018a: o.J.; Fischer/Riedesser 2009: 63). Dabei muss ein Trauma sowohl objektiv als auch subjektiv definiert werden (Fischer/Riedesser 2009: 63). Es ist ein Ereignis, das objektiv beschrieben werden kann als ein unerträgliches Erlebnis, das die individuellen Bewältigungsmöglichkeiten überschreitet. Die meisten Traumata treffen das Individuum unvorbereitet und überraschend. Dieser „Überrumpelungseffekt kann als eigener traumatogener Faktor betrachtet werden" (Fischer/Riedesser 2009: 159). „Denn das Unerwartete, das unversehens mit geballter Wucht da ist, bringt den menschlichen Geist durch den plötzlichen Schlag völlig aus der Fassung und wirft ihn stets zu Boden, während das Erwartete dadurch, dass man Zeit hat, sich darauf einzustellen, dem Schicksalsschlag rechtzeitig die Spitze nimmt", so wusste schon der antike Autor Achilleus Tatios (2. Jahrhundert/1980: 3 zitiert in Foucault 1986/2019: 12).

Eine traumatische Situation ist immer geprägt von Gefühlen der (Todes-)Angst, Ohnmacht, Hilflosigkeit und Panik und führt zu einer derartigen Überwältigung, dass typischerweise unmittelbare Veränderungen der Psyche hervorgerufen werden, um die Situation überhaupt überleben zu können. Widrigkeiten des Lebens oder sogenannte einschneidende Lebensereignisse (critical life events) können auch belastend sein, aber sie haben nicht die Intensität, die nach traumatischen Erlebnissen üblicherweise zu den typischen Reaktionsmustern führen (Maercker 2017: 13). Fischer und Riedesser (2009) legen eine noch umfassendere Definition von Traumatisierung vor, die den traumatisierten Menschen mit seiner individuellen Biographie und seinem subjektiven Erleben ebenso wie die wechselseitigen Beziehungen zwischen Person und Umwelt im *Prozess der Traumatisierung* berücksichtigt. Dieser besteht aus Ereignisfaktoren wie der Schwere und der Intensität des Erlebten sowie früheren und aktuellen Risiko- und Schutzfaktoren (siehe Modul 4.3).

> **Definition: Trauma**
>
> Ein Trauma ist demnach ein „vitales Diskrepanzerlebnis zwischen bedrohlichen Situationsfaktoren und den individuellen Bewältigungsmöglichkeiten, das mit Gefühlen von Hilflosigkeit und schutzloser Preisgabe einhergeht und so eine dauerhafte Erschütterung von Selbst- und Weltverständnis bewirkt." (Fischer/Riedesser 2009: 84)

2.2 Systematik traumatisierender Ereignisse

Sehr verschiedenartige Erlebnisse können traumatisieren. Traumatische Erfahrungen gehen meist mit einer Konfrontation mit dem Tod oder Verletzungen der bio-psycho-sozialen Integrität eines Menschen einher. Diese werden entweder selbst direkt erfahren, persönlich miterlebt (Zuschauer-Trauma durch Zeugenschaft, sog. ‚bystander trauma') oder sie treten in der nahen Familie bzw. bei nahen Freund*innen auf oder es kommt zu wiederholter Konfrontation mit aversiven Details beispielsweise im Kontext des Berufs als Soldat*in, Rettungssanitäter*in, bei der Feuerwehr oder in anderen helfenden Berufen (siehe auch sekundäre Traumatisierung in Teil 1; Hecker/Maercker 2015: 551).

Aktuelle Klassifikationen gehen auf die Pionierin der Kinderpsychotraumatologie Leonore Terr (1991) zurück, die zwischen einmaligen und umgrenzten Traumatisierungen (Typ I: Singletrauma) und wiederholt oder andauernd auftretenden Erlebnissen (Typ II: Polytrauma) unterscheidet. Während Singletraumata beispielsweise durch einen Verkehrsunfall, eine Naturkatastrophe wie ein Erdbeben oder einen Wirbelsturm oder auch eine einmalige Vergewaltigung ausgelöst werden, handelt es sich bei Polytraumata beispielsweise um eine Reihe miteinander verknüpfter, sequenzieller Traumata, wie es z. B. bei wiederholter Folter, Kriegserlebnissen oder langjährigem sexuellem Missbrauch der Fall ist (Maercker 2017: 12 f; Landolt 2012: 29 f.). Eine weitere Einteilung – die mit der eben genannten kombinierbar ist (siehe Abbildung) – unterscheidet zwischen akzidentellen (also eher zufälligen) und interpersonellen (also menschlich verursachten oder intendierten, absichtlich herbeigeführten) Traumata. Diese sogenannten man-made Traumata führen eher zu Traumafolgestörungen – insbesondere, wenn sie über einen langen Zeitraum oder wiederholt einwirken.

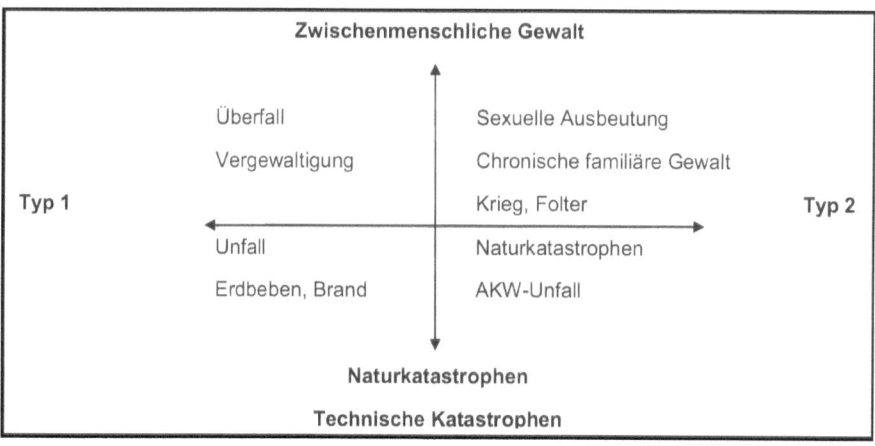

Abbildung 2: Klassifikation traumatischer Ereignisse (Landolt 2012: 17)

Es existieren zahlreiche wissenschaftliche Untersuchungen zur Häufigkeit von traumatischen Erlebnissen, die aber teilweise ganz unterschiedliche Definitionen nutzen.[1] Der Professor für Psychologie mit der Spezialisierung auf Traumafolgestörungen Andreas Maercker kommt in seinem Überblick über empirische Unter-

---

[1] So wird zum Beispiel über die Aufnahme von Konfrontationen mit lebensbedrohlichen Erkrankungen oder mit dem plötzlichen Tod naher Menschen diskutiert (Maercker 2017: 14).

suchungen zu dem Ergebnis, dass statistisch 20 bis 60 % der Menschen mindestens einmal im Leben ein traumatisches Ereignis erlebt haben (Maercker 2017: 15). Und viele Menschen erleben im Laufe ihres Lebens nicht nur ein einziges Trauma, sondern müssen mehrere Traumatisierungen durchleiden. In der Abhängigkeit von der Art des Traumas zeigen sich Häufigkeiten posttraumatischer Belastungsstörungen von ca. 5 % nach Naturkatastrophen, über ca. 10 % bei schweren Verkehrsunfällen (Maercker 2017: 31 f.) bis hin zur Hälfte aller Betroffenen nach Vergewaltigungen. Es scheint also Verletzungen der bio-psycho-sozialen Integrität zu geben, die mit einer höheren Wahrscheinlichkeit zu belastenden Folgen führen. Daher macht es Sinn, sich intensiver damit zu beschäftigen, was in einer traumatischen Situation genau passiert.

> **Exkurs: Transgenerationale Weitergabe von Traumatisierungen**
>
> Nicht nur ein Trauma, das man selber erlebt hat, kann zu traumatischen Folgen führen. Inzwischen geht die Forschung davon aus, dass eine Traumatisierung nicht nur den einzelnen Menschen belastet, sondern auch seine Nachkommen beeinflussen kann (Strüber 2019: 237). Die Epigenetik beschäftigt sich mit den Wechselwirkungen der Erfahrungen mit den individuellen Genen: „Die Gene beeinflussen, wie wichtig die Umwelt ist, während sich die Umwelt darauf auswirkt, wie wichtig die Gene sind und gleichzeitig die Genaktivität moduliert." (Strüber 2019: 337) Epigenetische Markierungen können Gene aktivieren oder stilllegen. Traumatisierungen – insbesondere frühkindliche Erfahrungen – können sich auf den epigenetischen Zustand auswirken, die Persönlichkeitsentwicklung langfristig beeinflussen und an die nächsten Generationen weitergegeben werden – sie sind gewissermaßen Anpassungen an eine besonders stressreiche Umwelt. Eine direkte transgenerationale Vererbung von Stressfolgen auf Stoffsysteme und Nervenzellverbindungen ist bisher nur bei Mäusen beobachtet worden, für Menschen aber noch nicht belegt (Strüber 2019: 255). Eine Weitergabe erfolgt vor allem indirekt über die mögliche Einschränkung des Verhaltens traumatisierter Eltern, feinfühlig und gelassen mit ihrem Kind umzugehen, so dass eigene Belastungen des Kindes auftreten. Oftmals wurden beispielsweise Eltern, die ihre Kinder misshandeln, selbst in ihrer Kindheit von ihren Eltern misshandelt (Brisch 2012: 107). Sie wiederholen prägende Erfahrungen ihrer Eltern oder Großeltern (beispielsweise körperliche Gewalt). So werden in jeder Generation u.a. durch Lernen am Modell, eine Beeinflussung der neuronalen Reifung oder des Stresssystems durch elterliches Verhalten die gleichen Eigenschaften hervorgebracht (Strüber 2019: 239). Traumatische Erfahrungen prägen also den epigenetischen Zustand der Gene und damit die elterlichen Fähigkeiten zur Stressbewältigung, Selbstberuhigung oder Impulshemmung, was dann wiederum bereits während der Schwangerschaft, aber auch über späteres elterliches Verhalten auf deren Kinder einwirkt. So wird das Risiko einer posttraumatischen Belastungsstörung (PTBS) und anderer psychischer Erkrankungen im Sinne einer erhöhten Verwundbarkeit (Vulnerabilität) über einen solchen Mechanismus der Weitergabe von elterlichen Traumaerfahrungen auf die Kinder- und Enkelgeneration übertragen (Strüber 2019: 259; Brisch 2012: 108). Für eine Soziale Arbeit nach traumatischen Erfahrungen ist daher die präventive Arbeit mit Eltern in Bezug auf die Bewältigung ihrer traumatischen Erfahrungen und ein fürsorgliches elterliches Verhalten von Bedeutung.

2.3 Das Notfallprogramm der Seele

Fallbeispiel:

Ein junger, dunkelhäutiger Mann wird von Rechtsextremen in einer Diskothek angepöbelt. Sie beschimpfen ihn. Er bekommt Angst, will sich aber nichts anmerken lassen und verlässt die Disko. Auf dem Heimweg merkt er aber, dass die Angreifer ihm folgen und er versucht, in eine Seitenstraße zu fliehen. Aber er wird eingeholt und von den Nazis umringt. Plötzlich sieht er einen grinsenden Kerl mit einem Baseballschläger auf sich zukommen… Von nun an verändert sich seine Wahrnehmung: Es ist als sei er unter Wasser und alles geschähe in Zeitlupe. Er denkt: „Das ist nur ein Traum, gleich wache ich auf, nur ein Traum…" (in Anlehnung an Huber 2012: 60)

In traumatischen Situationen kann ein inneres Notfallprogramm ausgelöst werden, das im Fachbegriff ‚Dissoziation' (siehe auch das Modul 12 zu Dissoziationsstopps) genannt wird. Nach Michaela Huber (2012: 39ff.) ist eine traumatische Situation gekennzeichnet von einer Überflutung mit Stress, Angst und ggf. Schmerzen. In der Wahrnehmung einer Person entsteht der Eindruck, jetzt sei alles aus, jetzt müsse man sterben. Sie beschreibt eine *traumatische Zange*, in der weder Kampf noch Flucht möglich ist und in der es zu einer Reaktion des Körpers kommt, die das Überleben sichern soll. Auch im Tierreich kann diese Reaktion beobachtet werden, wenn das gejagte Tier nicht weiter fliehen kann und dem Raubtier unterlegen ist (Dehner-Rau/Reddemann 2019: 184; Levine 2014: 33). Sie ist häufig durch einen Zustand innerer Betäubung oder Lähmung (*freeze*) und eine Fragmentierung (*fragment*) gekennzeichnet. Dadurch ist es dem Organismus möglich, sich innerlich von dem schrecklichen Erleben zu distanzieren bzw. vom Geschehen zu entfremden. Das Notfallprogramm ermöglicht so, dass die traumatische Situation überhaupt überstanden wird. Zeitgleich findet eine Fragmentierung des Erlebten statt, sodass das äußere Ereignis nicht mehr zusammenhängend wahrgenommen und erinnert werden kann, sondern in einzelne Sinneseindrücke zersplittert (Huber 2012: 43 f.). Andreas Krüger (2012: 145) beschreibt diesen Zustand als „Überlastungsschutz", der einem unbewussten „Wie-Weggeschaltet-Sein" entspricht.

Dieser Vorgang ist ein *Schutzmechanismus der Seele*, um das Überleben in der traumatischen Situation zu sichern, und ist daher zunächst einmal sinnvoll und hilfreich. Was in der traumatischen Situation selbst hilfreich war, kann aber zu Folgen führen, die von den Betroffenen häufig belastend erlebt werden. Dadurch, dass das Erlebnis nicht als eine normale Erinnerung abgespeichert werden konnte, tauchen immer wieder die nicht-verarbeiteten Erinnerungssplitter auf. Durch die Überflutung mit traumatischem Stress wurden Sinnesfragmente zusammenhangslos abgespeichert und bleiben so lebendig, solange keine Verarbeitung erfolgt (Huber 2012: 37ff.). Zudem konnte die Handlung nicht vollendet werden, so dass im Körper jede Menge „eingefrorener Energie" vorhanden ist, die, wenn sie nicht entladen werden kann, zu körperlichen, psychischen und sozialen Folgen führen kann (Levine 2014: 34).

> **Filmtipp:**
>
> Die Elfriede Dietrich Stiftung hat gemeinsam mit der Deutschsprachigen Gesellschaft für Psychotraumatologie (DeGPT) ein dreiteiliges Filmprojekt durchgeführt. Entstanden sind drei Filme, die Informationen über mögliche Folgen von traumatischen Ereignissen und entsprechenden Behandlungsmöglichkeiten vermitteln. Renommierte Expert*innen erklären, was eine posttraumatische Belastungsstörung (PTBS) ausmacht und welche Therapiemöglichkeiten zur Verfügung stehen. Dabei zeigen sie unter anderem eine junge Frau, die Zeuge eines schweren Autounfalls wurde, eine Ärztin, die selbst bei einem medizinischen Eingriff traumatisiert wurde und einen Mann, der als Kind Opfer von Gewalt in der Familie war sowie eine Frau, die durch sexuelle Gewalt komplex traumatisiert wurde. Leider ist der Fokus sehr störungszentriert und psychotherapeutisch ausgerichtet.
>
> Film Nummer 1 „Durch die Erinnerung – Wege der Traumatherapie" wendet sich direkt an Menschen, die unter einer PTBS leiden – der Film soll Mut machen.
>
> Film Nummer 2 „Wunde Seele, Trauma erkennen, Unterstützung bieten" richtet sich an alle professionellen Helfenden, die im Beruf mit traumatisierten Menschen in Kontakt kommen können.
>
> Film Nummer 3 „Auf einmal ist alles anders – Trauma und Traumatherapie" soll die breite Öffentlichkeit ansprechen.
>
> Die Filme können auf der Website der Elfriede-Dietrich-Stiftung angesehen, als DVD bestellt oder kostenlos heruntergeladen werden: www.e-dietrich-stiftung.de/das-filmprojekt.html.
>
> Insbesondere Film drei eignet sich als Einstieg ins Thema.

> **Fragen zur Überprüfung und zum Weiterdenken**
>
> Wie würden Sie „Trauma" nun definieren?
>
> Welche unterschiedlichen Typen von Traumatisierungen haben Sie kennengelernt?
>
> Beschreiben Sie das Notfallprogramm der Seele.
>
> Kennen Sie aus eigenen Erfahrungen oder vom Hörensagen Situationen, in denen es zu dissoziativen Phänomenen kam?

Einführende Literatur:

- *Trauma. Folgen erkennen, überwinden und an ihnen wachsen (Reddemann/Dehner-Rau 2008)*

Ein sehr verständliches und mit vielen kleinen Übungen und Geschichten illustriertes „*Übungsbuch für Körper und Seele*" haben die beiden Fachärztinnen und Psychotherapeutinnen Luise Reddemann und Cornelia Dehner-Rau vorgelegt, das sich an Betroffene und ihre Angehörigen und Freund*innen richtet. Neben Informationen über die klassischen Traumafolgen finden sich Ideen der Selbsthilfe und der Therapie zur Bewältigung der Traumatisierungen.

- *Trauma und Traumafolgestörungen (Maercker 2017)*

Dagegen hat der Ordinarius am Psychologischen Institut der Universität Zürich Andreas Maercker eher ein kleines, informatives Fachbüchlein geschrieben, das den aktuellen Stand der Psychotraumatologie einschließlich der heutigen Therapiemöglichkeiten für professionelle Unterstützer*innen zusammenfasst.

Weiterführende Literatur:

- *Trauma und die Folgen (Huber 2012)*

Dieser Klassiker der Psychotraumatologie im deutschsprachigen Raum der Traumaexpertin und -Therapeutin Michaela Huber führt in eine tiefere Auseinandersetzung mit dem Thema Trauma.

- *Lehrbuch der Psychotraumatologie (Fischer/Riedesser 2009)*

Für die wissenschaftliche Vertiefung darf dieses Standardwerk der Psychologie und Medizin des Deutschen Instituts für Psychotraumatologie nicht fehlen.

Modul 3 Folgen nach traumatischen Erfahrungen

Zusammenfassung

Das dritte Modul zeichnet ein Bild der möglichen Folgen, die durch ein traumatisches Erlebnis entstehen können. Neben der klassischen Posttraumatischen Belastungsstörung (PTBS) werden auch die Folgen komplexer Traumatisierung und Entwicklungstraumata bei Kindern beleuchtet. Gibt es eigentlich Unterschiede bei der Bewältigung von Traumata zwischen Männern und Frauen? Damit wird sich ein weiteres Unterkapitel beschäftigen, bevor zum Abschluss das posttraumatische Wachstum in den Blick genommen wird.

Fallbeispiel: Die Folgen sexualisierter Gewalt am Beispiel des Films „Postcard to Daddy"
Regie: Michael Stock
Dokumentarfilm (86 Min.), Deutschland 2010

Der Regisseur, Kameramann und Hauptdarsteller Michael Stock wurde im Alter zwischen acht und 16 Jahren von seinem Vater sexuell missbraucht. In seinem autobiographischen Film beleuchtet er die Hintergründe, aber auch die Folgen für sein weiteres Leben: Alkohol- und Drogenmissbrauch, sexuelle Ausschweifungen und seine Suche nach immer neuen Möglichkeiten, sich und seiner Geschichte zu entkommen. Trotz seiner gesundheitlichen Einschränkungen (er ist HIV-positiv, hat mehrere Chemotherapien und einen Schlaganfall hinter sich) nimmt er die Zuschauer*innen mit auf seine Heilungsreise: 25 Jahre später konfrontiert er vor laufender Kamera seine Familie mit seiner Vergangenheit. Die daraus entstandene Videobotschaft sendet er in Form eines Dokumentarfilms an den Vater. Mutig bricht er das Schweigen und gibt dem eigenen Trauma Raum. So zeigt dieser Film vor allem seinen Weg, das "Opfer-Sein" und die destruktiven Muster, welche seine jungen Jahre prägten, zu überwinden. Er begibt sich auf die Suche nach seiner Art der Bewältigung: Michael Stock will nicht anklagen, sondern verstehen, dokumentieren und Frieden finden. Auf der Berlinale 2010 erhielt er mit seinem Film den Jurypreis der Zeitschrift „Siegessäule" beim Teddy-Award.

Vorsicht: *Trigger-Warnung und Appell an die Selbstsorge!* Dieser Film kann sehr aufwühlend sein, da er eine tiefere Auseinandersetzung mit dem Thema sexueller Missbrauch an Jungen anregt. Dosieren Sie gegebenenfalls die Beschäftigung mit diesem Thema entsprechend Ihrer eigenen Belastungsgrenzen. Denken Sie an Ihre Selbstsorge (Modul 1), suchen Sie sich eine vertraute Person zum (kollegialen) Austausch und/oder planen Sie nach dem Film Erholung oder Ablenkung ein!

Aufgabe: Bitte schauen Sie sich diesen Film in Ruhe an und notieren Sie auf zwei Blättern:

1. Welche direkten und indirekten körperlichen, psychischen und sozialen Folgen sind aus der sexuellen Traumatisierung von Michael Stock entstanden?
2. Welche Bewältigungsstrategien können Sie entdecken?

Exkurs: Sexualisierte Gewalt

Sexualisierte Gewalterfahrungen wie sexuelle Belästigung, Übergriffe, Nötigung oder Vergewaltigung sind meist Erlebnisse, die von Angst, Hilflosigkeit und Ohnmacht sowie häufig auch von Scham und Ekel geprägt sind und daher häufig als traumatisch erlebt werden. In keinem anderen Bereich sind Menschen so verletzlich wie in ihrer Intimität und Sexualität – diese Form der Misshandlung dringt in den Körper ein und zerstört die leib-seelische Integrität eines Menschen, was schwer zu verkraften ist (Huber 2012: 79). „Solche Beeinträchtigungen können sich besonders verletzend und schädigend auswirken, wenn sie sich des Mediums der Sexualität bedienen, also auf einen Kern der Persönlichkeit zielen und in jenen Kontexten stattfinden, in denen sich die Betroffenen nicht nur sicher wähnen, sondern gleichzeitig auch in besonderer Weise abhängig sind." (Reh et al. 2012: 15) Gerade dort, wo Kinder, Jugendliche und erwachsenen Schutzbefohlene also abhängig und auf den Schutz von fürsorglichen und schützenden Erwachsenen angewiesen sind, bietet sich ein Boden für deren Ausnutzung zur Befriedigung der eigenen Bedürfnisse bzw. zur Ausübung der eigenen Dominanz. Daher ist das Risiko sexualisierter Gewalt in Familien oder anderen Institutionen, in denen Menschen miteinander leben, lernen und wohnen (wie Internaten, Einrichtungen der Kinder- und Jugendhilfe oder Behindertenhilfe) besonders hoch. Denn bei sexualisierter Gewalt geht es nicht nur um die sexuelle Befriedigung, sondern auch um die Gewalt und die Macht auf der einen Seite und die Ohnmacht, die Abhängigkeit und das Ausgeliefertsein auf der anderen Seite. Es kommt zu einer Kopplung von Macht und Sexualität – Macht wird so sexualisiert (Gebrande 2014: 22). Bei sexuellen Handlungen zwischen Erwachsenen und Kindern handelt es sich immer um Missbrauch, weil der oder die Erwachsene das Machtungleichgewicht und Vertrauensverhältnis zwischen ihm*ihr und dem Kind ausnutzt und das Kind aufgrund seiner körperlichen, psychischen, kognitiven oder sprachlichen Unterlegenheit nicht wissentlich zustimmen kann (Bange 2007: 24 f.).

Der Film von Michael Stock bestätigt eindrücklich die Erkenntnis des Professors für Psychologie, Forscher und Mitglied der Aufarbeitungskommission Heiner Keupp: „Erfahrungen mit sexualisierter Gewalt gemacht zu haben, hat erhebliche Auswirkungen auf die gesamte weitere Biographie dieser Menschen. Die Forschung hat gezeigt, dass viele der Betroffenen die erlebten Grenzüberschreitungen bis ins Erwachsenenalter nicht verarbeiten konnten. Es gibt aber sehr unterschiedliche Verarbeitungsformen des erlebten Leids: Von schweren psychosozialen Beeinträchtigungen, positiven Perspektiven durch gelungene Bewältigung bis hin zur aktiven Handlungsfähigkeit und dem Engagement für eine gesellschaftliche Auseinandersetzung mit dem verdrängten Thema der sexualisierten Gewalt." (Keupp 2018: o.S.) Lange Zeit wurden die Betroffenen mit ihrem Leid alleine gelassen. Seit der Frauenbewegung in den 1970er-Jahren sind mehr und mehr Anlaufstellen, zunächst für Frauen und Mädchen, später aber ebenso für Jungen und Männer entstanden, die sich im Laufe der Jahre mehr und mehr professionalisiert und zu spezialisierten Fachberatungsstellen für Betroffene sexualisierter Gewalt weiterentwickelt haben (Gebrande 2016a: 301; Enders 2003: 12).

3.1 Klassische Traumafolgeerscheinungen

Nach einem traumatischen Erlebnis entwickeln sich in der Regel bei den Betroffenen Selbstheilungskräfte und Bewältigungsversuche, um das Trauma zu verarbeiten und zu integrieren (Reddemann/Dehner-Rau 2008: 41ff.). Die klassische Symptomtrias einer Posttraumatischen Belastungsstörung (PTBS)[2] stellt zunächst einen Versuch der Bewältigung dar – es ist eine „normale Reaktion auf eine außergewöhnliche Situation" (Maercker 2017: 18). Viele Menschen haben Angst davor, krank oder verrückt zu sein, wenn sie diese Symptome oder Verhaltensweisen erleben, doch sie dienen dazu, mit dem Trauma fertig zu werden und die schrecklichen Erlebnisse zu verarbeiten – es sind sozusagen Kräfte der Selbstheilung (Reddemann/Dehner-Rau 2008: 41ff.). Folgende drei Selbstheilungsmerkmale können auftauchen:

1. *Intrusionen* sind sich aufdrängende Bilder und Sinneseindrücke, unkontrollierte Erinnerungen, Alpträume und Flashbacks, die für die Betroffenen oft so real wiederkehren, als erlebten sie das traumatische Erlebnis nochmals. Sie dringen unbeabsichtigt sowohl in den Schlaf als auch in den wachen Bewusstseinszustand ein und werden als blitzartige, vollkommen real erlebte Zustände des Wiedererlebens wahrgenommen. Betroffene reagieren häufig mit den gleichen Stressreaktionen und fühlen und/oder handeln so, als wäre das Ereignis wieder präsent. Über Jahre bis Jahrzehnte kann es zu einer Wiederholung in Form von intrusiven Erinnerungen an das traumatische Erlebnis führen, sobald diese erneut stimuliert werden. Dabei reichen ähnliche Sinneseindrücke oder Situationen als Schlüsselreize aus, die reflexartig eine Erinnerung auslösen können (sogenannte Trigger), um gefühlsmäßig wieder zurück in die traumatische Situation katapultiert zu werden (Huber 2012: 69 f.).
2. Aus Angst vor diesen Gefühlszuständen reagieren viele Betroffene daher mit Verdrängung und *Vermeidung*. Sie meiden bewusst oder unbewusst alle Gefühle, Situationen oder Aktivitäten, die mit dem Trauma verbunden sind. Bei einer Generalisierung der Vermeidung vermindert sich grundsätzlich ihr Interesse an vorher bedeutsamen Aktivitäten. Es kann auch zu eingeschränkten Affekten und einer verzerrten Körperwahrnehmung kommen, um sich vor den intensiven Gefühlen der intrusiven Phänomene zu schützen (Fischer/Riedesser 2009: 47 f.; Huber 2012: 112). Oder es kann ein Entfremdungsgefühl gegenüber sich selbst oder anderen, selbst nahestehenden Menschen einsetzen.
3. Die dritte Symptomkategorie ist die *Übererregbarkeit* (Hyperarousal). Aufgrund des traumatischen Ereignisses fühlt sich der oder die Betroffene nicht mehr sicher und ist ständig in einem Bewusstsein der Gefahr der Wiederholung des Traumas sowie der unkontrollierbaren Erinnerungen. Auch körperlich lässt sich ein erhöhtes Erregungsniveau nachweisen (Fischer/Riedesser 2009: 47 f.). Der gefühlte innere Alarmzustand kann durch Körperempfindungen wie Übelkeit und Brechreiz, Hitzempfindungen, Herzrasen, Schwindel, Druck auf der Brust oder Schwächegefühl begleitet werden. Es entsteht eine Überwach-

---

[2] PTSD ist die auch verwendete englischsprachige Abkürzung für post-traumatic stress disorder.

samkeit, die oft mit Ängsten, Schlafstörungen, Schreckhaftigkeit, Reizbarkeit und Konzentrationsproblemen einhergeht.

Ein Wechsel zwischen diesen Symptomgruppen bestimmt die Dynamik in den ersten Wochen bis Monaten nach einem traumatischen Ereignis. Phasen der Verleugnung und Vermeidung dienen der Erholung und Stabilisierung und wechseln sich mit Phasen der Erinnerung und Konfrontation mit dem Erlebten ab. Dieses Wechselspiel dient durch die Pendelbewegung zwischen den Extremen einer allmählichen Beruhigung (Maercker 2017: 49). „Das biphasische Modell der traumatischen Reaktion mit seiner Schaukelbewegung von Intrusion und Verleugnung lässt Mechanismen erkennen, mit denen das überforderte bzw. verletzte biopsychische System die Beeinträchtigung zu überwinden versucht. In körperbezogener Analogie ausgedrückt, stellt es einen ‚Wundheilungsmechanismus' der verletzten Psyche dar." (Fischer/Riedesser 2009: 101) Eine wiederholte Auseinandersetzung mit den traumatischen Erlebnisinhalten und dem Ausdruck der damit verbundenen Gefühle kann zu einer Integration der fragmentierten Erinnerungen führen. Allerdings gelingt es nicht allen Menschen, einen Zustand relativer Integrität wiederzugewinnen und vom Opfer zum*zur Überlebenden des Traumas zu werden. Dann kann es zu einer Chronifizierung kommen und dazu führen, dass Betroffene in einem der Extreme ‚steckenbleiben'.

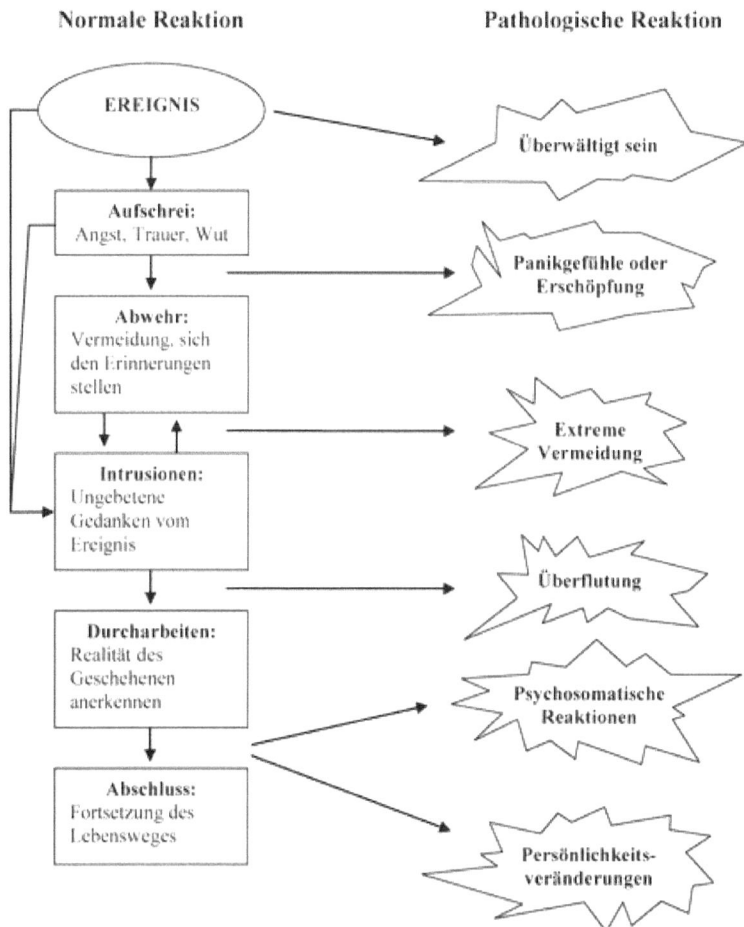

Abbildung 3: Normale und pathologische Phasen posttraumatischer Reaktion (Horowitz 2013: 261)

In diesem Modell des nordamerikanischen Psychoanalytikers Mardi Horowitz, einem der Pioniere der Traumaforschung, bestehen in jeder Phase der normalen Reaktion auf das traumatische Erlebnis Risiken der Verfestigung und daraus entstehender psychosozialer Störungen. Diese Extreme werden als pathologische Reaktionen beschrieben, die beispielsweise durch den paradoxen Versuch gekennzeichnet sind, sich an eine unerträgliche Erfahrung anzupassen, ohne sich mit ihr wirklich konfrontieren zu können (Fischer/Riedesser 2009: 97ff.). Denn zu jeder Integration einer traumatischen Erfahrung gehört auch die Auseinandersetzung und Konfrontation mit traumatischen Erinnerungsinhalten. Wenn eine Person beispielsweise nur in der Vermeidung bleibt, wird sie sehr wahrscheinlich langfristig eine pathologische Reaktion entwickeln z.B. durch den Gebrauch von Drogen oder Medikamenten, um den seelischen Schmerz nicht fühlen zu müssen. Problematisch ist hierbei, dass die Verdrängung und Verleugnung manchmal so gut funktioniert, dass das auslösende traumatische Ereignis gar nicht mehr erinnert wird oder zumindest nicht in Verbindung mit den Symptomen gebracht wird. Viele psychische Auffälligkeiten und Störungen lassen sich deshalb unter Berücksichtigung der zugrundeliegenden Traumatisierung verstehen (siehe auch das Konzept des guten Grundes in Modul 9). Nach geltender Lehrmeinung sollten zumindest ein oder mehrere Monate nach der Beendigung der Traumaeinwirkung vergangen sein, bevor eine Chronifizierung und damit eine PTBS oder eine komplexe PTBS diagnostiziert werden kann (siehe Verlaufsmodell nach Fischer/Riedesser 2009: 141ff.).

Aber nicht jeder Mensch kann so die traumatischen Erlebnisse bewältigen. Wissenschaftler*innen schätzen, dass etwa ein Drittel der Betroffenen ein traumatisches Erlebnis ohne fachliche Hilfe überwindet, für ein weiteres Drittel ist eine stabilisierende Beratung oder Begleitung zu empfehlen und lediglich ein Drittel benötigt eine Traumatherapie (Fischer/Riedesser 2009: 263; Reddemann/Dehner Rau 2008: 27). Nur eine Minderheit der Menschen nach einer Traumatisierung entwickeln pathologische Fehlfunktionen des Gedächtnisses und des Bewusstseins, die einer PTBS zugrunde liegen (Hecker/Maercker 2015: 553). Die Folgen für die biopsychosoziale Gesundheit im Erwachsenenalter sind umso gravierender, je früher in Bezug auf das Lebensalter und die Entwicklungsphase, je länger, je intensiver die Schmerzen und die subjektive Betroffenheit und je geringer der Rückhalt bei anderen Vertrauenspersonen sind (Gebrande 2014: 30ff.).

Im Laufe der Zeit wurde immer deutlicher, dass die PTBS nicht die einzige typische Traumafolgestörung darstellt. Insbesondere nach komplexen Typ2-Traumatisierungen können weitere Symptome auftreten. Anlässlich der Neugestaltung der Internationalen Klassifikation der Krankheiten und gesundheitsverwandter Probleme (ICD-11) der Weltgesundheitsorganisation (WHO) wurden deshalb drei zentrale beeinträchtigte Funktionsbereiche für die Diagnose der komplexen posttraumatische Belastungsstörung (K-PTBS) beschrieben (Maercker 2017: 29): Störungen der Affektregulation, der Selbstwahrnehmung und der Beziehungsgestaltung.

> **Definition: Symptomgruppen der komplexen posttraumatischen Belastungsstörung (KPTBS) nach Hecker/Maercker (2015: 547ff.)**
> - die Kernsymptome der PTBS (Wiedererinnerung, Vermeidung, Übererregung)
> - anhaltende und tiefgreifende Probleme der Emotionsregulation (verstärkte emotionale Reaktivität, Affektverflachung, gewalttätige Durchbrüche)
> - negatives Selbstkonzept (Überzeugung, minderwertig, unterlegen oder wertlos zu sein, Schuldgefühle, Schamgefühle)
> - Probleme in zwischenmenschlichen Beziehungen (Schwierigkeiten, Beziehungen aufzubauen und aufrecht zu erhalten)

„Wenn man ein Trauma nicht realisiert, ist man gezwungen, es wiederzuerleben oder zu reinszenieren."
(Pierre Janet)

Der französische Psychiater Pierre Janet (1859–1947) war einer der ersten in Europa, der sich mit Dissoziationen und der Psychotraumatologie intensiver beschäftigte. Er soll mit diesen Worten bereits im 19. Jahrhundert ein weiteres Phänomen nach Traumatisierungen näher beschrieben haben: den Wiederholungszwang (Levine 2014: 26 f.). Das ursprüngliche Trauma wiederholt sich offensichtlich oder weniger offensichtlich immer wieder und wieder – manchmal ist die Verbindung zwischen einer Wiederholung und der ursprünglichen Situation aber auch gar nicht gleich ersichtlich. An der Lebensgeschichte von Michael Stock oder klassischerweise im Leben einer Prostituierten, die in ihrer Kindheit sexuell missbraucht wurde, können Sie diesen Zwang zur Wiederholung häufig sehen (Levine 2014: 27).

3.2 Folgen von Traumatisierungen bei Kindern

„Wie der Löwenzahn, der sich seinen Weg sogar durch dicken Asphalt sucht, können auch Kinder immer wieder Wege und Auswege aus großer Not finden. Die uns allen angeborenen Widerstandskräfte sind bei Kindern oft unmittelbarer verfügbar als bei Erwachsenen." (Reddemann in Krüger 2015: 11)

Es gibt unvorstellbar viele Ereignisse, die Kinder traumatisieren bzw. ihnen widerfahren können. Die Pionierin der Traumapädagogik Wilma Weiß (2011: 26ff.) hat eine Vielzahl von Risikofaktoren zusammengestellt, die Kinder am häufigsten traumatisieren: Dazu gehören unterschiedliche Formen von Kindesmisshandlung wie Vernachlässigung, seelische, körperliche oder sexualisierte Gewalt, das Miterleben häuslicher Gewalt oder psychischer Erkrankungen der Eltern sowie traumatische Trennungen. Auch wenn die Ergebnisse aktueller Forschungen „erhebliche Überlappungen und zeitliche Verkettungen" zwischen den einzelnen Gewaltformen zeigen, so haben sie aber dennoch auch unterschiedliche Entstehungsbedingungen und Auswirkungen (Engfer 2015: 5; Weiß 2011a: 27).

> **Definition: Kindesmisshandlung (nach Engfer 2015: 4)**
>
> Kindesmisshandlungen sind gewaltsame psychische oder physische Beeinträchtigungen von Kindern durch Eltern oder Erziehungsberechtigte. Diese Beeinträchtigungen können durch elterliche Handlungen (wie bei körperlicher Misshandlung oder sexuellem Missbrauch) oder Unterlassungen (wie bei emotionaler und physischer Vernachlässigung) zustande kommen.

Die Folgen sind unspezifisch und können individuell variieren. Der Facharzt für Kinder- und Jugendpsychiatrie und Traumatherapeut Andreas Krüger (2015) beschreibt die besonderen kindlichen Ausdrucksformen der drei Symptomgruppen der Posttraumatischen Belastungsstörung, die sich bei Kindern finden lassen. Die Intrusionen zeigen sich bei Kindern im sogenannten *posttraumatischen Spiel*, in dem sie das Erlebte auch ohne Worte wiederinszenieren, oder auch in Alpträumen mit oder ohne spezifischen Inhalt. Die Vermeidung kann bei ihnen zu eingeschränkter Spielfähigkeit und dem Verlust von Entwicklungsfähigkeiten führen (Krüger 2015: 33ff.). Manche Kinder verlieren bereits erworbene Kompetenzen, so kann z.B. eine Regression im sprachlichen Bereich, im Essverhalten oder der Sauberkeitserziehung stattfinden – sie lutschen beispielsweise wieder am Daumen oder machen in die Hose (Korittko 2016: 36ff.). Des Weiteren kann sich die Vermeidung und Verleugnung auch bei Kindern in einem sozialen Rückzug von anderen Kindern und Erwachsenen und der Flucht in eigene heile Phantasiewelten äußern oder in Gefühlen ständiger Langeweile und Leere sowie dem Vermeiden von (bedrohlichen) Ruhephasen. Die Übererregung kann sich in der Angst vor dem zu Bett gehen oder nächtlichem Aufwachen äußern, aber ebenso in extremen und schnellen Stimmungswechseln, Hyperaktivität sowie Ungehorsam und Aggressivität (Krüger 2015: 33ff.; Weinberg 2017: 105; Korittko 2016: 36ff.).

Die Posttraumatische Belastungsstörung beschreibt aber nur unzureichend die Vielzahl an biopsychosozialen Lebensproblemen und Störungen, zu denen eine unverarbeitete Traumatisierung bei Kindern führen kann. Schmid, Fegert und Petermann (2010: 47) beschreiben für diese Kinder die häufige Entwicklung einer „Breitbandsymptomatik mit vielen komorbiden psychischen Störungen" und fordern die stärkere diagnostische Berücksichtigung entwicklungspsychologischer Aspekte. Die folgende Abbildung der Entwicklungsheterotopie von Traumafolgen stellt die Annahme der Autoren dar, „dass sich dieselben grundlegenden Defizite (z.B. in der Emotionsregulation, Selbstwirksamkeitserwartung, Dissoziationsneigung, Bindung) in unterschiedlichen Entwicklungsaltersstufen ganz unterschiedlich auswirken, und dort alterstypische psychopathologische Symptome zur Folge haben" (Schmid/Fegert/Petermann 2010: 48). Wie die folgende Abbildung verdeutlicht, zeigen sich Traumafolgestörungen in der frühen Kindheit vor allem in den mangelnden Fähigkeiten zur Regulation sowie in der unsicheren Bindungsqualität, während sie sich ab dem Schulalter stärker in sozial auffälligem Verhalten äußern und ab der Pubertät als chronifizierte Syndrome zu Diagnosen im Bereich der Persönlichkeitsstörungen führen können.

Modul 3 Folgen nach traumatischen Erfahrungen

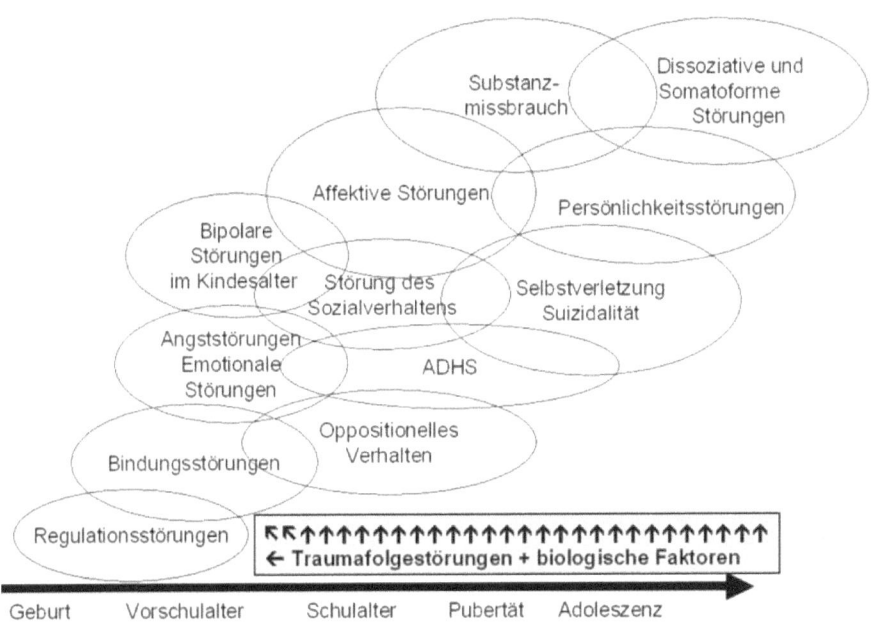

Abbildung 4: Entwicklungsheterotopie von Traumafolgen (Schmid/Fegert/Petermann 2010: 49)

„Entwicklungstraumata ziehen die Möglichkeit nach sich, dass die psychische Reifung des Heranwachsenden nachhaltig geschädigt wird." (Maercker 2017: 33) Die *Entwicklungs-Traumastörung (ETS)* kann als Folgeprogramm des Notfallprogramms während einer traumatischen Situation verstanden werden, die viele Bereiche des Lebens beeinträchtigen kann: Die Schwierigkeiten können sich im Umgang mit Gefühlen und vor allem mit Stress zeigen sowie als Beeinträchtigungen der Teilhabe in der Schule, der Familie oder der Gleichaltrigengruppe auswirken und sich in Form von Konflikten mit dem Gesetz und/oder gesundheitlichen, körperlichen Symptomen niederschlagen (Krüger 2012: 147).

> **Merke:**
> Eine Traumatisierung kann massive Effekte auf die biopsychosoziale Entwicklung und Gesundheit eines Kindes, Jugendlichen oder Erwachsenen haben. Dabei ist von einer multifaktoriellen Ätiologie der traumatischen Folgen auf biologischer, psychologischer und sozialer Ebene auszugehen.

„Traumen sind große Verkleidungskünstler und an vielen Krankheiten und Beschwerden beteiligt. Möglicherweise sind ungelöste Traumen verantwortlich für die meisten Krankheiten, an denen die moderne Menschheit leidet", so postuliert der US-amerikanische Traumaforscher und -therapeut Peter Levine (2011: 231).

3.3 Die Berücksichtigung der Geschlechterperspektive

Unser Leben und unsere Identität ist ebenso wie unser Erleben und Verhalten von der Kategorie Geschlecht durchdrungen und mitbestimmt (Gahleitner/Reddemann 2014: 181). Bereits 1949 postulierte die Feministin und Existentialistin Simone de Beauvoir, dass man nicht als Frau zur Welt komme, sondern dazu gemacht wird. „Keine biologische, psychische oder ökonomische Bestimmung legt die Gestalt fest, die der weibliche Mensch in der Gesellschaft annimmt. Nur die Vermittlung anderer kann ein Individuum zum *Anderen* machen." (de Beauvoir 1949/2000: 334) Damit hat sie die zweite Frauenbewegung maßgeblich beeinflusst und mit ausgelöst. Die *postfeministischen Diskurse* wurden in den 1990er-Jahren durch Judith Butler und ihre dekonstruktivistische Perspektive geprägt (1991: 39 f.): Selbst das biologische Geschlecht (sex) und die Geschlechtskategorien männlich und weiblich können demnach nicht als naturgegebene Absolutheit gesehen werden, sondern als eine gesellschaftliche Konstruktion. Das soziale Geschlecht (gender) wird immer wieder hergestellt (doing gender).

> **Merke:**
>
> Auch wenn sich die Spielräume beider Geschlechter und die möglichen Freiräume zum Ausleben geschlechtsbezogener Identitäten außerhalb der heteronormativen Matrix in den letzten Jahrzehnten deutlich erweitert haben, so ist unsere Gesellschaft doch nach wie vor genderspezifisch strukturiert und die Strukturkategorie Geschlecht bestimmt über Macht- und Teilhabechancen, über Karrieren und Status sowie über Erfahrungen in vielen Lebensbereichen, insbesondere in Paarbeziehungen und in der Sexualität.

Da ist es nicht erstaunlich, dass sich auch die Auswirkungen von Traumatisierungen je nach Geschlecht unterscheiden und den Zugang zu männlich oder weiblich konnotierten Bewältigungsstrategien mitbestimmen. Gerade in Krisenzeiten, nach kritischen Lebensereignissen und traumatischen Erfahrungen scheinen vorgegebene Strukturen und Symbolsysteme zur Orientierung besonders wichtig (Gahleitner/Reddemann 2014: 182). Während Männer ihre Probleme eher über Leistung und Kontrolle zu lösen versuchen, setzen sich Frauen bevorzugt für andere ein (Dehner-Rau/Reddemann 2019: 130).

Die Professorin für Klinische Psychologie und Sozialarbeit Silke Gahleitner (2005: 85ff.) hat in einer Studie Bewältigungsstrategien nach sexualisierter Gewalterfahrung erforscht und dabei deutliche Geschlechterdifferenzen im Bewältigungsprozess der in der Kindheit sexuell missbrauchten Frauen und Männer finden können. Insbesondere sexuelle Traumatisierungen scheinen zu einer stärkeren Identifizierung mit der eigenen Geschlechterrolle und zu einer Fixierung auf geschlechtertypische Bewältigungsstrategien beizutragen und einen günstigen Aufarbeitungsprozess zu verhindern. Der Umgang mit den sexualisierten Gewalterfahrungen von Frauen scheint eher emotions-zentriert und internalisierend zu sein und zu Autoaggressionen, Reviktimisierung und einer Opferkarriere zu führen. Männer dagegen leugnen tendenziell die Folgen, negieren den Missbrauch und neigen zu einer Tabuisierung von Hilflosigkeit und Ohnmacht sowie zu einer Externalisierung, wodurch die Gefahr einer Täteridentifikation und -karriere entstehen kann. Wenn die betroffenen Frauen dagegen die Instrumentalität für sich entdecken, also die Kontrolle über ihre Gefühle erlangen und die betroffenen Männer dagegen eine Form der Expressivität finden, der ihnen den Zugang zu ihren Gefühlen ermöglicht, ist diese gegengeschlechtlich konnotierte Bewältigungsstrategie für den Bewältigungsprozess hilfreich (Gahleitner 2005: 305ff.).

> „Das kulturelle System der Zweigeschlechtlichkeit nimmt hier eine Segregation vor, der zufolge beide Geschlechter gleichermaßen ‚auf die Verliererseite geraten'. Sich daraus zu befreien, erfordert [...] eine Überschreitung dieser geschlechtsspezifischen Einengung. [...] Geschlechtsrollenflexibilität erweist sich somit nach den vorliegenden Ergebnissen als salutogenetischer Faktor in der Verarbeitung sexueller Traumata." (Gahleitner 2005: 306 f.)

Eine geschlechtsspezifische Pädagogik in der Arbeit mit Mädchen und Jungen nach traumatischen Erfahrungen und eine Differenzierung der Hilfsangebote, die die Kategorie Geschlecht berücksichtigen, sind daher notwendig (Weiß 2011a: 140). So schlägt die Traumapädagogin Wilma Weiß (2011: 143) eine geschlechtsbewusste Pädagogik für Mädchen in geschützten Mädchen-Räumen vor, in der es u.a. um die Akzeptanz des eigenen Körpers und die Entwicklung einer selbstbestimmten Sexualität sowie um die kritische Auseinandersetzung mit Geschlechterrollenstereotypen, Gesundheitsförderung und die Stärkung der Mädchen gehen soll. Das Pendant zur parteilichen Mädchenarbeit stellt die reflexive Jungenarbeit dar, die in der kritischen Auseinandersetzung mit Geschlechterrollen Konzepte positiver und alternativer Männlichkeit mit den Jungen gemeinsam entwickelt (Weiß 2011a: 145 f.). Geschlechterkonstruktionen und -dekonstruktionen sollten grundsätzlich in der Sozialen Arbeit nach traumatischen Erfahrungen berücksichtigt und in den Prozess der Aufarbeitung einbezogen werden. Wichtig ist sowohl eine Aufmerksamkeit für Differenzen als auch ein sensibles Infrage-Stellen von Bildern und Identifikationen mit Geschlechterrollen und die Ermutigung zur Emanzipation und Unabhängigkeit von Stereotypen (Gahleitner/Reddemann 2014: 187 f.).

3.4 Posttraumatisches Wachstum

Nun haben wir uns lange mit den negativen und belastenden Folgen einer Traumatisierung auseinandergesetzt. Betroffene berichten aber oft auch von kreativen und vitalen Überlebensstrategien und letztendlich positiven Veränderungen (Gahleitner/Rothdeutsch-Granzer 2016: 142).

Bereits der psychoanalytische Entwicklungspsychologe Erik Erikson beschrieb Krisen als Anlass für Entwicklung und das Lösen einer Krise als Voraussetzung für den nächsten Schritt in seinem Lebenszyklus. Als psychosoziales *epigenetisches Wachstum* bezeichnete er die qualitative Transformation der Persönlichkeitsstruktur, die ein positives Selbstverhältnis einer Person auf einer reiferen Lebensebene begründe. Das Scheitern an einer Lernaufgabe beeinträchtige hingegen die Persönlichkeitsentwicklung und hinterlasse psychische Defizite. Vor diesem Hintergrund gelangt Erikson zu einem Spektrum für psychosoziale Entwicklungsprozesse, die durch die idealtypischen Pole ‚Bewältigung' versus ‚Scheitern' bestimmt wurden (Erikson 1973 und 1992).

Wie Menschen sich nun aufgrund einer traumatischen Erfahrung weiterentwickeln, das wurde von zwei amerikanischen Psychiatern, Richard Tedeschi und Lawrence Calhoun (2004: 1ff.), näher erforscht. Sie haben festgestellt, dass manche Betroffene sogar an diesen Krisen wachsen (Reddemann/Dehner-Rau 2008: 172 f.). Als Ergebnis ihrer Suche nach Veränderungen, die von den Betroffenen als positiv erlebt wurden und als Ergebnis der Bewältigung kritischer Lebensereignisse auftraten, konnten sie fünf zentrale Bereiche des posttraumatischen Wachstums („posttraumatic growth") identifizieren:

> „It is manifested in a variety of ways, including an increased appreciation of life in general, more meaningful interpersonal relationships, an increased sense of personal strength, changed priorities, and a richer existential und spiritual life. Although the term is new, the idea that great good can come from great suffering is ancient."[3] (Tedeschi/Calhoun 2004: 1)

Auch wenn die Ergebnisse dieser Forschungen zwar die große Gefahr bergen, dass traumatische Erfahrungen bagatellisiert oder sogar positiv als Entwicklungsmöglichkeiten und Chancen betrachtet werden, enthalten sie gleichzeitig zwei wichtige Botschaften für Betroffene und Professionelle: Traumata müssen keine lebenslange Strafe sein. Der Mensch verfügt über erstaunliche Kräfte der Heilung und der Regeneration (Reddemann/Dehner-Rau 2008: 174).

Fallbeispiel: Das Leben von Victor E. Frankl und seine Suche nach Sinn

Victor E. Frankl (1905–1997), der Begründer der Logotherapie, auch als Existenzanalyse bekannt, hat selbst traumatische Erfahrungen in mehreren Konzentrationslagern, darunter Auschwitz, überlebt und den Mord an seinen Eltern, seinem Bruder und seiner Frau überwinden müssen (Frankl 1982/2003). Das Prinzip seiner psychotherapeutischen Methode besteht darin, dass selbst im Leiden noch ein Sinn zu finden sei, der im Gespräch entdeckt werden und einen Weg zur Heilung darstellen könne. Ziel sei eine Transformation von Leiden, Schuld und Tod. Diese Phänomene des menschlichen Lebens könnten nicht vermieden, aber in besondere Leistung, persönliche Weiterentwicklung und als Ansporn zur verantwortlichen Nutzung der begrenzten Lebenszeit gewandelt werden:

„Sofern nun das konkrete Schicksal dem Menschen ein Leid auferlegt, wird er auch in diesem Leid eine [...] ganz einmalige Aufgabe sehen müssen. Der Mensch muß sich auch dem Leid gegenüber zu dem Bewußtsein durchringen, daß er mit diesem leidvollen Schicksal sozusagen im ganzen Kosmos einmalig und einzigartig dasteht. Niemand kann es ihm abnehmen, niemand kann an seiner Stelle das Leiden durchleiden. Darin aber, wie er selbst, der von diesem Schicksal Betroffene, dieses Leid trägt, darin liegt auch die einmalige Möglichkeit zu einer einzigartigen Leistung." (Frankl 1982/2003: 126)

---

[3] Es zeigt sich in vielfältiger Art und Weise eine Intensivierung der Wertschätzung für das Lebens insgesamt, dazu gehören mehr bedeutsame Beziehungserfahrungen, ein gestiegenes Gefühl der eigenen Stärke, veränderte Prioritäten und ein reicheres, tieferes und spirituelleres Leben. Auch wenn der Ausdruck neu ist, so ist die Vorstellung sehr alt, dass aus großem Leiden viel Gutes entstehen kann (eigene Übersetzung).

Die Transformation von Leiden birgt also die Möglichkeit eines Sinnangebots und kann sogar zu größerer Sinnerfüllung führen (Dehner-Rau/Reddemann 2019: 166). Ins Zentrum des Interesses für dieses Kompendium rückt damit die Frage, wie Prozesse der Traumaverarbeitung und -bewältigung gestaltet und begleitet werden können. Damit beschäftigt sich im Folgenden Modul 4.

> **Fragen zur Überprüfung und zum Weiterdenken**
> Beschreiben Sie die drei Symptomgruppen der posttraumatischen Belastungsstörung.
> Wie zeigen diese sich bei Kindern?
> Welche weiteren Folgen können nach einer Traumatisierung auftreten?
> Inwiefern kann ein Pendeln zwischen den Extremen zu einer Integration und Bewältigung beitragen?
> Weshalb spielen die Geschlechterrollen und ihre Stereotype bei der Bewältigung eine Rolle?
> Was verstehen Sie unter posttraumatischem Wachstum? Ist es nicht zynisch, einer Traumatisierung auch noch positive Veränderungen zu unterstellen und sie als Chance umzudefinieren?

Einführende Literatur:

- *Erste Hilfe für traumatisierte Kinder (Krüger 2015)*

In diesem Buch beschreibt der Facharzt für Kinder- und Jugendpsychiatrie und Traumatherapie die Folgen und den Umgang mit Traumatisierungen bei Kindern – ein hilfreiches Buch für alle, die mit traumatisierten Kindern leben oder arbeiten.

- *Trauma und Geschlecht – ein Verhältnis mit vielen Schattierungen (Gahleitner/Reddemann 2014)*

In diesem Artikel der beiden Expertinnen für Traumatisierungen wird die Relevanz einer geschlechterreflektierenden Herangehensweise an die Traumabewältigung gelungen herausgearbeitet.

Weiterführende Literatur:

- *…trotzdem Ja zum Leben sagen. Ein Psychologe überlebt das Konzentrationslager (Frankl 1982/2003)*

Ein beeindruckendes Buch des Begründers der Logotherapie Victor E. Frankl über die Suche nach Sinn.

- *Handbuch der Psychotraumatologie (Seidler et al. 2019)*

Die Folgen von Traumatisierungen werden u.a. ausführlich in diesem umfassenden, interdisziplinären Standardwerk dargestellt. Die Autor*innen aus Forschung, Praxis und Klinik bieten eine systematische Zusammenfassung der Erkenntnisse zum aktuellen Stand der Psychotraumatologie.

Lösung der Aufgabe zum Film „Postcard to Daddy" von Michael Stock

Folgen der Traumatisierung	Bewältigung
Direkte & indirekte körperliche Folgen	*Während der Traumatisierung*
Selbstverletzendes Verhalten („Schnipseln" an den Pulsadern), Suizidversuche, infiziert mit HIV und Hepatitis C, Schlaganfälle	Wegdichten und abspalten
	Beendigung des sexuellen Missbrauchs durch eigene Gegenwehr (Vater angeschrien und Treppe herunter geschubst)
Psychische Folgen	*Nach der Traumatisierung*
Schuld- und Schamgefühle („so schambelastet")	Hilfeschrei durch Suizidversuch
„sehr verloren am Tag danach"	Bedingungsloser Glaube und Parteilichkeit von seiner Mutter und seiner Schwester („ohne meine Mutter würde ich nicht mehr leben")
Verdrängung & gespaltene Psyche	
Trigger durch den Geruch von Pastis & Alkoholausdünstungen	Schuld an Vater delegiert
Re-Inszenierungen: immer wieder die gleichen Muster wiederholt, „Dramaqueen"	Erstmal „Opferperspektive" annehmen
	Aufarbeitung durch Konfrontation des Vaters und der anderen Familienmitglieder
Selbstmedikation: „mit 10 Sherry, mit 12 Kiffen, mit 14 Saufen, LSD-Trips" u.v.m.	
	Kreative Bearbeitung des Themas („Drehbuch" und eigene Filme gedreht)
Soziale Folgen	Psychotherapie
Als Jugendlicher verschlossen & verquer (kein Zugang in der Pubertät durch die Mutter)	Immer die gleichen Themen bearbeiten
Abweichende Sexualität (Promiskuität, „Geilheit", „zur Verfügung stehen müssen", passiver Sexualpartner)	„Gesundungsreise" mit seiner Mutter nach Thailand
Probleme mit Beziehungspartnern	Abschluss und Frieden finden
Verlust von Partner Rémy durch Suizid während einer Psychose (religiöser Wahn)	Verzeihen und Versöhnen statt Hass?
	Öffentlich Machen der eigenen Erfahrungen

Modul 4 Die Bewältigung von Traumata

Zusammenfassung:

Im Modul 4 steht die Bewältigung von traumatischen Erfahrungen im Zentrum. Nach einer begrifflichen Annäherung wird vor allem herausgearbeitet, wie die Bewältigung im Alltag unterstützt werden kann. Während die Risikofaktoren nach einem Trauma möglichst reduziert werden, sollten die Schutzfaktoren und die Resilienz eines Menschen gestärkt und ausgebaut werden. Die Stabilisierung ist dabei von zentraler Bedeutung und kann überall stattfinden. Auch traumatherapeutische Verfahren werden kurz vorgestellt und von einer Sozialen Arbeit nach traumatischen Erfahrungen abgegrenzt.

Fallbeispiel: Ray Charles (Dehner-Rau/Reddemann 2019: 264)

Der Musiker Ray Charles wuchs ohne Vater in Armut auf. Als Ray fünf Jahre alt war, ertrank sein jüngerer Bruder, weil er es nicht schaffte, ihn aus einem Wassertrog zu ziehen, in den dieser kopfüber gefallen war. In der Verfilmung „Ray" wird deutlich, wie sehr sich dieses traumatische Erlebnis durch sein Leben zog. Mit sechs Jahren erblindete er, dann starb die Mutter als seine wichtigste Bezugsperson. Allerdings hatte diese dafür gesorgt, dass er Selbstvertrauen und Selbstständigkeit entwickelte. Neben seiner Intelligenz und Ausdauer lernte er trotz seiner Drogensucht, auf die eigenen Kräfte zu bauen.

4.1 Bewältigung als Prozess

Im Modul 3 wurde deutlich, dass eine traumatische Erfahrung einen Prozess mit offenem Ende auslöst. Im besten Fall gelingt es der traumatisierten Person, das Ereignis zu verarbeiten und in die eigene Lebensgeschichte zu integrieren, im schlimmsten Fall entwickeln sich aus einer Chronifizierung der normalen Reaktionen weitere Symptome, psychische Störungen bis hin zu Persönlichkeitsstörungen. „Traumatisierungen wie frühe Vernachlässigung, Verwahrlosung, körperliche, seelische und/oder sexuelle Gewalt erklären mehr als 80 Prozent aller Persönlichkeitsstörungsdiagnosen" (Huber 2012: 118). Menschen, die traumatisiert wurden, sind daher darauf angewiesen, dass signifikante Andere ihre Notsituation erkennen und ihnen in ihrem Bewältigungsprozess zur Seite stehen. Eine adäquate Unterstützung wird häufig von Angehörigen oder Freund*innen übernommen, die nicht selten mit der Situation überfordert sind. Sie kann aber auch über eine Vermittlung in ein kompetentes Hilfesystem erfolgen. Traumaberatung, Traumapädagogik und Traumatherapien geraten damit in den Blick mit der Fragestellung: Wie kann professionell einer Chronifizierung der posttraumatischen Reaktionen und langfristigen Symptomen entgegengewirkt werden? Damit soll sich in Folge das vierte Modul beschäftigen.

An dieser Stelle halte ich es für wichtig, sich mit der Bedeutung von Bewältigung auseinanderzusetzen. Bewältigung oder sogar „Heilung" bei traumatisierten Menschen kann keine Wiederherstellung des Zustandes vor dem Trauma sein (Reddemann 2008: 19) – solche Versprechen müssen als Machbarkeitswahn identifiziert und benannt werden. Eine Arbeit mit traumatisierten Menschen darf keine trügerische Vorstellung von der Grenzenlosigkeit des Machbaren vermitteln. Denn traumatische Erfahrungen können vieles im Leben eines Menschen verändern – und sei es ‚nur' das Gefühl der Unverwundbarkeit, die Vorstellung der Welt als einem sicheren Ort oder auch das Vertrauen in andere Menschen. Dennoch müssen traumatisierte Menschen nicht für den Rest ihres Lebens leiden.

> **Definition: Bewältigung (Filipp 1997: vii-viii)**
>
> Die etymologische Rekonstruktion verweist auf das zentrale Bedeutungselement: sich ‚einer Sache gewaltig zeigen', etwas in seine Gewalt bringen, mit etwas fertig werden. [...] Bewältigen impliziert also das Meistern einer widerständigen, durch Bedrohung oder Verlust charakterisierten Situation.

Die traumatische Situation selbst hat die Bewältigungsmöglichkeiten eines Menschen überfordert, aber im Nachhinein kann ein Mensch seiner Hilflosigkeit entkommen und wieder Kontrolle über sein Erleben zurückgewinnen. Das Meistern bezieht sich dann unter anderem auf den Umgang mit den Traumaerinnerungen. Auch eine psychische Verwundung kann wieder heilen, wenn auch oft Narben zurückbleiben. Das Ziel einer beraterischen, begleitenden oder behandelnden Arbeit sind aber „Narben, die nicht mehr schmerzen" (Reddemann 2008: 19 f.).

> **Fallbeispiel:**
>
> Eine junge Frau mit einer angeborenen Körperbehinderung musste als Kind viele Operationen und schmerzhafte medizinische Behandlungen erleben. Aufgrund ihrer Schilderungen kann davon ausgegangen werden, dass es sich um traumatisierende Erlebnisse handelte, die nicht nur körperliche, sondern auch seelische Wunden hinterließen. Zur damaligen Zeit wurden die psychischen Folgen aber weder beachtet noch wurde ihr eine psychotherapeutische oder soziale Unterstützung angeboten. Mit den Folgen mussten sie und ihre Familie alleine zurechtkommen. Sie beschreibt in einem Interview sehr eindrücklich, wie das Geräusch einer Gipssäge, mit der ihr beim Entfernen eines Gipses Schnittverletzungen zugefügt wurden, lange Zeit Unbehagen und Wiedererleben auslöste:
>
> „Und das, was dann daraus resultierte, war das Geräusch dieser Säge. Und das klang so ähnlich wie unser Staubsauger zu Hause – und die Bohrmaschine. Und wann immer meine Mama den Staubsauger angemacht hat, hab' ich schlagartig angefangen zu weinen. Ich hatte keine Angst vor dem Staubsauger, aber das Geräusch hat automatisch das Weinen ausgelöst. Das fand ich – ganz furchtbar. Und ich wusste auch in dem Moment, womit es zu tun hat. Ich konnte nix dagegen tun. [...] Also das hat über Jahre angehalten. Und es war wirklich wie Schalter umlegen."
>
> Die Befragte hat ohne jegliche traumatherapeutische Unterstützung genau das gemacht, was heutzutage als Traumakonfrontation und Durcharbeitung in einer Psychotherapie gilt – sie hat wortwörtlich ihr Schicksal in die eigenen Hände genommen:
>
> „Und ich weiß nicht mehr, wie alt ich dann war – so 8 oder 9 – dass ich dann irgendwann dachte: So, jetzt will ich das nicht mehr! Und dann hat jemand bei uns in der Wohnung irgendwie mit 'ner Bohrmaschine zu tun gehabt und ich

hatte vorher Panik, dass jetzt die Bohrmaschine gleich quasi in meiner direkten Nähe losgeht. Da hab' ich gesagt: So, jetzt will ich selber Löcher bohren! Und dann hat der mir diese Bohrmaschine gehalten und ich durfte mit anfassen und selber einfach ein Loch nach dem anderen in die Wand bohren. – Und danach war's weg. Also das hat mir so geholfen, dass ich das selber anfassen konnte und selber diese Bohrmaschine in die Hand nehmen konnte."

An diesem Beispiel wird deutlich, wie wichtig das Erleben von Kontrolle ist: Während die traumatische Situation durch Hilflosigkeit, Ausgeliefertsein und Kontrollverlust gekennzeichnet war, konnte durch das Erleben von Kontrolle, Eigenmacht und Selbstwirksamkeit das Erlebnis bewältigt werden (Gebrande/Schäfferling 2019: 207 f.).

4.2 Das Modell der sequenziellen Traumatisierung

Wie wichtig bei diesem Bewältigungsprozess die psychosoziale Unterstützung ist, hat Hans Keilson, ein deutsch-niederländischer Arzt, Psychoanalytiker und Schriftsteller (1979/2005) mit seinem Konzept der „Sequenziellen Traumatisierung" betont. In einer Langzeitstudie über das Schicksal von niederländischen Kriegswaisen, die er knapp 70-jährig in einer Promotion vorlegte, hat er seine Theorie entwickelt, nach der eine Traumatisierung als ein mehrstufiger Prozess beschrieben werden kann. Dieses Prozessverständnis ist eine wichtige Erkenntnis für die Bewältigungs- und Unterstützungsmöglichkeiten durch die Soziale Arbeit: Ein Trauma kann nach Keilson nicht als ein einzelnes singuläres Ereignis mit pathologischen Folgen angesehen werden, sondern als ein Prozess, auf den viele Faktoren Einfluss nehmen. Insbesondere die Zeit nach den ursprünglichen Gewalterfahrungen ist für den weiteren Verlauf der kindlichen Entwicklung und die Schwere der traumatischen Folgen entscheidend. Es sind also nicht einfache Reaktionen auf Ereignisse, sondern der Blick wird auf die Folgezeit, die äußeren Bedingungen und das umgebende Milieu gerichtet (Keilson 1979/2005: 430). Die Folgen belastender Erlebnisse sind im weiteren Leben ständig modifizierbar und können zum Beispiel durch die Beeinflussung von Lebenslagen in positiver Weise abgemildert (oder eben durch Reviktimisierungen verschärft) werden. „Entscheidend für die Entwicklung psychischer Schwierigkeiten ist also nicht nur, wie grausam das Trauma an sich war, sondern wie es unmittelbar danach und später weiterging" (Kühner 2002: 27). Damit geraten innere und äußere Faktoren in den Blick, die einen Einfluss auf die Entwicklung eines Menschen nach einer traumatischen Erfahrung haben – Risikofaktoren und Verletzungsoffenheit (sogenannte Vulnerabilität) können den Prozess negativ beeinflussen, Schutzfaktoren und Resilienz dagegen unterstützen.

4.3 Die Rolle der Risiko- und Schutzfaktoren im Bewältigungsprozess

Fischer und Riedesser betonen in ihrem Lehrbuch der Psychotraumatologie (2009: 160ff.) die Auswirkungen von Risikofaktoren und protektiven Faktoren für den gesamten Verlauf einer Traumatisierung. Vor allem die Zeit direkt nach einem traumatischen Ereignis betrachten sie als besonders vulnerablen Zeitabschnitt. Schutzfaktoren und förderliche Bedingungen können den Übergang in die Erholungsphase entscheidend erleichtern, Risikofaktoren und ungünstige Bedingungen dagegen eine pathogene Entwicklung hervorrufen. Grundsätzlich können traumatische Erlebnisse selbst als besonders gravierende und extreme Formen von Risikoeinflüssen definiert werden, die die Resilienz eines Menschen schwächen, während die Vulnerabilität deutlich anwächst (Gahleitner 2005: 31; Wustmann Seiler 2012: 139).

> **Exkurs: Resilienz**
>
> Der Ursprung des Wortes beschreibt die Anpassungsfähigkeit beispielsweise eines Materials. So bedeutet ‚resilience' im Englischen ‚Spannkraft', ‚Elastizität' oder ‚Strapazierfähigkeit' und das Verb ‚resilere' (im Lateinischen) kann mit ‚abprallen' übersetzt werden (Bengel/Meinders-Lücking/Rottmann 2009: 19). Die biologischen Schutzmechanismen eines Organismus – die Protektion (z.B. in der Immunabwehr), die Reparatur (z.B. in der Wundheilung) und die Regeneration (z.B. im Schlaf) – können auf die seelischen Widerstandsfähigkeiten übertragen werden (Bender/Lösel 1998). Der Begriff der Resilienz wurde von den beiden Entwicklungspsychologinnen Emmy Werner und Ruth Smith (2001) eingeführt und als Bild für die psychosoziale Anpassungsfähigkeit von Menschen ausgewählt, die trotz widriger Umstände nicht zerbrechen, sondern ihr Leben erstaunlich gut bewältigen.

> **Definition: Resilienz**
>
> Resilienz ist die Fähigkeit, erfolgreich mit belastenden Lebensumständen (wie z.B. mit einer traumatischen Erfahrung) umzugehen und an Schicksalsschlägen, herausfordernden oder bedrohenden Umständen nicht zu zerbrechen, sondern im Gegenteil daraus eventuell sogar gestärkt hervor zu gehen. Sie meint „eine psychische Widerstandsfähigkeit von Kindern gegenüber biologischen, psychologischen und psychosozialen Entwicklungsrisiken" (Wustmann Seiler 2012: 18).

Im Rahmen ihrer Pionierstudie der Resilienzforschung (2001) begleiteten sie eine vollständige Geburtskohorte des Jahrgangs 1955 auf der hawaiianischen Insel Kauai über 40 Jahre hinweg (prospektives Studiendesign). Durch Psycholog*innen, Kinderärzt*innen, Krankenschwestern und Sozialarbeiter*innen wurden die Proband*innen im Alter von 1, 2, 10, 18, 32 und 40 Jahren immer wieder untersucht. Ein Drittel der 698 Kindern kam aus belasteten Familien, die hohen Risikobedingungen wie chronischer Armut der Familie, Krankheit der Eltern, familiärer Disharmonie, Vernachlässigung und/oder Misshandlung ausgesetzt waren und unter äußerst schwierigen Bedingungen aufwuchsen. Es interessierte die Forscherinnen besonders, wie sich diese Kinder aus den ‚Risikofamilien' entwickeln würden.

Sie konnten zwei Gruppen unterscheiden: Auf der einen Seite gab es die ‚vulnerablen Kinder' (n = 129), die erwartungsgemäß aufgrund der schwierigen Lebensbedingungen schon im Kindesalter Verhaltensauffälligkeiten, Lernprobleme und/oder psychische Probleme zeigten und vor dem 18. Lebensjahr schwanger, krank, arbeitslos oder gar straffällig wurden. Auf der anderen Seite absolvierte ca. ein Drittel der belasteten Kinder (n = 72) die Schule erfolgreich und sie wurden kompetente, zufriedene und fürsorgliche junge Erwachsene. Sie waren sowohl von außen betrachtet als auch nach eigener Auskunft zufrieden mit ihrem Leben. Diese Personen nannte die Forschergruppe *resilient*. „Im Alter von 40 Jahren gab es bei dieser Gruppe der resilienten Erwachsenen [...] eine niedrigere Rate an Todesfällen, chronischen Gesundheitsproblemen und Scheidungen. [...] Sie schauten hoffnungsvoll und positiv in die Zukunft" (Wustmann Seiler 2012: 88).

Doch was zeichnete diese Kinder aus? Werner und Smith (2001) konnten viele Schutzfaktoren biologischer, psychologischer und sozialer Art finden, die diese resilienten Kinder auszeichneten: Sie hatten ein positives, ‚einfaches' Temperament, ein aktives Explorationsverhalten, gute Problemlöse- und Kommunikationsfähigkeiten, eine – im Vergleich zu den nicht resilienten Kindern – stärkere Leistungsorientierung sowie Selbstvertrauen und positive Selbstwirksamkeitserwartungen als personale Ressourcen. Zudem konnten sie verstärkt auf soziale und familiäre Ressourcen zurückgreifen wie auf die emotionale Bindung zu mindestens einer bedeutsamen Vertrauensperson in oder außerhalb der Familie, auf einen einfühlsamen Erziehungsstil der Mutter und dementsprechend auf eine sichere Bindung zu ihr sowie auf soziale Fertigkeiten und in deren Folge auf ein gutes Auskommen mit Mitschüler*innen (Werner/Smith 2001). Viele vergleichbare internationale Studien sind in den letzten Jahrzehnten zu ganz ähnlichen Ergebnissen gekommen, die meist zu sieben wesentlichen Merkmalen resilienter Personen zusammengefasst werden. Es ist nicht verwunderlich, dass viele dieser Faktoren, die die seelischen Widerstandskräfte stärken, in diesem Kompendium ausführlicher thematisiert werden, da sie der Bewältigung nach traumatischen Ereignissen dienen.

> **Definition: Resilienzfaktoren (Gruhl 2009; Berg 2014; Huber 2010)**
>
> Optimismus, Akzeptanz, Lösungsorientierung, Verantwortungsübernahme, Selbstregulation/Verlassen der Opferrolle, Neuorientierung/Zukunftsplanung sowie von zentraler Bedeutung die Gestaltung von Beziehungen bzw. das Eingebunden-Sein in soziale Netzwerke

Früher erklärte man diese Fähigkeit mit dem „Vorhandensein außergewöhnlicher, magischer Persönlichkeitsmerkmale wie Unverwundbarkeit, Unbesiegbarkeit und psychischer Immunität", doch solch ein individualisierender, persönlichkeitsfokussierender Zugang greift zu kurz und verstellt „den Blick für das komplexe und dynamische Zusammenspiel der beteiligten biopsychosozialen Einflussfaktoren" (Maercker 2013: 77). Die resilienten Fähigkeiten werden vielmehr im Verlauf der Entwicklung in einem dynamischen Anpassungsprozess zwischen Kind und Umwelt erworben und sind das Ergebnis stabilisierender Bewältigungsprozesse in einer „komplexen Resilienzkonstellation" (Greve/Leipold/Meyer 2009: 175; Wustmann Seiler 2012: 28). Um dieses Zusammenspiel der biopsychosozialen Einflussfaktoren zu berücksichtigen, lässt sich Resilienz nach aktuellem Forschungsstand nicht mehr auf eine Aufzählung von Faktoren reduzieren. Die Zusammenhänge und Auswirkungen von Risiko- und Schutzfaktoren sind deutlich komplexer und differenzierter zu betrachten. Dementsprechend ist eine Entwicklung in der Resilienzforschung von einer statischen zu einer dynamischen Betrachtungsweise zu verzeichnen und Resilienz als ein „multidimensionales, kontextabhängiges und prozessorientiertes Phänomen" definiert (Wustmann Seiler 2012: 32 f., 48).

Da immer wieder begriffliche Unklarheiten bestehen, wie diese beiden Konzepte miteinander verbunden werden können, möchte ich hier in einer Übersicht darstellen, dass Vulnerabilität und Resilienz in dem komplexen Zusammenspiel von risikoerhöhenden und risikomildernden Bedingungen als die person-bezogenen oder personalen Faktoren angesehen werden können (siehe Abb.). Diese sind aber ebenfalls auf unterschiedlichen Ebenen zu betrachten, sind miteinander verwoben, unterliegen gegenseitigen Wechselwirkungen und stellen das Ergebnis eines biopsychosozialen Entwicklungsprozesses dar. Viele Eigenschaften und Merkmale, die scheinbar in der Person zu liegen scheinen, entstehen in der kontinuierlichen Interaktion des Menschen mit seiner Familie und Umwelt. Damit führen risikoerhöhende oder -mildernde Bedingungen zu ‚Narben' und einer besonderen Verletzlichkeit oder eben zu widerständigem und resilientem Verhalten. Meist treten Risikobedingungen zusammen auf, kumulieren in multipler Risikobelastung und führen zu besonderen Entwicklungsgefährdungen (Fröhlich-Gildhoff/Rönnau-Böse 2015: 20ff.; Wustmann Seiler 2012: 40 f.).

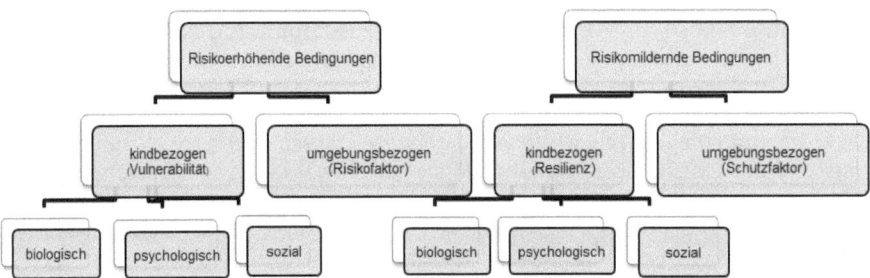

Abbildung 5: Risikoerhöhende und -mildernde Bedingungen (eigene Modifikation auf der Grundlage von Petermann/Niebank/Scheithauer 2004: 67)

Die Bewältigung traumatischer Erlebnisse kann also unterstützt werden, indem Risikofaktoren und Vulnerabilitäten möglichst eingeschränkt und reduziert werden, während die Schutzfaktoren und die Widerstandsfähigkeit sowie die Resilienz eines Menschen gestärkt und gefördert werden sollen (Wustmann Seiler 2012: 122 f.). Aus den Ergebnissen der Resilienzforschung wurde zwischenzeitlich eine Vielzahl von Programmen zur Förderung von Resilienz entwickelt, die in den Bereich der Prävention und Gesundheitsförderung eingeordnet werden können[4]. Daher wird in der Traumaberatung und Traumapädagogik die Förderung dynamischer Resilienzfaktoren als zentral für die Arbeit mit traumatisierten Kindern, Jugendlichen und Erwachsenen erachtet. „Im Paradigma der Resilienz werden in der Kindheit erfahrene Traumata und Stressoren nicht ausgeblendet, deren pathogene Wirksamkeit steht aber nicht im Fokus der Aufmerksamkeit. Statt nach Defiziten wird vielmehr nach Ressourcen, nach Möglichkeiten gelingender Auseinandersetzung, nach heilenden Kräften gesucht, die in der Persönlichkeit des Kindes selbst und/oder in einer unterstützenden sozialen Umwelt liegen und in der Regel

---

[4] Für eine Übersicht über die Angebote für Kindertagesstätten und Schulen bzw. für Kinder, Jugendliche, Eltern und pädagogische Fachkräfte siehe Fröhlich-Gildhoff/Rönnau-Böse 2015: 64ff. sowie Wustmann Seiler 2012: 124ff.

genutzt werden, um bereits im Kindesalter oder langfristig im Erwachsenenalter den Risiken nachhaltiger psychischer Beschädigung etwas Positives entgegensetzen zu können." (Fooken/Zinnecker 2007: 7f.)

> **Merke:**
>
> Traumatisierung ist ein Prozess, der aus Ereignisfaktoren wie dem Ausmaß und der Intensität des erlebten Traumas sowie aus Risikofaktoren und Schutzfaktoren besteht, die auf den Prozess einwirken. Dabei ist es wichtig, Risikofaktoren und die Vulnerabilität möglichst einzuschränken und zu reduzieren und Schutzfaktoren und die Resilienz eines Menschen zu stärken und auszubauen.

4.4 Die biopsychosoziale Stabilisierung im Zentrum der Traumabewältigung

Eine Traumatisierung stellt immer eine Verletzung der Integritäten eines Menschen dar, deren Bewältigung daher folgerichtig unterschiedliche Dimensionen umfassen muss (Gebrande/Melter/Bliemetsrieder 2017: 394ff.). Im Folgenden sollen also biologische, psychologische und soziale Möglichkeiten der Begleitung und Unterstützung von Bewältigungsprozessen vorgestellt werden.

> **Definition: Phasen der Traumabewältigung**
>
> Alle professionell begleiteten Bewältigungsprozesse werden meist in drei Phasen eingeteilt (Huber 2013: 18; Reddemann 2014: 13, 203ff.; Reddemann/Dehner-Rau 2008: 72f.):

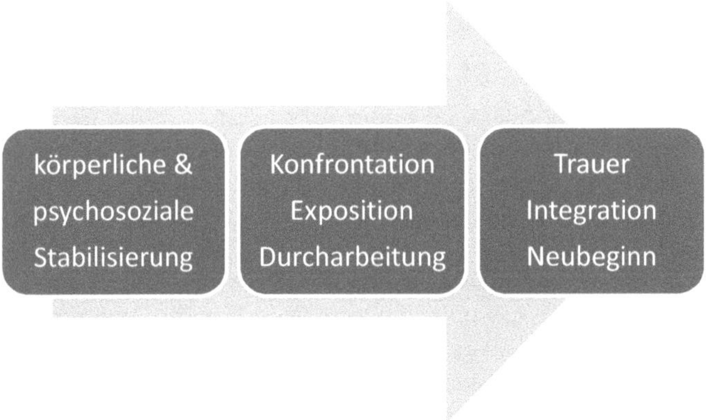

| körperliche & psychosoziale Stabilisierung | Konfrontation Exposition Durcharbeitung | Trauer Integration Neubeginn |

Abbildung 6: Die Dreiteilung des Prozesses der Traumabewältigung

Die erste Phase ist die der *Stabilisierung*. Diese Phase hat das Ziel des Aufbaus äußerer und innerer Sicherheit, der Informationsvermittlung zur Entlastung und zur Einordnung des Erlebten (Psychoedukation), der Ressourcenaktivierung sowie des Erlernens von Techniken zur Distanzierung von belastenden Erinnerungen, zum Stoppen von Dissoziationen und zur Orientierung im Hier und Jetzt sowie zur Beruhigung und Entspannung (Huber 2013: 94ff.; Reddemann 2014: 23ff.). „Fehlende Stabilität äußert sich darin, dass Unsicherheit, Angst, Nervosität, schlechter Schlaf, Verspannungen, Aggression und Sorgen etc. das Verhalten und

Fühlen bestimmen und dieser Zustand nicht hinreichend selbst verändert werden kann." (Hantke/Görges 2012: 105) Stabilität dagegen meint einen Zustand der Einflussnahme auf den eigenen Zustand durch Regulation, der Selbstfürsorge und Gelassenheit (Hantke/Görges 2012: 101, 107). Es geht um das Ziel, die Lebenssituation zu verbessern, zu entspannen und Fähigkeiten aufzubauen und zu stärken, durch die die Folgen einer Traumatisierung verhindert oder zumindest abgefedert und vermindert werden können (Knaevelsrud/Liedl/Stammel 2012: 17). Die Traumatherapeutin Michaela Huber (2013: 237) betont den hohen Stellenwert dieser ersten Phase: Ihren Erfahrungen zufolge macht die Stabilisierung, Ressourcenaktivierung und Distanzierung von Traumamaterial 99,9 % der Traumabehandlung aus. Eine Konfrontation und die Durcharbeitung sind zwar hilfreich für eine Integration der traumatischen Erinnerungen, aber nur etwa die Hälfte aller komplex traumatisierten Menschen sind soweit zu stabilisieren, dass eine Traumaexposition überhaupt stattfinden kann (Kluft 1997 zit. nach Huber 2013: 237). Ohne Stabilisierung führt eine rein auf Konfrontation und Integration ausgerichtete Bearbeitung des Traumas schnell zu einer Retraumatisierung (Scherwath/Friedrich 2014: 93).

> **Merke:**
>
> Als Faustregel der Krisenintervention fordern Fischer und Riedesser (2009: 215) zur Beachtung von drei Punkten auf:
>
> 1. Vermitteln von Sicherheit
> 2. zur Verfügung stehen für einfühlsame Gespräche
> 3. Verständnis haben und fördern für Traumawirkungen und den Prozess der Traumaverarbeitung

Die Stabilisierung findet überwiegend im Alltag statt – in der Beratung, Pädagogik, Pflege, Begleitung (Hantke 2015: 125) und ist damit ein wichtiges Aufgabenfeld der Sozialen Arbeit nach traumatischen Erfahrungen – beispielsweise arbeiten Erzieher*innen mit traumapädagogischen Konzepten in Wohngruppen der Kinder- und Jugendhilfe, in Beratungsstellen oder Frauenhäusern wird von Sozialpädagog*innen traumasensible Beratung und Stabilisierung angeboten. Zunächst ist es hilfreich, dass zentrale Grundbedürfnisse des Menschen wie Schlaf, Durst und Hunger gestillt werden. Individuelle Hilfen zur Selbstregulation können zusätzlich zur Beruhigung der inneren, gefühlten Situation von traumatisierten Menschen beitragen (für einen Überblick siehe Huber 2013: 239f.; Hantke/Görges 2012: 107 und Modul 12). Mit jeder Stabilisierung im Alltag wird auch die Integration der Traumaerinnerungen vorangetrieben (Hantke/Görges 2012: 109).

Die zweite Phase, die *Phase der Traumakonfrontation bzw. -exposition*, wird häufig als das Kernstück angesehen. Es gibt inzwischen eine Reihe von Methoden der gezielten Exposition und der Traumadurcharbeitung, die ausschließlich in einem therapeutischen Setting erfolgen dürfen (für einen Überblick siehe Huber 2013: 244ff.; Reddemann 2014: 109ff.). Diese Phase ist also eindeutig dem psychotherapeutischen Handlungsfeld zugeordnet (Beckrath-Wilking et al. 2013: 268ff.) und somit Ärzt*innen und Psycholog*innen mit einer psychotherapeutischen Ausbildung vorbehalten. Damit wird aber gleichzeitig suggeriert, dass die Konfrontation und Durcharbeitung der Erinnerungen an die traumatische(n) Situation(en) die schwierigste und wichtigste Arbeit darstelle, für die eine besondere Qualifikation notwendig sei.

Im Anschluss an eine Traumakonfrontation erfolgt eine letzte Phase der *Integration der Erfahrung in die eigene Lebensgeschichte*, was häufig mit Trauerarbeit, Sinnfragen und Spiritualität sowie einer Neuorientierung einhergeht (Beckrath-Wilking et al. 2013: 109 f.). Auch in dieser Phase kann eine psychosoziale Arbeit neben der körperlichen und traumatherapeutischen Unterstützung sinnvoll sein. Im Rahmen von Biographiearbeit kann in einer Sozialen Arbeit nach traumatischen Erfahrungen beispielsweise an diesen Themen gemeinsam gearbeitet werden, um die erlittenen seelischen und körperlichen Verletzungen und Verluste in die eigene Biographie und Weltsicht zu integrieren (siehe auch Modul 9).

Die Bewältigung traumatischer Erfahrungen ist allerdings als Prozess zu verstehen und verläuft oft nicht linear. Die drei Phasen laufen daher nicht nacheinander ab und sind auch nicht immer klar voneinander trennbar, sondern haben vielmehr Schnittmengen und Überlappungen, wechseln sich ab und greifen ineinander über (Dittmar 2013: 109).

> **Exkurs: Die Gemeinsamkeiten und Unterschiede von Beratung und Therapie (Gebrande/Lebküchner 2020: 164 f.)**
>
> „Das Verhältnis von Beratung und Psychotherapie ist ein konzeptionell, praktisch und professionspolitisch schwieriges. Insbesondere ein im deutschsprachigen Raum noch geringer entwickeltes Selbstverständnis von Beratung – bei gleichzeitigem ‚Beratungsboom' in allen Lebensbereichen – macht Abgrenzungen schwierig" (Nestmann 2002: 404).
>
> So können nach Frank Nestmann (2002: 404ff.) neben vielen Gemeinsamkeiten, Überschneidungen und Parallelen in den historischen Wurzeln, dem Methodenrepertoire sowie der professionellen Gestaltung eines Hilfeprozesses auch viele Unterschiede und Abgrenzungen zusammengetragen und auf dieser Basis mehrere unterschiedliche Modelle erkannt werden: So gibt es neben der „Vorstellung der absoluten Kongruenz" (Nestmann 2002: 404), die beispielsweise von Carl Rogers vertreten wurde, und der gegenteiligen Vorstellung einer grundsätzlichen Verschiedenheit und klaren Trennschärfe von Beratung und Psychotherapie auch Vorstellungen von Beratung als der kleinen Schwester oder einem Ableger der tiefgreifenderen und fundierteren psychotherapeutischen Behandlung, die den akademischen Heilberufen zugeordnet wird. In den Fachdiskursen wie im Alltagsverständnis finden sich zahlreiche Zuschreibungen, die die „Psychotherapie als Domäne der Psychologie und Medizin als kurativ, tiefgehend und strukturverändernd" und in Abgrenzung zur „Beratung als Arbeitsbereich Sozialer Arbeit als kurzfristig, situativ und präventiv" konzipieren (Gahleitner/Pauls 2010: 367). Damit einher geht häufig deren Höherbewertung und Zuständigkeit für ernsthafte, psychopathologische Erkrankungen mit Störungswert, die nur in die Hände ausgesuchter Spezialist*innen gegeben und dann durch die Krankenkassen finanziert werden können. Diese Vorstellung widerspricht allerdings der Realität, in der ein hochschwelliges Angebot mit Kommstruktur wie die Psychotherapie von Menschen in biopsychosozialen

Notlagen kaum wahrgenommen werden kann und sie damit zu Zielgruppen der Sozialen Arbeit werden.

Gleichzeitig existiert aber ebenso die Vorstellung, dass Psychotherapie als „ein vertieftes methodisches und individuell fokussiertes Sonderelement in einem umfassenden Beratungskontext" (Nestmann 2002: 405) eine Form spezialisierter Beratung darstelle. Zusammenfassend plädiert Nestmann für ein Überschneidungsmodell, das die „verschiedenen theoretischen, methodischen, setting- und kontextbezogenen Dimensionen als Pole von Kontinuen beschreiben [kann], mit großen Schnittflächen und trotzdem deutlichen Tendenzen zur einen oder anderen Seite" (Nestmann 2002: 405). So können die eigenständigen professionellen Selbstverständnisse und Profile betont werden und gleichzeitig auch Unterschiede der einzelnen psychotherapeutischen Schulen sowie verschiedener Beratungskonzepte Beachtung finden. Voraussetzung für ein gelingenderes Verhältnis „ist primär die gegenseitige Achtung und Anerkennung als ‚verschieden' und doch ‚ähnlich' und ‚gleichwertig'" (Nestmann 2002: 408).

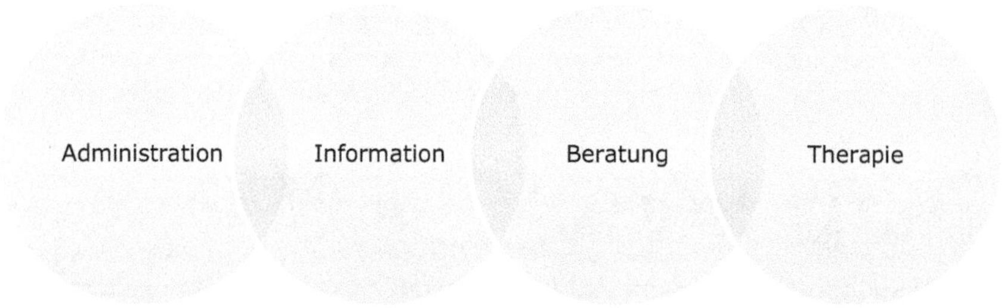

| Administration | Information | Beratung | Therapie |

Abbildung 7: Kontinuum der Aufgaben einer Sozialen Arbeit nach traumatischen Erfahrungen

Während es im Allgemeinen also sehr schwierig ist, Psychotherapie und psychosoziale Beratung voneinander klar abzugrenzen, können die Verantwortlichkeiten im Bereich der Arbeit mit traumatisierten Menschen deutlicher benannt werden. „Während Psychotherapie gezielt Veränderungen für gesundheitliche Beeinträchtigungen und ihre Folgen bewirken will und im Falle des Möglichen eine konzentrierte Durcharbeitung des Traumas anbieten kann, zeichnet sich Traumaberatung dadurch aus, dass sie neben den individuellen Zielen und dem Prozess dialogischer Problemlösung immer auch psychosoziale Vermittlungsarbeit betreibt. Sie ist damit wesentlich breiter gefasst als Psychotherapie und kann subjekt-, aufgaben- und kontextbezogen sowie präventiv, kurativ und rehabilitativ einwirken" (Gahleitner/Rothdeutsch-Granzer 2016: 146).

> **Merke:**
>
> Für die Stabilisierung und die Neuorientierung braucht es ein Netzwerk unterschiedlicher Professionen, das die physischen, psychischen, kognitiven, moralischen, sozialen und rechtlichen Integritäten der Menschen berücksichtigt, wahrt und achtet oder wieder herzustellen anstrebt (Gebrande 2017a: 65). Lediglich die Traumakonfrontation und -exposition ist alleine dem geschützten Rahmen der Psychotherapie zugeordnet.

4.5 Traumatherapie

Lange Zeit wurde die Behandlung von traumatisierten Menschen fast ausschließlich der Psychiatrie und Psychotherapie zugeschrieben. Im Gegensatz zu anderen psychischen Erkrankungen stehen aber medikamentöse Behandlungen nicht im Vordergrund. Die Pharmaforschung hat bisher kein spezifisches PTBS-Medikament entwickeln können (Maercker 2017: 124). Einen wichtigen Stellenwert nimmt die Traumatherapie ein. Bis heute existiert sogar die Vorstellung, dass alleine eine Traumatherapie „wirklich helfen" könne, was in der Wahrnehmung häufig zu einer Hierarchisierung von Angeboten der Traumabewältigung führt. Die Soziale Arbeit nach traumatischen Erfahrungen arbeitet nicht traumatherapeutisch im Sinne einer Konfrontation, Durcharbeitung und Integration der traumatischen Erfahrungen (siehe Exkurs zu den Gemeinsamkeiten und Unterschieden von Beratung und Therapie), aber sie kann informieren, motivieren, eine Traumatherapie vorbereiten, ergänzen oder im Nachhinein eine Umsetzung in den Alltag begleiten. Es würde den Rahmen eines Kompendiums der Sozialen Arbeit sprengen, hier alle (trauma-)therapeutischen Möglichkeiten darzustellen. Es stehen inzwischen aber zahlreiche nachgewiesen wirksame therapeutische Hilfen zur Verfügung. „Alles in allem sind die therapeutischen Möglichkeiten über die Jahre immer spezifischer und dadurch besser geworden, so dass für alle, die Traumata […] erlebt haben, es gute Gründe für Hoffnung auf eine wiederzuerlangende gute Lebensqualität gibt." (Maercker 2017: 125) In ganz verschiedenen Therapieschulen sind traumafokussierte Therapieformen und -techniken entstanden, die für Traumafolgestörungen in den letzten 30 Jahren entwickelt wurden. Alle Behandlungsempfehlungen und Wirkungsüberprüfungen stimmen darin überein, dass Menschen nach traumatischen Erfahrungen keine allgemeine Psychotherapie, sondern eine anerkannte Spezialtherapie angeboten bekommen sollten: *eine Traumatherapie*. Einen Überblick geben Andreas Maercker (2017: 107) oder Michaela Huber (2013: 237ff.) in ihren Büchern zu Trauma, Traumafolgestörungen und Wegen der Traumabehandlung. Viele verhaltenstherapeutische, systemische und tiefenpsychologische Verfahren wurden traumaspezifisch modifiziert. Zudem wurden eigene Methoden wie die imaginativ-hypnotherapeutischen Techniken oder die dialektisch-behaviorale Therapie entwickelt (Reddemann/Dehner-Rau 2008: 82 f.).

EMDR (Eye Movement Desensitization und Reprocessing) ist ebenfalls ein verbreiteter traumatherapeutischer Ansatz, der mit Augenbewegungen oder anderen Formen *bilateraler Stimulation* (über Töne oder Berührungen) arbeitet, was nachweislich die Intensität der traumatischen Erinnerungen und die Übererregung abschwächt (Shapiro 1998). Dieses Verfahren scheint die Selbstheilungskräfte des Gehirns zu aktivieren, traumabedingte Blockaden aufzulösen und die fehlgespeicherten Informationen zu integrieren (Rost/Hofmann 2013: 410). Weitere körperorientierte Verfahren werden in Modul 13 vorgestellt. Der Schwerpunkt dieses Kompendiums liegt aber auf den psychosozialen Ansätzen nach traumatischen Erfahrungen, weshalb im Folgenden vor allem Ideen der Stabilisierung vorgestellt werden. Vorher soll aber noch eine kritische Auseinandersetzung mit der Diagnostik und Behandlung nach Traumatisierungen erfolgen.

> **Fragen zur Überprüfung und zum Weiterdenken**
>
> Können Sie sich an Situationen erinnern, die Sie bewältigen mussten?
>
> Was hat Ihnen geholfen? Woran sind Sie vielleicht auch gescheitert? Was hätte Ihnen geholfen?
>
> Kennen Sie einen Menschen, den Sie als resilient betrachten? Was zeichnet ihn oder sie aus? Fragen Sie doch mal nach seinen*ihren Bewältigungsstrategien.
>
> Was können Sie in Ihrer Praxis oder auch in Ihrem Studium tun, um die Stabilisierung Ihrer Klient*innen oder Ihre eigene Stabilität stärker zu berücksichtigen?
>
> Was ist Ihr Bild von Beratung? Welcher Vorstellung von Therapie hängen Sie an?
>
> Wie definieren Sie Ihre Aufgabe in einer Sozialen Arbeit nach traumatischen Erfahrungen?

Einführende Literatur:

- *Resilienz. Widerstandsfähigkeit von Kindern in Tageseinrichtungen fördern (Wustmann Seiler 2012)*

In diesem Grundlagenwerk arbeitet die Autorin auf Basis der Forschungen zu Resilienz wichtige Aspekte und Forderungen an die Erziehung von Kindern heraus.

Weiterführende Literatur:

- *Traumafachberatung, Traumatherapie und Traumapädagogik. Ein Handbuch für Psychotraumatologie im beratenden, therapeutischen und pädagogischen Kontext. (Beckrath-Wilking et al. 2013)*

Dieses Handbuch bietet einen gelungenen Überblick über die Bewältigung traumatischer Erfahrungen für Medizin, Psychotherapie und Soziale Arbeit – ein Grundlagenwerk für alle, die noch tiefer einsteigen möchten.

Modul 5 Kritische Impulse zur Auseinandersetzung mit Trauma

Zusammenfassung:

Die Diagnose einer Traumatisierung kann zu einer Linderung von Leid beitragen und den Zugang zu Unterstützungsmöglichkeiten eröffnen. Aus diesem Grund gab es in der Geschichte auch einen langen, internationalen Kampf um die offizielle Anerkennung von Traumafolgestörungen. Doch der errungene Sieg ist ambivalent, besteht doch gleichzeitig die Gefahr, dass die Diagnose dafür genutzt wird, die traumatischen Erfahrungen und das daraus entstandene Leid zu individualisieren, zu pathologisieren und zu entpolitisieren. Werfen Sie in diesem Modul einen Blick auf die Gefahren von Diagnostik und auf den neoliberalen Diskurs von Selbstverantwortung und gewinnen Sie ein Verständnis für die Bedeutung der sozialen Dimension der Anerkennung des Leids von Menschen nach traumatischen Erfahrungen.

Fallbeispiel[5]:

Elijah ist 16 Jahre alt, als er nach Deutschland kommt. Er wuchs in Somalia auf. Durch den Bürgerkrieg in seinem Land verlor er seine Eltern und lebte lange Zeit bei seiner Tante in der Stadt. Dort war es gefährlich, da häufig Bomben fielen und die Rebellen der Al Shabaab die Menschen brutal unterdrückten. Also machte er sich eines Tages auf den Weg nach Europa, um endlich in Frieden leben zu können. Alleine schlug er sich durch, bis er schließlich auf einem Boot nach Italien kam. Dort lebte er einige Zeit in einer Unterkunft. Er hatte zu essen und ein Dach über dem Kopf. Aber er strebte nach mehr. Er wollte seinen Lebensunterhalt selbst verdienen und die Schule besuchen. Er wollte studieren und vielleicht einmal Arzt werden. Schließlich ist es auch das, was seine Tante sich für ihn wünschte, als sie ihn auf die Reise schickte: Dass er ein gutes Leben habe und etwas aus seiner Chance mache.

In einem Zug gelangte er schließlich nach Deutschland. Hier lebt er seit bereits einem Jahr in einer Einrichtung der stationären Kinder- und Jugendhilfe. Er darf zur Schule gehen und möchte nächstes Jahr den Hauptschulabschluss machen. In seiner Freizeit lernt er schwimmen und spielt in einem Fußballverein.

Aber Elijah ist nicht glücklich. Er empfindet es so, dass die Betreuer*innen im Kinderhaus sich nicht gut um ihn kümmern würden. Er dürfe nicht essen, wann er möchte und auch nicht, was er möchte. Es gebe zu viele Regeln, die er nicht verstehe und die ihn in seiner Freiheit einschränken. Er sei doch schließlich schon sehr selbständig und verstehe nicht, warum er für alles Rechenschaft ablegen müsse. Wenn er etwas benötige, dann würden sich die Betreuer*innen nicht darum kümmern und er bestehe auch nicht darauf. Schließlich möchte er keinen Ärger machen, auch weil er Angst habe, dann nicht länger in Deutschland bleiben zu dürfen.

Elijah vertraut niemandem in der Einrichtung. Von seinem Bezugsbetreuer fühlt er sich missverstanden und nicht ernst genommen. Er schlafe sehr schlecht, weil er sich sehr viele Gedanken (hauptsächlich um seine Zukunft) mache. Aber

---

5 Ich danke Maria Sardini für die freundliche Überlassung dieses Fallbeispiels, das einen realen Fall aus der ehrenamtlichen Begleitung des jungen Mannes (Name verändert) während ihrer Studienzeit beschreibt.

über seine Zukunft werde mit ihm nur wenig gesprochen. Auch der Kontakt zur Schule bestehe von Seiten der Einrichtung kaum. Die Betreuer*innen hätten keine Zeit, um an Elternabenden oder Infoveranstaltungen teilzunehmen und könnten daher seine Fragen bezüglich seiner Ausbildung nicht klären. Gerade weil Elijah aber die deutsche Sprache nicht so gut beherrscht, wäre ihm hier Unterstützung wichtig.

Elijah hat wenig Kenntnis über sich selbst. Er kann sich nur schwer einschätzen und kann seine Stärken und Schwächen nicht benennen. Konflikten geht er aus dem Weg.

Bei lauten Geräuschen zuckt Elijah häufig zusammen. Sie erinnern ihn an Erfahrungen, die er in seinem Heimatland gemacht hat. Das Erlebte, die Trennung von seiner Tante und seinen Freund*innen und auch die Sorgen bezüglich seiner Zukunft belasten ihn sehr. Trotzdem hat er keine therapeutische Unterstützung erhalten und weiß auch nicht, ob er in nächster Zeit welche bekommen wird. Auf Nachfragen hin wird er vertröstet.

Elijah empfindet die Situation in der Einrichtung als zusätzliche Belastung – er fühlt sich weder ausreichend unterstützt, noch kann er die Strukturen durchschauen. Die Abläufe, Regeln und die dahinterstehenden Gründe sind ihm nicht klar. Auf Kritik und Anregungen reagieren die Betreuer*innen hilflos oder abwehrend. Elijah bezeichnet die Einrichtung als „Gefängnis", in dem er nicht einmal beim Essen ein Mitspracherecht hat.

5.1 Politische Rahmung von Trauma am Beispiel von Folter, Flucht und Vertreibung

Laut Amnesty International wird in der Hälfte aller Länder der Welt gefoltert. Zwar haben viele Staaten die Anti-Folter-Konvention der UNO ratifiziert, was aber nicht automatisch bedeutet, dass sie sich auch daran halten. Häufig wird Folter nur besser getarnt, um keine medizinischen Beweise zu hinterlassen (Fischer/Riedesser 2009: 277). „Während in früheren Zeiten das Ziel der Folter vor allem im Erpressen von Geständnissen und geheimen Informationen bestand, wird sie in letzter Zeit zunehmend zur Bestrafung politisch unliebsamer Meinungen, zur Zerstörung der Persönlichkeit und zur Einschüchterung ganzer Bevölkerungsgruppen verwendet" (Fischer/Riedesser 2009: 277). Überlebende und ihre Familienmitglieder sind häufig gezwungen, Asyl im Ausland zu suchen, um vor weiteren Angriffen zu fliehen – wie auch Elijah, der vor dem Terror einer militanten islamistischen Bewegung in Somalia flüchtete. Doch auch die (erzwungene) Migration kann zu vielen bedrohlichen und existenziellen Erfahrungen führen.

Auch wenn sicher nicht alle traumatisiert sind, haben viele Menschen mit Fluchterfahrungen potenziell traumatisierende Ereignisse erlebt oder erleben diese aktuell, die sie nun verarbeiten und bewältigen müssen. Viele sind daher – wie Elijah – sehr belastet, wenn sie im Aufnahmeland ankommen. „Als Folge traumatisierender Erlebnisse (Verfolgung, Gefängnis, Folter, Vergewaltigung u.a.) entwickelt etwa jeder zweite Flüchtling eine Posttraumatische Belastungsstörung. Im Vergleich dazu erkranken in der deutschen Allgemeinbevölkerung daran nur maximal 2 von 100 Personen einmal im Leben" (Flatten et al. 2011: 202ff.). Und obwohl sie nun an einem ‚sicheren Ort' angekommen sind, sind sie zusätzlichen Belastungen ausgesetzt: Sie leben in einer für sie ‚fremden Kultur', die Menschen in ihrer Umgebung sprechen eine für sie schwer verständliche Sprache und langwierige Asylverfahren und drohende Abschiebungen verhindern ein Gefühl von Sicherheit und Zukunftsperspektiven. Hinzu kommen alltägliche Rassismus- und Diskriminierungserfahrungen sowie die Bedrohung z.B. durch rechtsextrem motivierte Übergriffe auf Flüchtlingsheime, denn die Gesamtzahl der rechtsextremistischen Straf- und Gewalttaten hat in den letzten Jahren in Deutschland zugenommen (Bundesministerium des Innern 2020: 10). Obwohl Elijah im Vergleich zu vielen anderen Menschen in einer privilegierten Situation in einer Einrichtung der Kinder- und Jugendhilfe untergebracht ist, leidet er unter den äußeren Bedingungen.

Einer Bewältigung stehen viele Faktoren entgegen: Der Alltag von Menschen mit Fluchterfahrungen ist – wie auch bei Elijah – häufig geprägt durch Bevormundung und Kontrolle sowie durch Perspektivlosigkeit. Auch die Entwurzelung und Isolation von sozialen Netzwerken sind Risikofaktoren, die ihre Lebenssituation oft charakterisieren. Statt Sicherheit und stabiler Lebensverhältnisse bei der Ankunft im Zielland wiederholen sich oft Ohnmachts- und Unsicherheitserfahrungen, was die Gefahr einer Retraumatisierung mit sich bringt. Beispielsweise ist die Anhörung von zentraler Bedeutung im Asylverfahren. Es wird erwartet, dass dort detailliert und chronologisch über die Geschehnisse im Heimatland und auf der Flucht berichtet wird. Für traumatisierte Menschen ist es oft unmöglich, zumindest sehr belastend oder sogar retraumatisierend, in einem ungeschützten, teilweise sogar bedrohlich erlebten Rahmen Bericht zu erstatten (siehe Modul 3 zu den Folgen von Traumatisierungen). Viele vermeiden es, ins Detail zu gehen, lassen die schlimmsten Szenen aus, dissoziieren oder spalten ihre Gefühle ab, was zu mangelhafter Glaubwürdigkeit und im schlimmsten Fall zur Ablehnung des Asylantrags führt. Psychotraumatologische Kenntnisse (z.B. über die Einschränkung der Erinnerung durch Traumata) bei allen beteiligten Berufsgruppen in Anhörungsverfahren wären dringend erforderlich (Gebrande 2016 b: 70). Daher möchte ich mich im Folgenden mit den Vor- und Nachteilen einer Diagnostik nach Traumatisierungen auseinandersetzen.

5.2 Geschichte der Anerkennung

Die Geschichte der Menschheit ist eine Geschichte von Kämpfen, Unterdrückung, Kriegen, Katastrophen und Gewalt und gleichzeitig eine Geschichte des Überlebens, der Hoffnung und der Bewältigung. Ein Blick in die Geschichte zeigt, dass es lange Zeit gedauert hat, bis die Auswirkungen eines traumatischen Erlebnisses offiziell anerkannt wurden (Herman 1992/2014: 17ff.; Mosser/Schlingmann 2013: o.S.; Gebrande 2018 a: o.S.). Denn lange Zeit wurden die psychischen Folgen von Traumatisierungen weder anerkannt, noch in den Blick genommen oder gar darüber gesprochen. Die amerikanische Psychiaterin und Professorin an der Harvard Medical School Judith Lewis Herman (1992/2014) konstatiert Wellenbewegungen zwischen Thematisierungen und Tabuisierungen von Traumatisierungen in der Geschichte. Bereits in den 1990er-Jahren beschrieb sie eine „periodische Amnesie", wonach auf „Zeiten intensiver Forschungstätigkeit […] immer wieder Zeiten [folgten], in denen das Thema in Vergessenheit geriet" (Herman 1992/2014: 17). Die zentrale Dialektik eines psychischen Traumas bestehe aus einem Konflikt „zwischen dem Wunsch, schreckliche Ereignisse zu verleugnen, und dem Wunsch, sie laut auszusprechen" (Herman 1992/2014: 9) und führe nicht nur auf individueller, sondern auch auf gesellschaftlicher Ebene zu diesem Wechselspiel.

Als Beispiel wird häufig Sigmund Freud, der Begründer der Psychoanalyse, herangezogen, der in seinen frühen Jahren die Ursachen der Hysterie erforschte und sie schon um die Jahrhundertwende 1900 als Folge von realer sexueller Traumatisierung einordnete. Freud stellte „die Behauptung auf, zugrunde jedes Falles von Hysterie befinden sich [...] ein oder mehrere Erlebnisse von vorzeitiger sexueller Erfahrung, die der frühesten Jugend angehören." (Freud 1896: 439) Mit dieser Analyse stieß er aber auf Ungläubigkeit und Ablehnung in Wissenschaft und Gesellschaft und er hatte drastische soziale Konsequenzen für seine Reputation und Karriere zu befürchten (Herman 1992/2014: 26). Daher nahm er seine Überlegungen wieder zurück und entwickelte stattdessen seine Theorie des Ödipuskomplexes, wonach die Berichte seiner Patient*innen Produkte inzestuöser, frühkindlicher Phantasien seien und sich jedes Kind in seiner psychosexuellen Entwicklung vom gegengeschlechtlichen Elternteil angezogen fühle. Mit dieser Abkehr von der Behauptung, dass sexuelle Übergriffe Realität und Alltag sind, konnte er seinen Ruf retten und „aus den Trümmern seiner Theorie zur Entstehung der Hysterie durch frühe Traumatisierung" die Psychoanalyse und seine Triebtheorie schaffen (Herman 1992/2014: 27). In der Folge waren Traumatisierungen durch sexualisierte Gewalterfahrungen wieder tabuisiert. Genauer gesagt: „Nicht der sexuelle Missbrauch [war] ein Tabu, sondern das Sprechen darüber" (Enders 2003: 11).

Einen Kampf um die Anerkennung von Traumafolgen führten auch die Überlebenden des unvorstellbaren Leids und der traumatisierenden Erfahrungen während der Shoa. Unter dem Begriff des sogenannten Überlebenden-Syndrom („survivor-syndrome" nach Niederland 1980) konnten Traumaforscher*innen zwar eine Kausalbeziehung zwischen den psychischen Folgen und den Erfahrungen von realem Horror in den Konzentrationslagern der Nazis eindrücklich belegen. Über viele Jahre hinweg wurde aber gerade in Deutschland den Überlebenden der Verfolgten des Naziregimes die Anerkennung der langfristigen Wirkungen durch die massiven Traumatisierungen verweigert und selbst in der Wissenschaft und insbesondere im Gesundheitswesen ignoriert oder bestritten. Laut Gutachten deutscher Psychiater war eine „traumatische Neurose" nicht rentenpflichtig, da der menschliche Organismus sich nach psychischen Belastungen reorganisieren könne und seelische Belastungen und Erschütterungen unmittelbar nach der Verfolgung abklingen könnten. Die Gründe für psychische Auffälligkeiten wären eher anlagebedingt in der „schwachen Konstitution" der Überlebenden zu finden oder gar Ausdruck von Rentenbegehren (Fischer/Riedesser 2009: 33; Kestenberg 2016). Medizingeschichtlich hat es lange gedauert, bis erste Schritte einer Aufarbeitung der Verbrechen der Medizin und Psychiatrie im Nationalsozialismus (Von Cranach/Schneider 2010) sowie dieses unrühmliche Kapitel der deutschen Nachkriegspsychiatrie angegangen wurden (Pross 1988/2001 in Fischer/Riedesser 2009: 33).

Und auch die Soziale Arbeit hat in ihrer Geschichte der „christlichen Liebestätigkeit" (z.B. Francke und Wichern) und „sogenannten Armenfürsorge" bis hin zum „Professionalisierungsprozess vom letzten Drittel des neunzehnten Jahrhunderts bis zur Gegenwart" strukturelle und personale Formen von Gewalt hervorgebracht, in die die professionell Tätigen der Sozialen Arbeit mehr oder weniger verstrickt waren (Kappeler 2010: 22 f.) Von den eugenischen und rassehygienischen Ideen bereits vor 1933 bis hin zu den *totalen Institutionen* (Goffman 1973) der sogenannten Anstalten in der Gesundheitsversorgung wie in Psychiatrien, in der Behindertenhilfe oder in der Heimerziehung (siehe auch Modul 8) lassen sich in allen politischen Systemen (wilhelminisches Kaiserreich, Weimarer Republik, NS-Staat, BRD und DDR) höchst problematische, stigmatisierende und entrechtende Sichtweisen auf „Insassen" und „Zöglinge" kurzum auf die Adressat*innen der Sozialen Arbeit feststellen (Kappeler 2010: 30ff.). Der Professor für Sozialpädagogik Manfred Kappeler (2010: 37), der für seine Verdienste bei der Aufarbeitung der Geschichte der Heimkindererziehung 2015 das Bundesverdienstkreuz erhielt, appelliert an uns alle: „Die Gewalt in der Sozialen Arbeit im zwanzigsten Jahrhundert wird auch die des einundzwanzigsten Jahrhunderts sein, wenn die in der Sozialen Arbeit Handelnden ihr nicht überall, wo ihr im beruflichen Alltag begegnet wird, entgegentreten." Wie notwendig dafür auch eine Aufarbeitung der eigenen Professionsgeschichte und eine Sensibilisierung für die Machtasymmetrien und die Gewalthaltigkeit ist, hat Theodor W. Adorno seinerzeit auf den Punkt gebracht: „Es kommt wohl wesentlich darauf an, in welcher Weise das Vergangene vergegenwärtigt wird; ob man beim bloßen Vorwurf stehenbleibt oder dem Entsetzen standhält durch die Kraft, selbst das Unbegreifliche noch zu begreifen. [...] Aufgearbeitet wäre die Vergangenheit erst dann, wenn die Ursachen des Vergangenen beseitigt wären. Nur weil die Ursachen fortbestehen, ward sein Bann bis heute nicht gebrochen." (Adorno 1977: 572) Mit der zentralen Bedeutung von Anerkennung und der sozialen Dimension von Trauma werden wir uns am Ende dieses Modul noch intensiver beschäftigen. Aber nun zurück zur Geschichte der Anerkennung.

Auch die Traumatisierungen in Kriegen, die durch Opfer- und auch Tätererfahrungen von Soldaten entstanden sind, wurden lange Zeit geleugnet und die menschliche Verletzlichkeit durch äußere Gewalteinwirkung sowie insbesondere die ‚männliche Schwäche' tabuisiert. Die Realität sah zwar so aus, dass im 20. Jahrhundert bei vielen heimgekehrten Soldaten „ein der Hysterie sehr ähnliches neurotisches Syndrom" (Herman 1992/2014: 35) beobachtet werden konnte, nachdem sie die Schrecken des Krieges in den Schützengräben überlebt hatten. Doch sowohl im ersten und zweiten Weltkrieg als auch später im Vietnamkrieg wurden sie als „Drückeberger", „Feiglinge" oder „Rentenjäger" verunglimpft und die Symptome einer posttraumatischer Belastung (sogenannter „Kriegsneurosen") sowie deren Zusammenhang mit den körperlichen und psychischen Verletzungen infrage gestellt. Psychisch verwundete Soldaten wurden eher als „Deserteure" und „Verräter" betrachtet und eine Anerkennung als „Patienten" wurde ihnen lange Zeit verwehrt. Erst durch den Widerstand der Vereinigung der Vietnamveteranen gegen diese Vorstellungen und Praktiken kam es in den USA langsam zu einem Umdenken (Herman 1992/2014: 34 ff.). Gemeinsam mit der amerikanischen

Frauenbewegung, die seit den 1970er-Jahren auf die traumatischen Folgen der alltäglichen häuslichen, körperlichen und sexualisierten Gewalt gegen Frauen und Mädchen aufmerksam gemacht hat, kämpften sie für die Anerkennung der ‚Posttraumatischen Belastungsstörung (PTBS)' als psychische Störung. Die Erkenntnis der Gemeinsamkeiten führte zu einem Schulterschluss von ganz unterschiedlichen Gruppen.

> „Vergewaltigungsopfer und Kriegsveteranen, mißhandelte Frauen und politische Gefangene, Inzestopfer und Geiseln, Menschen, die in Konzentrationslagern überlebt haben oder Menschen, die dem privaten Terror eines allmächtigen Familiendespoten ausgeliefert waren – sie alle haben etwas gemeinsam. Sie alle leiden an den Folgen ihrer traumatischen Erfahrungen, und sie weisen – so unterschiedlich sie im Einzelnen die Gewalteinwirkung auch erlebt haben mögen – eine große Anzahl identischer Symptome auf: ein Leidensmuster, das geprägt ist von Angst und Hilflosigkeit, von Alpträumen, Depression und Selbstverlust, von Schlaflosigkeit und Panikattacken und vor allem von einem fast unüberwindlichen Scham- und Schuldgefühl." (Herman 1992/2014: Umschlagtext)

Vor dem Hintergrund dieser ungewöhnlichen, solidarischen Initiative fand die Diagnose erstmals 1980 Eingang in das international bedeutsame amerikanische Diagnose-Manual DSM, das von der American Psychiatric Association (APA) herausgegeben wird. 1991 zog die International Classification of Diseases (ICD-10) der Weltgesundheitsorganisation (WHO) nach. In beiden Manualen ist sie die einzige Störung, in der die Ätiologie zur Diagnose dazugehört: Eine PTBS kann nur dann diagnostiziert werden, wenn ein traumatisches Erlebnis (als A-Kriterium) vorliegt. Damit wurde „endlich anerkannt, dass Ereignisse wie Krieg, Verfolgung und Naturkatastrophen – selbst bei physischer Unversehrtheit – schwerwiegende psychische Folgen nach sich ziehen können. Behandlungszentren für Traumaopfer existieren inzwischen in fast allen reichen Ländern. Aber auch in den Kriegs- und Krisengebieten sind im Rahmen der internationalen Zusammenarbeit unzählige Projekte entstanden, die versuchen, den Traumatisierten zu helfen." (Becker 2014: 7)

Diagnosen können so zur Linderung von Leid beitragen, denn „nur über sie gibt es eine ‚offizielle' Anerkennung für Leiden durch Gewaltfolgen" (Brenssell 2013: 6), aber sie sind nur ein wichtiger Bezugspunkt unter anderen. Auch für Menschen mit Fluchterfahrung kann die Anerkennung einer Traumatisierung zu einer intensiveren Unterstützung, z.B. in Form einer Traumatherapie, zu einem Abschiebestopp oder gar zu einem Recht auf Asyl führen.

Doch Diagnosen können auch dafür benutzt werden, um die traumatischen Erfahrungen und das daraus entstandene Leid zu individualisieren, zu pathologisieren und zu entpolitisieren. Belastende Erlebnisse ziehen nicht automatisch Störungen, Krankheiten oder gar Behinderungen nach sich. Es ist in diesem Zusammenhang wichtig, weder zu bagatellisieren noch zu dramatisieren, sondern die Situation differenziert zu betrachten: Nicht jede potenziell traumatische Situation muss zwangsläufig zu Symptomen führen. „Trauma [...] ist etwas Individuelles und

Gesellschaftliches, etwas Politisches und Persönliches zugleich" (Brenssell 2014: 123).

5.3 Ein Trauma ist keine Störung! Zur Problematik von Diagnostik

Obwohl es diesen langen Kampf um die Anerkennung der Diagnose gab, gehen mit ihr immer auch bestimmte Ausblendungen und Verkürzungen einher. Der Kontext und die Auslöser für diese Reaktionen geraten immer wieder aus dem Blick, wenn die Symptome und deren individuelle Bewältigung im Vordergrund stehen (Brenssell 2014: 126 f.). „Im Zuge durchgesetzter Traumatheorien wird gesellschaftlich und kollektiv erlittenes Geschehen, wie z.b. Krieg, Folter und Vertreibung, zumeist individuell therapiert; zur selben Zeit bleibt aber eine konsequente, also auch politische Bearbeitung, Kritik und Veränderung gesellschaftlicher Bedingungen, das erlittene psychische Leid betreffend, zumeist aus." (Widersprüche 2019: 3) So werden gesellschaftliche Ungleichheitsverhältnisse individualisiert und ungerechte und ausbeuterische Handlungen nicht als solche gekennzeichnet, sondern Individuen bspw. für Krankheit, Arbeitslosigkeit und Armut verantwortlich gemacht (Kessl 2005). Die Professorin für kritische Psychologie Ariane Brenssell (2013: 11) hat sich intensiver mit den Auswirkungen psychiatrischer Traumadiagnosen beschäftigt und sieht die Gefahr einer ganzen Kette von Ausblendungen:

> „Menschen, die Gewalt erlebt haben, werden zu traumatisierten Menschen. Mit ihnen werden Bilder von Störung und Krankheit verbunden. Die Diagnose-Sprache verschiebt soziale, gesellschaftliche Probleme zu klinischen. Sie werden an die Medizin delegiert. Probleme werden herausgelöst aus der gesellschaftlichen Situation. Das geschieht ‚Guten Gewissens', denn es ist ja jemand ‚anderes' dafür zuständig. Damit bleiben die gewaltförmigen Verhältnisse ‚quasi' normal. Der Normalzustand, der Gewalt produziert und fortsetzt, bleibt unangetastet."

Wenn die Folgen von Gewalt also als etwas Individuelles, als Einzelschicksal individualisiert und entkontextualisiert betrachtet werden, verlieren wir aus dem Blick, dass viele Traumatisierungen die Folge von gesellschaftlich bestimmten Machtverhältnissen und Dominanz- und Ungleichheitsstrukturen in Form von struktureller Gewalt und Diskriminierung sind (Brenssell 2014: 124; Gebrande 2017a: 50 f.). Die Gefahr einer Entpolitisierung der Traumatisierung sieht auch David Becker (2014: 8ff.) und steht deshalb der scheinbaren Anerkennung der Traumathematik sehr kritisch gegenüber: „Statt mehr vom Leid der Subjekte in verschiedenen Kulturen und Kontexten zu erfahren, hören wir eigentlich immer einheitlichere und gleichförmigere Klischees. Trauma wird adjektivistisch gebraucht, gleichbedeutend mit schlimm oder schrecklich. Statt dass der Bezug zwischen sozialpolitischen und intrapsychischen Prozessen deutlicher geworden und besser verstanden worden wäre, gibt es heute eine im Wesentlichen eng psychiatrisch, ausschließlich symptomorientiert argumentierende Traumaforschung und eine damit verknüpfte Behandlungspraxis, die ihren extrem reaktionären Charakter hinter einer angeblich apolitischen Haltung verbirgt" (Becker 2014: 8). Solange die Auseinandersetzung mit Traumata sich an einer Krankheitslehre mit einer universellen, weltweiten Traumadefinition orientiert, kann sie nur schwer als ein politisches Problem unter Berücksichtigung der spezifischen politischen Verhältnisse sowie der verschiedenen sozialen und kulturellen Kontexte weiterentwickelt werden – genau das fordert Becker aber ein. Denn „das theoretische Konzept und die sich daraus ableitenden Behandlungsmethoden können traumatisierten Menschen sowohl helfen als auch ihren Zustand verschlimmern. [...] Behandelt man Trauma als rein intrapsychischen Prozess, verleugnet man die gesellschaftlichen Dimensionen. Spricht man ausschließlich von den politischen und kollektiven Aspekten, verleugnet man die reale individuelle Wunde" (Becker 2014: 165 f.). Die kritische Auseinandersetzung mit Traumata in diesem Modul mündet damit in der Frage, ob eine Sprache gefunden werden kann, die das Leid der Menschen anerkennt, ohne sie deshalb als verrückt abzustempeln (Becker 2002: 71; Gebrande 2018 b: 122).

Exkurs: Diagnostik

Beispiele für eine klassifikatorische Diagnostik sind die beiden bekanntesten Klassifikationssyteme: die Internationale statistische Klassifikation der Krankheiten und verwandter Gesundheitsprobleme (ICD) und das Diagnostische und Statistische Manual (DSM) der APA. Zu Recht werden sie für Normalitätskonstruktionen, Ethnozentrismen sowie für die Prägung durch Macht- und Lobbyinteressen kritisiert. Nichtsdestotrotz stellen beide Systeme aber eine wichtige Grundlage für relevante Hilfeentscheidungen und Finanzierungsprozesse für Menschen mit Erkrankungen dar (Gahleitner/Hintenberger et al. 2014: 137; DIMDI 2020). Zum Beispiel ist der ICD-Schlüssel notwendig für Abrechnungen im deutschen Gesundheitssystem. Sozialarbeitende benötigen für Kooperationen im Gesundheitswesen auf Augenhöhe Grundkenntnisse über diagnostische Verfahren und Klassifikationssysteme, gleichzeitig sollten sie aber auch einen kritischen Blick auf die Gefahren einer Vereindeutigung und Stigmatisierung durch Diagnosen werfen und ihre ergänzende, ganzheitliche Perspektive auf die Menschen in ihren sozialen Beziehungen und in ihren gesellschaftlichen Verwobenheiten einbringen. So können Störungen auch als kompetente Lösungsversuche interpretiert werden, „um sehr ungünstige Umweltbedingungen individuell zu kompensieren" (Bräutigam 2018: 28).

In den traditionell tendenziell unterschiedlichen Logiken, Herangehensweisen, Methodologien und Forschungstraditionen der Handlungsfelder der Sozialen Arbeit im Vergleich zu den Handlungsfeldern von Psychiatrie und Psychologie liegt eine Chance. Während die psychiatrisch-psychologische Forschung eher komplexitätsreduzierend, symptom- und ergebniszentriert vorgeht, versucht die sozialarbeiterische bzw. sozialpädagogische Forschung eher, die Komplexität zu erhalten, den Einzelfall zu berücksichtigen sowie system- und prozessorientiert zu handeln (Schmid 2012: 111). Diese Erweiterung der bio-psychologischen Perspektive durch die Soziale Arbeit sollte Menschen nach Traumatisierungen zugutekommen.

Wenn die Folgen der Gewalt allein aus psychiatrischer Perspektive erfasst werden, deren Fokus sich auf Diagnostik, Symptomlisten und die Messung von Effektstärken richtet, werden sie in dem so entstandenen Dispositiv (Foucault) „vor allem individualisiert, pathologisiert und (neuro)biologisiert betrachtet" (Brenssell 2019: 90).

5.4 Der Diskurs um Selbstverantwortung und Selbstoptimierung

Es existieren inzwischen eine Fülle von Ideen, Methoden und Techniken der Traumatherapie, Traumaberatung und Traumapädagogik – wie sie auch in diesem Kompendium vorgestellt werden. Auch wenn eine Sensibilisierung für Traumatisierungen und diese Entwicklungen sehr zu begrüßen sind, so bergen sie auch die Gefahr, Adressat*innen entweder paternalistisch (also von oben herab) zu behandeln oder ihnen im anderen Extrem eine Eigenverantwortlichkeit für die eigene Traumabewältigung zu suggerieren. Doch was ist mit all jenen, bei denen eine Bewältigung oder Integration nicht gelingt oder die sich aufgrund von Schuld- und Schamgefühlen gar nicht erst einlassen können? Verweigern diese Subjekte ihr Glück? Erleben Adressat*innen ein Gefühl des eigenen Verschuldens und individuellen Scheiterns, wenn ein Hilfe-Prozess misslingt? (Gebrande 2018 a: o.S.) Viele der hier vorgestellten Module nehmen trotz dieser Einlassungen das Individuum und die Fähigkeiten zur Bewältigung in den Blick, wollen Hoffnung vermitteln und Menschen nach traumatischen Erfahrungen (wieder) zu einem Mehr an Lebensqualität verhelfen. Die Gefahr liegt darin, den Menschen ihre schmerzlichen Erfahrungen abzusprechen und von außen darüber bestimmen zu wollen, wann und wie es einer traumatisierten Person wieder besser gehen könne. Doch in einer kritisch ambitionierten Sozialen Arbeit nach traumatischen Erfahrungen sollte es nicht darum gehen, den Adressat*innen zu einer effektiveren Gestaltung des eigenen Lebens zu verhelfen und unsere eigenen Vorstellungen einer Bewältigung durchzusetzen. „‚Selbstoptimierung' verweist in diesem Zusammenhang auf die mit diesen Praxen und Therapien einhergehende Anforderung an jeden Einzelnen, sein individuelles Verhalten auch und insbesondere im Zuge gesellschaftlich begründeter ‚Traumata' an den verlangten Erfordernissen nach einem nicht mehr ‚funktionsgestörten' Verhalten auszurichten – also sich anzupassen und nicht mehr auffällig zu sein." (Widersprüche 2019: 4) Selbstoptimierung kann also nicht das Ziel Sozialer Arbeit sein:

> „Denn das würde bedeuten, sich selbst schneller, besser, schöner, gesünder machen zu wollen, um das eigene Leben effizienter zu gestalten. Sich selbst zu optimieren, ist eine Vorstellung, bei der der marktwirtschaftliche Maßstab der Effizienz, der Leistung und des Profits auf die eigene Person angewandt wird. In der heutigen Leistungsgesellschaft werden wir mit dieser Forderung geradezu bombardiert. Doch damit wird ein Druck hergestellt, gewissen Maßstäben zu genügen, sei es in Hinsicht auf Schönheit, Intelligenz, Reichtum oder die Anzahl der Follower und Likes in den sozialen Medien. Je mehr, desto besser! Doch wenn man diesen Maßstäben blind hinterherrennt, wird man ganz sicher nicht glücklich." (Frank 2019: 58 f.)

Auch die Ökonomisierung und Marktliberalisierung und der damit einhergehende Zeit- und Kostendruck haben im Gesundheitswesen, der psychiatrischen Landschaft und auch in der Sozialen Arbeit zugenommen und drängen den zwischenmenschlichen Kontakt zurück (Maio 2014: 17). Wenn von Kundenbindung, Belegzahlen, Fallpauschalen, Werbung und Marktpositionen gesprochen wird statt von der Qualität menschlicher Begegnung, dann wird schon sprachlich eine Verschiebung hin zu ökonomischen Aspekten deutlich (Schmid 2016: 87f). Auf Techniken reduzierte Formen der Traumabewältigung scheinen Betroffene wie Fachkräfte vor der Konfrontation mit dem erfahrenen Leid zu bewahren. Es scheint fast, als könnte dadurch Traumabewältigung ‚gemacht' und optimiert werden, während soziale und biografische Einflüsse an Bedeutung verlieren. Doch können wir dem Schicksal durch „technische" Kontrolle „Herr werden"? (Gebrande 2018a: o.S.) Krankheit, Traumatisierungen und Leid passen nicht zu den neoliberalen Ansprüchen des *Alles ist möglich, du musst es nur wollen, tun und wagen'*. „Hast Du es nicht geschafft, hast du nicht genug selbstoptimiert. [...] Wer mit seiner Seele nicht hinterherkommt, wird ausgegrenzt. [...] Die Verwundbaren bleiben auf der Strecke", so kritisiert die Traumapädagogin Wilma Weiß den Umgang mit traumatisierten Menschen im Neoliberalismus (2016b: 95). Aktionismus und Technokratie verleiten die Fachkraft dazu, eine Traumatisierung als ein rein neurobiologisches Problem zu sehen, das „sozialchirurgisch" behandelt werden kann (Brenssell 2019: 90). Doch statt eine Traumatisierung reduziert als einen biologischen Stressvorgang im Gehirn zu betrachten, der alleine durch Neurotechniken behandelt werden kann, sollten auch die soziale und politische Ebene in den Blick genommen werden, die eine Analyse der gesellschaftlichen Machtverhältnisse einschließt (Brenssell 2014: 138). Sie können Menschen eine Ahnung davon vermitteln, dass sie für die gesellschaftliche Situation und vielleicht noch nicht einmal für ihr individuelles Scheitern verantwortlich sind, sondern durch gesellschaftliche Prozesse bestimmt werden (Weiß 2016b: 101).

5.5 Die soziale Dimension der Anerkennung

Daher ist es zentral, Aspekte von Diagnostik und Behandlung kritisch zu reflektieren und sich mit Fragen der psychosozialen Bewältigung von traumatischen Erfahrungen auseinanderzusetzen, statt sich auf einen rein medizinisch-psychiatrisch-therapeutischen Blick zu verengen. Die soziale Dimension von Traumata erweitert die Perspektive auf eine rechtliche und gesellschaftliche Anerkennung des Leids sowie eine Bestätigung der Glaubwürdigkeit von traumatisierten Menschen, was sich positiv auf Bewältigungsprozesse auswirken kann. „Traumatische Situationen und die Verarbeitungs- und Selbstheilungsversuche der Betroffenen haben wesentlich eine soziale Dimension." (Fischer/Riedesser 2009: 66) Für den Heilungsprozess spielt es eine entscheidende Rolle, ob Betroffenen angemessene gesellschaftliche Wertschätzung und Unterstützung zukommt. Für Traumatisierungen ist es von „wesentlicher Bedeutung, wie sich die Allgemeinheit zum individuellen Elend" der Betroffenen verhält. „Unterliegen diese der gesellschaftlichen Verdrängung, Ausgrenzung oder gar Missachtung, weil sie durch ihr Leid an die ‚Katastrophe' erinnern, so ist für sie die traumatische Situation noch keineswegs beendet" (Fischer/Riedesser 2009: 65f.). Das verantwortliche Sich-Erkennen der Allgemeinheit im besonderen Leid der Betroffenen, das Bemühen um Hilfe für sie, die Anerkennung von Gerechtigkeit und Würde ist vor allem bei absichtlich herbeigeführten Traumata für den Erholungsprozess von großer Bedeutung. Derartige traumatische Situationen enden erst dann, „wenn die zerstörte zwischenmenschliche und ethische Beziehung durch Anerkennung von Verursachung und Schuld wiederhergestellt wurde. […] Daher heilt Zeit allein nicht alle Wunden" (Fischer/Riedesser 2009: 77).

Ein aktuelles Beispiel für gesellschaftliche Verantwortungsübernahme ist die Arbeit der Unabhängigen Kommission zur Aufarbeitung sexuellen Kindesmissbrauchs, die im Jahr 2016 mit dem Auftrag der gesellschaftlichen Aufarbeitung sexualisierter Gewalt gegen Kinder und Jugendliche in Deutschland ihre Arbeit aufgenommen hat (Keupp 2019: 597). Ihr Ziel ist es, Wege der Anerkennung von Unrecht aufzuzeigen und dabei alle Tatkontexte in zwei unterschiedlichen politischen Systemen und ihren jeweiligen Umgang mit den Betroffenen in den Blick zu nehmen. „Im Zentrum der Arbeit stehen die Betroffenen und ihre Erlebnisse in der Kindheit. Die Kommission will sichere Räume öffnen, die das Erzählen über Erfahrungen sexuellen Missbrauchs in der Familie, im Sportverein, in einem Heim oder einem Internat möglich machen" (Andresen zit. in Unabhängige Kommission zur Aufarbeitung sexuellen Kindesmissbrauchs 2017: 6). Zentrale Bedeutung hat dabei der Anspruch, dass Betroffene sich nicht rechtfertigen müssen und erzählen können, was sie möchten, ohne dass dies angezweifelt wird. Im Zwischenbericht der Kommission wird ausgeführt, dass viele Betroffene diese Form des Zuhörens als Anerkennung des Unrechts, das ihnen geschah, erleben und dass sie oft stolz darauf seien, durch ihre Berichte einen Beitrag zur Aufarbeitung zu leisten (Unabhängige Kommission zur Aufarbeitung sexuellen Kindesmissbrauchs 2017: 23). Das Zusammenspiel der individuellen Bewältigung erlebter Gewalt und der gesellschaftlichen Auseinandersetzungen mit den Strukturen und Bedingungen, die sexualisierte Gewalt möglich gemacht und ihre Beendigung erschwert bzw. verhindert haben, wird in der Studie „Erwartungen Betroffener sexuellen Kindesmissbrauchs an die gesellschaftliche Aufarbeitung" (Kavemann et al. 2019: 3) herausgearbeitet: „Ob eine individuelle Bewältigung gelingt, hängt auch davon ab, wie eine Gesellschaft und ihre Institutionen bereit sind, sexuelle Gewalt und ihre Folgen ernst zu nehmen und Unterstützung bereitzustellen und zugänglich zu machen. Andererseits kann die individuelle Bewältigung für Betroffene ein Weg sein, sich an gesellschaftlichen Aufarbeitungsprozessen zu beteiligen und diese mit ihrem Erfahrungshintergrund zu bereichern und voranzutreiben, wie in den letzten beiden Jahren vor allem am Beispiel der Betroffenen beobachtet werden konnte, die Übergriffe in Kirchen und pädagogischen Institutionen erlebt und sich organisiert haben. Der Stand gesellschaftlicher Aufarbeitung wiederum bestimmt das Maß, in dem die politisch Engagierten unter den Betroffenen in diese Prozesse einbezogen werden und ob ihre Teilnahme gefördert oder behindert wird. Die Kommission sieht ihre Aufgabe in der Förderung dieser Beteiligung. Aufarbeitung kann und darf nicht ohne die Betroffenen geschehen."

Die Initiative ECKIGER TISCH, eine Selbstorganisation von Betroffenen sexualisierter Gewalt an Jesuiten-Einrichtungen in Deutschland (www.eckiger-tisch.de [letzter Zugriff im November 2020]), hat in diesem Zusammenhang eine Spirale der Aufarbeitung entwickelt.

Modul 5 Kritische Impulse zur Auseinandersetzung mit Trauma

Abbildung 8: Spirale der Aufarbeitung (nach Katsch 2013: 2)

Fünf Schritte führen spiralförmig zur Aufarbeitung: (1) Wahrheiten aussprechen und anhören, (2) Wissen sammeln, bewerten und veröffentlichen, (3) Verantwortung übernehmen, (4) Anerkennung aussprechen und (5) Erinnern und Gedenken. Die Betroffenen fordern einen öffentlichen Diskurs rund um die Taten, die im Mittelpunkt der Anerkennung stehen sollen (Katsch 2013). „Den Ausgangspunkt bildet dabei der Schrecken der vielen Taten, die gemeinsam Teil eines historischen Unrechts sind, begangen an den Mädchen und Jungen, die wir als Gesellschaft nicht vor Missbrauch schützen konnten und die danach mit den Folgen allein gelassen wurden." (Katsch 2013: 1) Aufarbeitung und Anerkennung sind daher wichtige Bestandteile eines individuellen und kollektiven Bewältigungsprozesses von Traumata und sie sind Grundlage für die Prävention und den Schutz von Kindern, Jugendlichen und Erwachsenen vor Gewalt und Missbrauch sowie für die Übernahme von Verantwortung und die Gestaltung der Zukunft.

> **Fallbeispiel: Ideen für eine traumasensible Unterstützung für Menschen mit Fluchterfahrungen**
>
> Was bedeuten diese Ausführungen nun konkret für eine Soziale Arbeit mit potenziell traumatisierten Menschen mit Folter- oder Fluchterfahrungen und speziell für Elijah?
>
> „Die Lebensbedingungen traumatisierter Geflüchteter im Exil, die maßgeblich durch unsere Gesellschaft gestaltbar sind, spielen eine Schlüsselrolle für die Genesung und das Wohlergehen der Betroffenen. Alle, die mit Geflüchteten und Folteropfern zu tun haben, sei es im Herkunftsland, auf der Flucht oder im Exil, tragen entsprechend eine Verantwortung für deren Schicksal. Auch oder gerade wir haben es in der Hand, der erfahrenen Gewalt durch die Gestaltung guter Lebensbedingungen sowie die Sicherstellung der psychosozialen Versorgung und Unterstützung entgegenzuwirken." (Baron/Schriefers 2015: 8)
>
> Hilfreich sind dafür die Botschaft, dass eine Verarbeitung traumatisierender Erfahrungen möglich ist und eine Begleitung auf diesem Weg der Bewältigung, wenn diese wie von Elijah gewünscht wird. Zudem geht es natürlich auch um die Vermittlung von weiterführenden Hilfen beispielsweise im Gesundheitswesen, in Zentren der Behandlung für traumatisierte Flüchtlinge sowie in Beratungsstellen und eine gute Kooperation im Hilfesystem, z.B. mit der Schule.

Zur Orientierung benötigt Elijah Information und Transparenz. Dies betrifft sowohl Informationen zur aktuellen (Unterbringungs-)Situation als auch zum weiteren Ablauf des Asylverfahrens, seiner Ausbildung und Zukunftsperspektiven u.v.m. – alles, was verstanden und eingeordnet werden kann, ist hilfreich, um sich nicht länger als ohnmächtig und abhängig zu erleben. Dem widerspricht die aktuelle Situation, dass Informationen oft nur eingeschränkt oder gar nicht weitergegeben werden, was auf Seiten der geflüchteten Menschen zu Unsicherheit und Misstrauen führt (RefugeesHelp 2016: 268). Nivedita Prasad berichtet sogar von zahlreichen Adressat*innen der Sozialen Arbeit vor allem in Gemeinschaftsunterkünften, „deren fundamentale Menschenrechte, nicht nur in Herkunfts- und Transitländern sondern auch im Zielland Deutschland massiv verletzt werden." (Prasad 2017: 349)

Die Lebensbedingungen für geflüchtete Menschen und insbesondere für Kinder und Frauen machen es schwer bis unmöglich, Ansätze einer traumasensiblen Sozialen Arbeit umzusetzen. Die zahlreichen Belastungen, die politisch gewollten und gemachten Unsicherheiten und strukturellen Risikofaktoren stehen einer Stabilisierung komplementär entgegen. Es ist notwendig, ein fachlich fundiertes, dem Grundgesetz, den Menschenrechten und der UN-Kinderrechtskonvention und der UN-Behindertenrechtskonvention sowie dem Leistungsanspruch des achten Sozialgesetzbuches (Kinder- und Jugendhilfegesetz) entsprechendes Hilfekonzept für den Umgang mit geflüchteten Menschen planmäßig umzusetzen. Hierzu braucht es mehr Personal in den Behörden, mehr Sozialarbeitende und einen systematischen partizipativen Einbezug geflüchteter Personen (Gebrande 2016 b: 80).

Doch neben der Fokussierung auf das Individuum und die psychosoziale Versorgung und Unterstützung ist im Sinne der Initiierung von Empowermentprozessen auch die Perspektive der Gruppen- und Gemeinschaftsebene miteinzubeziehen. Die Förderung von Familienzusammenführungen von Menschen mit Folter- und/oder Fluchterfahrungen kann beispielsweise ganz erheblich zu einem Ausbau von Schutzfaktoren beitragen, die eine Familie insbesondere Kindern und Jugendlichen bieten kann. Soziale und familiäre Bindungen können eine Ressource sein, die Kraft und Halt gibt, während hingegen die Sorge um Angehörige quälend sein kann (Zito/Martin 2016: 78ff.). So könnte Elijah beispielsweise darin unterstützt werden, den Kontakt zu seiner Tante aufrechtzuerhalten.

Wie wichtig ein Teilen von Erfahrungen ist, wurde gerade am Beispiel der Unabhängigen Aufarbeitungskommission verdeutlicht. Indem Orte der Begegnung und Unterhaltung sowie Begegnungsräume für Menschen mit ähnlichen Erfahrungen zur Verfügung gestellt werden, die von ihnen selbst nach eigenen Wünschen und Bedürfnissen mit Leben gefüllt werden können (beispielsweise Orte für Zusammenkünfte, religiöse Rituale und Gebete oder Selbsthilfegruppen), kann ein peer to peer-Ansatz verwirklicht werden. „Ich sehe es als unsere Herausforderung, die Bevölkerung für ihre Verantwortung für die Fluchtursachen zu sensibilisieren. Dafür brauchen wir autonom verwaltete Freiräume, wo wir uns als Flüchtlinge treffen können. Die Ehrenamtlichen könnten den Flüchtlingen Räume zur Vernetzung stellen, wo wir uns austauschen und gegenseitig unterstützen können – und zwar ohne Einfluss von außen", das fordert Rex Osa (2016), ein Aktivist von The Voice Refugee Forum und dem Netzwerk Refugees for Refugees aus Stuttgart. Geflüchtete sollten nicht länger wie Kleinkinder behandelt werden, sondern durch Partizipation und Mitbestimmung ernst genommen und als Menschen anerkannt werden. Das sehen wir auch deutlich am Fallbeispiel von Elijah. Warum wird es ihm nicht ermöglicht, vielleicht sogar zusammen mit anderen, Essen nach seinen Vorstellungen zuzubereiten?

Grundsätzlich stärkt ein Aufbau von sozialen Netzwerken die kollektive Wirksamkeit. In Gemeinschaftsunterkünften können der Situation des ohnmächtigen Ausgeliefertseins, das in der traumatischen Situation erlebt wurde, aber häufig im Prozess des Asylverfahrens lange anhält, durch Gemeinschaftsaktivitäten wie beispielsweise gemeinsames Kochen und durch die Mitgestaltung der Lebensbereiche etwas entgegengesetzt werden. Wo sind Mitbestimmungsmöglichkeiten denkbar? Wie können Menschen mit Folter- oder Fluchterfahrungen selbst Einfluss nehmen und sich selbst (wieder) als wirkmächtig erleben? (Zito/Martin 2016: 82) Wer hat Elijah bisher gefragt, wie er sich seine Zukunft vorstellt, welche Sorgen ihn plagen, aber auch welche Wünsche und Stärken er mitbringt?

Dabei bewegen wir uns immer in dem Spannungsfeld, Differenzen (durch Herkunft, Sprache, Hautfarbe u.v.m.) zwar zu berücksichtigen, aber gleichzeitig Personen nicht auf diese Differenzen zu reduzieren.

> **Merksatz**
>
> Eine rassismuskritische Soziale Arbeit kann sich dabei an dem bekannten Zitat der afroamerikanischen Dichterin Pat Parker (1978) orientieren:
>
> „Für die Weiße, die wissen möchte, wie sie meine Freundin sein kann. Erstens: Vergiss, dass ich schwarz bin. Zweitens: Vergiss nie, dass ich schwarz bin."

Das Dilemma besteht darin, Unterschieden gerecht zu werden, ohne Unterschiede zu machen, wie Nancy Fraser es in der Beschreibung des Umverteilungs-Anerkennungs-Dilemma beschreibt (2001: 43ff.). „Während die Logik der Umverteilung darin besteht, der ‚Rasse' als solcher jedes Gewicht zu nehmen, besteht die Logik der Anerkennung darin, die Besonderheit der Gruppe aufzuwerten." (Fraser 2001: 46) Soziale Arbeit sollte daher einerseits die besonderen Bedürfnisse von Menschen mit Folter- und Fluchterfahrungen berücksichtigen und sich andererseits gegenüber den facettenreichen Selbstartikulationen der Individuen hintanstellen. Menschen mit Folter- und/oder Fluchterfahrungen und auch Elijah haben vielleicht Traumatisierungen erlebt, sie bringen aber auch unglaublich viele Stärken, Kompetenzen, Kräfte und Überlebenswillen mit, sonst wären sie gar nicht bis hierhergekommen. Eine traumasensible Soziale Arbeit knüpft an diesen Ressourcen an und richtet den Blick auch auf die gesellschaftliche Anerkennung der Fluchtursachen. David Becker formuliert dieses Dilemma in einem Interview (2002) sehr drastisch: Man müsse zwar für die Möglichkeit kämpfen, Traumatisierungen bei Flüchtlingen zu diagnostizieren und anzuerkennen, aber nicht im Sinne eines engen medizinisches Begriffs, weil dieser eine erneute Entkontextualisierung dessen darstelle, worunter diese Menschen zu Recht leiden. „Um es einmal ganz platt zu sagen: der Diktator hat meine Familie ermordet. Das ist ein politischer Vorgang. Bei mir taucht das als individuelles psychisches Leid auf, ich bin verzweifelt. Was ich jetzt brauche, ist unter anderem Anerkennung, dass der Diktator meine Familie umgebracht hat, und dass mein Leid mit diesem Mord zusammenhängt. Was ich nicht brauche, ist, dass man mir sagt: „Ja, Sie sind verrückt." Und das ist der Diskussionspunkt, um den es geht.

Können wir eine Sprache finden, die das Leid der Menschen anerkennt, ohne sie deshalb zu Verrückten zu stempeln?" (Becker 2002: o.S.)

Fragen zur Überprüfung und zum Weiterdenken

Wenn Sie sich einmal vorstellen, selbst traumatisiert worden zu sein – welche Reaktionen, Worte oder welches Verhalten würden Sie sich von Ihrem Umfeld wünschen?

Überlegen Sie einmal, ob Sie die Wellenförmigkeit der Thematisierung und Dethematisierung von Traumatisierungen aktuell oder in der Geschichte erkennen können. An welchem Punkt befinden wir uns gerade? Ist es nach wie vor ein ‚Modethema' oder droht es durch andere, scheinbar wichtigere Themen wieder in Vergessenheit zu geraten?

Welche Ausblendungen, Verkürzungen und Gefahren gehen von einer Diagnostik aus? Wie stigmatisierend ist die Diagnose einer posttraumatischen Belastungsstörung?

Inwiefern bestimmen unsere Gesellschaft, ihre Diskurse und die Zunahme des ökonomischen Drucks auch den Umgang mit Menschen nach traumatischen Erfahrungen?

Wo können Sie Solidarität zeigen und sich für die Anerkennung von Gerechtigkeit und Würde für betroffene Menschen einsetzen?

Einführende Literatur:

- *Umgang mit traumatisierten Flüchtlingen (Zito/Martin 2016)*

Speziell für den Umgang mit traumatisierten Flüchtlingen haben die Autor*innen einen Leitfaden für Fachkräfte und Ehrenamtliche herausgegeben, in dem neben den Informationen über Trauma auch kompaktes Basiswissen für den Umgang und zum Schutz vor eigenen Belastungen mit Checklisten für die konkrete Arbeit zur Verfügung gestellt werden.

Weiterführende Literatur:

- *Die Narben der Gewalt (Herman 1992/2014)*

Ein Klassiker der wissenschaftlichen Literatur zu Trauma, der bis heute nichts an Aktualität verloren hat, in dem Judith Lewis Herman beschreibt, wie traumatische Erfahrungen verstanden und überwunden werden können.

- *Traumabewältigung zwischen Hoffnung und Machbarkeitswahn (Gebrande 2018 a)*

In diesem Artikel der Zeitschrift Gemeindepsychologie wird die Auseinandersetzung mit der Machbarkeit von Traumabewältigung nochmals vertieft kritisch von mir diskutiert.

Teil 3 Konzepte der Sozialen Arbeit nach traumatischen Erfahrungen

Die Soziale Arbeit ist eine wichtige Profession und Disziplin in vielfältigen und diversen Arbeitsfeldern. Egal in welchem Bereich Sie arbeiten, können Sie Menschen mit traumatischen Erfahrungen begegnen und diese in ihrem Bewältigungsprozess unterstützen. In diesem Teil werden zunächst die Handlungsfelder einer Sozialen Arbeit nach traumatischen Erfahrungen näher beleuchtet (Modul 6). Direkt aus der psychosozialen Praxis heraus wurden für die Soziale Arbeit nach traumatischen Erfahrungen viele wertvolle Konzeptionen und Grundhaltungen entwickelt, von denen ich in diesem dritten Teil drei Ansätze als Kernelemente einer Sozialen Arbeit nach traumatischen Erfahrungen skizzieren möchte. Dabei bildet das Individuum immer den Ausgangspunkt, weshalb ich mit der Bindungsorientierung in Modul 7 beginnen möchte. Aber kein Mensch lebt im luftleeren Raum und eine Soziale Arbeit fokussiert neben dem Verhalten immer auch die Verhältnisse, die strukturellen Aspekte und Rahmenbedingungen. Die Pädagogik des Sicheren Ortes in Modul 8 greift diese Überlegungen auf und lässt sich gut mit den aktuellen Überlegungen zur Entwicklung von Schutz- und Präventionskonzepten in Einrichtungen verknüpfen. Der dritte Ansatz, das Konzept der Selbstbemächtigung in Modul 9, verbindet die beiden Ebenen des Individuums und der Strukturen im Sinne der Idee des Empowerments miteinander und leitet über zum Teil vier des Kompendiums, in dem die einzelnen Bausteine einer Sozialen Arbeit nach traumatischen Erfahrungen anschaulicher und verbunden mit konkreten Methoden vorgestellt werden.

Modul 6 Handlungsfelder der Sozialen Arbeit nach traumatischen Erfahrungen

Zusammenfassung

In diesem Modul wird der Blick auf die Versorgungsstrukturen in der Praxis gerichtet. Insbesondere die Klinische Sozialarbeit wird als Dach einer Sozialen Arbeit nach traumatischen Erfahrungen vor dem Hintergrund des biopsychosozialen Modells und der Salutogenese beleuchtet. Im Anschluss lernen Sie das Konzept einer kritisch ambitionierten und parteilichen Sozialen Arbeit kennen, bevor der traumasensiblen Sozialen Arbeit sowie der Entstehung der Traumapädagogik und der Traumaberatung ein Unterkapitel gewidmet wird.

Entgegen der Wahrnehmung in der Öffentlichkeit erfüllt die Soziale Arbeit, insbesondere die Klinische Sozialarbeit mit ihren Handlungsansätzen, Konzepten und Methoden der traumasensiblen, psychosozialen Beratung, der Traumapädagogik und der Stabilisierung bereits jetzt in den breitgefächerten Arbeitsfeldern des Gesundheitswesen, der Sozialpsychiatrie und der Beratungs- und Anlaufstellen einen großen Anteil an der Arbeit mit traumatisierten Menschen (Gahleitner/Schulze

2009: 4). Durch ihren Fokus auf „lebenspraktische Hilfen, die zu einer positiven Veränderung von Wohn-, Arbeits- und Beziehungsverhältnissen beitragen" (Mosser/Schlingmann 2013: o.S.) können, stellt die Soziale Arbeit und insbesondere die Klinische Sozialarbeit eine wichtige Ergänzung der traditionellen Perspektiven auf Gesundheit und Krankheit dar, die sich bis heute allerdings nicht in der gesellschaftlichen Anerkennung und entsprechenden Bezahlung im Vergleich zu den offiziell anerkannten Heilberufen (wie Ärzt*innen, Psychiater*innen, Psychotherapeut*innen) niederschlägt. Silke Gahleitner bezeichnet dieses interdisziplinäre Forschungs- und Handlungsfeld der *Psychotraumatologie innerhalb der Sozialen Arbeit* als „psychosoziale Traumatologie", welches sich in den letzten Jahren „durch die zunehmende Erkenntnis der gravierenden Einflüsse des sozialen und gesellschaftlichen Umfeldes auf Entstehung und Verlauf traumatischer Belastungsreaktionen" entwickelt hat (Gahleitner 2017a: 916).

6.1 Klinische Sozialarbeit

Um den Anforderungen einer psychosozialen Praxis im Umgang mit Gesundheit und Krankheit gerecht zu werden, ist die Entwicklung einer besonderen fachlichen Spezialisierung vor dem Hintergrund allgemeiner Konzepte Sozialer Arbeit sinnvoll. Analog zur ‚Klinischen Psychologie' wurde deshalb der Begriff der ‚Klinischen Sozialarbeit' gewählt, um eine Fachsozialarbeit zu beschreiben. Einem verbreiteten Missverständnis zu Folge handelt es sich also **nicht** um eine Soziale Arbeit in der Klinik, sondern um jede „direkt beratend-behandelnde Tätigkeit in der Fallarbeit, unabhängig davon, ob dies in Praxen, ambulanten Beratungsstellen, in Tageseinrichtungen oder in Kliniken und Langzeiteinrichtungen stationär erfolgt" (Pauls 2013: 16). Zur Konkretisierung der Klinischen Sozialarbeit existieren viele Begrifflichkeiten und Definitionen, die ihre Zugänge, Arbeitsansätze, Konzepte und Methoden beschreiben, wie beispielsweise Sozialtherapie, Soziale Therapie, Soziotherapie oder soziale Interventionen. In manchen Arbeitsfeldern haben sich bestimmte Bezeichnungen stärker durchgesetzt (wie z.B. in der Behandlung von Sucht und Abhängigkeit, in der die Soziale Arbeit mit der Sozialtherapie traditionell stark verankert ist), teilweise werden sie aber auch synonym verwandt. Die traumasensible Soziale Arbeit lässt sich unter dieses Dach der Klinischen Sozialarbeit einordnen.

> **Definition: Klinische Sozialarbeit**
>
> Von Klinischer Sozialarbeit wird allgemein dann gesprochen, „wenn die Soziale Arbeit in Behandlungskontexten erfolgt und eigene Beratungs- und Behandlungsaufgaben wahrnimmt. Ausgehend von einem bio-psycho-sozialen Grundverständnis von Gesundheit, Störung, Krankheit und Behinderung liegt ihr Fokus auf der psychosozialen Diagnostik, Beratung und Behandlung von Personen im Kontext ihrer Lebenswelt. [...] Nötig sind dafür Wissen, Können und eine professionelle Haltung, diese muss ‚klinisch' in dem Sinne sein, dass der diagnostische Blick und eine therapeutische ‚Awareness' zum Habitus wird – ohne die Person zum Objekt zu machen und ohne ihre soziale Einbettung zu vernachlässigen." (Sektion Klinische Sozialarbeit 2020)

Die Ziele der Klinischen Sozialarbeit liegen nach Pauls (2013: 16ff.) in der Förderung sowie der Verbesserung oder Erhaltung der psychosozialen Funktionsfähigkeit von Individuen, Familien und Gruppen. Klinische Sozialarbeiter*innen handeln damit in einem breiten Spektrum von gesundheitsrelevanten Themen: Zielgruppen Klinischer Sozialarbeit sind Menschen mit psychischen Erkrankungen sowie mit chronischen körperlichen Krankheiten und Behinderungen, Gewaltopfer und Gewalttäter*innen, traumatisierte Personen (z. B. nach Gewalterfahrung oder Missbrauch) bzw. ganz allgemein Menschen in schweren Belastungen und Krisen, deren Bedürfnisse nach Zuwendung und Unterstützung, nach Aufklärung, Begleitung, Beratung und Behandlung im Zentrum stehen.

Grundlage ist ein biopsychosoziales Verständnis von Gesundheit und Krankheit, welches im 20. Jahrhundert von dem US-amerikanischen Psychiater George L. Engel (1977: 129ff.) konzipiert und im Laufe der Jahre erweitert wurde. Dem Modell liegt ein ganzheitliches Krankheitsverständnis zugrunde, welches nicht nur besagt, dass neben biologischen und medizinischen Aspekten bei der Behandlung auch die psychosoziale Ebene miteinbezogen werden muss (Egger 2005:3 f.), sondern alle drei Ebenen als gleichrangig betrachtet (Sommerfeld et al. 2016: 87). Es existiert im biopsychosozialen Modell nichts isoliert, sondern alle Ebenen sind miteinander verbunden und stehen in Wechselwirkung zueinander (Egger 2005: 5; Sommerfeld et al. 2016: 86). Dementsprechend ist es nicht nur relevant, auf welcher Ebene eine Krankheit sichtbar wird, sondern welche Auswirkungen sie auf allen anderen Ebenen hat (Egger 2005: 3). Diese Erkenntnis bedeutet gleichzeitig, dass eine Änderung auf einer Ebene auch eine Veränderung auf einer anderen Ebene bewirken kann, sodass beispielsweise soziale Interventionen Verbesserungen auf psychischer und sogar auf körperlicher Ebene hervorrufen können (Egger 2005: 5; Gebrande/Lebküchner 2020: 165 f.). Nach Gahleitner (2019: 17) muss „Krankheitsentstehung als ein multikausaler, nonlinearer Prozess begriffen werden, der sich im Zusammenwirken von biologischen, psychologischen, sozialen, kulturellen, politischen und ökonomischen Verhältnissen vollzieht." Die aktuellen Forschungsergebnisse zur Neuroplastizität des Gehirns sowie zur Epigenetik zeigen, dass psychosoziale Faktoren – einschließlich gesellschaftlicher Lebensverhältnisse – nicht nur funktionale biologische Abläufe, sondern auch strukturell das Gehirn, das zentrale Nervensystem sowie genetische Prozesse prägen (Gahleitner 2019: 18). Diese Multiperspektivität hat sich international auch durch die Definition von Gesundheit der Weltgesundheitsorganisation (WHO) und der Ottawa-Charta (1986) durchgesetzt.

Definition: Gesundheit (WHO 1946/2020)

„Die Gesundheit ist ein Zustand des vollkommenen körperlichen, geistigen und sozialen Wohlergehens und nicht nur das Fehlen von Krankheit oder Gebrechen. Der Besitz des bestmöglichen Gesundheitszustandes bildet eines der Grundrechte jedes menschlichen Wesens, ohne Unterschied der Rasse, der Religion, der politischen Anschauung und der wirtschaftlichen oder sozialen Stellung."

Es ist ein Fortschritt, dass durch das biopsychosoziale Modell die vorherrschende eindimensionale biomedizinische Sichtweise überwunden wird. Die Mehrdimensionalität von Gesundheit erfordert jedoch eine interdisziplinäre Zusammenarbeit von Medizin, Psychiatrie, Psychotherapie, Pflege und Sozialer Arbeit. „Dabei wird die Bedeutung der sozialen Dimension in Gesundheitskontexten aber immer noch und immer wieder erheblich unterschätzt." (Gahleitner 2019: 22) Um potenziell traumatisierte Menschen zu unterstützen, gilt es, Hoffnung zu vermitteln und ein Trauma in diesem Sinne nicht nur als Krankheit und Störung zu begreifen (siehe Modul 5). Angeknüpft werden kann hier an die Prinzipien der Salutogenese. Statt den Blick auf die Defizite zu richten, stellt sich die Frage: Was hilft, gesund zu bleiben oder wieder gesund zu werden? Die Soziale Arbeit nach traumatischen Erfahrungen profitiert hier vom Perspektivwechsel in Medizin und Wissenschaft durch die Salutogenese. Sie wendet sich ab von dem lange vorherrschenden biomedizinischen Blick auf das Pathologische (also auf das Fehlende und Kranke) hin zu der Erforschung von Prozessen, die Gesundheit erhalten und fördern (Antonovsky 1997: 23 f.).

> **Exkurs: Das Modell der Salutogenese**
>
> Der amerikanisch-israelische Pionier der Gesundheitsforschung Aaron Antonovsky widmete sich aus medizin-soziologischer Perspektive in der zweiten Hälfte des 20. Jahrhunderts dem „mystery of health", also dem Geheimnis der Gesundheit oder dem Wunder des Gesundbleibens, nachdem er in Israel eine Studie über Frauen in den Wechseljahren durchgeführt hatte (Franke in Antonovsky 1997: 13). Zeitgleich zu den entwicklungspsychologischen Forschungen zur Resilienz von Werner und Smith (siehe Modul 4) kam er zu ganz ähnlichen Ergebnissen: Im Rahmen seiner Forschungen erkannte Antonovsky, dass verschiedene Menschen ähnliche traumatische Erfahrungen sehr unterschiedlich verarbeiten und die Erfahrungen divergierende Auswirkungen auf den Gesundheitszustand der Betroffenen haben. Viele der befragten Frauen, die während des Dritten Reiches und der Shoah in Konzentrationslagern überlebt haben, wiesen biopsychosoziale Folgen der Extremtraumatisierungen auf. Doch auch in seiner Studie wiesen ein Drittel der befragten Frauen überraschend wenige Beeinträchtigungen auf und stellten sich mit einer erstaunlichen Kraft auf die neue Lebensphase nach den Wechseljahren ein. Antonovsky widmete seine weitere Forschungstätigkeit daraufhin der Erforschung der Merkmale dieser Frauen und ihrer Bewältigungsprozesse.
>
> Das Kernstück seines salutogenetischen Modells der Gesundheit, das Konstrukt des Kohärenzgefühls (sense of coherence (SOC)), weist viele Parallelen zum Konstrukt der Resilienz auf. Es beschreibt ein grundsätzliches Gefühl des Vertrauens in das Leben, eine allgemeine positive Grundhaltung gegenüber der Welt, welche seiner Forschung zufolge für die Entwicklung von Gesundheit und vor allem für die Bewältigung von traumatisierenden Erlebnissen entscheidend ist (Antonovsky 1997: 33ff.). Ein stark ausgeprägtes Kohärenzgefühl ermöglicht es, Chaos, Schrecken und Traumatisierungen zu überstehen, ohne daran zu zerbrechen.

> **Definition: Kohärenzgefühl (Antonovsky 1997: 34)**
>
> Das Kohärenzgefühl ist eine globale Orientierung, die ausdrückt, in welchem Ausmaß man ein durchdringendes, andauerndes und dennoch dynamisches Gefühl des Vertrauens hat. Es besteht aus drei Komponenten: der Verstehbarkeit, der Handhabbarkeit und der Bedeutsamkeit.

Die erste Komponente ist das *Gefühl von Verstehbarkeit* (sense of comprehensibility), das sich auf das Ausmaß bezieht, in welchem ein Mensch sein Leben als überschaubar, vorhersehbar, geordnet und erklärbar ansieht. Zur Wiederherstellung von Handlungsfähigkeit und der Orientierung nach einer überwältigenden Erfahrung braucht es Information und Transparenz. Alles, was verstanden und eingeordnet werden kann, ist hilfreich, um sich nicht länger als ohnmächtig und abhängig zu erleben (Antonovsky 1997: 34; siehe auch Modul 10 zur Förderung des Selbstverstehens).

Die zweite Komponente ist die *Handhabbarkeit* (sense of manageability), die das Ausmaß der Überzeugung eines Menschen beschreibt, mit den Anforderungen des alltäglichen Lebens zurecht zu kommen und dafür die geeigneten Ressourcen zur Verfügung zu haben. Die Ressourcen eines Menschen werden dabei umfassend verstanden als eigene Fähigkeiten und Fertigkeiten, aber ebenso auch ökonomische Ressourcen und zwischenmenschliche Beziehungen, die Einfluss darauf haben, ob eine Situation als Herausforderung oder Überforderung erlebt wird (Antonovsky 1997: 35; siehe auch Modul 14 zur Aktivierung von Ressourcen).

Die dritte Komponente kann als *Bedeutsamkeit* oder *Sinnhaftigkeit* (sense of meaningfulness) bezeichnet werden und fragt nach dem Ausmaß, in dem das eigene Leben als sinnvoll empfunden wird. Zudem stellt sie die Frage, ob es im Leben Bereiche gibt, die einem wichtig sind und für die man sich einsetzt und in dem sich Engagement und Anstrengung lohnen (Antonovsky 1997: 35 f.).

Ein starkes Kohärenzgefühl sei „entscheidend für erfolgreiches Coping mit den allgegenwärtigen Stressoren des Lebens und damit für den Erhalt der Gesundheit" (Antonovsky 1997: 150). Es entstehe durch Lebenserfahrungen von Konsistenz, Partizipation und einer Balance zwischen Überbelastung und Unterforderung. Für Antonovsky spielen Schutzfaktoren (siehe Modul 4), die er „generalisierte Widerstandsressourcen" (1997: 43 f.) nennt, dabei eine zentrale Rolle und erhöhen die Wahrscheinlichkeit, ein starkes Kohärenzgefühl entwickeln zu können (1997: 44). In seinem Modell steht eine hohe Ausprägung in Verbindung mit einer Vielzahl von möglichen Bewältigungsoptionen und einer flexiblen Anpassung von Strategien der Bewältigung, die eine Person „aus dem Repertoire generalisierter und spezifischer Widerstandsressourcen, die ihr zur Verfügung stehen"(Antonovsky 1997: 130), auswählen kann. Obwohl sich das Modell der Salutogenese aufgrund seiner Komplexität als ein Orientierungsrahmen zur Veranschaulichung des Prozesses der Entstehung und Erhaltung von Gesundheit zwar anbietet, ist es aufgrund der vielen Variablen und Ebenen sowie aufgrund der fehlenden Trennschärfe der Operationalisierungen einer empirischen Prüfung nur schwer zugänglich. Eine Analyse vieler internationaler Studien, die Bengel, Strittmatter und Willmann (2001: 44) im Rahmen ihrer Expertise für die Bundeszentrale für gesundheitliche Aufklärung ausgewertet haben, belegen die signifikanten Zusammenhänge des Kohärenzgefühls mit psychosozialer Gesundheit, aber weniger deutlich mit der körperlichen Gesundheit.

6.2 Kritisch ambitionierte Soziale Arbeit

Wie in Modul 5 deutlich wurde, ist es notwendig, die Gefahren einer individualisierenden und pathologisierenden Praxis zu betrachten, die eine falsch verstandene Klinische Sozialarbeit mit sich bringen würde. Daher braucht es in diesem Modul die Ergänzung durch eine kritische Ambition Sozialer Arbeit. Bereits in der Ausbildung und im Studium von zukünftigen pädagogischen Fachkräften gilt es, sich mit der notwendigen Kontextualisierung der Folgen von Gewalt zu beschäftigen, die gesellschaftlichen Verhältnisse miteinbeziehen und für die Menschenrechte, die gleichen Rechte und die fairen Möglichkeiten aller Menschen zu sensibilisieren. Denn leider sind menschenfeindliche und Menschenrechte verletzende Theorien und Praxen in helfenden Berufen verbunden mit langen Denktraditionen. Sie sind selbst in klassischen Theoriekonzepten der Sozialen Arbeit zu finden, wie beispielsweise in den Konzepten der „Volksfürsorge", der „Volkspflege" und der „Rassenhygiene" vor und während des Nationalsozialismus (Kölsch-Bunzen 2016: 31ff.). Diskriminierung, Gewalttätigkeit und Herrschaft gegenüber bestimmten Gruppen gab es aber nicht nur in der Zeit des Nationalsozialismus. Historisch und auch aktuell wird nicht immer allen Menschen eine Menschenwürde zugesprochen (Kappeler 2000). Eine kritisch ambitionierte Soziale Arbeit sollte eine besondere Aufmerksamkeit haben gegenüber Verletzungen derjenigen Gruppen, die historisch eine besondere Gewalt erlebt haben und auch die Konstruktionsprozesse untersuchen, bei denen eine privilegierte „Wir"-Gruppe und eine abgewertete Gruppe der zu „Anderen" gemachten Personen hergestellt werden (z. B. „Wir" und „die Flüchtlinge", „Wir" und „die Muslime"). „Eine Menschenrechtsorientierung bedeutet, dass alle Menschen eine ihnen innewohnende Würde haben, die nicht verloren werden kann und die nicht verdient oder zugeschrieben werden muss." (Gebrande/Melter/Bliemetsrieder 2017: 11) Eine normative Zielsetzung, wie die der Gerechtigkeitsorientierung, der Menschenrechtsorientierung sowie der Kritik an Diskriminierungs- und Herrschaftsverhältnissen, ist notwendig, um Menschen nicht in der Ausübung ihrer Möglichkeiten und in der Realisierung ihrer ihnen innewohnenden Menschenwürde einzuschränken.

Gleichzeitig ist es auch wichtig, dass Wurzeln der Sozialen Arbeit historisch eng verbunden sind mit den sozialen Bewegungen. Denn in Diskriminierungs-, Gewalt- und Herrschaftsverhältnissen entsteht immer auch Widerstand der benachteiligten Gruppen. So haben die erste und zweite Frauenbewegung, die Selbstbestimmt Leben-Bewegung von Menschen mit Behinderungen, die Arbeiter*innen-Bewegung oder die Selbstorganisationen von Migrant*innen, geflüchteten und Schwarzen Menschen in Deutschland wichtige Beiträge zu einer „kontextualisierten Traumaarbeit" (Brenssell 2019: 89) geleistet. Diese zeichnet sich durch ein Ineinandergreifen und das Zusammenwirken von „(1) dem Zusammenhangswissen über Gewalt und Trauma im Kontext von gesellschaftlichen Machtverhältnissen, (2) der therapeutisch und sozialarbeiterisch geschulten Beratungs- und Unterstützungsarbeit und (3) der politischen Struktur- und Vernetzungsarbeit" aus (Brenssell 2019: 96).

Innerhalb dieser Bewegungen wurde ein Ansatz entwickelt und nach und nach professionalisiert, den wir heute ‚Parteilichkeit' nennen. Parteilichkeit ist gekennzeichnet durch eine politische Haltung, „die sich gegen strukturelle Gewalt und jede Form von Diskriminierung in unserer Gesellschaft wendet" (BAG FORSA 2020: o. S.). So umfassen feministische Ansätze Sozialer Arbeit beispielsweise in Frauenhäusern oder in spezialisierten Fachberatungsstellen bei sexualisierter Gewalt ein besonderes parteiliches Unterstützungsangebot, das die Selbstbestimmung von Mädchen und Frauen in den Mittelpunkt rückt, gesellschaftliche Verhältnisse bei der Bearbeitung von Traumata explizit miteinbezieht und damit die Gewalterfahrungen von Mädchen und Frauen nicht individualisiert, sondern in einen Kontext von struktureller Gewalt setzt (Gebrande 2017a: 50; Brenssell 2019: 89). „Individuelle Unterstützung, gesellschaftspolitische Arbeit sowie die Arbeit an gesellschaftlichen Strukturen gehören zusammen. […] Gewalt gegen Frauen wird auf verschiedenen Ebenen – in Beziehungen, institutionell und strukturell – reproduziert; sie wird tabuisiert, mystifiziert und bagatellisiert und damit häufig auf ein Problem der betroffenen Frauen reduziert." (Brenssell 2019: 92) Daher gehört es zu den Qualitätskriterien feministischer und parteilicher Beratungsstellen, diese Zusammenhänge bei der Bearbeitung von Traumata zu beachten.

Auch in der Sozialen Arbeit mit anderen Zielgruppen dürfen wir nicht vergessen, dass wir uns immer im Spannungsfeld zwischen unterschiedlichen Aufträgen bewegen: Soziale Arbeit fokussiert das Individuum und zugleich die Lebensbedingungen und die Gesellschaft, also Verhalten und Verhältnisse. Einerseits soll sie gesellschaftliche Befriedung herstellen, gesellschaftliche Funktionen stabilisieren und Menschen in die Gesellschaftsverhältnisse einpassen. Andererseits geht es um Teilhabe und faire Bedingungen, indem die Gesellschaft diskriminierungs-, herrschaftskritisch, gerechtigkeits- und menschenrechtsorientiert verändert wird (Gebrande/Melter/Bliemetsrieder 2017: 390 f.). Silvia Staub-Bernasconi hat dieses berufliche Doppelmandat zum professionellen Tripelmandat erweitert. Das dritte Mandat Sozialer Arbeit stellt den wissenschaftlichen und politischen Anspruch, dass Soziale Arbeit agieren soll für eine gerechtere Welt und für die Entfaltung der Menschen. Es umfasst daher einerseits eine Wissenschaftsbasierung ihrer Arbeitsweisen sowie andererseits den gesetzlichen Auftrag im Grundgesetz und den Sozialgesetzen sowie dem internationalen Code of Ethics, dessen Kern die Menschenwürde, die Menschenrechte und das Prinzip der sozialen Gerechtigkeit bilden (Staub-Bernasconi 2010: 198ff.). Diese allgemeine Grundlage gilt auch für die Spezialisierung einer traumasensiblen Sozialen Arbeit.

Merke:

Menschen, die traumatische Situationen erleben mussten, brauchen Angebote, die sie weder individualisieren noch ihre Erlebnisse pathologisieren, sondern Bewältigungsprozesse nach Traumatisierungen fachlich und parteilich begleiten.

Wie eine ambitionierte parteiliche, soziale und politische Unterstützung in Form von professioneller Beziehungsarbeit, traumasensibler psychosozialer Beratung und Krisenintervention sowie traumapädagogischer Angebote konkret aussehen kann, ist Inhalt dieses Kompendiums und wird in den folgenden Modulen beispielhaft dargestellt.

6.3 Traumasensibilität in der Sozialen Arbeit

Um der Erkenntnis Rechnung zu tragen, dass die psychosoziale Versorgung traumatisierter Menschen in erheblichem Ausmaß durch Berufsgruppen mit Fachschul-, Fachhochschul- und Hochschulabschlüssen geleistet wird, wurde 2010 von der Deutschen Gesellschaft für Psychotraumatologie (DeGPT) und dem Fachverband Traumapädagogik die Zusatzqualifikation „Traumapädagogik und Traumazentrierte Fachberatung" eingeführt, um Qualitätsstandards in der psychosozialen Versorgung traumatisierter Menschen zu etablieren (DeGPT/Fachverband Traumapädagogik 2017). Auch in diesem Kompendium versteht sich eine Soziale Arbeit nach traumatischen Erfahrungen als eine Kombination der beiden Arbeitsbereiche, die sich immer weiter ausdifferenzieren und dennoch viele Gemeinsamkeiten aufweisen.

> **Definition: Soziale Arbeit nach traumatischen Erfahrungen**
>
> Eine *traumasensible Soziale Arbeit* umfasst sowohl die *Traumapädagogik*, die sich eher auf den stationären Bereich und auf die Betreuung von Kindern und Jugendlichen bezieht, als auch die *Traumaberatung*, die sich eher ambulant in der psychosozialen Versorgung und in den Fachberatungen von erwachsenen Betroffenen verortet.

Die Psychotraumatologie ist immer noch „eine recht junge Wissenschaft, obwohl sich ihre Wurzeln bis weit ins 19. Jahrhundert zurückverfolgen lassen" (Besser 2013: 38). Sie hat einen starken Zuwachs erfahren, seit durch bildgebende Verfahren in der Hirnforschung die Folgen und Auswirkungen von traumatischen Ereignissen nachgewiesen werden konnten. Was vorher lediglich Theorien über die Entstehung von Traumafolgestörungen darstellte (wie beispielsweise von Jean Martin Charcot oder Pierre Janet schon im neunzehnten Jahrhundert in Paris), konnte nun betrachtet und ausgemessen werden. Daraus entstand in vielen Arbeitsfeldern der Sozialen Arbeit die Absicht, die aktuellen Erkenntnisse der Traumaforschung auch in (sozial-)pädagogischen Ansätzen zu berücksichtigen, um die betroffenen Mädchen und Jungen sowie Erwachsenen durch klare Haltungen, Förderansätze und Methoden ihrem Bedarf entsprechend unterstützen zu können (Weiß 2016a: 20). Den Pionier*innen der Psychotraumatologie wie Judith Lewis Herman, Bessel van der Kolk, Peter Levine und vielen mehr gebührt das Verdienst, den Boden geschaffen zu haben, das Leid der Menschen nach traumatischen Erfahrungen wahrzunehmen und zu würdigen (Weiß 2016a: 22). Eine Soziale Arbeit nach traumatischen Erfahrungen schlägt hier ihre Wurzeln.

Die mittlerweile zum Fachbegriff gewordene *Traumapädagogik* fokussierte dabei ab den 1990er-Jahren zunächst Kinder und Jugendliche. Als eine Graswurzelbewegung haben engagierte Fachkräfte wie Wilma Weiß, Martin Kühn und viele mehr klassische pädagogische Konzepte aus der Reformpädagogik, der Heilpädagogik, der psychoanalytischen und emanzipatorischen Pädagogik und der Milieutherapie mit diesen neuen Erkenntnissen aus der Psychotraumatologie und der Neurobiologie verbunden. Auch die Erkenntnisse der Entwicklungspsychologie mit den Schwerpunkten der Bindungs- und Resilienzforschung wurden für die Arbeit mit traumatisierten Kindern adaptiert (Weiß 2013 a: 36; Weiß 2016 a: 29).

Entstanden ist die Traumapädagogik in der Kinder- und Jugendhilfe allgemein und in traumapädagogischen (Intensiv-)Wohngruppen im Besonderen als Antwort auf die vielen Traumatisierungen Kinder und Jugendlicher, die in ihren Familien in früher Kindheit „anhaltende Erfahrungen existenzbedrohender Gewalt, Vernachlässigung und Verwahrlosung" (BAG Traumapädagogik 2011: 4) machen mussten. Sie haben Überlebensstrategien entwickeln müssen, die sich im Alltag durch chronische Traumafolgestörungen übererregter, reinszenierender und vermeidender Art sowie verletzende Beziehungserfahrungen zeigen. Dadurch ist der pädagogische Alltag nicht selten in Form von vielfältigen pädagogischen Problemen und Krisensituationen, die sich beispielsweise durch Weglaufen, aggressive Durchbrüche oder Selbstverletzungen ausdrücken, belastet. In mehreren Studien konnte gezeigt werden, dass stark traumatisierte und belastete Heranwachsende in Heimen seltener ihre Ziele erreichen, und ihre Maßnahmen häufiger abgebrochen werden, was immer wieder zu neuen Beziehungsabbrüchen führt und damit einen Teufelskreis in Gang setzt (Schmid 2013: 64 f.). Der Schweizer Psychologe Marc Schmid hat in seinen Forschungen die Schnittstellen zwischen stationärer Kinder- und Jugendhilfe und der Kinder- und Jugendpsychiatrie in den Blick genommen und konnte nachweisen, dass „die Zahl der Beziehungsabbrüche einen negativen Prädiktor für weitere Jugendhilfemaßnahmen als auch für die langfristige gesellschaftliche Teilhabe und Gesundheit auf dem weiteren Lebensweg darstellt. Viele Abbrüche resultieren letztlich aus einer Hilflosigkeit des pädagogischen Teams dem Kind gegenüber, was oft eine Replikation von Emotionen und Erfahrungen ist, welche das Kind auch in seiner Ursprungsfamilie erlebte." (Schmid/Lang 2012: 338) Daher fordert die Traumapädagogik, den Veränderungsdruck bei den Konzepten und nicht vorrangig bei den Kindern und Jugendlichen anzusetzen: „Nicht der junge Mensch ist für ein Hilfekonzept ungeeignet, sondern das Konzept ist offensichtlich dann für diesen jungen Menschen ungeeignet, wenn es keine Erfolge zeigt." (Schomaker in Kühn 2011 a: 24)

Zusammenfassend kann die folgende Tabelle den Unterschied zwischen einem traumatisierenden Umfeld und einem förderlichen traumapädagogischen Milieu verdeutlichen:

Tabelle 2: Gegenüberstellung von traumatisierendem und traumapädagogischem Milieu (Schmid 2013: 57)

Traumatisierendes Umfeld	Traumapädagogisches Milieu
Unberechenbarkeit	Transparenz/Berechenbarkeit
Einsamkeit/Isolation	Beziehungsangebote/Anwaltschaft
Nicht gesehen/gehört werden	Beachtet werden/wichtig sein
Geringschätzung	Wertschätzung (Besonderheit)
Kritik, Abwertung und Bestrafung	Lob und Ermutigung
Bedürfnisse werden missachtet	Bedürfnisorientierung (Individualität)
Ausgeliefertsein – andere bestimmen absolut über mich	Mitbestimmen können – Partizipation
Leid	Freude

Bereits im 13. Kinder- und Jugendbericht (Bundesministerium für Familie, Senioren, Frauen und Jugend 2009) wurde vor diesem Hintergrund ausdrücklich eine traumasensible Haltung in der Pädagogik und bei der Hilfeplanung sowie eine bessere Ausbildung der pädagogischen Fachkräfte gefordert. Eine gezielte Stärkung des pädagogischen Personals durch die Vermittlung von psychotraumatologischen Erkenntnissen, traumapädagogischen Methoden und Haltungen sowie die Reflexion eigener Erfahrungen im Umgang mit traumatisierten Kindern sollen weitere Abbrüche im Hilfesystem vermeiden und einen sicheren Ort für alle Beteiligten schaffen (Schmid/Lang 2012: 337ff.).

„Traumapädagogik betont die Einflussmöglichkeiten, welche eine konsequente Ausgestaltung des (sozial-)pädagogischen Alltags und pädagogische Interventionen auf die Entwicklung und Stabilisierung von traumatisierten Menschen haben, und wertschätzt, was im alltäglichen (sozial-)pädagogischen Kontakt mit schwer traumatisierten Menschen geleistet wird. Traumapädagogik versteht sich somit nicht als neue (sozial-)pädagogische Methode, sondern als eine (sozial-)pädagogische Bewegung, welche aus einer pädagogischen Richtung und Haltung besteht, die eine weniger erziehende, sondern vielmehr versorgende, verstehende und fördernde Perspektive auf das Kind wirft." (Schmid/Lang 2012: 339)

Doch das Feld der Sozialen Arbeit nach traumatischen Erfahrungen hat sich in den letzten Jahren sukzessiv ausgeweitet: Für alle Erziehungs- und Bildungseinrichtungen, die Kindertagesbetreuung und Schulen sowie Einrichtungen der Behindertenhilfe und auch für die Pflege in Krankenhäusern und Alten- und Pflegeheimen wird heute eine Traumasensibilität gefordert (Scherwath/Friedrich 2014: 15). Ebenso hat sich inzwischen in allen Arbeitsfeldern der Beratung eine Sensibilität für die Bedürfnisse von Menschen nach traumatischen Erfahrungen entwickelt und viele Probleme, die in ambulanten und stationären Einrichtungen oder auch in Pflegefamilien auftauchen, lassen sich auch als fehlgeschlagene Bewältigungsversuche interpretieren – was eine Informiertheit über Traumata und deren Folgen sinnvoll macht. Das Wissen über Traumatisierungen, Traumafolgen und Stabilisierung ist daher auch ohne spezielle traumaspezifische Ausbildung in der Sozialen Arbeit von Bedeutung, da in nahezu jedem Tätigkeitsbereich Klient*innen mit traumatischen Erfahrungen anzutreffen sind (Biberacher 2011: 416).

> **Tipp:**
>
> Hören Sie sich als Einführung in die Traumapädagogik den Podcast Bildungstalk an. Studierende haben 2009 im Rahmen eines Podcast-Projekts am Fachbereich Erziehungswissenschaften der Goethe-Universität Frankfurt Interviews mit der Traumapädagogin Wilma Weiß und dem Gruppenpädagogen Jakob Bausum geführt.
> www.bildungstalk.uni-frankfurt.de/bildungstalk-folge-traumapaedagogik/ [03.10.2020]
>
> Die Informationen zur BAG Traumapädagogik sind allerdings nicht mehr aktuell – inzwischen gibt es den Fachverband Traumapädagogik: www.fachverband-traumapaedagogik.org [03.10.2020]

> **Fragen zur Überprüfung und zum Weiterdenken**
>
> Was ist das Aufgabenspektrum einer klinischen Sozialarbeit?
>
> Inwiefern kann eine Soziale Arbeit nach traumatischen Erfahrungen von dem Modell der Salutogenese profitieren? Warum macht es Sinn, sich mit dem Kohärenzgefühl näher zu beschäftigen?
>
> In welchen Theoriekonzepten der Sozialen Arbeit finden Sie diskriminierende Zuschreibungen?
>
> Was bedeutet das Konzept der Parteilichkeit?
>
> Wie ist die Traumapädagogik entstanden?
>
> Überlegen Sie sich, für welche Arbeitsfelder der Sozialen Arbeit eine Traumasensibilität wichtig sein könnte. Fallen Ihnen Beispiele für Adressat*innen mit traumatischen Erfahrungen ein, die von einer Traumaberatung oder Traumapädagogik auch noch profitieren könnten?

Einführende Literatur:

- *Das Ich-bin-ich-Programm: Selbstwertstärkung im Kindergarten mit Pauline und Emil (Krause 2009)*

Auf Grundlage der Salutogenese wurde für den Kindergarten beispielsweise das „Ich-bin-ich-Programm" entwickelt zur Gesundheitsförderung und Prävention.

- *Das HEDE-Training®. Manual zur Gesundheitsförderung auf Basis der Salutogenese (Franke/Witte 2009)*

Auch für die Arbeit mit Erwachsenen gibt es ein psychologisches Trainingsprogramm zur Gesundheitsförderung auf Basis der Salutogenese.

- *Handbuch Traumapädagogik (Weiß/Kessler/Gahleitner 2016)*

Um einen guten und systematischen Überblick zu bekommen, ist dieses Handbuch eine gelungene Zusammenfassung der historischen und aktuellen Entwicklungen der Traumapädagogik für ein breites Spektrum von Handlungsfeldern in der Arbeit mit traumatisierten Kindern und Jugendlichen.

- *Traumapädagogische Standards in der stationären Kinder- und Jugendhilfe. Eine Praxis- und Orientierungshilfe der BAG Traumapädagogik (2011)*

Dieses Positionspapier fasst die wesentlichen Elemente einer Traumapädagogik prägnant zusammen und formuliert Qualitätsstandards.

Weiterführende Literatur:

- *Philipp sucht sein Ich. Zum pädagogischen Umgang mit Traumata in den Erziehungshilfen (Weiß 2011 a)*

Dieses Buch ist einer der Klassiker der Traumapädagogik und ein Grundlagenwerk für die Traumapädagogik in der stationären Kinder- und Jugendhilfe von der Gründerin der BAG Traumapädagogik.

- *Traumapädagogik in psychosozialen Handlungsfeldern. Ein Handbuch für Jugendhilfe, Schule und Klinik (Gahleitner/Hensel et al. 2014)*

Wer einen tieferen Einblick in einige unterschiedliche Handlungsfelder und Zielgruppen der Sozialen Arbeit nach traumatischen Erfahrungen bekommen möchte, dem sei dieser Sammelband empfohlen.

- *Kritisch ambitionierte Soziale Arbeit (Gebrande/Melter/Bliemetsrieder 2017)*

Wenn Sie sich für die Ideen einer kritisch ambitionierten Sozialen Arbeit interessieren, finden Sie in diesem Buch Fragen von Diskriminierungs- und Herrschaftskritik sowie von Gerechtigkeits- und Menschenrechtsorientierung aus praxeologischer Perspektive beschrieben und auf konkrete Arbeits- und Handlungsfelder angewandt.

Modul 7 Beziehungsorientierte Soziale Arbeit

Zusammenfassung:

Wie genau können professionelle Beziehungen für Menschen nach traumatischen Erfahrungen gestaltet werden, damit sie tatsächlich zur Heilung beitragen? Vor dem Hintergrund dieser Frage wird der Beziehungsorientierung in diesem Kompendium ein eigenes Modul gewidmet. Beim Aufbau dieses Moduls orientiere ich mich an einem Prozessmodell für eine professionelle Beziehungsgestaltung, die Silke Gahleitner (2019: 88ff.) für psychosoziale Arbeitsfelder vorgeschlagen hat: Sie zeichnet einen Weg von der *schützenden Inselerfahrung* (siehe 7.1) zum persönlich geprägten Netzwerk als tragfähige Basis für ein Leben nach traumatischen Erfahrungen auf Grundlage interdisziplinärer Theoriebezüge aus der *Vertrauens- und Bindungstheorie* (siehe 7.2) sowie der *Netzwerk- und Milieutheorie* (siehe 7.3). Abschließend möchte ich Sie einladen, sich mit den *Phänomenen von Übertragung und Gegenübertragung* zu beschäftigen, die eine hilfreiche Beziehungsgestaltung beeinträchtigen können, wenn Sie nicht bereits im Studium sensibilisiert wurden und Ideen für den Umgang mit diesen Phänomenen entwickeln konnten.

Der wichtigste Schutzfaktor nach einem traumatischen Ereignis ist die soziale Unterstützung, das Mitgefühl der Umgebung und das Verständnis für die besondere Lage. Aber, und das ist die andere Seite der Medaille, das familiäre, soziale und gesellschaftliche Klima ist gleichzeitig auch der größte Risikofaktor im Bewältigungsprozess. Das Offenlegen bzw. Mitteilen von Traumaerfahrungen kann sich günstig auf den Verlauf der Traumatisierung auswirken, während eine fehlende Anerkennung, negative soziale Reaktionen sowie die Unzufriedenheit mit der Unterstützung den Heilungsprozess erschwert (Hecker/Maercker 2015: 555). „Viele traumatisierte Menschen, vor allem chronisch traumatisierte, leben in einer Welt mit wenig oder ohne jede emotionale Unterstützung, was sie noch verletzlicher macht." (Levine 2011: 145) Doch alle Menschen brauchen ausgewogene, stabile und erfüllte Beziehungen und das heilsame Gefühl von Zugehörigkeit. Wesentlich für die Soziale Arbeit ist eine aufrichtige menschliche Begegnung als Alternativerfahrung zum Vertrauensmissbrauch und dem traumatischen Ereignis (Gahleitner 2005: 295).

Merke:

„Professionelle Beziehungsgestaltung in psychosozialen Arbeitsfeldern bedeutet damit das Aufspannen einer zwischenmenschlichen, Umfeld orientierten, räumlichen und institutionellen Perspektive, die für fachliche Kontinuität und Stabilität in personeller wie in struktureller Hinsicht steht. Dies gilt stationär wie ambulant für Kinder und Jugendliche wie für erwachsene Hilfesuchende" (Gahleitner 2019: 87).

7.1 Die Begegnung im Zentrum

Der erste Schritt einer Sozialen Arbeit nach traumatischen Erfahrungen besteht, wie allgemein in psychosozialen Handlungsfeldern, in der Anbahnung eines Vertrauensverhältnisses. Dieses Vertrauen muss meist erst einmal ‚verdient' werden. Behutsame, aber vor allem persönliche und authentische Kontakte zu vertrauenswürdigen Professionellen können stellvertretend Vertrauen erwecken und so einen Zugang zu Institutionen und Hilfesystemen schaffen (Gahleitner 2019: 53). Im Erstkontakt einer Fachkraft mit einem*einer Adressat*in steckt daher das Potenzial einer neuen Erfahrung, wenn „eine Begegnung zweier Subjekte [gelingt], die sich einander innerlich mitmenschlich berühren und berühren lassen" (Sanders 2004: 797). So kann ein (zwischen-)menschlicher Kontakt entstehen, „der individuelles Leid ernst nimmt [...] und der so die Achtung, die Anerkennung der Würde und den Respekt der Adressat*innen wahrt" (Gebrande 2017 b: 320). Der französische Philosoph Emmanuel Lévinas beschreibt in seiner Sozialphilosophie der Begegnung (2012), dass ich selbst niemals das Zentrum der Aktionen sein kann, das weiß, was für den Anderen gut ist. In einer helfenden, unterstützenden und von wechselseitigen Bildungsprozessen getragenen Beziehung drehe sich die Machtasymmetrie zwingend um, indem der Andere mir immer höhergestellt sei. Durch die Gabe von Zeit, Raum und Interaktionen werde ich für den Anderen zum Objekt und nicht umgekehrt (Gebrande/Melter/Bliemetsrieder 2017: 401). Das Ziel einer Sozialen Arbeit muss es ja sein, Autonomie zu ermöglichen, nicht diese einzuschränken. Der Psychoanalytiker Arno Gruen formuliert diesen Auftrag folgendermaßen: „Nur wenn wir den Hilfesuchenden nicht als ein Objekt des Besitzes gebrauchen, um etwas für unsere eigene ‚Selbstachtung' zu gewinnen; nur wenn wir dem anderen als einem anderen Menschen entgegenkommen, nicht um uns mächtig zu fühlen, sondern weil sein Leid unsere Sympathie auslöst oder wir seinen Mut bewundern; nur dann, wenn wir riskieren, unsere gemeinsame Menschlichkeit anzuerkennen, werden wir Autonomie auch im Schizophrenen oder im schreienden Kind freisetzen." (Gruen 1986: 46)

Das Besondere an einer professionellen Beziehungsgestaltung in der Sozialen Arbeit ist, dass der Kontakt immer einen Balanceakt darstellt zwischen den Polen von Nähe und Distanz sowie zwischen formellen und diffusen Aspekten (zur Gestaltung dieser widersprüchlichen Einheit eines Arbeitsbündnisses Oevermann 2009: 117 f.): Ich trete als Sozialarbeiter*in zwar mit einem klaren Rollenverständnis meiner professionellen Rolle (nämlich reflektiert, zielgerichtet und theoretisch begründbar) mit dem*der Adressat*in in Kontakt, aber zugleich öffne ich mich in der Begegnung auch als Person. Daher ist die Beziehung zum*zur Klient*in „jedes Mal von Neuem ein verunsicherndes Wagnis" (Oevermann 2009: 129) – selbst für die noch so erfahrene psychosoziale Fachkraft. Die diffusen Sozialbeziehungen bestehen zwischen ganzen Menschen und die formellen bzw. spezifischen Sozialbeziehungen zwischen Rolleninhaber*innen und Vertragspartner*innen (Oevermann 2009: 122). Wenn sich ein*e Sozialarbeiter*in nicht auch als Mensch öffnet, wird sie*er kein Vertrauensverhältnis aufbauen können, nichtsdestotrotz macht sie*er weder ein Freundschaftsangebot, noch kann sie*er willkürlich die Beziehung nach den eigenen Bedürfnissen gestalten. Auch in diesen persönlichen und gleichzeitig professionellen Beziehungen existieren formale Regeln (wie z.B. ein ‚Abstinenzgebot'), die beispielsweise durch sexuelle Beziehungen überschritten würden. Daraus resultiert eine widersprüchliche und niemals einseitig aufzulösende Herausforderung für Fachkräfte der Sozialen Arbeit (Gahleitner 2019: 11).

Gerade in der Sozialen Arbeit nach traumatischen Erfahrungen besteht die Gefahr, dass Aktionismus, Standardisierung und Technokratie den*die Professionelle*n dazu verleiten, diese Phase des Kontakt- und Vertrauensaufbaus zu umgehen, die Aushandlungsprozesse zu vernachlässigen und sich selbst über den anderen zu erheben. Um dieser Gefahr entgegenzuwirken, wird in der Traumapädagogik für dieses Spannungsfeld das Bild einer *Gemeinschaft von Professionellen und Expert*innen* genutzt. Die Adressat*innen sind die Expert*innen für ihre individuelle Situation, für ihre eigenen, subjektiven Deutungen sowie für ihre Lebensentwürfe, denn sie wissen aus eigener Erfahrung, wie beispielsweise traumatischer Stress wirken kann, während Professionelle ihr Fach- und Erfahrungswissen in die Begegnung einbringen (Weiß 2016 b: 99; Weiß/Sauerer 2018: 13). Im Idealfall verstehen sich beide als „Lehrende und Lernende an demselben Lern- und Bildungsprozess", wie es der brasilianische Befreiungs-Pädagoge Paolo Freire (1921–1997) so schön formuliert hat (zitiert nach Rothdeutsch-Granzer/Weiß 2016: 37).

Doch so wichtig die Anerkennung der Expert*innenschaft auch ist, sie geht dennoch mit einer Übernahme der Verantwortung für das Wohlergehen der Adressat*innen einher (Weiß 2016 c: 294). Die Erwachsenen bzw. die Mitarbeiter*innen und Leitungen von Institutionen tragen immer die Verantwortung für den Schutz ihrer Schutzbefohlenen. Es braucht ein Bewusstsein für die Aufgabe der *stellvertretenden Krisenbewältigung* im Spannungsfeld zur Gewährleistung der Autonomie von Adressat*innen in der Sozialen Arbeit (Oevermann 2009: 113 f.): „Daraus erwächst jene Dialektik, in der mit der Sicherung von Autonomie im Sinne der Beseitigung von Schädigungen und Störungen [hier: Traumatisierung, J.G.] vernünftiger Lebenspraxis durch explizites Wissen zugleich die De-Autonomisierung von Lebenspraxis durch wachsende Abhängigkeit von wissenschaftlicher oder künstlerischer Expertise zunimmt." (Oevermann 2009: 114)

In meiner Dissertation über die Bewältigung sexualisierter Gewalterfahrungen habe ich Professionelle im Kinderschutz befragt, was Fachkräfte brauchen, um Kinder und Jugendliche im pädagogischen Alltag in ihrem Bewältigungsprozess unterstützen zu können (Gebrande 2014: 95). Ein zentrales Ergebnis war, dass sie vor allem kompetente Ansprechpersonen benötigen, die einen haltgebenden Rahmen zur Verfügung stellen können für alle Themen, mit denen Kinder und Jugendliche konfrontiert sind – auch wenn es sich dabei um so schwerwiegende Themen wie Traumatisierungen und sexuellen Missbrauch handelt:

> „Es ermöglicht Öffnungsprozesse für die Kinder und für die Jugendlichen, wenn sie erleben, dass ihr Gegenüber damit umgehen kann. [...] Ich nenne das Landeplatz. Was kann landen? Und so fragen Kinder und Jugendliche auch und testen aus: ‚Was kann von mir als Person bei dir landen?'" (Expertin aus dem Bereich des Kinderschutzes, Gebrande 2014: 132)

Menschen, die eine Traumatisierung erleben mussten, müssen in ihrer Individualität wahrgenommen werden – egal ob in Beratung, Pädagogik, Therapie oder in ihrem Alltag. Sie brauchen einen Raum, in dem sie mit ihren Gefühlen, Empfindungen, Ängsten, Problemen, Sorgen und Wünschen, kurzum mit allem angenommen werden, was sie erlebt haben und was daraus für Folgen entstanden sind. Sie benötigen einen Raum, um über all das sprechen zu können, ohne dazu gedrängt zu werden, ohne auf ihre Traumatisierung reduziert zu werden oder gar besondert zu werden (Gebrande 2014: 126ff.). So sinnvoll es ist, zu wissen was traumatische Ereignisse allgemein auslösen können, so ist es doch unverzichtbar zu berücksichtigen, auf welche persönliche Weise jeder Mensch seine Erfahrungen verarbeitet (Wittmann 2015: 33). Michaela Huber (2012: 114) empfiehlt ein sorgfältig akzeptierendes und respektvolles Umgehen mit Betroffenen: „Lassen Sie sie/ihn in Ruhe, wenn er/sie das will, aber bleiben Sie aufmerksam und bieten Sie sich immer wieder an." Denn meistens ist es hilfreich, wenn Betroffene sich mit ihrer Geschichte irgendwann anvertrauen können, wenn jemand zuhört und wirklich präsent ist (Krüger 2012: 141).

Viele Betroffene schildern, dass es für sie das Schlimmste sei, voller Mitleid behandelt und in Watte gepackt zu werden und wünschen sich vor allem eine Normalität wie vor dem Trauma zurück. Der Unterschied zwischen *Mitleid (empathic distress)* und *Mitgefühl (compassion)* ist vielleicht klein, aber zentral. Mitgefühl ist ein zentrales Element helfender Beziehungen Es handelt sich dabei um ein Gefühl der Sorge um den anderen und motiviert, zu helfen. Mitfühlendes Handeln kann erst dann entstehen, wenn es nicht von eigenen emotionalen Überreaktionen verhindert wird. Wer dagegen mitleidet oder selbst in einen Zustand der Verzweiflung oder sogar Ohnmacht gerät, ist nicht in der Lage, emotional mitzuschwingen und kann somit niemandem eine Hilfe sein (Strüber 2019: 117, 121). Insgeheim ist die Person vielleicht sogar froh darüber, nicht selbst betroffen zu sein, verdrängt die eigenen negativen Gefühle, wehrt die Hilflosigkeit ab und schützt sich so selbst vor dem Schmerz. Abgeschnitten von den eigenen Gefühlen kann sich kein*e professionelle*r Helfende*r mit der leidenden Person zusammentun und so bleibt sie allein mit dem Schrecken – wer sich selbst schützen will, lässt damit die*den Adressat*in voreilig im Stich (Levine 2011: 57, 65). Niemand wünscht sich, eine tragische Figur für andere zu sein, die Mitleid erregt. Eine Traumatisierung ist aber eine emotionale Wunde, die durch Zuwendung, Einfühlung und Aufmerksamkeit transformiert und bewältigt werden kann (Levine 2011: 57). Doch wie entsteht dieses heilsame Mitgefühl?

> **Exkurs: Empathie und Mentalisierung**
>
> Die Kunst, die Perspektive eines anderen Menschen einzunehmen und sich einzufühlen, macht das Menschsein aus. Die Grundlage dafür ist die *empathische Einfühlung*, durch die wir in Resonanz mit den Empfindungen und Emotionen anderer Menschen treten. Sogar bei Affen konnten italienische Hirnforscher*innen um Giacomo Rizzolatti (2008) sogenannte *Spiegelneurone* identifizieren. „Dies sind bestimmte Nervenzellen, die nicht nur aktiv sind, wenn man selbst etwas tut oder fühlt, sondern auch wenn man einem anderen dabei zuschaut." (Dehner-Rau/Reddemann 2019: 45 f.). Sie ermöglichen das Nachahmen von Bewegungen ebenso wie das intuitive Nachempfinden von Gefühlen. Bereits Neugeborene lassen sich von Gefühlszuständen anderer ‚anstecken' (Dehner-Rau/

Reddemann 2019: 46.). Die Spiegelneurone aktivieren also bei einer Begegnung mit traumatisierten Menschen *empathisches Leid*, sie lösen bei uns selbst ein hohes Erregungsniveau und negative Gefühle aus (Strüber 2019: 117).

Diese Empathie ist zwar die Basis für das menschliche Einfühlungsvermögen, es reicht aber im sozialen Miteinander nicht aus, die Gefühle anderer lediglich zu erkennen und sich einzufühlen. Mitgefühl ist mehr als Empathie – es meint, dass „aus Einfühlung ein Wunsch erwächst, Heilsames zu bewirken" (Reddemann 2015: 152). Mitgefühl setzt voraus, dass man in der Lage ist, die eigenen Gefühle regulieren sowie sich in andere Menschen hineinversetzen und ihre Perspektive erkennen zu können (Strüber 2019: 123). „Wir müssen mentalisieren, d.h. uns ihren inneren Zustand vergegenwärtigen. [...] Wir erkennen nicht nur die Gefühle des anderen, sondern seine Bedürfnisse, seine Wünsche, seine Verhaltensziele und seine Beweggründe." (Strüber 2019: 114) Der britische Psychologe und Psychoanalytiker Peter Fonagy entwickelte dieses *Konzept der Mentalisierung*, das auch für die Soziale Arbeit relevant ist. Es beschreibt die Fähigkeit, „sich selbst quasi von außen und andere von innen zu betrachten" (Bräutigam 2018: 160), also die eigenen inneren Befindlichkeiten von denen des Gegenübers zu differenzieren und sich auf die inneren Zustände in sich selbst und im anderen beziehen zu können. Statt emotionalem Mitleiden ermöglicht es damit zwischenmenschliches Verständnis und Handlungsfähigkeit (Bräutigam 2018: 53). Menschen, die diese Fähigkeit hinreichend aufbauen konnten, sind in der Lage, auf das Leid eines anderen Menschen flexibel und mitfühlend zu reagieren, ohne dass sie durch ihre eigenen Gefühle davon abgehalten werden. Statt mit „in das Trauma einzusteigen" und in die abgrundtiefen Gefühle „mit hineinzuschliddern", können sie das Gefühl des*der Betroffenen aufnehmen, beobachten und einordnen sowie einen Anker im Hier und Jetzt bilden (Hantke/Görges 2012: 168).

„Die Fähigkeit zur Empathie, zur Perspektivübernahme und zur Mentalisierung basieren auf einer sicheren Bindung, die sich in den ersten Lebensjahren entwickelt." (Bräutigam 2018) Darum wird die Bindungstheorie im nächsten Unterkapitel beleuchtet.

> **Tipp:**
>
> Hören Sie sich einen Hörbeitrag des Hessischen Rundfunks aus der Reihe „Funkkolleg Psychologie – Wer wir sind und wie wir sein könnten" zur Schlüsselrolle der Empathie an (Laurenz 2008/2009): https://lernarchiv.bildung.hessen.de/anbieter/hr/fk_psychologie/index.html [04.10.2020]
>
> In diesem fast halbstündigen Podcast geht es um die Entwicklung der Empathie als zentraler Teil menschlicher Beziehungskunst und naturgegebenes Geschenk. „Ohne Empathie gäbe es kein Verständnis, keine Hilfsbereitschaft, keine Nähe zwischen Menschen. Unser Einfühlungsvermögen befähigt uns, am Leben anderer teilzuhaben, uns zu entwickeln und im Austausch mit anderen über uns selbst hinauszuwachsen." Oder Sie lesen es im dazugehörigen Buch nach (Oehler/Bernius/Wellmann 2009).

Es steht außer Frage, dass der Aufbau und die Sicherstellung von tragfähigen und verlässlichen Beziehungen im Alltag einen wesentlichen Baustein der Traumapädagogik (und der Traumaberatung) darstellen (BAG Traumapädagogik 2011: 4). Doch was genau bedeutet eigentlich Beziehung?

> **Definition: Beziehung (Gahleitner 2019: 10)**
>
> Beziehungen sind mehr als ein einmaliger Kontakt oder eine Begegnung, die eine hohe Flüchtigkeit und Unverbindlichkeit aufweist. Sie bestehen aus einer Reihe von Begegnungen und Interaktionen.

Eine wichtige Fähigkeit für den Aufbau einer hilfreichen Beziehung ist dabei das *aktive Zuhören*. Kennen Sie Momo, das Mädchen, das den Menschen die gestohlene Zeit zurückbrachte? Die Heldin des Märchenromans von Michael Ende? Sie besitzt eine Fähigkeit, die für die Kommunikation und Gesprächsführung mit Adressat*innen der Sozialen Arbeit zentral ist: Sie ist eine wunderbare Zuhörerin.

> **Fallbeispiel: Momo und das Wunder des Zuhörens (Ende 1973: 15)**
>
> ... so kam es, dass Momo sehr viel Besuch hatte. Man sah fast immer jemand bei ihr sitzen, der angelegentlich mit ihr redete. Und wer sie brauchte und nicht kommen konnte, schickte nach ihr, um sie zu holen. Und wer noch nicht gemerkt hatte, dass er sie brauchte, zu dem sagten die anderen: "Geh doch zu Momo!" Aber warum? War Momo vielleicht so unglaublich klug, dass sie jedem Menschen einen guten Rat geben konnte? Fand sie immer die richtigen Worte, wenn jemand Trost brauchte? Konnte sie weise und gerechte Urteile fällen? Nein, das alles konnte Momo genauso wenig wie jedes andere Kind. [...] Was die kleine Momo konnte wie kein anderer, das war das Zuhören. Das ist doch nichts Besonderes, wird nun vielleicht mancher Leser sagen, zuhören kann doch jeder. Aber das ist ein Irrtum. Wirklich zuhören können nur recht wenige Menschen. Und so wie Momo sich aufs Zuhören verstand, war es ganz und gar einmalig. Momo konnte so zuhören, dass dummen Leuten plötzlich sehr gescheite Gedanken kamen. Nicht etwa, weil sie etwas sagte oder fragte, was den anderen auf solche Gedanken brachte – nein, sie saß nur da und hörte einfach zu, mit aller Aufmerksamkeit und aller Anteilnahme. Dabei schaute sie den anderen mit ihren großen, dunklen Augen an, und der Betreffende fühlte, wie in ihm plötzlich Gedanken auftauchten, von denen er nie geahnt hatte, dass sie in ihm steckten. Sie konnte so zuhören, dass ratlose, unentschlossene Leute auf einmal ganz genau wussten, was sie wollten. Oder dass Schüchterne sich plötzlich frei und mutig fühlten. Oder dass Unglückliche und Bedrückte zuversichtlich und froh wurden. Und wenn jemand meinte, sein Leben sei ganz verfehlt und bedeutungslos und er selbst nur irgendeiner unter Millionen, einer, auf den es überhaupt nicht ankommt, und er ebenso schnell ersetzt werden kann wie ein kaputter Topf – und er ging hin und erzählte das alles der kleinen Momo, dann wurde ihm, noch während er redete, auf geheimnisvolle Weise klar, dass er sich gründlich irrte, dass es ihn, genauso wie er war, unter allen Menschen nur ein einziges Mal gab und dass er deshalb auf seine besondere Weise für die Welt wichtig war. So konnte Momo zuhören.

Zuhören, Gespräche führen und Beraten können durchaus trainiert werden, aber sie lassen sich nicht reduzieren auf die Anwendung bestimmter kommunikativer Methoden und Techniken wie beispielsweise das aktive Zuhören, das Paraphrasieren oder das Spiegeln emotionaler Inhalte. Beratung ist eine hochpersonalisierte Interventionsform, in der der Persönlichkeit des Beratenden eine tragende Rolle zukommt (Bräutigam 2018: 183 f.).

> **Merke:**
>
> Für das Gelingen eines psychosozialen Hilfeprozesses lässt sich „eine authentische, emotional tragfähige, persönlich geprägte und dennoch reflexiv und fachlich durchdrungene Beziehungsgestaltung herauskristallisieren, die sich inmitten des Lebensalltags der AdressatInnen entfaltet" (Gahleitner 2017 b: 234).

Helfende Beziehungen sind grundsätzlich Bindungsbeziehungen, da das Bindungssystem auf der Suche nach Unterstützung aktiviert wird (Gahleitner 2011: 42). Daher macht es Sinn, sich intensiver mit der Bindungstheorie und ihren Erkenntnissen für eine Soziale Arbeit nach traumatischen Erfahrungen zu beschäftigen.

7.2 Die bindungsorientierte Soziale Arbeit

In der Sozialen Arbeit nach traumatischen Erfahrungen haben wir es häufig mit Menschen zu tun, die nicht nur einmal beispielsweise durch einen Autounfall traumatisiert wurden, sondern deren Leben und Biographien von fehlender zwischenmenschlicher Nähe, von ver- und zerstörenden Bindungserfahrungen sowie von häufigen Enttäuschungen, Vertrauensmissbrauch und Beziehungsabbrüchen geprägt sind – nicht selten von Beginn an. Selbst für engagierte und empathische Helfer*innen sind sie irgendwann nur noch schwer zu erreichen, weshalb in der Klinischen Sozialarbeit manchmal von ‚hard to reach' gesprochen wird (Nestmann in Gahleitner 2019: 7). Schon Judith Lewis Herman machte auf diesen zentralen Verlust und seine möglichen Folgen aufmerksam: „Das sichere Gefühl, mit schützenden und sorgenden Menschen verbunden zu sein, ist die Grundlage der Persönlichkeitsentwicklung. Wird die Verbundenheit zerstört, verliert der Traumatisierte sein fundamentales Selbstgefühl" (Herman 1992/2014: 79). Doch wie kann diese Grundlage (wieder-)hergestellt werden und wie können Adressat*innen ihr Selbstgefühl zurückerobern?

„Das Beste, was wir einem traumatisierten Kind geben können, ist Liebe und Verständnis und den Mut, sich wieder auf das Leben einzulassen", so formuliert Gunda Fleischhauer (2010: Umschlagtext) ihre Erfahrungen als Pflegemutter, die seit vielen Jahren mit traumatisierten Kindern in einem Erich Kästner Kinderdorf arbeitet und lebt. Frühe, sichere Bindungserfahrungen scheinen in diesem Sinne der wichtigste Faktor zu sein, um Kinder zu stärken und Resilienz aufzubauen (siehe auch Modul 4.3): „Kinder, die dazu neigen, auf belastende Situationen resilient zu reagieren, haben in der Regel ein hohes Selbstbewusstsein, ein ausgeprägtes Selbstwirksamkeitsempfinden, gute Strategien, ihre Gefühle zu regulieren und Stress zu bewältigen sowie eine deutliche Fähigkeit, sich in andere hineinzuversetzen und mit ihnen zu fühlen. Interessanterweise sind dies die gleichen Eigenschaften, die in Langzeitstudien als Folge sicherer Bindungsbeziehungen identifiziert wurden und es wird angenommen, dass das Aufwachsen in einer sicheren Bindungsbeziehung diese Eigenschaften hervorbringt." (Strüber 2019: 276) Wie genau eine Beziehung aussehen sollte, um diese Ziele erreichen zu können und korrigierende Bindungserfahrungen zu ermöglichen, wird in diesem Modul näher beleuchtet.

> **Exkurs: Bindungstheorie**
>
> Die Entwicklungspsychologie hat seit den 1950er-Jahren die Bindung als evolutionär verankerten Prozess zur Sicherung des Überlebens des Säuglings und somit als wesentliches Element der Eltern-Kind-Beziehung entdeckt und erforscht. Der englische Psychiater und Psychoanalytiker John Bowlby gilt als Begründer der Bindungstheorie, die den Stellenwert einer sicheren emotionalen Bindungsbeziehung für die gesunde psychische Entwicklung theoretisch und empirisch fundiert hat (Brisch/Hellbrügge 2012: 7).

> **Definition: Bindung**
>
> „Attachment is a deep and enduring emotional bond that connects one person to another across time and space."[1] (Bowlby 1969)
>
> Bindung ist die Bezeichnung für eine enge, emotional bedeutsame Beziehung zwischen Menschen. Sie gehört zu den zentralen Grundbedürfnissen eines Individuums für den gesamten Lebensverlauf. Die Fähigkeit, Bindungen einzugehen, gilt als grundlegendes Merkmal von psychischer Gesundheit.

Aus den *‚geronnenen Beziehungserfahrungen'* der ersten Lebensjahre mit den zentralen Bezugspersonen verinnerlicht sich ein *internales Arbeitsmodell*. Dieses Modell ist kein Persönlichkeitsmerkmal, sondern eine innere Struktur, die durch die Erfahrungen mit der Umwelt entstanden ist und bestimmt die Art und Weise mit, wie eine Person Beziehungen im Laufe ihres Lebens angeht und pflegt. John Bowlby und Mary Ainsworth (1969) haben diesen Prozess der Entwicklung der Fähigkeit, Bindungen einzugehen, beobachtet, erforscht und in der Bindungstheorie beschrieben. Danach haben Kinder Bedürfnisse nach Bindung *und* nach Autonomie, nach Sicherheit *und* nach Exploration, die sich komplementär aufeinander beziehen und in eine Balance gebracht werden müssen. Solange Kinder sich sicher fühlen, wird ihre Neugier, ihr Wunsch, Neues zu sehen und zu lernen sowie die Welt zu erkunden, aktiviert (Bräutigam 2018: 33). In bedrohlichen Situationen suchen Kinder die Nähe oder den Schutz einer vertrauten Person auf, diese stellen sozusagen ihren *sicheren Hafen* dar, in den sie jederzeit zurückkehren können (Brisch 2015: 40).

Die elterliche Feinfühligkeit spielt dabei eine zentrale Rolle. Eine sichere Bindung stellt sich ein, wenn die Bedürfnisse eines Säuglings und später eines Kindes feinfühlig beantwortet werden.

> **Definition: Feinfühligkeit**
>
> Feinfühliges Verhalten beinhaltet erstens die Wahrnehmung der Signale des Kindes, zweitens die angemessene Interpretation dieser Signale sowie drittens eine angemessene Reaktion darauf, die viertens prompt erfolgt (Ainsworth nach Brisch 2020: 45). Mit einem hohen Maß an Verlässlichkeit werden

---

[1] Bindung ist ein tiefes und anhaltendes emotionales Band, das eine Person zu einer anderen Person knüpft und das sie über Raum und Zeit miteinander verbindet (eigene Übersetzung).

die grundlegenden kindlichen Bedürfnisse nach Essen, Trinken, Wärme und Schutz vor Verletzung befriedigt (Brisch 2012: 113).

Für eine Klassifizierung von unterschiedlichen Bindungsstilen entwickelte Mary Ainsworth den sogenannten *„Fremde-Situations-Test"*, bei dem das Verhalten von Kleinkindern in kurzen, experimentell hergestellten Trennungssituationen beobachtet und analysiert werden kann (Bräutigam 2018: 33). Innerhalb des festgeschriebenen Ablaufs des Testverfahrens wird das Kind zeitweise von der Bezugsperson – in der Regel von der Mutter – getrennt und bleibt alleine bzw. mit einer fremden Person im Raum zurück. Je nach Reaktion des Kindes bei Rückkehr der Bezugsperson in den Raum können verschiedene Bindungsqualitäten zwischen ihr und dem Kind erkannt werden.

Tabelle 3: Bindungstypen

Bindungstypen	Frühkindliche Erfahrung	Spätere Auswirkung
Sichere Bindung	Vertrauen in die Zuverlässigkeit und Verfügbarkeit der Bindungsperson, Balance von Exploration & Vergewisserung des ‚sicheren Hafens'	Empathie- und Mentalisierungsfähigkeit, stabile Beziehungen und Freundschaften, Soziale Kompetenz
Unsicher vermeidende Bindung	Bindungspersonen werden als zurückweisend verinnerlicht, Vermeidung von Nähe zu ihnen, um diese Zurückweisung zu vermeiden, scheinbar autonom & explorierend	Emotionen werden als unsicher empfunden und lieber verborgen, Antizipation ungünstiger Reaktionen anderer, Tendenz zum Rückzug & zur Isolation
Unsicher ambivalente Bindung	Bindungspersonen werden als unberechenbar und widersprüchlich erlebt, großes Bedürfnis nach Vergewisserung und Kontrolle, Exploration nur eingeschränkt möglich	Starke Bedürfnisse nach Aufmerksamkeit & Anerkennung, Selbstüberforderung oder Verweigerung, Überanpassung oder Opposition
Desorganisierte Bindung	Zum Beispiel aufgrund von Traumatisierungen durch die Bindungspersonen kann keine klare Bindungsstrategie und kein internales Arbeitsmodell entwickelt werden	Widersprüchliche Gefühle & Verhaltensweisen, Gleichzeitigkeit von Bedürfnissen nach Nähe und Distanz, Verwirrung & Orientierungslosigkeit

Diese vier Varianten von Bindungsmustern können innerhalb eines ‚normalen' Verhaltensspektrums angesiedelt werden, auch wenn vor allem das sichere Bindungsmuster als entwicklungs- und gesundheitsfördernd bewertet werden kann.

Davon sind die Bindungsstörungen zu unterscheiden, die bei früh traumatisierten Kindern oder Kindern mit vielfach wechselnden Bezugspersonen auftreten können (Bräutigam 2018: 35).

Bestehende Beziehungen und die grundlegenden Bindungseinstellungen sind also stets von früheren Bindungserfahrungen geprägt. Im Erwachsenenalter finden sich ebenfalls unterschiedliche Bindungseinstellungen, die ähnliche Unterschiede wie bei den Kindern zeigen und mit dem von Mary Main entwickelten Adult Attachment Interview (AAI) untersucht werden können. In Anlehnung an die Bindungsmuster der Kinder können im Jugend- und Erwachsenenalter eine autonom sichere, eine unsicher-distanzierte und eine präokkupierte Bindungsrepräsentation unterschieden werden. Sie geben Auskunft über umfassende Schemata des Umgangs mit sich, mit anderen Menschen und der Welt (Gahleitner 2011: 42). Insbesondere traumatisierende Erfahrungen durch wichtige Bezugspersonen in der Kindheit wirken in die Gegenwart und prägen die Erwartungen erwachsener Menschen an aktuelle Beziehungen (Lang Th. 2013: 187). Die Übertragung dieser alten Erfahrungen auf neue Beziehungen wird im nächsten Unterkapitel näher ausgeführt. Dennoch kann das innere Arbeitsmodell von Bindung sich durch spätere positive Beziehungserfahrungen, sogenannte *korrigierende Bindungserfahrungen*, positiv verändern (Bräutigam 2018: 36).

Die *bindungsorientierte Soziale Arbeit* wurde auf Grundlage der Bindungstheorie entwickelt. Ihre Forderungen nach Feinfühligkeit, Empathie und Dialog zur Förderung einer sicheren Bindungsentwicklung sind zentrale Elemente von einer Sozialen Arbeit nach traumatischen Erfahrungen und ein Schutzfaktor für eine gesunde psychische Entwicklung (Gahleitner 2017b: 103ff.; Brisch/Hellbrügge 2012: 7).

7.2.1 Bindungsstörungen durch Traumatisierung

Nicht jede Traumatisierung führt zu einer Bindungsstörung. Ereignet sich das Trauma durch eine Ursache, die außerhalb der Beziehung zur Bindungsperson liegt und ist es dem Kind möglich, Hilfe und Unterstützung von der Bindungsperson zu bekommen, dann kann dies die Verarbeitung und den Heilungsprozess erleichtern. Wenn das Trauma aber durch eine Bindungsperson z.B. in Form von sexualisierter oder körperlicher Gewalt verübt wird, dann kann es sich zerstörerisch auf die Bindungssicherheit und damit auf die gesunde psychische Entwicklung auswirken (Brisch 2012: 110ff.). „Wenn Kinder insbesondere in den ersten Lebensjahren über einen längeren Zeitraum traumatisierende Erfahrungen gemacht haben, entwickeln sie nicht nur eine desorganisierte Bindung, sondern vielmehr eine Bindungsstörung." (Brisch 2012: 108) Das innere Arbeitsmodell von Bindung, das durch Traumata erschüttert wurde, ist nicht integriert und kohärent, sondern schwerwiegend fragmentiert oder sogar gänzlich zerstört (Brisch 2012: 107f.). Insbesondere traumatische Erfahrungen mit potenziellen Bindungspersonen, die eigentlich für Schutz und Sicherheit zuständig wären, bewirken Veränderungen im Gehirn, die „als organisierte Verhaltensstörung in bindungsrelevanten Situationen beobachtet und als Bindungsstörungen diagnostiziert werden können" (Brisch 2020: 159).

Exkurs: Typologie von Bindungsstörungen (Brisch 2020: 102ff.)

Es werden acht unterschiedliche Formen von Bindungsstörungen unterschieden:

1. Kein Anzeichen von Bindungsverhalten
2. Undifferenziertes Bindungsverhalten (oder Unfallrisikoverhalten)
3. Übersteigertes Bindungsverhalten (übermäßiges Klammern)
4. Gehemmtes Bindungsverhalten
5. Aggressives Bindungsverhalten
6. Bindungsverhalten mit Rollenumkehr
7. Bindungsstörung mit Suchtverhalten
8. Psychosomatische Symptomatik

7.2.2 Korrigierende Bindungserfahrungen

In den Standards der BAG Traumapädagogik (2011) sind einige Grundsätze näher ausgeführt, die im Alltag beachtet werden sollen, um eine Entängstigung im Beziehungsangebot zu ermöglichen. Danach sind sicherheitsfördernde Botschaften und Erklärungen, wie und weshalb sich die Pädagog*innen in welcher Weise verhalten sowie transparente Gruppenregeln die Grundlage. Eine Analyse der Bindungsbedürfnisse der Kinder und Jugendlichen soll zu einer Beantwortung und Versorgung derselben führen. Dafür werden ihnen regelmäßig und verlässlich Einzelkontakte mit verlässlichen Bezugspersonen angeboten. Bindungsrelevante Situationen wie z. B. Übergänge und Trennungen sollen bewusst gestaltet werden (BAG Traumapädagogik 2011: 12 f.). Diese Grundsätze verstehen sich als sinnvoll vor dem Hintergrund, dass jede neue Interaktionserfahrung eines betroffenen Kindes, z.B. mit einer betreuenden Person, auch neuronal als Muster, „sozusagen abgespeichert und registriert" (Brisch 2013: 163) wird. Bei einer Kontinuität vieler sicherer, schützender und versorgender Erfahrungen können so unsichere oder desorganisierte Muster langfristig, wenn auch oft in einem mühsamen Prozess, zu einem neuen inneren Arbeitsmodell von Bindung führen.

Es ist demnach die besondere Herausforderung für alle pädagogischen Fachkräfte, die mit traumatisierten Kindern arbeiten, ihnen viele konstante emotionale Neuerfahrungen zu ermöglichen und einen nachsozialisierenden Rahmen zu schaffen (Gahleitner 2011: 32). Diese Forderungen sind der Ausgangspunkt milieutherapeutischer Ansätze, wonach „alle Faktoren in der Lebensumwelt des Kindes auch therapeutische Auswirkungen haben" und ihnen daher konzeptionell die größte Bedeutung „der Wirksamkeit menschlicher Begegnungs- und Beziehungssituationen beigemessen" wird (Gahleitner 2011: 26).

7.3 Das traumapädagogisch-therapeutische Milieu

Im idealen Fall erleben Menschen nach traumatischen Erfahrungen einen Raum vielfältiger, stabiler, sozialer Beziehungen in einer heilenden Gemeinschaft (Weiß 2016a: 27). Diese Grundidee eines gemeinsam durchlebten, tiefenpsychologisch reflektierten und gestalteten Alltags hat eine lange Geschichte in der psychoanalytischen Pädagogik und ist mit Pionieren des frühen 20. Jahrhunderts wie Bruno

Bettelheim und Fritz Redl verbunden (Gahleitner 2016: 57). So prägte dafür Donald W. Winnicott (1976/2020) den Begriff des „holding environment" im Sinne der Bedeutung einer stützenden und hilfreichen sozialen Umwelt. Doch auch in der Sozialpädagogik und Sozialarbeit liegen Wurzeln sozialer und pädagogischer Milieus, in denen biographische Verletzungen durch neue, alternative Lebenserfahrungen bewältigt werden sollen (Gahleitner 2016: 58 f.).

> **Definition: Das traumapädagogisch-therapeutische Milieu (Gahleitner 2016: 62)**
>
> Das heilsame Geschehen entfaltet im natürlichen Lebensalltag der Adressat*innen seine Wirkkraft. Dadurch gerät das Milieu der Menschen nach traumatischen Erfahrungen in den Blick, um ihre Bewältigungsversuche zu unterstützen. Dieses wird hergestellt durch:
> - Heilung durch Beziehung und Verstehen
> - Aufrichtige Begegnung
> - Dialogisches Grundverständnis
> - Pädagogisch-therapeutischer Einfluss der Gruppe
> - Heilsame Aspekte der Umwelt und des Umfeldes

Es geht also „ausdrücklich *nicht* [um] eine Therapeutisierung des Alltags, sondern [um] eine explizite Betonung auf pädagogisch verwurzelte Betreuungskonzeptionen" (Gahleitner 2011: 9, Hervorhebung im Original). Ziel ist ein umfassendes Hilfespektrum mit sinnvollen Kooperationen für Betroffene. Das folgende Modul 8 wird diese Aspekte nochmals vertiefen.

Doch nicht nur Institutionen der Sozialen Arbeit können dieses Gemeinschaftsgefühl ermöglichen. Überlegen Sie mit Ihren Adessat*innen, welche Interessen, Hobbies oder Aktivitäten neue Kontakte eröffnen könnten – ob das nun im sportlichen, kreativen, fremdsprachlichen, technischen Bereich oder in der Natur ist… Wo könnten Gleichgesinnte zu finden sein? Gibt es in der Region Gruppen, Freizeitaktivitäten oder Veranstaltungen zu interessanten Themen? Das Internet macht es heutzutage möglich, zu sehr speziellen Themen über Foren oder Chats (unter Beachtung des Schutzes der eigenen Person) in Kontakt mit anderen Menschen mit ähnlichen Interessen zu kommen. In fast allen großen Städten gibt es inzwischen auch Selbsthilfegruppen und selbstorganisierte Initiativen zu vielen verschiedenen Themen (Berg 2014: 106). Die Chance, durch den Besuch einer Selbsthilfegruppe Entlastung und vertrauensvolle Gemeinschaft zu erleben und dadurch mehr Lebensqualität zu gewinnen, ist vielen Menschen gar nicht bekannt. Eine Soziale Arbeit nach traumatischen Erfahrungen kann hier Türen öffnen, Kontakte initiieren und vermitteln, wie groß und vielfältig das Angebot an Selbsthilfegruppen ist. Oder Sie gründen eine eigene Unterstützungsgruppe im Rahmen Ihrer Praxis der Sozialen Arbeit (z.B. in einer Tagesstätte). Sie können auch Ihre Klient*innen dazu anregen, eine eigene Initiative zu gründen, indem diese z.B. Freund*innen oder Bekannte, die bereit sind, einander zu unterstützen, dazu einladen (Dolan 2009: 208ff.)

> **Tipp:**
>
> Die nationale Kontakt- und Informationsstelle zur Anregung und Unterstützung von Selbsthilfegruppen (NAKOS) bietet viele Informationen sowie Kontaktadressen von Selbsthilfegruppen auf Bundesebene und von örtlichen Selbsthilfekontaktstellen. Allein in Stuttgart gibt es beispielsweise über 500 Selbsthilfegruppen, Selbsthilfeorganisationen und selbstorganisierte Initiativen. Informieren Sie sich!
>
> www.nakos.de oder www.kiss-stuttgart.de [letzter Zugriff im November 2020]

7.4 Übertragung und Gegenübertragung

Die Herstellung von sicheren Bindungen ist also fundamental für eine funktionierende, hilfreiche und erfolgreiche Soziale Arbeit nach traumatischen Erfahrungen. Doch sobald sich Menschen mit einer Bindungsstörung etwas sicherer fühlen, beginnen sie, ihre alten Bindungserfahrungen mit den neuen Bezugspersonen zu reinszenieren – in der oft unbewussten Hoffnung, dass in dieser Beziehung keine Wiederholung der ursprünglichen Traumatisierung erfolgt (Brisch 2015: 17). Damit steigt aber gleichzeitig die Gefahr einer *Reviktimisierung*, genauso wie die Belastungen für die pädagogischen Fachkräfte zunehmen. Diese ‚Bindungsfallen' sollten erkannt und verstanden werden, was eine Auseinandersetzung mit *Phänomenen von Übertragung und Gegenübertragung* notwendig macht.

> **Fallbeispiel (in Anlehnung an Wöller/Kruse 2018: 173):**
>
> Vielleicht kennen Sie die Situation: Im Laufe einer Beratung steigen in Ihnen, während Sie Ihrer Klientin zuhören, unangenehme Gefühle von Schwere, Traurigkeit und Enttäuschung sowie Anspannungen in der Schulter-Nacken-Gegend auf. Sie empfinden die Sitzung als quälend lang, können die Augen vor Müdigkeit kaum aufhalten, obwohl Sie das Gespräch in einem ausgeruhten Zustand begonnen haben. Immer wieder schweifen Sie in Gedanken ab. Es gelingt Ihnen nicht mehr, Zuversicht und Hoffnung auszustrahlen und gemeinsam an konkreten zukunftsorientierten Lösungen zu arbeiten. Sie unterstellen ihr eine willentliche Absicht, sich nicht einzulassen, empfinden sie als unmotiviert und bekommen mehr und mehr das Gefühl, dass sie nur versorgt werden möchte. Sie beginnen sich zu fragen, ob Sie der*die geeignete Berater*in für diese Klientin sind und zweifeln an Ihren Fähigkeiten. Sie verspüren den Impuls, die Beratung vorzeitig abzubrechen und die Klientin an eine andere Stelle weiter zu verweisen – Sie können ihr doch sowieso nicht helfen... Was ist da los?

Bereits Freud (1912: o.S.) erkannte *Übertragungen* als natürliche Erscheinungsformen des menschlichen Lebens. Sie seien an die Vergangenheit gebunden und beeinflussten aktuelle Beziehungen durch Neuauflagen, Phantasien und frühere Erlebnisinhalte. Freud hat dieses Phänomen in einen Zusammenhang mit dem Begriff des *Wiederholungszwangs* gebracht (siehe auch Modul 3). Seiner Meinung nach inszenieren Übertragungen eine unbewältigte Vergangenheit und die Wiederholung des Kummers, indem das Gegenüber zum*zur Vertreter*in einer negativ besetzten inneren Figur gemacht wird. Es komme zu einer Verschmelzung von verdrängten und infantilen Bedürfnissen aus der Lebensgeschichte mit bewussten

Wünschen, welche sich auf aktuell anwesende Personen beziehen (Weiß 2011a: 173). Die *Phänomene von Übertragung und Gegenübertragung* haben in der psychoanalytischen Theorieentwicklung eine wichtige Rolle gespielt (Wöller/Kruse 2018: 173): Von den am meisten gefürchteten Störquellen des therapeutischen Prozesses (Freud 1912: o.S.) haben sie sich mit der Zeit zu den bedeutsamsten diagnostischen Instrumenten gewandelt. Während diesbezügliche konzeptionelle Überlegungen in der Psychoanalyse und Tiefenpsychologie wissenschaftlich erforscht und weiterentwickelt wurden, spielt der Umgang mit Übertragung und Gegenübertragung in den Fachdiskussionen der Sozialen Arbeit eine eher untergeordnete Rolle (mit Ausnahme der Konzepte der psychoanalytischen Sozialarbeit und Pädagogik) (Weiß 2011a: 173). Doch die Übertragung ist weder eine Erfindung der Psychoanalyse noch eine von ihr bewusst herbeigeführte Technik, „sondern eine naturwüchsige Dynamik, die das ganze praktische Leben durchherrscht und je nach Grad der psychischen Reifung und Gesundheit mehr oder weniger massiv und manifest" auftritt (Oevermann 2009: 124). Dynamiken von Übertragungen und Gegenübertragungen wirken daher alltäglich auf uns ein und sind in jedem zwischenmenschlichen Kontakt unvermeidlich, so dass das Fach- und Erfahrungswissen der Psychotherapie für die Soziale Arbeit nach traumatischen Erfahrungen wertvolle Kenntnisse und Anregungen bereithält. Die Aufgabe in Beratung und Pädagogik besteht darin, Übertragungs- und Gegenübertragungsphänomene zu erkennen, zu verstehen und einen konstruktiven Umgang damit zu finden, statt sie zu verschärfen oder die Beziehung abzubrechen (Beckrath-Wilking et al. 2013: 144ff).

> **Definition: Übertragung (Beckrath-Wilking et al. 2013: 144)**
>
> Übertragung wird als unbewusste Wiederholung vergangener Beziehungserfahrungen und gewissermaßen Verschiebung der dazugehörigen Affekte, Wünsche und Erwartungen auf Personen der Gegenwart definiert.

Dieses Phänomen ist allpräsent in menschlichen Beziehungen, die Dynamik von Übertragungsprozessen permanent am Werk und unser Alltag untergründig beständig beeinflusst (Oevermann 2009: 126), wenn Sie beispielsweise eine Person auf Anhieb sympathisch finden, weil sie Sie an eine gute Freundin erinnert oder von einem Verhalten besonders genervt sind, weil es Sie an frühere unangenehme Erfahrungen erinnert. Auslöser für Übertragungen können z.B. das Aussehen, das Alter, der Geruch, eine Geste, die Wortwahl oder das Verhalten des Gegenübers sein und bei traumatisierten Menschen eine ähnliche Dynamik entwickeln wie Trigger traumatischer Affekte (siehe Modul 3) (Baierl et al. 2014: 62).

Wenn Übertragungen bei dem Gegenüber eigene Gefühle, Gedanken und Körperempfindungen hervorrufen, welche wiederum Handlungsimpulse auslösen können, dann wird von dem *Phänomen der Gegenübertragung* gesprochen.

> **Definition: Gegenübertragung (Beckrath-Wilking et al. 2013: 148)**
> Der Begriff Gegenübertragung meint alle Emotionen, Wünsche, Erwartungen, Körperempfindungen und Handlungsimpulse, die uns im Kontakt mit unseren Klient*innen entstehen.

Eine Gegenübertragung entsteht als Reaktion auf die Übertragungsinhalte in ganz unterschiedlichen Intensitäten und variablen Abstufungen des Bewusstseinsgrades. Sie kann Emotionen auslösen wie Wut, Schuld- und Schamgefühle, Ohnmacht, Hilflosigkeit, Ekel oder Misstrauen, Unzulänglichkeit und Inkompetenz oder auch Abhängigkeit, Verliebt-Sein und besondere Zuneigung. Auch sexuelle, aggressive oder sadistische Fantasien, Wünsche oder gar Handlungsimpulse können erschreckenderweise erscheinen. Auch Gedanken der Verwirrung oder Orientierungslosigkeit sowie Körperempfindungen wie Müdigkeit, Taubheit, Verspannungen oder Schmerzen treten auf. Diese können punktuell beispielsweise in einer Beratungssituation oder in einer durchgängigen Haltung einer Person gegenüber wahrgenommen werden. Problematisch wird es, wenn diese Empfindungen oder Handlungsimpulse aufgrund der vorhandenen Tabuisierung oder Beurteilung als Mangel der Professionalität erschrocken verdrängt oder verleugnet werden. Sinnvoll ist es dagegen, sich selbst wahrzunehmen und zu unterscheiden, welche Anteile der Reaktion auf ein Verhalten der Adressat*in und welche auf eigene innere Konflikte oder Beziehungsmuster der Fachkraft zurückzuführen sind. Die eigenen Beziehungserfahrungen, Bindungsmuster und Lebensgeschichten der Fachkräfte spielen immer mit hinein in die Gegenübertragung, so dass sich innerhalb eines Teams auch ganz unterschiedliche Dynamiken einem*einer Adressat*in gegenüber entwickeln können (Lang Th. 2013: 213; Beckrath-Wilking et al. 2013: 148ff.).

Es wird zwischen der komplementären und der konkordanten Identifikation unterschieden.

> **Definition: komplementäre Gegenübertragung**
> „Die Variante der komplementären Gegenübertragung beschreibt die Ergänzung der Gefühle des Gegenübers in die der Mutterrolle/Vaterrolle/Täterrolle." (Kessler 2016: 127)
>
> ⇒ Ich fühle, was das Gegenüber meines*meiner Klient*in fühlt.
> ⇒ Ich empfinde mich, wozu mein Gegenüber mich macht.
> ⇒ Ich reagiere so, wie frühere Bezugspersonen reagiert haben oder wie aktuelle Beziehungspartner*innen auf mein Gegenüber reagieren (Wöller/Kruse 2018: 181).

> **Definition: Konkordante Gegenübertragung**
>
> „Die konkordante Gegenübertragung beschreibt das deckungsgleiche Erleben der Gefühle des Gegenübers in abgeschwächter Form." (Kessler 2016: 127)
> ➡ Ich fühle, was mein*e Klient*in fühlt.
> ➡ Ich empfinde mich, wie mein Gegenüber sich fühlt.
> ➡ Ich reagiere so, wie mein Gegenüber auf frühe Bezugspersonen reagiert hat oder auf aktuelle Beziehungspartner*innen reagiert (Wöller/Kruse 2018: 181).

> **Übung: Reinszenierung missbräuchlicher Beziehungsschemata**
>
> Bitte notieren Sie in die entsprechenden Kästchen, welche Information Sie über Übertragungs- oder/und Gegenübertragungsgefühle erhalten haben und welche Rollen, Gefühle und Beziehungsaspekte dargestellt werden.
>
> Textbausteine der Antworten:
>
> 1. Komplementäre Gegenübertragung (Retterphantasien)
> 2. Konkordante Gegenübertragung (Opfererleben)
> 3. Reinszenierung
> 4. Übertragung
> 5. Unsicher-vermeidendes Bindungsmuster
> 6. Retraumatisierung
> 7. Grenzverletzung durch Einbruch
>
> Eine 17-jährige Schülerin kommt seit zwei Jahren regelmäßig in das Jugendhaus, in dem Sie seit vielen Jahren arbeiten. Sie betreuen dort viele traumatisierte Jugendliche und führen immer wieder vertrauensvolle Gespräche mit ihnen, seit Sie eine Fortbildung zum*zur Traumapädagog*in gemacht haben und die erlernten traumapädagogischen Inhalte auf Ihre Arbeit im Jugendhaus angepasst haben. Die Lebensgeschichte der Schülerin – nennen wir sie Susanna – haben Sie nach und nach von ihr erfahren: Susanna wurde während ihrer Kindheit von ihrem Vater sexuell missbraucht. Diese Missbrauchserfahrungen haben bei Susanna zu einem grundsätzlichen Misstrauen anderer Menschen gegenüber geführt.
>
> 1. _____
>
> Zu Ihnen hat Susanna aber nach und nach Vertrauen gefasst und Sie sind für Susanna zum*zur langersehnten, idealisierten Retter*in geworden.
>
> 2. _____
>
> Als Gegenreaktion sind Sie selbst voller Vertrauen, dass Sie mit Ihrer guten Beziehung als korrigierende, verlässliche Beziehungserfahrung zu Susannas Heilungsprozess beitragen können und fühlten sich wichtig und hilfreich für Susanna.
>
> 3. _____
>
> Eines Morgens stellen Sie fest, dass irgendjemand in Ihr Büro eingebrochen ist, Ihre Unterlagen durchwühlt und den Anrufbeantworter abgehört hat, ohne

dass etwas gestohlen wurde. Nach einiger Überlegung wird Ihnen klar, dass eigentlich nur Susanna, die gestern Abend noch als Letzte ein Gespräch mit Ihnen hatte, bevor Sie das Jugendhaus geschlossen und Feierabend gemacht haben, als Täterin in Frage kommt.

4. _____

Intensive Gefühle steigen aufgrund dieser Verletzung Ihrer Privatsphäre in Ihnen auf. Sie beginnen an Ihrer Fähigkeit zu zweifeln, die Realität angemessen wahrnehmen zu können. Sie zweifeln daran, dass gerade Susanna, mit der Sie ein so gesichertes und vertrauensvolles Arbeitsbündnis zu haben glaubten, Ihnen das antun kann. Schließlich wird Ihnen bewusst, dass Sie sich nun selbst missbraucht und ausgenutzt fühlen.

5. _____

In Ihren Gedanken, wie Sie diese Krise in der Beziehung zu Susanna lösen könnten, taucht die Fantasie auf, dass Susanna, wenn Sie sie damit konfrontieren würden, ihr grenzverletzendes Verhalten leugnen könnte. Damit würden Sie als Sozialarbeiter*in in die Rolle des Opfers gelangen und Ihre Klientin in die Rolle der leugnenden Täterin. Dieses Szenario lässt deutliche Parallelen zu den biographischen Erlebnissen Susannas erkennen – nur dass sie dieses Mal die Seiten von Macht und Ohnmacht zu ihren Gunsten gewechselt hätte.

6. _____

Die Situation würde sich noch destruktiver auswirken, wenn Sie die Klientin fälschlicherweise dieses Übergriffs bezichtigen würden und diese sich durch die ungerechtfertigten Anschuldigungen von Ihnen verraten und verlassen fühlen würde. Auch dieses Szenario wäre für Susanna ein destruktives, aber durchaus vertrautes Muster.

7. _____

Ihr Versuch, die Welt der Kindheit Ihrer Klientin von innen heraus zu verstehen, resultiert in einem intensiven Gefühl des Gescheitert-Seins. Dies alles wäre nicht passiert, wenn Sie ein*e bessere*r Traumapädagog*in gewesen wären. Am Ende ertappen Sie sich bei dem Gedanken, dass Sie am besten alles vergessen und so tun sollten, als wäre es nie passiert. An diesem Punkt sind Sie selbst zum hilflosen Kind geworden, das in einer ausgeklügelten Beziehungsfalle steckt.

Ordnen Sie die jeweiligen Textbausteine den jeweiligen Passagen im Text zu. (Lösung am Ende des Kapitels auf Seite 118)

7.4.1 Die besondere Intensität traumatischer Übertragungen

Übertragungen in der Arbeit mit Menschen mit Traumatisierungen und insbesondere mit Persönlichkeitsstörungen können eine besondere, destruktive Kraft und überwältigende Intensität haben, die neue vertrauensvolle Beziehungserfahrungen beeinträchtigt, eine erreichte Stabilisierung hemmt und den Heilungsprozess stört. Je früher eine Traumatisierung erfolgte, je unsicherer die Person in ihrer Identität und je wichtiger die Bezugsperson war, von der die Traumatisierung ausging, desto stärkere Übertragungen können entstehen. Sie binden die Personen immer wieder an die Welt des Traumas. Die Fähigkeit, sich angstfrei und selbstwirksam zu erleben, wurde zerstört oder gar nicht erst entwickelt, weshalb traumatisierte Menschen oft mit Angst, wieder verletzt zu werden, reagieren, wenn sie auf Personen treffen, die ihnen eine emotionale, versorgende und haltgebende Beziehung anbieten (Lang Th. 2013: 194). Dann „übertragen [sie] Gefühle, Gedanken und Beziehungsinhalte der traumatisierenden Situationen immer wieder auf aktuelle" (BAG Traumapädagogik 2011: 5). Dieses Dilemma charakterisiert die Lebenssituation von Menschen wie Susanna, die früh durch Bezugspersonen traumatisiert wurden und keine sichere Bindung entwickeln konnten: Sie wünschen sich eine vertrauensvolle Beziehung und gleichzeitig hindern ihre alten Erfahrungen und Bindungsmuster sie daran. So kommt es in Beratung oder Pädagogik immer wieder zu Missdeutungen, Verfälschungen der Wahrnehmung oder gar Unterstellungen feindlicher Absichten durch Adressat*innen (Herman 1992/2014: 191; Lang Th. 2013: 194), da sie Verhalten aktueller Bezugspersonen „aus der Perspektive der Vergangenheit und auf potentielle Bedrohungen zentriert" interpretieren (Beckrath-Wilking et al. 2013: 145). Traumatisierte Menschen haben zudem oft eine hohe Sensibilität für nonverbale und unbeabsichtigte Kommunikation, sie durchschauen ihr Gegenüber (unbewusst) schnell und treffen oftmals dessen wunde Punkte (Herman 1992/2014: 191). So können pädagogische Fachkräfte in der Sozialen Arbeit nach traumatischen Erfahrungen mit überwältigenden, impulsiven und überraschenden Gefühlen und Verhaltensweisen konfrontiert und in die unbewältigte Vergangenheit verwickelt werden (BAG Traumapädagogik 2011: 15). Die *Gegenübertragungsgefühle* können eine so überwältigende Intensität haben, dass pädagogische Fachkräfte eine Fremdheit über die erlebten Gefühle und Impulse verspüren (Lang Th. 2013: 194 f.).

7.4.2 Übertragungen von Rollenerfahrungen

Jede helfende Beziehung beinhaltet eine strukturelle Asymmetrie von Macht, in der die Verletzung und Missachtung der Würde der Menschen angelegt ist, die Hilfe und Unterstützung benötigen (Kappeler 2010: 37) – schon allein durch den Wissensvorsprung und die Informationsmacht (Bräutigam 2018: 184). Damit verbunden sind Dynamiken von Beherrschung und Unterwerfung sowie von Abhängigkeit und Erwartungen von Dankbarkeit. Übertragungsgefühle verstärken das von vornherein angelegte Ungleichgewicht der Macht noch weiter und bergen die Gefahr des Missbrauchs und der Ausbeutung (Herman 1992/2014: 185). „Dieses Ungleichgewicht in Ihrer Beziehung können Sie nicht auflösen, aber Sie können ihm gerecht werden, indem Sie sich der Verantwortung stellen, die darin liegt" (Hantke/Görges 2012: 168).

Typischerweise tauchen Täter*innen-, Opfer- oder Retter*innen-Phantasien im Sinne von Rollenübertragungen durch Reinszenierungen in der Arbeit mit traumatisierten Menschen auf. Dabei kann von den Adressat*innen sowohl die Opferposition als auch die Rolle als Täter*in oder Retter*in eingenommen und zugeschrieben werden und auch immer wieder wechseln (wie bei Susanna in der Übung). Unreflektierte Reaktionen können zu Verstrickungen mit den Adressat*innen oder auch zu Spaltungen und destruktiven Dynamiken in Helfersystemen führen (Lang B. 2013: 221; Hantke/Görges 2012: 167). In der Transaktionsanalyse (Karpman 1968: 39ff.) wurde ein Analyse-Instrument entwickelt, um ineffektive Kommunikationsmuster zu erkennen: das Drama-Dreieck. Der Name ist an die Welt des Theaters angelehnt, in dem es drei Rollenbesetzungen geben muss, damit ein Stück zu einem aufregenden Drama wird. Hantke und Görges (2012: 138 f.) haben dieses Modell auf die Dynamiken im Helfersystem im Traumatisierungskontext erweitert und noch die Rolle des*der Mitwisser*in ergänzt.

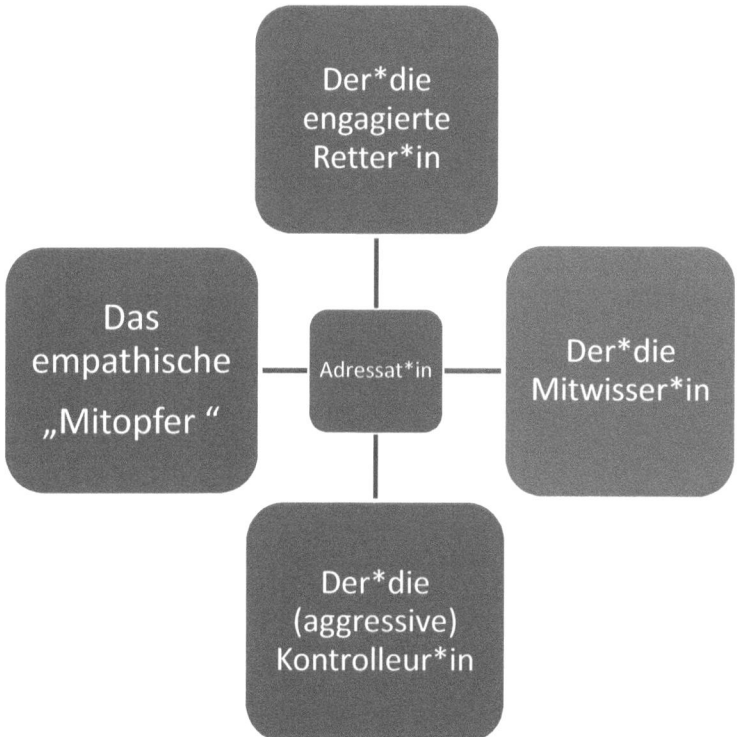

*Abbildung 9: Das Trauma-Viereck: Täter*in – Opfer – Retter*in – Mitwisser*in (Eigene Darstellung, in Anlehnung an Hantke/Görges 2012: 138)*[2]

„Es hat sich als hilfreich erwiesen, die vier Grundpositionen des Trauma-Vierecks als Matrix für eine Betrachtung der eigenen Reaktionen gegenüber den Klientinnen, aber auch im Zusammenhang mit Problemen innerhalb des Teams oder der Einrichtung heranzuziehen: Wo reagieren Sie eher als Opfer, als Täter, als Retter oder als Mitwisser? Es geht hier nicht um Kritik, es geht nicht zu allererst um die Analyse von Missständen, sondern darum, genauer zu betrachten, was Traumatisierung in unseren Institutionen und dem Verhalten von jedem Einzelnen bewirken kann und worauf wir achten können, um uns handlungsfähig zu machen." (Hantke/Görges 2012: 141) Vor diesem Hintergrund macht es Sinn,

---

2 Angabe zu Abbildung 9 berichtigt; der Printausgabe ist insoweit ein Errata beigefügt.

dass Menschen sich für solche dynamischen Re-Inszenierungs-Tendenzen, die mit Übertragungsprozessen verglichen werden können, sensibilisieren und durch geeignete Praktiken und Techniken dazu trainiert werden (Oevermann 2009: 125). Darum soll es nun in dem abschließenden Unterkapitel gehen.

7.4.3 Zum Umgang mit Übertragung und Gegenübertragung

Es wurde nun herausgearbeitet, dass insbesondere traumatische Übertragungen eine große Herausforderung für die Soziale Arbeit nach traumatischen Erfahrungen sowie eine potenzielle Belastung für die pädagogischen Fachkräfte darstellt. Der Bezug zum Modul 1 und dem Konzept der Selbstsorge wird hier deutlich: Wenn es gelingt, die Übertragung als solche wahrzunehmen und die Gegenübertragung nicht auszuagieren – sich also selbst zu stabilisieren – führt dies im Umkehrschluss zu einer Stabilisierung der Adressat*innen.

> **Merke: Leitfaden zum Umgang mit traumatischer Übertragung (in Anlehnung an Weiß 2011 a: 177)**
>
> - Traumatische Übertragungen wahrnehmen
> - Innehalten
> - Gegenreaktionen wahrnehmen (Gefühle, Gedanken und körperliche Reaktionen)
> - Aus Gegenreaktion herausgehen
> - Situation deeskalieren und in Beziehung bleiben
> - kein längeres Schweigen entstehen lassen
> - eigene Fehler eingestehen und sich ggf. entschuldigen
> - Sicherheit für den*die Adressat*in herstellen
> - Botschaften senden:
>   „Ich sehe Deine Bedürfnisse. Ich spüre Deine Gefühle heute. Ich spüre Deine Wut, Deine Trauer, Deine Ohnmacht, Deine Verwirrung über das, was damals war."
> - Realitätsüberprüfung und Verankerung im Hier und Jetzt
> - Verhandeln über Handlungsschritte: Was brauchst Du jetzt?
> - Übertragungsinhalte genauer identifizieren (möglichst im Team)
> - Eigene Gegenreaktionen klären (auch im Team)
> - Übertragungsinhalte mit dem*der Adressat*in erforschen (evtl. erst später, aber nicht vergessen)
> - Übertragungsinhalte allgemein bearbeiten (Entlastung von Schuld, Aufheben von Isolation)

Der erste Schritt für einen professionellen Umgang besteht darin, sich der eigenen Gegenübertragungsgefühle und -reaktionen bewusst zu werden – ohne diese direkt auszuagieren oder unreflektiert anzusprechen, nur um sich selbst zu entlasten. Tritt beispielsweise im Kontakt mit einem*einer Klient*in häufig eine scheinbar unbegründete Müdigkeit und Motivationslosigkeit (siehe Fallbeispiel am Anfang des Unterkapitels 7.4) auf, sollte diese genauer beobachtet und hinterfragt werden

(Wöller/Kruse 2018: 175 f.). Eine Übernahme der Verantwortung für diese eigenen Gefühle ist für eine professionelle Beziehungsgestaltung unerlässlich, denn in der Sozialen Arbeit nach traumatischen Erfahrungen müssen wir „akzeptieren, dass die Kinder (oder andere KlientInnen) mit schlafwandlerischer Sicherheit unsere ‚unterentwickelten' Seiten und psychischen Reaktionsmuster hervorkitzeln und wir immer wieder in Situationen kommen werden, die uns genau das erleben lassen, was diese Kinder (oder andere KlientInnen) schon erlebt haben: Hilflosigkeiten, Ohnmacht, Wut, Rachegedanken, ja Hass, Bedrohungs- und Einsamkeitsgefühle, Verwirrung, Wünsche nach Verschmelzung" (Baierl et al. 2014: 61). Es ist dabei wichtig, das eigene Gefühl, einen Gedanken oder einen Impuls wahrzunehmen, um seine Gegenübertragung zu reflektieren und sich nicht „einfach blind von seinem Bauchgefühl" leiten zu lassen (Lohner 2015: 4). Im Rahmen der Reflexion ist eine intellektuelle Distanzierung möglich, so dass es nicht zum Ausagieren der Gegenübertragung kommen muss, sondern stattdessen zu einer korrigierenden emotionalen Beziehungserfahrung kommen kann.

In dieser Konstellation eines Arbeitsbündnisses fungiert die Soziale Arbeit gewissermaßen als „Geburtshelfer" in der „rückhaltlosen Vergegenwärtigung" des Übertragungsprozesses und der eigenen Bildungsgeschichte für den*die Adressat*in, aus der heraus dann Transformationen und Änderungen entstehen können. Diese Funktion kann ein*e professionelle*r Helfende*r nur „in dem Maße erfüllen, indem ihn [...] die Einsicht in sein eigenes Unbewusstes dazu befähigt, seine Gegenübertragungsaffekte nicht ausagieren oder abwehren zu müssen, so dass ihm eine volle Vergegenwärtigung der Ambivalenzen und der Abwehr erregenden moralisch und ethisch abstoßenden, irrationalen und Scham hervorrufenden Aspekte der Übertragung möglich ist" (Oevermann 2009: 128)[3].

Tatsächlich stellt die Reflexion der Gegenübertragung eines der wichtigsten diagnostischen Instrumente psychosozialer Arbeit bzw. klinischer Sozialarbeit dar und eine geübte Innenschau ermöglicht die Bildung vielfältiger und oftmals treffender Hypothesen über das Innenleben, die Beziehungsgestaltung und die Bindungserfahrungen unserer Klient*innen (Lohner 2015: 4). Diese Innenschau muss geübt werden, insofern beinhaltet jede Fallreflexion auch automatisch Aspekte von Selbsterfahrung (siehe Modul 1). „Wer immer wieder sich und sein Handeln am anderen reflektiert, lernt sich, sein Gewordensein, seine Gegenübertragungsbereitschaften kennen" (Lohner 2015: 5). Dazu gehört auch die Ermutigung, unangenehme, fremde, mit Scham besetzte oder vermeintlich störende Wahrnehmungen, Gedanken, Gefühle, Phantasien zu berichten und ein entsprechendes Klima der Akzeptanz, Toleranz und professionellen Neugier in einer Gruppe zu schaffen, um auch unbewusste und möglicherweise ungelebte Anteile miteinzubeziehen

---

3 Bei Psychotherapeut*innen wird diese Einsicht in das eigene Unterbewusste in der Lehranalyse oder Eigentherapie gewonnen. In der Sozialen Arbeit gibt es im Studium nur wenige, curricular definierte Räume für derartige Selbsterfahrung, in der Praxis findet sie vor allem in Fallbesprechungen und Supervisionen statt. Der Unterschied zwischen einem*einer Psychotherapeut*in und einem*einer Sozialarbeiter*in besteht laut Oevermann (2009: 141) darin, „dass er die Übertragungsangebote nicht therapeutisch bearbeiten, aber erkennen [muss], dass ein angemessenes Fallverstehen und eine darauf gegründete angemessene Beratung ohne ihre Reflexion nicht möglich ist."

(Lohner 2015: 12). Der Professor für Klinische Sozialarbeit Johannes Lohner hat einige hilfreiche Leitfragen für eine Fallreflexion zusammengestellt:

> **Übung: Übertragungs- und Gegenübertragungsphänomene identifizieren (Lohner 2015: 7)**
>
> - Welche Eindrücke, Gedanken, Bewertungen, inneren Bilder und Phantasien löst der*die Klient*in bei mir aus? („Manchmal habe ich den Eindruck...", „Wenn wir in einem Märchen wären, dann...")
> - Welche Gefühle löst er*sie bei mir aus? (Angst, Schuld, Wut, Trauer, Hilflosigkeit, Gleichgültigkeit, Neid, erotische Gefühle, Sympathie, etc.)
> - Welche Körperempfindungen habe ich, wenn ich mit dem*der Klient*in in Kontakt bin oder mich gedanklich mit ihm*ihr beschäftige? (eigene Körperhaltung und -spannung, Energie, Müdigkeit, Atmung, Nervosität, psychosomatische Reaktionen z. B. Kopfschmerzen, Übelkeit)
> - Welches Bild (Image) von sich versucht er*sie zu vermitteln?
> - Welche Verhaltensweisen und -tendenzen löst er*sie bei mir aus? (Was würde ich am liebsten tun? Was sollte „die gute Fee" tun?)
> - Welches Verhalten von mir würde mir ihm*ihr gegenüber schwerfallen oder würde ich als unpassend erleben (worst case scenario: „Was sollte auf keinen Fall passieren")?

Supervision, kollegiale Fallbesprechungen und weitere Möglichkeiten institutioneller Fehler- und Feedbackkultur können dabei weiterhelfen. In der psychosozialen Praxis gilt Supervision als anerkannter Weg zur Qualitätssicherung und kann einen Raum darstellen, in dem Übertragungs- und Gegenübertragungsphänomene analysiert und ihr Umgang mit ihnen besprochen werden kann. Unter dem Begriff Supervision werden viele Formate versammelt, die ganz unterschiedliche Ansätze und Settings umfassen: Einzel- oder Gruppensupervision, kollegiale Intervision oder extern angeleitete Supervision sowie Supervisionen mit unterschiedlichen thematischen Schwerpunkten (Gussone/Schiepek 2000: 102 f.). „Supervision kann der emotionalen Entlastung, dem Aufbau bzw. der Verbesserung von Handlungskompetenzen, der Klärung der beruflichen Identität und dem Umgang mit Rollenambiguität und Erfolgsunsicherheit dienen" (Gussone/Schiepek 2000: 103). Im Umgang mit Übertragungs- und Gegenübertragungsphänomenen ist sie das Mittel der Wahl.

> **Fragen zur Überprüfung und zum Weiterdenken**
>
> Wie bauen Sie im Erstkontakt ein Vertrauensverhältnis auf?
>
> Machen Sie sich Ihre Machtposition und Ihre Privilegien in Ihrer professionellen Rolle als Sozialarbeiter*in bewusst und überlegen Sie, wie sie verhindern können, dass diese Machtposition von Ihnen selbst oder Ihren Kolleg*innen ausgenutzt werden kann.
>
> Was sind die formellen Regeln in Ihrer Rolle als Mitarbeiter*in? Wie nah und persönlich gestalten Sie die Beziehungen zu Ihren Adressat*innen?
>
> Wie entwickelt sich Empathie? Wie wird daraus Mitgefühl?

Welche Formen von Bindungsmustern und Bindungsfallen haben Sie kennengelernt?

Achten Sie in der nächsten Zeit einmal genau auf die Phänomene von Übertragung und Gegenübertragung in Ihrem Alltag oder in Ihrer beruflichen Praxis der Sozialen Arbeit.

Wie können Sie reagieren, wenn Sie in eine traumatische Übertragung oder Bindungsfalle hineingeraten?

Wie könnten Sie die Anregungen zur Identifizierung von Rollenübertragungen im Sinne des Trauma-Vierecks oder Übertragungs- und Gegenübertragungsphänomenen in Ihre nächsten Fallbesprechungen oder Supervisionen hineintragen?

Einführende Literatur:

- *Wo ist Wilma? Ein Bilderbuch über Bindungsmuster (Köhler-Saretzki 2017)*

Dieses Bilderbuch informiert auf ansprechende Art und Weise über Bindungsmuster am Beispiel vier unterschiedlicher Kinder in einer Kindertagesstätte und dem Umgang der Erzieherin mit ihrem jeweiligen Bindungsverhalten.

- *Baustein Fallreflexion – vom „Bauchgefühl" zur Gegenübertragung (Lohner 2015)*

Eine spannende und praktische Einführung in die Fallreflexion unter besonderer Berücksichtigung der Phänomene von Übertragung und Gegenübertragung.

Weiterführende Literatur:

- *Professionelle Beziehungsgestaltung in der psychosozialen Arbeit und Beratung (Gahleitner 2019) und Das Therapeutische Milieu in der Arbeit mit Kindern und Jugendlichen (Gahleitner 2011)*

Wie lässt sich eine professionelle Beziehung mit Adressat*innen gestalten? Silke Gahleitner arbeitet in diesen Bänden heraus, wie auch mit Klient*innen nach Vertrauensmissbrauch und Beziehungsabbrüchen eine tragfähige Beziehung aufgebaut werden kann und wie eine Trauma- und Beziehungsarbeit in stationären Einrichtungen aussehen kann.

- *„Hey, ich bin normal!" Herausfordernde Lebensumstände im Jugendalter bewältigen. Perspektiven von Expertinnen und Profis (Weiß/Sauerer 2018)*

Dieses Buch ist ein Beispiel für die Zusammenarbeit von Expertinnen und Profis, das im Antonia-Werr-Zentrum gemeinsam mit Mädchen und jungen Frauen in der Heimerziehung, die herausfordernde Lebenssituationen überstanden und gemeistert haben und es noch tun, geschrieben wurde. Es gibt einen Überblick und viele Anregungen für den Umgang mit Traumata in den Hilfen zur Erziehung.

- *Ich weine und ich lache Tränen: Von Lebensräumen und Lebensträumen traumatisierter Kinder (Fleischhauer 2010)*

Die Autorin legt in diesem Buch eine Mischung aus Fachbuch, Tagebuchaufzeichnungen und belletristischen Erzählungen einzelner Lebensgeschichten vor, indem sie die Arbeit und das Leben mit traumatisierten Kindern aus Sicht einer Heilpädagogin und Therapeutin in einer Einrichtung der Kinder- und Jugendhilfe, einem SOS-Kinderdorf, beschreibt (Gebrande 2011). Es ist ein flammendes Plädoyer für ein Recht auf Schutz, Sicherheit, Stabilität, Respekt, Kontinuität, Identität, positive emotionale Bindungen und die Entwicklung einer gesunden Lebensperspektive für seelisch verletzte Kinder.

■ *Bindung und Trauma (Brisch/Hellbrügge 2012)*

In diesem Sammelband werden die Erkenntnisse der Bindungsforschung zu Traumatisierung erörtert und die Konsequenzen für die Entwicklung von Kindern sowie Risiken und Schutzfaktoren herausgearbeitet.

Lösung der Übung „Reinszenierung missbräuchlicher Beziehungsschemata":
1. = 5, 2. = 4, 3. = 1, 4. = 7, 5. = 2, 6. = 3, 7. = 6

Modul 8 Einrichtungen der Sozialen Arbeit

> **Zusammenfassung**
>
> In diesem Modul soll der Blick auf die institutionellen Strukturen der Sozialen Arbeit und das Zusammenspiel von Struktur und Individuum gerichtet werden. Dabei soll einerseits die *Pädagogik des Sicheren Ortes* als eines der Kernkonzepte der Traumapädagogik vorgestellt, andererseits aber auch die *Geschichte der Heimerziehung und der sexualisierten Gewalt* am Beispiel der Behindertenhilfe beleuchtet werden. Um Gewaltverhältnissen entgegenzuwirken, braucht es *transparente und klare Strukturen* sowie *umfassende Schutzkonzepte*. Lassen Sie uns aus den vergangenen traumatischen Erfahrungen der Kinder, Jugendlichen und Schutzbefohlenen lernen und uns gemeinsam auf den Weg machen, die Einrichtungen Sozialer Arbeit zu möglichst sicheren Orten zu machen, in denen Schutzstrukturen existieren.

8.1 Die Pädagogik des Sicheren Ortes

> **Übung: Was verstehe ich unter einem sicheren Ort?**
>
> Nehmen Sie sich zum Einstieg in dieses Modul bitte einen Moment Zeit, um zu überlegen, was für Sie persönlich einen sicheren Ort ausmacht. Bitte schreiben Sie Ihre Überlegungen auf Kärtchen – Sie können später damit weiterarbeiten.

Um ein Gegengewicht zum Gefühl der Unberechenbarkeit, das durch traumatische Erfahrungen und ein unsicheres Lebensumfeld entstehen kann, zu bilden, braucht es geschützte Orte der Berechenbarkeit. Ein Gefühl von Sicherheit kann nur entstehen, wenn im Außen Sicherheit und Schutz vorhanden sind. Viele Adressat*innen der Sozialen Arbeit leben vorübergehend oder dauerhaft in Einrichtungen: in der stationären Kinder- und Jugendhilfe, in Alten- und Pflegeheimen, in Frauenhäusern, in Unterkünften für Wohnungslose oder für Geflüchtete, in Psychiatrien, Krankenhäusern oder Rehabilitationszentren, betreuten Wohngemeinschaften u.v.m. Bereits in den 1960/70er-Jahren hat der Soziologe Erving Goffman (1973) mit seinen Studien zu „Asyle: Über die soziale Situation psychiatrischer Patienten und anderer Insassen" das Konzept einer „totalen Institution" beschrieben. Die Menschen in ihnen sind in geschlossenen Welten untergebracht oder „verwahrt". Am Beispiel von Gefängnissen, Kasernen, Internaten, Klöstern, aber eben auch Altenheimen, Sanatorien oder Psychiatrien untersuchte Goffman das Leben der „Insassen", die von den Institutionen in starkem Maße fremdbestimmt und kontrolliert werden. Totale Institutionen sind durch Abgeschlossenheit und Exklusivität und häufig auch durch eine sozialräumliche Abgeschiedenheit charakterisiert und in ihnen fusionieren die Lebenssphären von Schlafen, Essen, Freizeit, Arbeiten, etc. unter einem Dach zu einem ‚Klima permanenter Intimität'. Diese Strukturen machen sie anfällig für Demütigungen, Grenzüberschreitungen und für viele Formen von Gewalt (Goffman 1973; Retkowski/Thole 2012: 297 f.). Der Blick in die Geschichte der Einrichtungen Sozialer Arbeit bestätigt diese erschütternde und traurige Realität:

> **Exkurs: Geschichte der Heimerziehung**
>
> Die Geschichte der Heimerziehung ist eine Geschichte von Traumata und Retraumatisierungen. Dieses dunkle Kapitel stellt ein schweres Erbe dar (Kühn 2011a: 25), das auch heute noch in die Gegenwart hineinwirkt. Viele Biographien ehemaliger Heimkinder sind geprägt von den unvorstellbaren Verhältnissen, die durch Lieblosigkeit, autoritäre und gewaltvolle Erziehungspraxen und Machtmissbrauch in Form von körperlichem, seelischem und sexualisiertem Missbrauch sowie religiösem und Arbeitszwang bis hin zu Medikamentenversuchen gekennzeichnet waren (Zöller 2015: 16ff.; Runder Tisch „Heimerziehung in den 50er und 60er Jahren" 2010: 7ff.). Kappeler (2010) spricht in diesem Zusammenhang von unverantwortlichem Verhalten der Personen, die für und innerhalb der Heimerziehung Verantwortung tragen sollten. Ein reaktionärer Zeitgeist sowie eine gesellschaftliche Sicht von Ausgrenzung und Stigmatisierung auf benachteiligte Kinder prägte nicht nur die Zeit des Nationalsozialismus, sondern auch die folgenden Jahrzehnte der Heimerziehung als disziplinierende und kontrollierende Instanz, die kindlichen Gehorsam und die Anpassung an Disziplin, ‚Sittlichkeit', Arbeit und Ordnung als wesentliche Erziehungsziele verfolgte (Zöller 2015: 16ff.). Ein Rückblick auf Heimerziehung der damaligen Zeit legte gravierende Missstände offen, so konstatierte der Runde Tisch Heimerziehung in seinem Abschlussbericht: „Der Runde Tisch sieht und erkennt, dass insbesondere in den 50er und 60er Jahren auch unter Anerkennung und Berücksichtigung der damals herrschenden Erziehungs- und Wertevorstellungen in den Einrichtungen der kommunalen Erziehungshilfe, der Fürsorgeerziehung und der Freiwilligen Erziehungshilfe jungen Menschen Leid und Unrecht widerfahren ist. Nach den vorliegenden Erkenntnissen hat er Zweifel daran, dass diese Missstände ausschließlich in individueller Verantwortung Einzelner mit der pädagogischen Arbeit beauftragter Personen zurückzuführen ist. Vielmehr erhärtet sich der Eindruck, dass das ‚System Heimerziehung' große Mängel sowohl in fachlicher wie auch in aufsichtlicher Hinsicht aufwies." (2010: 7) Lange hat es gedauert, bis diese Leidensgeschichten Gehör fanden und auch heute bekommen sie nicht die Anerkennung, die sie für ihren Heilungsprozess bräuchten. Die Wunden der traumatisierenden, teilweise sadistischen Lebens- und Erziehungsverhältnisse sind bis heute sichtbar und spürbar. Diesen Auswirkungen wurde mit der Reformierung der Kinder- und Jugendhilfe seit 1975 begegnet sowie im Versuch der Anerkennung des erlittenen Unrechts und Leids durch den Fonds Heimerziehung der Bundesregierung in den letzten Jahren (Zöller 2015: 16ff.). „Der Frage nachzugehen, wie es zum Unrechtssystem Heimerziehung kommen konnte, ist auch für die aktuelle Jugendhilfe bedeutsam. [...] Der gegenwärtige neo-liberale Trend, der sich einer Ökonomisierung Sozialer Arbeit auch in der Jugendhilfe verschreibt, ist im Hinblick auf die schmerzhaften Erfahrungen mit der Geschichte der Heimerziehung kritisch einzustufen. Im Hintergrund lauert die Gefahr, über schnelle Maßnahmen und vermeintliche Qualitätsstandards, die Kinder und Jugendlichen aus den Augen zu verlieren. [...] Heute zeigt sich die Qualität der stationären Jugendhilfe u.a. durch einen reflexiven, souveränen und nicht verdeckenden Umgang mit dem ‚dunklen' Teil ihrer Geschichte." (Zöller 2015: 22 f.)

Auch wenn die Gewalt in Heimen nicht mehr systematisch und organisiert erfolgt, müssen sich Professionelle und die zuweisenden Behörden dem Problem der möglichen Grenzverletzungen innerhalb des Jugendhilfesystems bewusst sein und sich für den Schutz von Kindern und Jugendlichen verantwortlich zeigen (Schmid 2013: 66 f.). Das Sprechen über Gewalt, die Information über die Kinderrechte und die Einführung von Beschwerdesystemen und Ombudsstellen (z.B. Projekt Ombudschaft Jugendhilfe 2020) können ihren Teil dazu beitragen. Auch durch Traumasensibilität, Rahmenbedingungen eines sicheren Ortes und traumapädagogische Konzepte können die Risiken reduziert werden. (Schmid 2013: 67)

Doch wie können Institutionen zu einem *größtmöglich sicheren Ort* werden und wie können traumapädagogische Konzepte dazu beitragen? In der Kinder- und Jugendhilfe wurde dafür die *Pädagogik des Sicheren Ortes* entwickelt, nach der sich Kinder und Jugendliche ohne Angst entwickeln können sollen (BAG Traumapädagogik 2011: 6). Zur Vermeidung einer Retraumatisierung und zur Stabilisierung ist ein äußerer Rahmen zu schaffen, der Sicherheit und Geborgenheit vermittelt und der den Aufbau einer inneren Sicherheit ermöglicht (Kühn 2011a: 33). Erst wenn Kinder sich sicher fühlen, können sie ihre hochwirksamen Überlebensstrategien aufgeben, wieder Vertrauen zu ihrer Umwelt aufbauen und ihren Heilungsprozess beginnen (Gahleitner 2011: 94ff.). Eine mehrgleisige Vorgehensweise ist nach Kühn (2011a: 32) notwendige Voraussetzung in Bezug auf die Kinder, die Pädagog*innen und die Strukturen der Einrichtung selbst. Um traumatisierten Kindern einen Entwicklungsraum zu schaffen, „stehen nicht nur das Betreuungspersonal, sondern auch die Leitungskräfte in einer besonderen fachlichen Verantwortung, Unterstützung und Rahmenbedingungen zu gewährleisten" (Kühn 2011a: 34).

Drei zentrale Aspekte machen einen sicheren Ort aus (Kühn 2011a: 32): die Gestaltung *sicherer Orte* zwischen Kind und Einrichtung, die Gestaltung *emotional-orientierter Dialoge* zwischen Kind und Pädagog*in sowie die Gestaltung *geschützter Handlungsräume* zwischen Pädagog*innen und Einrichtung. Diese Triade besteht aus drei gleichwertigen Aspekten, die voneinander abhängig sind und sich gegenseitig beeinflussen. Dabei sollte die Einrichtung Rahmenbedingungen schaffen, in denen sich die Kinder und Jugendlichen, aber auch die Pädagog*innen gut aufgehoben und sicher fühlen.

Modul 8 Einrichtungen der Sozialen Arbeit

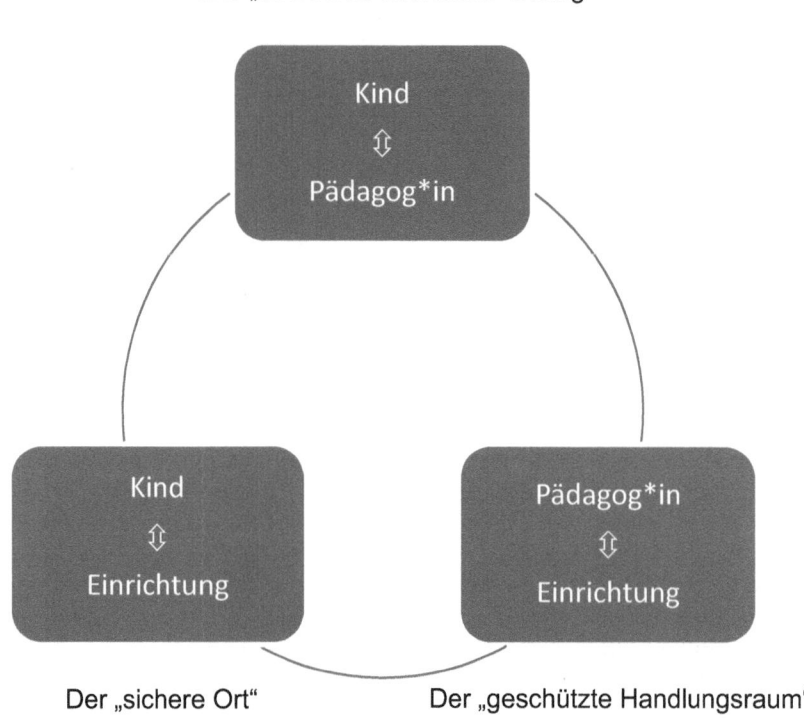

Abbildung 10: Pädagogik des Sicheren Ortes (Kühn 2011 a: 32)

Durch verlässliche, einschätzbare, klar strukturierte und einladende Lebensräume und Rahmungen des Alltags soll erstens der erfahrene Verlust von *Sicherheit in der äußeren Welt* ausgeglichen und ein Sicherheitsgefühl nach und nach (wieder-)hergestellt werden (Kühn 2011 a: 33). Als Beispiel kann hier die Ausstattung einer Institution in den Blick genommen und überlegt werden, welche Botschaften durch Gestaltungselemente vermittelt werden. So hatten früher Heime häufig eher den Charakter eines Gefängnisses mit Gittern an den Fenstern. Werfen Sie vor diesem Hintergrund mal einen Blick auf Ihren Arbeitsplatz – was sehen Sie? Welche impliziten Botschaften vermittelt die Atmosphäre?

Merke: Gewünschte Wirkung der Ausstattung von Räumen in Beratungsstellen oder stationären Einrichtungen (BAG Traumapädagogik 2011: 16)	
„Du bist wertvoll."	„Hier wirst Du gestärkt, gefördert."
„Du bist viel wert."	„Hier bist Du willkommen."
„Hier bist Du sicher."	„Hier sollst Du Dich wohl fühlen."
„Hier hast Du den Überblick."	„Hier ist ein heiler, heilsamer Platz."
„Hier ist Dein Platz."	„Hier wirst Du gut versorgt."

Der *emotionale-orientierte Dialog* soll zweitens dazu beitragen, dass das Kind oder der Jugendliche befähigt wird, (wieder) neues Vertrauen zu den Pädagog*innen, zur unmittelbaren Umgebung und den Mitmenschen aufzubauen. Ein behutsamer, geduldiger und aushandelnder Umgang soll *korrigierende Beziehungserfahrungen* ermöglichen. Damit haben wir uns in Modul 7 gerade ausführlich beschäftigt.

Ein *geschützter Handlungsraum* soll zum Dritten einen Rahmen für alle Beteiligten schaffen, der Überlastung, Überforderung, sekundärer Traumatisierung und Burnout der pädagogischen Fachkräfte vorbeugt (siehe auch Modul 1). Die Fachkräfte sind nicht nur die Umsetzenden, sondern Bestandteil des traumapädagogischen Konzeptes (Lang 2013: 122). Der geschützte Handlungsraum der pädagogischen Fachkräfte ist also die Voraussetzung für einen geschützten Entwicklungsraum des Kindes oder Jugendlichen (Kühn 2011a: 34; Weiß 2011a: 240ff.). Dabei wird interdisziplinär und interinstitutionell zusammengearbeitet (Weiß 2016a: 24) und gemeinsam ein *traumapädagogisch-therapeutisches Milieu* hergestellt (siehe Modul 7).

> **Übung – Teil 2:**
>
> Schauen Sie sich nun Ihre Kärtchen, die Sie am Anfang des Moduls zu den Kennzeichen eines Sicheren Ortes aufgeschrieben haben, noch einmal an. Ordnen Sie nun die beschrifteten Kärtchen den drei Ebenen der Pädagogik des sicheren Ortes zu.

Sie werden anhand der Kärtchen vermutlich gesehen haben, dass wir häufig vor allem die Adressat*innen im Fokus haben und die Fachkräfte der Sozialen Arbeit und die Institution schnell vernachlässigen. Ein Ort größtmöglicher Sicherheit aus traumapädagogischer Sicht besteht aber immer im *Zusammenspiel* und in der Wechselwirkung von Kindern und Jugendlichen, Pädagog*innen, Fachdiensten, Leitungskräften und dem Rahmen in der Einrichtung sowie Vernetzungsstrukturen. Dementsprechend sollten die Grundhaltungen in den Institutionen durchgängig erkennbar sein. Im Idealfall stellt die Einrichtung dann einen ‚sicheren Hafen' (siehe Modul 7) dar, von dem aus innerhalb eines geschützten Dialogs in Kontakt mit der Umwelt getreten werden kann.

8.2 Transparenz und klare Strukturen

„Jede*r hat jederzeit ein Recht auf Klarheit!"
(BAG Traumapädagogik 2011: 6)

Traumapädagogische Gruppen und Einrichtungen zeichnen sich durch konzeptionelle Überlegungen auf der inhaltlichen Ebene und durch einen systematisch gesicherten und Sicherheit vermittelnden institutionellen Rahmen aus. „Die Entwicklung und Weiterentwicklung eines traumapädagogischen Konzeptes ist als institutioneller, kontinuierlicher Prozess zu verstehen, für den alle Beteiligten an ihrem Platz Verantwortung tragen." (BAG Traumapädagogik 2011: 5) Zur Implementierung von traumapädagogische Ideen und Methoden braucht es einen solchen Organisationsentwicklungsprozess, der die Beteiligung der Leitung und aller Mitarbeitenden erfordert, um die Arbeitsbedingungen und die Alltagsrealität in Wohn- oder Tagesgruppen zu berücksichtigen. Die traumapädagogischen Standards sind durch Qualitätsmanagement, Personalentwicklung und -förderung umzusetzen und sind daher ganz klare Leitungsaufgabe (BAG Traumapädagogik 2011: 15). In entsprechenden Fort- und Weiterbildungen für alle Beteiligten werden neue Handlungssicherheiten und mehr Feinfühligkeit entwickelt und die Strukturen und Prozesse sukzessive an die Bedürfnisse der Bewohner*innen und Mitarbeiter*innen angepasst, wie hier am Beispiel des traumapädagogischen Konzeptes der evangelischen Jugendhilfe Menden deutlich wird:

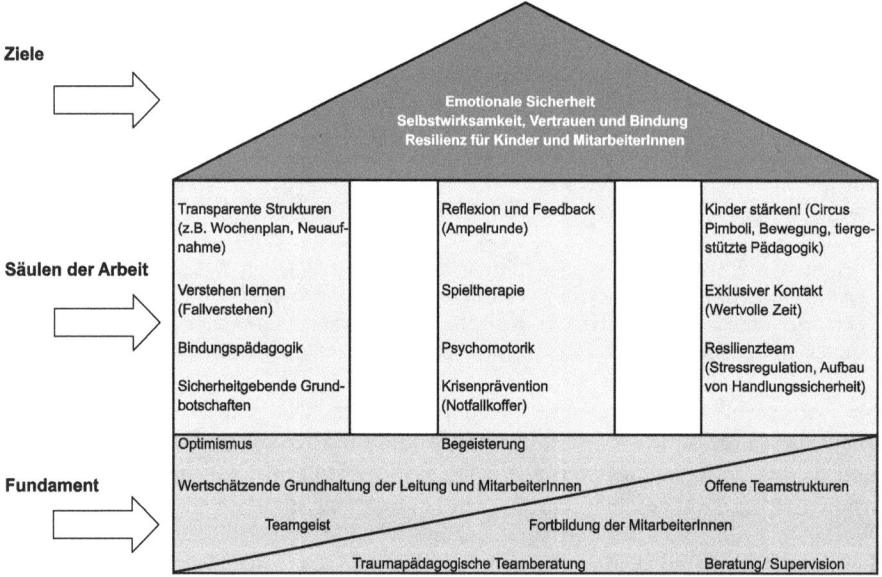

Abbildung 11: Traumapädagogisches Konzept (Schirmer 2011: 293)

„Das Ziel der Einrichtung ist es, nicht nur eine besondere Gruppe mit traumapädagogischem Schwerpunkt zu entwickeln, sondern vielmehr in der Gesamteinrichtung einen Organisationsentwicklungsprozess in Gang zu setzen, der auf eine sukzessive Implementierung traumapädagogischer und bindungspädagogischer Ansätze in allen Arbeitsbereichen baut." (Schirmer 2011: 288) Ein solcher Implementierungsprozess erfordert von allen Beteiligten viel Kraft, Zeit und Engagement, aber der Weg ist das Ziel.

> **Filmtipp:**
>
> Schauen Sie sich zum besseren Verständnis den Werbeclip der evangelischen Jugendhilfe Menden e.V.: „Kinder stärken für das Leben!", in dem das traumapädagogische Konzept und die alltägliche Arbeit vorgestellt wird: www.youtube.com/watch?v=rdNg8fRHna4 [19.7.2020]

Welche Prinzipien, konzeptionelle Überlegungen und Grundhaltungen erkennen Sie wieder?

Vor allem der Alltag in einer Wohngruppe stellt für Kinder, Jugendliche und Mitarbeitende eine besondere Herausforderung sowie auch eine Chance zur positiven Bewältigung dar. Das Zusammenleben in einer Wohngruppe lasse sich nach der Einrichtungsleiterin einer traumapädagogischen Jugendhilfeeinrichtung Claudia Schirmer (2011: 289) an dem Bild eines Mobiles veranschaulichen: „Eine kleine Bewegung (Erregung) bringt das ganze System in Bewegung (Erregung) und verstärkt sich gegenseitig. Diese besondere Psycho- und Gruppendynamik erfordert ein hohes Fachwissen gepaart mit einer verstehenden und reflektierenden Grundhaltung sowie eine emotionale Stabilität seitens der sozialen Fachkräfte." Der Gruppenalltag soll daher Strukturen bieten, die die emotionale Sicherheit der Kinder und Jugendlichen innerhalb der Gruppe unterstützen. Dazu gehören haltgebende Strukturen durch Rituale, regelmäßige Gruppenaktivitäten sowie Gruppengesprächsrunden und vor allem Transparenz in Hinblick auf die Tages- und Wochenstruktur, die An- und Abwesenheit der Pädagog*innen und über individuelle Besuche oder Termine (Bundesarbeitsgemeinschaft Traumapädagogik 2011: 12)

Zentrale Schlüsselprozesse für einen internen Organisations- und/oder Qualitätsentwicklungsprozess (BAG Traumapädagogik 2011: 15)

- Die Institution versteht sich als eine Organisation, die mit Hilfe von Rückkopplungsprozessen und Fehlerfreundlichkeit die Qualität sichert.
- Traumapädagogische Standards sind für den Gruppenalltag beschrieben.
- Strukturiertes Aufnahmeverfahren für die Kinder und Jugendlichen unter besonderer Berücksichtigung der traumaspezifischen Anamnese, möglicher Triggerreize sowie der Ressourcen
- Das Verfahren zur Kindeswohlgefährdung berücksichtigt die besondere Dynamik und möglichen Auswirkungen mehrgenerationaler Traumata.
- Die individuelle Erziehungsplanung berücksichtigt traumaspezifische Aspekte.
- Kinder- und Jugendrechte werden offensiv vertreten.
- Gesicherte Informations- und Dokumentationsprozesse
- Transparente und wertschätzende Kommunikationsstrukturen
- Interner und/oder interdisziplinärer Austausch wird, insbesondere zur traumapädagogischen Arbeit, gefördert.
- Vom Team organisierte Dienstplanung unter Berücksichtigung der Stabilisierung von Kolleg*innen und Kindern/Jugendlichen
- Doppeldienste in Kernzeiten
- Strukturiertes Krisenmanagement
- Klare Verfahren im Umgang mit Grenzverletzungen
- Transparenz innerhalb der Institution und offene Auseinandersetzung über Macht- Hierarchie- und Entscheidungsstrukturen
- Institutionelle Auseinandersetzung über unterschiedliche Formen und Ebenen von Gewalt

- Leitfaden zum Umgang mit Gewalt
- Beteiligungsstrukturen entsprechend der verschiedenen Stufen und Beschwerdemanagement für Kinder/Jugendliche und Mitarbeiter*innen im Rahmen eines institutionellen Partizipationskonzeptes
- Evaluationsverfahren für alle Hilfemaßnahmen

8.3 Schutzkonzepte

Alle Institutionen und Einrichtungen des Bildungs-, Erziehungs-, Gesundheits- und Sozialsektors, die mit Kindern und Jugendlichen oder erwachsenen Schutzbefohlenen arbeiten, stehen vor der Herausforderung, einen Ort größtmöglicher Sicherheit für ihre Klient*innen herzustellen. Nicht nur die Geschichte der Heimerziehung, sondern auch die verstärkte mediale Thematisierung von sexualisierten Gewalterfahrungen in der Kindheit durch Betroffene im Rahmen des sogenannten ‚Missbrauchs-Skandals' im Jahr 2010 führte zu einer gesellschaftlichen Diskussion über die mangelhafte Sicherheit der Betreuten in Institutionen. Prominente Internate wie die Odenwaldschule oder kirchliche Einrichtungen, wie das Kloster Ettal, die Regensburger Domspatzen oder das Canisius-Kolleg standen damals im Mittelpunkt des Interesses. Die Politik reagierte unter anderem mit der Einrichtung des Runden Tisches ‚Sexueller Kindesmissbrauch in Abhängigkeits- und Machtverhältnissen in privaten und öffentlichen Einrichtungen und im familiären Bereich' und der Ernennung einer bzw. eines unabhängigen Beauftragten für Fragen des sexuellen Kindesmissbrauchs (UBSKM) (Gebrande 2016a: 307). Johannes-Wilhelm Rörig, der aktuelle unabhängige Beauftragte, kämpft seit Jahren dafür, dass sich die Einrichtungsleitungen des Themas annehmen: „Schulen, Kitas, Kirchengemeinden, Internate, Sportvereine, stationäre Einrichtungen der Jugendhilfe, Krankenhäuser und andere Institutionen sollen Bedingungen schaffen, die das Risiko senken, zum Tatort von sexueller Gewalt zu werden. Zudem sollen Mädchen und Jungen in der Institution Hilfe durch kompetente Ansprechpersonen finden, wenn ihnen dort oder andernorts – beispielsweise im familiären Umfeld – sexuelle Gewalt angetan wird. [...] Ich fordere alle politisch Verantwortlichen auf, sich mit konkreten Maßnahmen deutlich stärker gegen Missbrauch zu engagieren" (UBSKM 2020: o.S.). Mit vielen großen zivilgesellschaftlichen Dachorganisationen und Wohlfahrtsverbänden wurden in den vergangenen Jahren Vereinbarungen zu einem verbesserten Schutz von Mädchen und Jungen vor sexueller Gewalt abgeschlossen. So haben sich schon viele Einrichtungen und Organisationen auf den Weg gemacht und Erfahrungen gesammelt bei der Entwicklung von Schutzkonzepten.

> **Tipp:**
>
> Schauen Sie sich die zentralen Initiativen „Kein Raum für Missbrauch" und „Schule gegen sexuelle Gewalt" oder das Kinderportal der Bundesweiten Initiative zur Prävention des sexuellen Kindesmissbrauchs doch einmal an. Sie finden dort viele Informationen und Materialien zum Herunterladen (letzter Zugriff im November 2020):

https://beauftragter-missbrauch.de

https://www.kein-raum-fuer-missbrauch.de/

https://www.schule-gegen-sexuelle-gewalt.de/

https://trau-dich.de

8.3.1 Sexualisierte Gewalt in Einrichtungen der Behindertenhilfe

Fallbeispiel:

„Nach dem Fußballtraining kommen ein elf- und ein zwölfjähriger Junge völlig verschwitzt in ihre Wohngruppe. Die Erzieherin fordert sie auf, vor dem Abendessen zu duschen. Der Zwölfjährige will nicht duschen. Energisch nimmt die Erzieherin den Jungen an die Hand und geht mit ihm ins Badezimmer, wo sie ihn gegen seinen Willen auszieht und unter die Dusche stellt. Der Junge setzt sich zur Wehr und versucht, die Erzieherin zu treten. Sie kann ihn beruhigen und spricht besänftigend auf ihn ein, streichelt über seinen Kopf. Sie erklärt ihm, dass sie den körperlichen Angriff gegen sie eigentlich dem Heimleiter melden müsste. Sie werde darauf verzichten, wenn er sich jetzt ganz ruhig von ihr abduschen ließe. Verschämt und unsicher lässt der Junge sich nun einseifen. Beim anschließenden gemeinsamen Abendessen verhält sich der Junge auffallend anders als gewohnt. Er wirkt verstockt und in sich gekehrt, während die Erzieherin versucht, zur Normalität des Alltags zurückzukehren. Ihre Kollegin nimmt die Situation als merkwürdig war und beschließt für sich: „Ich frage mal lieber nicht nach, das wird schon seine Richtigkeit haben!" (Stiftung Liebenau Teilhabe 2014: 10)

Dieses Fallbeispiel wirft zwei große Fragen im Zusammenhang mit sexualisierter Gewalt auf (Gebrande/Teubert 2018: 26ff.): Wie können die beiden Jungen lernen, dass sie ein Recht auf körperliche Selbstbestimmung haben, sich selbst ernst nehmen und auch Erwachsenen gegenüber deutlich machen dürfen, wenn sie etwas nicht wollen? Hier, wie in vielen Organisationen, erleben Kinder sich als machtlos den Abläufen und oft auch den erwachsenen Fachkräften gegenüber. Die zweite Frage, die sich stellt, lässt sich von außen nur schwer beantworten: Handelt es sich in diesem Fallbeispiel um sexualisierte Gewalt? Wenn eine Erzieherin ihren Schutzbefohlenen einseift und abduscht, kann es sich dabei um eine ganz unverfängliche, harmlose Situation der Körperpflege handeln, die zu ihrem Auftrag gehören mag. Wie kann eine solche Situation aber unterschieden werden von einer sexuellen Grenzverletzung? Angela May hat bereits 1997 für den sexuellen Missbrauch an Kindern Fragen bzw. Kriterien entwickelt, um übergriffige Situationen besser beurteilen zu können: „Was ist die Absicht der Handlung? Wem nützt die Handlung, wer zieht Gewinn daraus? Von wem geht die Handlung aus? Kann das Mädchen, der Junge ohne Mühe ablehnen, NEIN sagen? Welche Gefühle habe ich demgegenüber?" (May 1997: Arbeitsbogen 2)

Entscheidend ist immer die Absicht hinter einer Handlung – hier könnte es beispielsweise die Erzieherin sein, die versucht, ihre eigenen „Bedürfnisse nach Macht, Anerkennung, Körperkontakt, Intimität, sexueller Befriedigung gegen den

Willen und auf Kosten der körperlichen und seelischen Integrität eines Opfers" zu befriedigen (Teubert in Stiftung Liebenau Teilhabe 2014: 7). Bei sexuellen Handlungen zwischen Erwachsenen und Kindern handelt es sich immer um Missbrauch, weil der oder die Erwachsene das Machtungleichgewicht und Vertrauensverhältnis zwischen ihm/ihr und dem Kind ausnutzt.

Laut repräsentativer Studien haben Kinder mit Beeinträchtigungen ein zwei- bis dreifach höheres Risiko, sexualisierte Gewalt erleben zu müssen als Kinder im Bevölkerungsdurchschnitt (Schröttle et al. 2013; Jungnitz et al. 2013). Sie erleben in ihrem Alltag oft ein Machtungleichgewicht, das für sie ein besonders Risiko birgt. Keupp/Mosser (2018:37 f.) betonen, dass eine Beeinträchtigung nicht als individuelles, defizitäres, unabänderliches Merkmal zu verstehen ist, sondern als eine gesellschaftliche Praxis der Zuschreibung, die häufig mit Exklusion und einer dauerhaften Situation des Angewiesenseins (z.B. auf Fürsorge) einhergeht. Im Privaten in der Familie oder in Heimen, Kirchen und auch Hochschulen usw. existieren diese ungleichen Machtverhältnisse, die einen Boden für die Ausnutzung von Schutzbefohlenen zur Befriedigung der eigenen Bedürfnisse bieten. Je größer dabei die Machtungleichheit ist, desto größer ist die Gefahr, dass die Macht (auch) sexualisiert ausgelebt wird (Gebrande/Clemenz 2016: 215 f.). Mädchen und Jungen mit Behinderung werden nur allzu häufig sowohl der individuellen Macht ihrer Bezugspersonen als auch der institutionellen Macht der sie betreuenden Einrichtungen ausgesetzt – ihre Situation ist so durch erhöhte Vulnerabilität, Verletzungsoffenheit und Abhängigkeitsverhältnisse gekennzeichnet (Gebrande/Teubert 2018: 26 f.). Aber auch klassische Missbrauchsstrategien gilt es zu beachten: Der*die Täter*in sucht nach unauffälligen Orten, ungestörten Zeiten und besonders verletzlichen Kindern, zu denen nach und nach ein Vertrauensverhältnis aufgebaut wird. Häufig findet dann eine Annäherung statt, in der körperliche Berührungen als Probe oder Testritual ausgeführt und dabei mehr und mehr die Grenzen überschritten werden (Gebrande 2014: 32 f.) Das kann im Sport oder im Spiel sein oder als Pflegehandlung getarnt – wie hier unter der Dusche.

In dem oben beschriebenen Fall handelt es sich also um eine Grenzverletzung des Jungen, der der körperlichen Übergriffigkeit seiner Erzieherin ausgeliefert ist. Die Erzieherin wird auch nicht von ihrer Kollegin angesprochen, d.h. der Übergriff bleibt für sie ohne Konsequenzen, wodurch sie sich möglicherweise zu weiteren Übergriffen ermutigt fühlen kann. Prävention beginnt daher immer im pädagogischen Alltag der Einrichtungen. Es braucht eine Sensibilisierung für vermeintlich harmlose Grenzüberschreitungen und ein Bewusstsein für die Notwendigkeit, grenzwertige und übergriffige Situationen zu thematisieren und klare Grenzen zu setzen, um Kinder zu schützen (Gebrande/Teubert 2018: 27). Die Entwicklung eines Schutzkonzeptes für die Einrichtung würde möglicherweise einen Rahmen schaffen, in dem sich die Erzieherin selbst mit ihren Praktiken auseinandersetzen müsste, die Kollegin vielleicht motiviert wäre, die komische Situation anzusprechen und der Junge die Botschaft bekommen würde, dass seine Gefühle richtig und wichtig sind, er sich nicht von der Erzieherin einseifen lassen muss und er das Recht auf Hilfe hat. Doch was genau ist eigentlich ein Schutzkonzept?

Definition: Schutzkonzept

Ein Schutzkonzept ist ein *Plan für Prävention in Einrichtungen*, damit es gar nicht erst zu Gewalt oder Übergriffen kommt bzw. zum schnellen Handeln, wenn etwas vorgefallen ist. Es beinhaltet ein Zusammenspiel aus einer Risiko- und Ressourcenanalyse, ggf. strukturellen Veränderungen, Vereinbarungen und Absprachen sowie einer Auseinandersetzung mit der Haltung und Kultur einer Organisation. Ein Schutzkonzept gibt Antwort auf Fragen wie: Welche Strategien setzen Täter*innen ein, um sexuelle Gewalt zu planen und zu verüben? Welche Gegebenheiten könnte ein*e Täter*in ausnutzen? An wen wende ich mich im Falle eines Verdachts? Wie sieht ein Umgang mit Mädchen und Jungen aus, der ihre individuellen Grenzen achtet? (UBSKM 2020: o.S.)

Die wichtigsten Bestandteile eines Schutzkonzeptes (nach UBSKM 2020: o.S.):

1. Verankerung des Schutzes vor Gewalt in Leitbild, Satzung oder Ethik-Richtlinie
2. Verhaltenskodex als Orientierungsrahmen für den grenzachtenden Umgang
3. Fortbildungen für alle haupt- und ehrenamtlich Beschäftigten zur Sensibilisierung
4. Erweitertes Führungszeugnis
5. Partizipation und systematische Beteiligung von Adressat*innen
6. Präventionsangebote für die Adressat*innen
7. Informationsveranstaltungen (z.B. zur Einbeziehung der Eltern)
8. Beschwerdeverfahren und Ansprechpersonen für den Fall einer Vermutung von Gewalt
9. Notfallplan mit einem schriftlich fixierten Verfahren zum Vorgehen bei Verdacht
10. Kooperation und Vernetzung vor Ort

8.3.2 Die Implementierung von Schutzkonzepten am Beispiel von Einrichtungen der Behindertenhilfe

Das Modellprojekt „Beraten & Stärken (BeSt)" der Deutschen Gesellschaft für Prävention und Intervention von Kindesmisshandlung, Kindesvernachlässigung und Sexualisierter Gewalt (DGfPI) wurde von 2015–2020 vom Bundesfamilienministerium (BMFSFJ) gefördert mit dem Ziel des Schutzes von Mädchen und Jungen mit Behinderung vor sexualisierter Gewalt in Institutionen. In dem Projekt gerieten unterschiedliche Ebenen der Prävention in den Blick, an denen in 85 Einrichtungen der Behindertenhilfe angesetzt wurde: Neben einem *Präventionsprogramm für die Kinder* fanden *Sensibilisierungs- und Qualifizierungsmaßnahmen* auf der Ebene der Fachkräfte und der Eltern sowie *Organisationsentwicklungsprozesse* auf der Ebene der Institutionen statt. Denn die Verantwortung für den Schutz von Kindern haben immer die Erwachsenen – kein Kind kann sich alleine schützen!

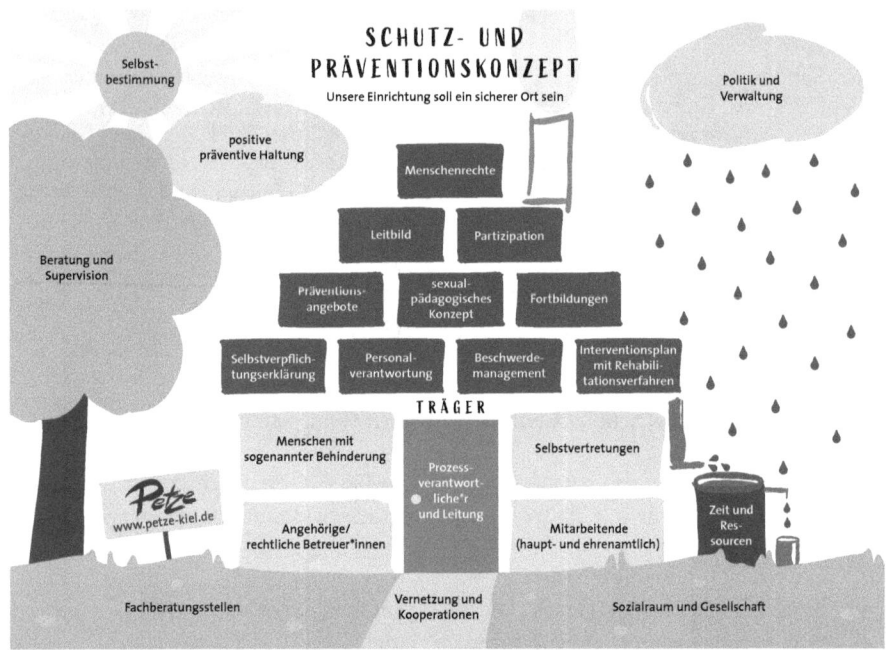

Abbildung 12: Schutz- und Präventionskonzept für Einrichtungen (Petze 2020)

Die Ebene der Institution: Implementierung von Kinderschutzstrukturen und Beschwerdemanagement in allen Einrichtungen

Die Fachberatungsstellen beraten und begleiten Leitungen bei der (Weiter-)Entwicklung von Kinderschutzstrukturen. Dabei ist es wichtig, alle Mitarbeitende und auch die Kinder an Kommunikations- und Entscheidungsprozessen zu beteiligen. Ziel ist ein Mehr an Partizipation und eine Kultur der Beteiligung. „Je nach Stand und Ressourcen der Einrichtungen kann dies folgende Bereiche umfassen: sexualpädagogische Konzepte, Konzepte für die Umsetzung von Partizipation der Kinder, einrichtungsspezifische, präventive Gesamtkonzepte, Beschwerdeverfahren für Kinder, Handlungsleitlinien für den Umgang mit Fällen von sexualisierter Gewalt und Fällen des Verdachts." (DGfPI 2018: 2)

Die Ebene der Fachkräfte: Die Sensibilisierung und Qualifizierung aller Mitarbeitenden

Ein nachhaltiger Schutz der Mädchen und Jungen mit Behinderungen hat eine Basis in einer kontinuierlichen Auseinandersetzung mit Themen wie Sexualität, Kinderrechte, Nähe und Distanz, Macht und (sexualisierte) Gewalt. Diese Reflexions- und Diskussionsprozesse brauchen Zeit und Raum und können längerfristig zu eigenen, gemeinsamen und institutionellen Haltungen und Positionierungen aller Leitungskräfte und Mitarbeitenden (auch Hausmeister, Servicemitarbeitende, usw.) führen. Neben aktuellem Fachwissen werden auch konkrete, alltagspraktische Handlungskompetenzen vermittelt (DGfPI 2018: 2).

Die Ebene der Kinder: Was tun gegen sexuellen Missbrauch? Ben und Stella wissen Bescheid!

Das Ziel des projekteigenen Präventionsprogramms ist es unter anderem, Mädchen und Jungen in ihrer Gesamtpersönlichkeit zu stärken, altersangemessen über ihre Rechte und über sexuellen Missbrauch zu informieren, Hilfe- und Unterstützungswege aufzuzeigen sowie das Bewusstsein über ihren Körper, ihre Gefühle, ihre Bedürfnisse und ihre Grenzen zu fördern. Das Präventionsprogramm besteht aus sieben Bausteinen mit zentralen Botschaften, die mit den Kindern interaktiv und methodisch abwechslungsreich (mit Spielen, Bildern, Filmen) gestaltet werden (DGfPI 2018: 3).

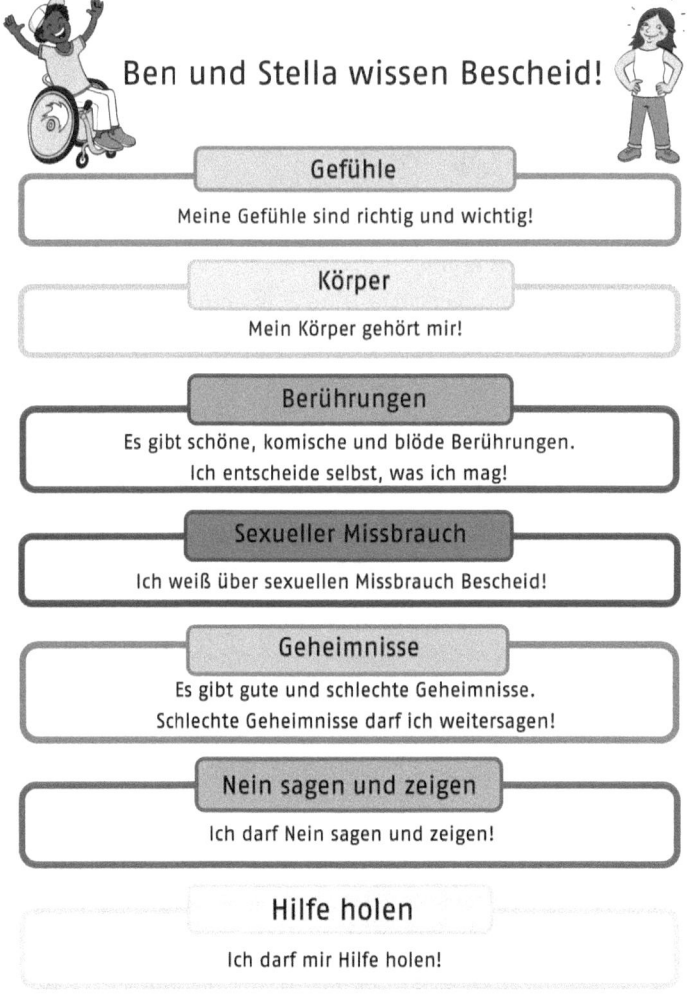

Abbildung 13: Die zentralen Präventionsbotschaften (Ben und Stella wissen Bescheid! Illustrationen von Pudelskern/Ka Schmitz)

Diese Botschaften machen aber nur Sinn, wenn Kinder auch in ihrem Alltag erleben, dass ihre Gefühle und Bedürfnisse ernst genommen und ihre Grenzen geachtet werden. Daher muss die direkte Prävention für die Mädchen und Jungen immer in nachhaltige und mehrere Ebenen umfassende Organisationsentwicklungsprozesse zum Schutz vor sexualisierter Gewalt eingebunden sein und von allen Beteiligten im Alltag gelebt werden.

> **Tipp:**
>
> Auf der Website www.benundstella.de sind viele Informationen und kleine Filme frei zugänglich und können für die Sensibilisierung von Kindern, ihren Eltern und Fachkräften genutzt werden [letzter Zugriff im November 2020).

Fragen zur Überprüfung und zum Weiterdenken

Was kennzeichnet eine totale Institution?

Wenn Sie Ihre eigene Organisation betrachten, wo sehen Sie Risiken bezüglich (sexualisierter) Gewalt und Machtmissbrauch?

Was können wir aus der Geschichte der Heimerziehung und der sexualisierten Gewalt lernen?

Was kennzeichnet einen größtmöglich sicheren Ort?

Was können Sie dazu beitragen, dass Ihre Einrichtung kein Raum für Missbrauch ist?

Einführende Literatur:

- *Traumapädagogische Standards in der stationären Kinder- und Jugendhilfe. Eine Praxis- und Orientierungshilfe der Bundesarbeitsgemeinschaft Traumapädagogik (Lang et al. 2013)*

In diesem Sammelband wird ein guter Überblick über die Traumapädagogik und deren konzeptioneller Überlegungen gegeben.

Weiterführende Literatur:

- *Gewalt und Fremdbestimmung in der Sozialen Arbeit im 20. Jahrhundert (Kappeler 2010)*

Dieser Artikel in der Zeitschrift ‚Widersprüche' des Sozialpädagogen Manfred Kappler zeichnet die dunkle Geschichte der Sozialen Arbeit insbesondere in der Heimerziehung nach.

- *Asyle – Über die soziale Situation psychiatrischer Patienten und anderer Insassen (Goffman 1973)*

In diesem Klassiker der Soziologie analysiert Ervin Goffman die Risiken und das zerstörerische Potenzial totaler Institutionen.

- *Schutz vor sexualisierter Gewalt in Einrichtungen für Mädchen und Jungen mit Beeinträchtigungen – Ein Handbuch für die Praxis (DGfPI 2020)*

Dieses Handbuch arbeitet die Anforderungen an ein umfassendes Schutzkonzept für Einrichtungen der Behindertenhilfe praxisnah und detailliert heraus.

Modul 9 Soziale Arbeit der Selbstbemächtigung

> **Zusammenfassung:**
>
> In diesem Modul wird ein drittes Kernkonzept der Traumapädagogik vorgestellt: das Konzept der Selbstbemächtigung. Es basiert auf den *Grundideen des Empowerments und des Power-Sharings*, die im Folgenden beleuchtet werden. Die Selbstbemächtigung kommt zum einen in der Grundhaltung des Verstehen-Wollens zum Ausdruck und wurde im *Konzept des guten Grundes* detailliert ausgearbeitet. Zum anderen sind Ideen zur *Partizipation und Teilhabe* zentral, die Sie in diesem Modul kennenlernen werden. Dabei wird zum Abschluss auch die *traumaorientierte Arbeit mit Gruppen* mit ihren Risiken und Chancen in den Blick genommen.

Eine wertschätzende und verstehende Grundhaltung, die das Wissen um die Folgen von traumatischen Erfahrungen und biographischen Belastungen berücksichtigt und ihren Schwerpunkt auf die Ressourcen und die Resilienz der Betroffenen legt, bildet die Basis einer Sozialen Arbeit nach traumatischen Erfahrungen. Die soziale und emotionale Stabilisierung der Kinder, Jugendlichen und auch Erwachsenen sowie der Aufbau von Vertrauen zu sich selbst und zu anderen ist ihre grundlegende Zielsetzung (BAG Traumapädagogik 2011: 4). Bevor nun das konkrete Konzept der Selbstbemächtigung vorgestellt werden soll, ist mir die Einbettung in einen größeren Zusammenhang wichtig. Denn die Ideen des Empowerments sowie des Power-Sharings sind auch in den Ansatz der Traumapädagogik zur Selbstbemächtigung eingeflossen (Weiß/Kessler/Gahleitner 2016: 14).

> **Exkurs: Empowerment (nach Kechaja 2019: 1ff.)**
>
> Empowerment meint die individuelle und kollektive Selbstermächtigung von Menschen mit Diskriminierungserfahrungen. Das sind die vier Grundelemente von Empowerment:
>
> 1. *Bewusstsein* schaffen und Erlangen von Wissen über Gesellschaft, Geschichte, Funktionsweisen und Wirkungsmacht von Diskriminierungen und ungleichen Machtverhältnissen, das eigene Geworden-Sein darin und die eigenen Verstrickungen und Privilegien.
> 2. *Befreiung* aus dem Bewusstsein von Fremdbestimmungen, Zurichtungen, Begrenzungen, Projektionen auf den eigenen Körper, die Psyche, das Selbst hin zu einem neuen positiven Selbstbild, einer Neubewertung und Akzeptanz des eigenen Ichs, des eigenen Körpers und der eigenen Fähigkeiten. Dies umfasst auch politische, gesellschaftliche Prozesse der Befreiung, das Organisieren von Solidarität und Selbstreflexion im Sinne einer Achtsamkeit für Gerechtigkeit und Umverteilung von Ressourcen, Macht und Zugangsmöglichkeiten.
> 3. *Heilung* meint, die eigenen Gefühle, wie z.B. Ängste und Trauer, wahrzunehmen, auszuhalten, ernst zu nehmen und kreativ zum Ausdruck zu bringen. In diesem Sinne ist Heilung ein Subjektwerdungsprozess durch das Bearbeiten der gewaltvollen Objektivierungsversuche bei gleichzeitiger Akzeptanz der Narben und schmerzvollen Erfahrungen der Vergangenheit, die nicht

mehr abänderbar sind. Es geht hierbei um die *Heilung individueller als auch kollektiver Traumata*.
4. *Community* meint die Überwindung von Einsamkeit und Isolation, voneinander lernen, Begegnung und Austausch, kreatives gemeinsames Gestalten und künstlerisches Schaffen, neue Formen von Beziehungen und Achtsamkeit mit dem*der Anderen im Umgang und in der Sprache. In geschützten Räumen kann Gemeinschaft und Stärke gelebt und entwickelt werden.

Empowerment ist ein Prozess, der Zeit und Vertrauen braucht und der aus dem Inneren eines Individuums und/oder einer Gruppe heraus entstehen kann. Kein Mensch kann daher jemand anderen professionell empowern. Soziale Arbeit kann aber Räume schaffen, in denen Empowermentprozesse ermöglicht werden oder im Sinne von *Power-Sharing* – komplementär zum Empowerment-Gedanken – die eigenen Privilegien und Zugänge sinnvoll einsetzen, um Zugänge zu eröffnen sowie manches Mal auch einfach zuzuhören oder zurück zu treten, um die Stimmen von Adressat*innen hör- und sichtbar zu machen.

Leider wird der Modebegriff Empowerment momentan inflationär gebraucht und damit ausgehöhlt, denn die Gefahr besteht darin, dass empowernde Angebote lediglich das Individuum und seine Selbstoptimierung und Leistungssteigerung im Blick hat. Daher ist die Entwicklung eines Bewusstseins der sozialen und politischen Bewegungen und ein Anknüpfen an die Kämpfe von marginalisierten Gruppen um Selbstbemächtigung, politische Rechte, Zugang zu Ressourcen und eine Veränderung der gesellschaftlichen und strukturellen Machtverhältnisse von zentraler Bedeutung, wie beispielsweise die Geschichte der Unabhängigkeits- und Befreiungsbewegungen in den kolonisierten Ländern, die schwarze Bürgerrechtsbewegung und die feministische Frauenbewegung oder die Selbstbestimmt-Leben-Bewegung der Menschen mit Behinderungen.

> **Definition: Empowerment (Herriger 2020: 21 f.)**
>
> Der Begriff ‚Empowerment' bedeutet Selbstbefähigung und Selbstbemächtigung, Stärkung von Eigenmacht, Autonomie und Selbstverfügung. Empowerment beschreibt mutmachende Prozesse der Selbstbemächtigung, in denen Menschen in Situationen des Mangels, der Benachteiligung oder der gesellschaftlichen Ausgrenzung beginnen, ihre Angelegenheiten selbst in die Hand zu nehmen, in denen sie sich ihrer Fähigkeiten bewusst werden, eigene Kräfte entwickeln und ihre individuellen und kollektiven Ressourcen zu einer selbstbestimmten Lebensführung nutzen lernen. Empowerment – auf eine kurze Formel gebracht – zielt auf die (Wieder-)Herstellung von Selbstbestimmung über die Umstände des eigenen Alltags.

In der psychosozialen Praxis haben viele Ansätze, Konzepte und Methoden ihre Wurzeln in den sozialen Bewegungen des 20. Jahrhunderts und in dieser Empowerment-Orientierung – sie machen Hoffnung, dass einer paternalistischen Praxis Sozialer Arbeit so entgegengewirkt werden kann (für einen Überblick über die Empowerment-Orientierung in der Sozialen Arbeit Lenz 2011 oder Herriger 2020). Zu einem kritisch ambitionierten Unterstützungsprozess gehört meines Erachtens neben der persönlichen Sozialen Arbeit mit einem*einer Adressat*in immer auch die kollektive Verbindung mit anderen Betroffenen sowie die Thematisierung struktureller Macht-, Diskriminierungs- und Gewaltverhältnisse (Gebrande 2017b: 323). Bäuml und Pitschl-Walz (2008: 25) formulieren pointiert eines der zentralen Spannungsfelder von Empowermentprozessen, die sich aus diesem Anspruch ergeben: „Was die einen an ‚Power' bekommen, erwerben, sich erkämpfen wollen und sollen, müssen die anderen an Macht abgeben, teilen, loslassen können." Gerade für die Deutungsmacht über soziale Probleme oder gar psychiatrische Kategorien – wie es Traumatisierungen darstellen können – erfordert dieser Anspruch ein Umdenken der Professionellen im Sinne des Power-Sharings. Diese Aufgabe stellt sich der Sozialen Arbeit im 21. Jahrhundert.

Die Kerngedanken der Traumapädagogik lassen sich sehr gut als Richtschnur auf die Grundhaltungen und Ziele einer Sozialen Arbeit mit traumatisierten Menschen im Allgemeinen übertragen. Die Traumapädagogin und Gründerin der Bundesarbeitsgemeinschaft Traumapädagogik Wilma Weiß hat in ihrem *Konzept der Selbstbemächtigung* die Eckpunkte aus ihren langjährigen Erfahrungen mit traumatisierten Mädchen und Jungen in unterschiedlichen Arbeitsfeldern der Jugendhilfe zusammengestellt: „Selbstbemächtigung ist für mich der wesentliche Teil der Bewältigung traumatischer Erfahrungen einerseits und andererseits die Behauptung des Eigensinns in der sich gegenwärtig verändernden Gesellschaft." (Weiß 2020: o.S.) Damit geht zwingend einher, dass „die Mädchen und Jungen mit Unterstützung ihrer Bezugspersonen Stück für Stück das Gefühl für sich selbst wiederfinden, sich, ihre Gefühle und Empfindungen wahrnehmen lernen" (Weiß 2011 b: 168). Gleichzeitig kann sich Selbstbemächtigung „nicht auf den individuellen Umgang mit traumatischen Erinnerungsebenen beschränken, will sie wirklich ein in den gesellschaftlichen Bezügen höchstmöglich selbstbestimmtes Leben unterstützen", sondern ist eng mit einem fachlich-professionellen Selbstverständnis sowie mit einer politisch-partizipativen Haltung verbunden(Weiß 2016 b: 93).

> **Definition: Selbstbemächtigung (Weiß 2011 b: 167)**
>
> Selbstbemächtigung bedeutet die Befreiung von Abhängigkeit und Ohnmacht. Menschen, die sich ihrer selbst bemächtigen, werden zu aktiv handelnden Akteur*innen, die sich ein Mehr an Selbstwirksamkeit, Selbstbestimmung, Autonomie und Lebensregie erstreiten. Die zentralen Bausteine einer Selbstbemächtigung werden in diesem Kompendium auch nachfolgend in den praktischen Modulen nochmals intensiver aufgegriffen. Diese sind (BAG Traumapädagogik 2011: 7ff.):
> 1. Die Förderung des Selbstverstehens (siehe Modul 10)
> 2. Die Förderung der Körper- und Sinneswahrnehmung (siehe Modul 13)
> 3. Die Förderung der Emotionsregulation (siehe Modul 11)
> 4. Die Förderung der physischen und psychischen Widerstandsfähigkeit (siehe Exkurs zur Resilienz in Modul 4)
> 5. Die Förderung der Selbstregulation (siehe Modul 12)

Selbstbemächtigung ist als Gegenstück zu den Ohnmachtserfahrungen der traumatischen Situation das Ziel, das entstehen kann, wenn Adressat*innen für sich selbst sorgen, auf ihre Umwelt einwirken und diese gestalten können (Weiß

2011 a: 133). Im Zentrum steht der Wechsel aus dem Objektstatus in die Subjektrolle (Weiß 2016 b: 94). Die US-amerikanische Traumatherapeutin Yvonne Dolan (2009) beschreibt eindrücklich, dass die Anerkennung, Opfer geworden zu sein und die Identifikation als Überlebende*r zwar stets der Anfang des Heilungsprozesses darstellt. Adressat*innen sollten in der Folge aber dabei unterstützt werden, ihre Isolation zu durchbrechen und die Opferrolle zu verlassen, damit es nicht zu einer Verfestigung einer „Opferidentität" kommt, sondern der Weg zur Heilung und Selbstermächtigung gefunden werden kann (Dolan 2009: 13ff.). Doch auch die Akzeptanz von eigenen Schwierigkeiten, Wunden und Beeinträchtigungen ist Bestandteil der Traumabewältigung (siehe Modul 4), daher muss die Unterstützung dieser Akzeptanz Bestandteil der traumapädagogischen Haltung sein. Sie kommt zum einen in der Grundhaltung des Verstehen-Wollens zum Ausdruck und wurde im *Konzept des guten Grundes* näher ausgearbeitet. Hinzu kommen des Weiteren die *Partizipation der Adressat*innen und die Chancen zur sozialen Teilhabe* sowie die *traumaorientierte Gruppenarbeit*, auf die in diesem Modul im Folgenden näher eingegangen werden soll.

9.1 Das Konzept des guten Grundes

> „Alles was ein Mensch zeigt, macht einen Sinn in seiner Geschichte!"
> (BAG Traumapädagogik 2011: 5)

Die Annahme eines guten Grundes bildet die Grundlage eines verstehenden Zugangs, der alle Verhaltensweisen in einem ersten Schritt als Überlebensstrategie wertschätzt und würdigt. Sie entstanden aus der traumatischen Situation heraus, um diese zu bewältigen, was an und für sich ja eine durchaus positive Absicht darstellt (Beckrath-Wilking et al. 2013; Scherwath/Friedrich 2014). Betroffen soll es ermöglicht werden, ihr belastetes und belastendes Verhalten zu reflektieren, sich selbst besser zu verstehen und möglicherweise alternative Verhaltensweisen zu entwickeln. Die Anerkennung der Wunden und der Respekt vor der Lebensleistung kann eine würdevolle Subjekterfahrung im alltäglichen Miteinander stärken (Weiß 2016 b: 99).

Wilma Weiß (2011 a: 122ff.) entwickelte auf dieser Grundlage das *Konzept des guten Grundes*, das als Grundhaltung grundsätzlich davon ausgeht, dass ein Verhalten immer einen guten Grund haben muss – selbst wenn es zunächst destruktiv oder unverständlich wirkt. Sozialarbeiter*innen oder Sozialpädagog*innen haben die Aufgabe, gemeinsam mit den Adressat*innen auf die Suche nach Erklärungen und Deutungsmustern zu gehen, um gemeinsam Verständnis für die Situation zu entwickeln, den vielleicht verdeckten Sinn zu verstehen sowie Handlungsalternativen zu überlegen. Unsere Haltung ist dabei entscheidend (Weiß 2016a: 23) und geprägt von dem Respekt von der (Über-)Lebensleistung der Betroffenen, dem Versuch, die bisherigen Anpassungsbemühungen als Überlebensstrategien zu verstehen und dem Ziel, Selbstverstehen, Selbstwirksamkeit und Selbstregulation zu unterstützen.

> **Definition: Das Konzept des guten Grundes (Weiß 2016 a: 23)**
> Jedes Verhalten ist entwicklungsgeschichtlich verstehbar als eine normale Reaktion auf eine außergewöhnliche Belastung oder Traumatisierung.

Zusammenfassend kommt es darauf an, dass Sie Betroffene unterstützen, sich selbst zu verstehen und ihre eigenen Verhaltensweisen zu akzeptieren. „Einer Heißhungerattacke nachgeben kann kurzfristig die innere Leere und Bedürftigkeit abdecken. Übermäßig Alkohol trinken kann zu belastende Gefühle betäuben. Etwas kaputt machen kann Ausdruck von Gegenwehr sein, wo man sich früher vielleicht nicht wehren konnte. Man nennt solche Verhaltensweisen dysfunktional, weil sie nur kurzfristig helfen und langfristig zu noch mehr Problemen führen. Wenn man sein Verhalten durchschaut, kann man es auch als veränderbar erkennen." (Dehner-Rau/Reddemann 2019: 219) Sie können Betroffene anregen zu überprüfen, ob diese Verhaltensweisen für sie heute noch notwendig sind und ob sie ihnen guttun. Möglicherweise finden sie andere Wege. Sie erleben Selbstverstehen und Selbstkontrolle als einen weiteren Schritt, ihr Leben bewusster zu gestalten.

> **Fallbeispiel: Die Weilfrage als Methode des Selbstverstehens (Weiß 2011 a: 122 ff.)**
> Die siebenjährige Johanna lebt seit zwei Jahren einer Pflegefamilie. Immer wieder mal schleicht sie nachts in die Küche und füllt sich eine Tüte mit Lebensmitteln. Sie findet das selbst nicht gut, weil sie ihre Pflegeeltern mag und diese eigentlich nicht hintergehen will. Als Johanna wieder einmal heimlich in ihr Zimmer schleicht, nachdem sie den Kühlschrank geplündert hat, kommt die Pflegemutter hinzu. Sie fragt: „Du brauchst das Essen, weil ...?"
>
> Und später fügt sie hinzu: „Du machst das sicher, weil Du für Dich sorgen musst. Ich kann mir vorstellen, das war sehr hilfreich für Dich, um damals in der Unberechenbarkeit zu überleben. Wir akzeptieren Dich und Deinen guten Grund."
>
> Oft stören die Verhaltensweisen, die die Mädchen und Jungen in der sie traumatisierenden Umwelt entwickelt haben. Die Kinder spüren dies. Die Frage „Warum tust Du das?" oder auch eine Reaktionsweise, die kein Interesse für den Grund von Johannas Verhalten signalisiert, verstärken ihre Grundgefühle von Schuld, Nichtverstehen und Isolation. Traumatisierte Mädchen und Jungen brauchen deshalb Unterstützung, um diese Verhaltensweisen, mit denen sie heute sich und andere möglicherweise schädigen, als damals logisch zu begreifen.
>
> Das erste Mal in ihrem Leben hört Johanna, dass es gut ist, dass sie sich um sich kümmert. Ihre Verhaltensstrategie wird als sinnvoll bewertet. Johanna hat einen guten Grund, dies zu tun.
>
> Die Bewusstheit über den Sinn des eigenen Verhaltens, die Selbst-Bewusstheit, ist die Grundlage für die Entwicklung alternativer, das Selbst stärkende Verhaltensweisen. Johanna erfährt durch die Pflegemutter, dass sie einen guten Grund hatte für ihr Verhalten. Nun kommt es darauf an, dass sie sich selbst versteht.

Die Pflegemutter geht davon aus, dass sie mit der Frage „Warum tust Du das?" bei Kindern mit lebensgeschichtlichen Risiken wie Johanna sofort ein Schuldgefühl aktiviert und sie in die Defensive drängt. Mit der Weilfrage erreicht sie, dass Johanna ihr Verhalten als Reaktion auf früher verstehen kann, dass sie dies als normale Reaktion auf eine unnormale Umwelt akzeptiert. Im besten Falle kann Johanna ihre eigene Verhaltensweise wertschätzen als eine Überlebensstrategie. Diese Wertschätzung ist eine Grundlage von Verhaltensänderung.

Ganz klar hat auch diese Methode ihre Grenzen. Bei einer bestimmten Eskalationsstufe ist es zentral, die Situation zunächst zu beruhigen und die Sicherheit der Betroffenen (wieder-)herzustellen. Es geht nicht darum, das störende oder schädigende Verhalten positiv umzudeuten, sondern in diesem Fallbeispiel von Johanna durch Spiegeln oder durch ein Angebot von Interpretationen zu unterstützen, ihr Verhalten selbst zu verstehen und zu akzeptieren.

> **Übung: Die Weilfrage als Methode des Selbstverstehens (in Anlehnung an Weiß 2011a: 122ff.)**
>
> Das Wort „weil" transportiert eine Haltung, die zum Selbstverstehen einlädt. Probieren Sie es aus:
>
> - Formulieren Sie Hypothesen über eine*n Adressat*in, die oder der ein vielleicht störendes Verhalten zeigt, mit dem Wort „weil". Spüren Sie den Wechsel in Ihrer Haltung vom Ausfragen hin zu einem respektvollen, liebevollen Interesse?
> - Wie können Sie die Betroffenen, mit denen Sie arbeiten, dazu auffordern, sich mit sich auseinanderzusetzen? Wie kann ein kognitiver Prozess des Selbstverstehens in Gang kommen?
> - Nutzen Sie die Weilfrage auch im fachlichen Austausch im Team oder für die kollegiale Fallbesprechung. Um ein tieferes Verstehen des Falls zu erreichen, kann eine Runde durchgeführt werden, in der die Mitarbeiter*innen die Sätze „Das Kind macht das, weil ..." und „Die Fachkraft macht das, weil ..." vervollständigen (Wittmann 2015: 133; Schirmer 2013: 257)
> - Können Sie sich vorstellen, diese Methode auch im gruppenpädagogischen Setting einzusetzen?

Ein *Verstehen der eigenen Geschichte* kann auch durch die Methode der *Biografiearbeit* erreicht werden. Ziele dieses Prozesses sind die Kenntnis und Akzeptanz der eigenen Herkunft, der Wurzeln in der ursprünglichen Familie und der ganz persönlichen Lebensgeschichte, die gemeinsame Betrachtung von biografischen Fakten, die Herstellung einer zeitlichen Kontinuität und ein Verknüpfen unterschiedlicher Lebensorte sowie die Verbesserung des eigenen Selbstwertes durch eine Auseinandersetzung mit der eigenen Identität (Weiß 2011a: 107f.). Gerade junge Menschen mit Brüchen in ihrem Lebensweg durch Traumata, Verlust von Bezugspersonen, Adoptionen oder Krankheiten können von einer strukturierten, integrierenden Biografiearbeit profitieren (Schauer/Ruf-Leuschner/Landolt 2014: 177; siehe auch Modul 11.3 zum Ausdruck von Gefühlen).

Übung: Soziale Arbeit mit der Lebenslinie

Viele Methoden der Biografiearbeit arbeiten dabei mit der Visualisierung und Verbalisierung prägender Erfahrungen auf dem Lebensweg in Form einer *Lebenslinienarbeit* (z.B. im Rahmen der Narrativen Expositionstherapie). „Wie bei einer Bergkette die Höhen besonders herausragen, werden beim Legen der *Lifeline* aus dem Strom des Lebens emotionale ‚Bedeutungsgipfel' aus der Erinnerung herausgegriffen, benannt und dargestellt" (Schauer/Ruf-Leuschner/Landolt 2014: 178). Ebenso wird beim Erstellen eines *Lebenspanoramas* (Flückiger/Wüsten 2015: 44) oder eines *Ressourcen- und Belastungsdiagramms* (Huber 2010: 86) ein Seil auf den Boden gelegt oder ein großes U auf ein Blatt Papier gemalt, um den Blick auf die wichtigen Ereignisse im Leben einer Person zu richten. Mit weiteren Materialien (Blumen, Steinen, Figuren) oder bunten Farben können sie von der Geburt bis heute einen Ausdruck finden. Alle Erfahrungen im Lebenslauf werden erkundet und auch zentrale positive Erlebnisse wie beispielsweise gute Begegnungen, Erfolge, Hobbys und Fähigkeiten in Erinnerung gerufen. Es ist wichtig, dass die zu beratende Person sich bildlich vor Augen führt, dass sowohl positive wie auch negative oder gar traumatische Ereignisse ihren Platz finden und nebeneinanderstehen. Durch interessiertes Nachfragen kann die Ressourcenperspektive vertieft und die Person möglichst lange im Ressourcenraum gehalten werden (Flückiger/Wüsten 2015: 44 f.)

9.2 Partizipation und soziale Teilhabe

„Ich trau Dir etwas zu und überfordere Dich nicht!"
(BAG Traumapädagogik 2011: 6)

Durch das Erleben von Kontrollverlust und Ohnmacht in einer traumatischen Situation leben viele traumatisierte Menschen in der Erwartung, keinen Einfluss auf sich oder ihr Umfeld zu haben, der Fachbegriff dafür ist eine verminderte *Selbstwirksamkeitserwartung*. Um ihre Ohnmachtserfahrungen nicht erneut zu reproduzieren, ist es wichtig, den Hilfeprozess transparent und partizipativ zu gestalten, die Perspektive der Adressat*innen zu berücksichtigen und deutlich zu machen, dass jede*r der*die Expert*in für das eigene Leben ist (BAG Traumapädagogik 2011: 6; siehe auch Modul 7). Soziale Arbeit als Partizipationswissenschaft hat grundsätzlich den Auftrag, Prozesse von Teilhabe und Teilnahme in Gesellschaften zu analysieren und Wege zur Realisierung von Partizipation aufzuzeigen (Mührel 2018: 81). Innerhalb der Traumapädagogik stellt sich an die Einrichtung und damit an die Pädagog*innen die Aufgabe, Strukturen und Situationen zu schaffen, in denen die Kinder und Jugendlichen lernen, sich aktiv an der Gestaltung des Tagesablaufs, an Gruppenentscheidungen, an der Hilfeplanung und an vielem mehr zu beteiligen. „Es ist unverzichtbar, diesen Kindern und Jugendlichen korrigierende Erfahrungen von Autonomie, Kompetenz und Zugehörigkeit zugänglich zu machen." (Andreae de Hair/Bausum 2013: 115). Für Erwachsene nach traumatischen Erfahrungen ist die Möglichkeit der Mitsprache, Mitbestimmung und eigener Gestaltungsmöglichkeiten im Hilfeprozess zentral – vor allem wenn sie sich stigmatisiert und entmachtet fühlen. Das von Martin Seligman eingeführte psychologische, lerntheoretische Konzept der „erlernten Hilflosigkeit"

(1975/2016: 5) beschreibt einen Prozess, wie sich aus Unkontrollierbarkeit z.B. nach traumatischen Erfahrungen Zustände von andauernder Hilflosigkeit, Ängste und Depressionen durch Konditionierungen entwickeln können. Hier tritt der Widerspruch zutage, dass gerade Menschen mit wenigen Fähigkeiten oder in extremen Krisensituationen eher mehr als weniger Kontrolle über ihr eigenes Leben benötigen. Als Allheilmittel wird dann häufig die *Partizipation* benannt, die sich als Modebegriff durch viele Konzeptionen und Leitbilder Sozialer Arbeit zieht. Es existiert aber eine Vielfalt an Deutungen und Interessen, je nachdem, wen Sie fragen, die einer klaren Definition des Begriffes der Partizipation entgegenstehen. „Auch würden Sozialwissenschaftler_innen ihre Deutungsmacht im öffentlichen Diskurs überschätzen, wenn sie versuchten, verallgemeinerte Begriffsbestimmungen, welche sie in ihrer wissenschaftlichen Tätigkeit herausgearbeitet haben, als »akademische Wahrheit« durchzusetzen. [...] Vielmehr scheint es geboten, die Aufgabe Sozialer Arbeit als – nicht endgültig abzuschließenden – Aushandlungsprozess gerade in diesem Spannungsverhältnis zu begreifen, in welchem die institutionelle Verantwortung für den Schutz und zugleich auch die advokatorische Unterstützung und Beförderung von emanzipatorischen Bemühungen ihrer Adressat_innen immer neu und handlungsbezogen zu verorten sind. Normativ orientiert sich ein solches Professionsverständnis an den Menschenrechten, der Menschenwürde und der sozialen Gerechtigkeit." (Bliemetsrieder et al. 2018: 11 f.)

Grundvoraussetzung dafür ist die Information über diese Rechte für alle. Daher stellt beispielsweise auch die Traumapädagogik die *Rechte von Kindern und Jugendlichen* sowie die Transparenz über sie betreffende Sachverhalte und alle einrichtungsinternen Mitgestaltungsmöglichkeiten (Andreae de Hair/Bausum 2013: 115) ins Zentrum. Denn Kinder wurden über Jahrtausende hinweg nicht als vollwertige Menschen angesehen und es ist historisch gesehen eine neue Entwicklung, dass Kinder Subjekte und Träger eigener Rechte sind und Gewalt in der Erziehung verboten ist (Maywald 2013: 11). Diese sind in der UN-Kinderrechtskonvention festgeschrieben, die von Deutschland 1992 ratifiziert wurde. Das Grundgesetz kennt allerdings bis heute keine ausdrücklichen Kinderrechte (Maywald 2013: 20).

Exkurs: ausgewählte Kinderrechte aus der UN-Kinderrechtskonvention der Vereinten Nationen (1989) nach unicef (2020)[4]

1. *Gleichheit* „Alle Kinder haben die gleichen Rechte. Kein Kind darf benachteiligt werden." (Artikel 2)
2. *Gesundheit* „Kinder haben das Recht gesund zu leben, Geborgenheit zu finden und keine Not zu leiden." (Artikel 24)
3. *Bildung* „Kinder haben das Recht zu lernen und eine Ausbildung zu machen, die ihren Bedürfnissen und Fähigkeiten entspricht." (Artikel 28)
4. *Spiel und Freizeit* „Kinder haben das Recht zu spielen, sich zu erholen und künstlerisch tätig zu sein." (Artikel 31)

---

[4] Auf der Internetseite von unicef können Sie die vollständige Version sowie eine Kinderfreundliche Version mit Illustrationen downloaden: www.unicef.de/informieren/ueber-uns/fuer-kinderrechte/un-kinderrechtskonvention [02.10.2020].

5. *Freie Meinungsäußerung und Beteiligung* „Kinder haben das Recht bei allen Fragen, die sie betreffen, mitzubestimmen und zu sagen, was sie denken." (Artikel 12 und 13)
6. *Schutz vor Gewalt* „Kinder haben das Recht auf Schutz vor Gewalt, Missbrauch und Ausbeutung." (Artikel 19, 32 und 34)
7. *Zugang zu Medien* „Kinder haben das Recht sich alle Informationen zu beschaffen, die sie brauchen, und ihre eigene Meinung zu verbreiten." (Artikel 17)
8. *Schutz der Privatsphäre und Würde* „Kinder haben das Recht, dass ihr Privatleben und ihre Würde geachtet werden." (Artikel 16)
9. *Schutz im Krieg und auf der Flucht* „Kinder haben das Recht im Krieg und auf der Flucht besonders geschützt zu werden." (Artikel 22 und 38)
10. *Besondere Fürsorge und Förderung bei Behinderung* „Behinderte Kinder haben das Recht auf besondere Fürsorge und Förderung, damit sie aktiv am Leben teilnehmen können." (Artikel 23)

Dazu gehört auch die Transparenz über strukturelle Machtgefälle. „Die Erfahrung von Selbstwirksamkeit kann und muss durch Partizipation im Heimalltag und an der Hilfeplanung verstärkt werden. Partizipation bedeutet, die Kinder als Subjekte wahrzunehmen, ihr Recht auf Meinungsäußerung zu respektieren, sie zu beteiligen und ihnen zunehmend Verantwortung übertragen." (Weiß 2011a: 234f.) Die Wahlmöglichkeiten der Mädchen und Jungen hinsichtlich Gruppe und Bezugsbetreuer*innen sollten so weit wie möglich ausgeweitet und die Regeln des Hauses und der Gruppe gemeinsam erarbeitet werden, damit die Kinder mehr Einfluss und Definitionsmacht erhalten (Weiß 2011a: 135).

Merke: Teilhabe an der Gestaltung der eigenen Lebensbedingungen

Die BAG Traumapädagogik benennt in ihren Standards (2011: 6) Erfahrungen auf folgenden drei Ebenen, die zur Selbstermächtigung und zu seelischer Gesundheit führen:
1. Erleben von Autonomie – ich kann etwas entscheiden.
2. Erleben von Kompetenz – ich kann etwas bewirken.
3. Erleben von Zugehörigkeit – ich gehöre dazu und werde wertgeschätzt.

Der Traumapädagoge Martin Kühn (2011b: 140) entwickelte innerhalb der Traumapädagogik ein Stufenmodell der Partizipation: Die Stufe 0 ist die Nicht-Information oder Manipulation, die umfassend und in jedem Fall zu vermeiden sei, da es die Grunderfahrung einer Traumatisierung, ausgeliefert und ohnmächtig zu sein, wiederholt. Mindestanforderung an die Arbeit mit traumatisierten Kindern sei die Information (Stufe 1) über alle sie betreffenden Dinge, um Prozesse einschätzen zu lernen und Ängste und Befürchtungen abzubauen. Besser wären aber die Mitsprache (Stufe 2), also das Einholen der Sichtweise und Meinung der Kinder sowie die Mitentscheidung und Wahlmöglichkeiten (Stufe 3). Dies gewährleistet umfangreiche Kontroll- und Wahlmöglichkeiten für die Kinder. Das Erleben von zunehmender Selbstwirksamkeit zielt aber auf die Realisierung von

Selbstbestimmung und Eigenverantwortlichkeit (Stufe 4). Wo immer es möglich ist, ist Selbstbestimmung zu realisieren.

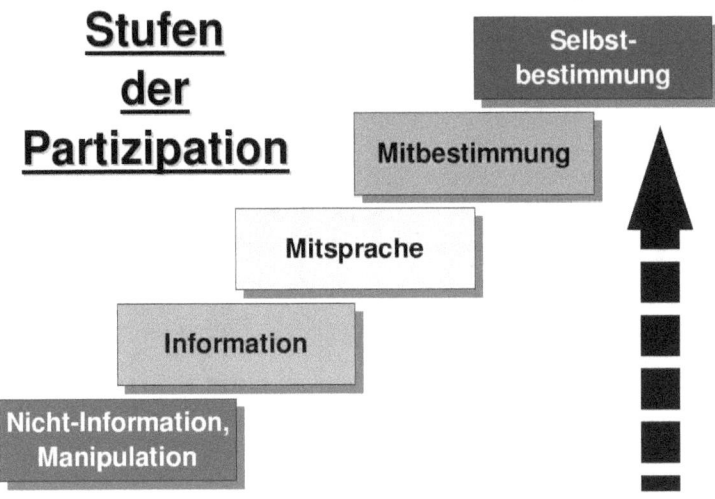

Abbildung 14: Stufen der Partizipation (Kühn 2011 b: 140)

Im ständigen Dialog mit den Adressat*innen muss das Spannungsfeld zwischen Überforderung und Intensität der Partizipation abgewogen werden (Andreae de Hair/ Bausum 2013:116), damit Einrichtungen zu Orten der gelebten Demokratie werden können und Interessenwahrnehmung und Konfliktfähigkeit gestärkt werden (Weiß 2016 b: 102). Je kleiner Kinder sind, desto wichtiger kann es auch sein, sie vor möglichen Loyalitätskonflikten zu bewahren. Partizipation kann im Spannungsfeld von Kindeswille und Kindeswohl durchaus bedeuten, bei Fragen von Unterbringung und Besuchskontakten (kleine) Kinder zu entlasten und die Verantwortung für sie zu übernehmen (Zitelmann 2001: 236ff.).

Gerade der Gruppenalltag bietet eine Vielzahl von sozialen Begegnungen und damit ein gutes Trainingsfeld, um Aushandlungsprozesse, Kooperationsvermögen und den Umgang mit Konfliktsituationen in einem geschützten Rahmen zu üben (Wahle 2013: 167f.). Fähigkeiten zur Empathie und zum Perspektivwechsel stecken ebenso wie das Vertreten eigener Positionen und ein für sich und die eigenen Bedürfnisse Eintreten als Lernpotenzial in der Arbeit mit Gruppen – sei es in Kindertagesstätten, in Schulen, in Jugendhilfeeinrichtungen, in Tagesgruppen oder in der Selbsthilfe. Gruppenpädagogische Ansätze und Konzepte kommen damit in den Blick.

9.3 Traumaorientierte Gruppenarbeit

„Ich glaube, dass der Kern jeder Traumatisierung in extremer Einsamkeit besteht. Im äußeren Verlassen sein. Damit ist sie häufig, bei Gewalttrauma immer, auch eine Traumatisierung der Beziehungen und der Beziehungsfähigkeit"
(Onno van der Hart im Gespräch mit Michaela Huber 2007: 61)

Ausgangspunkt einer Gruppenarbeit nach traumatischen Erfahrungen ist daher der Grundgedanke, der Isolation des*der Einzelnen – wie sie hier von dem niederländischen Traumaforscher van der Hart als Kern jeder Traumatisierung beschrieben wurde – etwas entgegenzusetzen. Durch die Auswirkungen von Traumatisierungen für den Kontakt traumatisierter Menschen untereinander und in Beziehungen, die der Traumapädagoge Jacob Bausum (2013: 175ff.) beschreibt, sei die Gruppenarbeit mit besonderen Herausforderungen, aber auch mit großen Chancen verbunden. Es komme häufig zu grundsätzlichen Verunsicherungen in Gruppen sowie sozialen Ängsten und deren Kompensation durch Kontrolle, Manipulation oder Dissoziation, was einen Teufelskreis in Gang setzen kann (Bausum 2013: 182). „Uns muss klar sein, dass wir insbesondere in den stationären Jugendhilfeeinrichtungen zunächst nicht mit Gruppen arbeiten, sondern mit einer Ansammlung von Einzelkämpfern." (Bausum 2013: 176) Um der Wirkmacht von Scham, Isolation und Tabuisierung, die mit einer Traumatisierung oft einher geht, etwas entgegenzusetzen, fordert er pädagogische Fachkräfte auf, kontinuierlich einen Ort zu schaffen, an dem Einzelkämpfer*innen sich auf Gruppensituationen einlassen und voneinander erfahren und erleben können, dass sie mit ihren biografischen Belastungen nicht alleine sind. Judith Lewis Herman (1992/2014: 307 f.) berichtet über die Bedeutsamkeit therapeutischer Gruppen und dem Gefühl menschlicher Verbundenheit für den Genesungsprozess nach traumatischen Erfahrungen: „Die Solidarität innerhalb einer Gruppe bietet den besten Schutz vor Schrecken und Verzweiflung, und sie ist das beste Heilmittel gegen eine traumatische Erfahrung. [...] Die Wiederanknüpfung sozialer Bindungen beginnt mit der Entdeckung, dass man nicht alleine ist. Nirgendwo spürt das Opfer dies so unmittelbar und in so überzeugender Deutlichkeit wie in einer Gruppe."

Die Anforderungen an eine traumaorientierte Gruppenarbeit könnten ein eigenes Buch füllen, aber neben den Gefahren werden vor allem die Chancen und die Wirkmächtigkeit von Gruppen betont (Herman 1992/2014: 309), wenn es gelingt, einen Raum von Sicherheit, Vertrauen und Geborgenheit zu schaffen (Yalom 2015: 525). So beschreibt beispielsweise der bekannte Psychoanalytiker Irving Yalom eine „Anpassungsspirale" in der Arbeit mit Gruppen (2015: 76): Durch Akzeptanz und Angenommensein eines einzelnen Mitglieds in einer Gruppe erhöht sich dessen Selbstwertgefühl und es wird zu Veränderungen ermutigt, so dass es seinerseits*ihrerseits die anderen Gruppenmitglieder immer besser annehmen kann. Yalom hat viel zu den Wirkungen von Gruppenarbeit – insbesondere der Gruppenpsychotherapie – geforscht. Sie bewege sich „in einem fließenden Bereich zwischen Selbsterfahrung, Unterstützung, Psychoedukation und Therapie" (Yalom 2015: 12) mit dem Ziel der Förderung von Entwicklung, daher gebe es heutzutage eine Vielzahl an unterschiedlichen Formen, Zielgruppen und Ansätzen. Sie alle vereine das „Wecken von Hoffnung" und „das Gewahr-Werden der Universalität des selbst erlebten Leidens" sowie „die Entwicklung sozialer Kompetenz und interpersonalen Lernens" (Yalom 2015: 23ff.). Die individuellen traumatischen Erfahrungen müssen dabei nicht zwangsläufig offengelegt werden, auch hier gilt wieder die Unterscheidung Sozialer Arbeit und Therapie (siehe Exkurs in Modul 4). Eine Stabilisierungsgruppe kann beispielsweise den Fokus auf Themen des Alltags legen, statt die Vergangenheit und die traumatischen Erfahrungen zu fokussieren. Eine solche Gruppenarbeit ist ressourcenorientiert, es werden Kraftquellen für den Alltag erschlossen und Techniken eingeübt, um mit belastenden Erinnerungen und Gefühlszuständen besser umgehen zu können (Gebrande 2017a: 63).

Auch für Kinder können Gruppenerfahrungen „nicht nur eine Überwindung der Isolation und der Stigmatisierung, sondern auch eine gegenseitige Unterstützung und das Entwickeln gemeinsamer und individueller Bewältigungsstrategien und damit die Aktivierung wichtiger (sozialer) Ressourcen" ermöglichen (Landolt 2012: 148). In der Traumapädagogik wird die Gruppe als korrigierendes Instrument und damit als eine Chance und tragende Kraft angesehen, um die Entwicklung traumatisierter Mädchen und Jungen in der pädagogischen Arbeit zu unterstützen – wenn die Gefahr der zerstörerischen Kraft einer Gruppendynamik (siehe Modul 7) gebannt ist (Bausum 2011: 189). Regelmäßige, standardisierte Reflexionsrunden, haltgebende Strukturen im Alltag z.B. durch Gruppenrituale und die Begleitung durch Gruppenpädagog*innen, die ihrerseits Teil der Gruppe werden, sind dabei von Bedeutung. Wenn es gelingt, ein Wir-Gefühl zu installieren, können Kinder und Jugendliche von einer positiven Identifikation mit ihrer Gruppe profitieren. Eine methodische Möglichkeit, um Gruppenprozesse zu begleiten und zu moderieren sowie transparent zu machen, ist beispielsweise die *Ampelrunde* (Bausum 2011: 195; Wittmann 2015: 127), bei der sich alle Gruppenteilnehmenden positive wie negative Rückmeldungen zu ihrem Verhalten geben, das sie den Ampelfarben zuordnen. Zwei andere ansprechende Ideen des Feedbacks innerhalb einer Gruppe werden von der Interessenvertretung Selbstbestimmt Leben in Deutschland e.V. (ISL) für das Empowerment chronisch kranker und behinderter Menschen in der gesundheitlichen Selbsthilfe als ressourcenorientierte *Abschlussübung* vorgeschlagen.

Übung: Wir packen deinen Koffer oder Feedback-Plakate (ISL 2020: o.S.)

Jede*r Teilnehmer*in erhält einen kleinen Koffer (zum Beispiel gebastelt aus Papier), den die Teilnehmer*innen gegenseitig mit guten Wünschen oder Komplimenten füllen und diese der Person mit auf den Weg geben. Diese Übung muss nicht zwangsläufig ausgesprochen durchgeführt werden. Sie lässt sich auch durchaus anonym durchführen, indem nicht gesprochen, sondern nur geschrieben und dann die Zettelchen in die Koffer verteilt werden.

Oder jede*r Teilnehmer*in erhält ein leeres Plakat (Flipchartpapier), auf das er*sie groß den eigenen Namen schreibt (die Gestaltung und Platzierung bleibt den Teilnehmer*innen überlassen – es muss aber noch genügend Platz auf dem Plakat übrigbleiben).

Dann werden die Plakate auf dem Boden oder auf zusammengestellte Tische des Raumes verteilt und alle bekommen die Gelegenheit, auf den Plakaten der anderen Teilnehmer*innen Botschaften zu hinterlassen (je nach Wunsch anonym oder mit Namen). Die Teilnehmer*innen können dabei auf so vielen Plakaten Nachrichten hinterlassen, wie sie wollen; auch die Reihenfolge bleibt ihnen überlassen. Eine einleitende Frage zu dieser Übung könnte lauten: „Was wollt ihr der jeweils anderen Person mitgeben, nachdem ihr X Tage miteinander verbracht und euch besser kennengelernt habt?"

Tipp: Auf der Website www.handbuch-empowerment.de finden sich zahlreiche Ideen, Materialien, Ablaufpläne für verschiedene Veranstaltungsformate und Wissenswertes zum Empowerment in der gesundheitlichen Selbsthilfe [letzter Zugriff im November 2020]. Vielleicht werden Sie oder Ihre Adressat*innen dadurch motiviert, empowermentorientierte Angebote zu planen?

> **Fragen zur Überprüfung und zum Weiterdenken**
>
> Kann ein Mensch eine andere Person überhaupt empowern?
>
> Wie kann ich im Rahmen meiner Arbeit Power-Sharing ausüben? Wo könnte ich Menschen nach traumatischen Erfahrungen Räume zur Verfügung stellen oder ihnen (politisch) eine Stimme verleihen? Welche Privilegien habe ich selber und wie kann ich diese mit anderen Menschen teilen?
>
> Welchen guten Grund gibt es möglicherweise für das Verhalten eines*einer Klient*in oder eines*einer Kolleg*in, über den*die Sie sich gerade in den letzten Tagen geärgert haben?
>
> Wie viele Mitsprache und Gestaltungsmöglichkeiten haben die Adressat*innen in Ihrer Organisation? Fragen Sie doch einmal nach, was Ihre Klient*innen unter Partizipation verstehen.
>
> Können Sie sich vorstellen, dass Ihre Adressat*innen von einer Sozialen Arbeit in Gruppen profitieren? Wie könnte ein solches Angebot in Ihrer Einrichtung konzipiert werden?

Einführende Literatur:

- *Traumapädagogik. Grundlagen, Arbeitsfelder und Methoden für die pädagogische Praxis (Bausum et al. 2011)*

In dieser gelungenen Einführung in die Traumapädagogik findet sich auch einen Beitrag von Wilma Weiß zur Selbstbemächtigung als einem Kernstück der Traumapädagogik. Auch der Beitrag von Birgit Lang zur Stabilisierung und (Selbst-)Fürsorge für pädagogische Fachkräfte als institutioneller Auftrag ist sehr zu empfehlen.

- *Was ist Empowerment? (Kechaja 2019)*

Im Rahmen der Vorstellung des Selbstverständnisses von adis e.V., einem landesweiten Projekt zu Antidiskriminierung, Empowerment und Praxisentwicklung, entwickelt die Autorin konzeptionelle Überlegungen zu den Grundlagen und der Praxis von Empowerment.

Weiterführende Literatur:

- *Partizipation in sozialpsychiatrischen Handlungsfeldern (Bliemetsrieder et al. 2018)*

Wer sich intensiver mit Reflexionen zu den Möglichkeiten von Partizipation in der Sozialpsychiatrie und der Perspektive der psychiatrie-erfahrenen Menschen beschäftigen möchte, dem sei dieser Forschungsbericht empfohlen.

Teil 4 Stabilisierende Methoden der Traumaberatung und Traumapädagogik

Jetzt wird es konkret – in diesem Teil des Buches werden nun ganz praktische Bausteine und Methoden der Traumaberatung und Traumapädagogik vorgestellt. Sie dienen sowohl der *Prävention* als auch der *Intervention von Traumafolgestörungen* und lassen sich der *Phase der Stabilisierung* zuordnen (siehe Modul 4). Aus den genannten theoretischen Überlegungen sowie empirischen Befunden lässt sich der Schluss zu ziehen, dass es im Rahmen jeglicher psychosozialer Praxis notwendig ist, Menschen nach traumatischen Ereignissen in ihren Bewältigungsprozessen zu unterstützen, im Sinne der Prävention Risikofaktoren zu verhindern oder zumindest ihre negativen Folgen abzumildern und im Sinne der Gesundheitsförderung Schutzfaktoren aufzubauen. Ich möchte dies an einem Fallbeispiel deutlich machen.

Fallbeispiel:

Marion ist mit ihrem neuen Freund zum ersten Mal allein. Kaum hat er die Tür zugeschlossen, fällt er über sie her, reißt ihr die Kleider vom Leib und will sie allem Anschein nach ohne Vorspiel einfach ‚nehmen'. Anfänglich denkt sie: „Er ist ja so leidenschaftlich", küsst ihn und versucht ihn zu beschwichtigen: „He, mal langsam mit den jungen Pferden!" Doch dann erkennt sie, dass er nichts Liebevolles, sondern den puren Hass in den Augen hat. Er beschimpft sie als „Hure", schreit: „So willst Du es doch, was?" ohrfeigt sie und – plötzlich verändert sich ihre Wahrnehmung: Sie denkt: „Das habe ich mal in einem Film gesehen, das ist nicht jetzt." (Huber 2012: 60)

In diesem Beispiel wird eine extreme Situation mit einer plötzlichen, überfallartigen Traumatisierung, die sich anhand eines dissoziativen Phänomens – des Erlebens als Film – schon ankündigt, beschrieben. Nicht immer taucht die Gewalt in Paarbeziehungen so unerwartet auf, häufig ist es ein schleichender Prozess, in dem sich der Kreislauf der Gewalt immer weiter steigert. Was ist nun in einer Sozialen Arbeit z.B. im Umgang mit Gewalt in Paarbeziehungen wichtig? Es können nach dem Zeitpunkt der Durchführung drei Formen von *Prävention von Traumafolgestörungen* unterschieden werden (Fischer/Riedesser 2009: 261; Fröhlich-Gildhoff/Rönnau-Böse 2015: 58ff.), die ich am Beispiel der Gewalt in Paarbeziehungen verdeutlichen möchte.

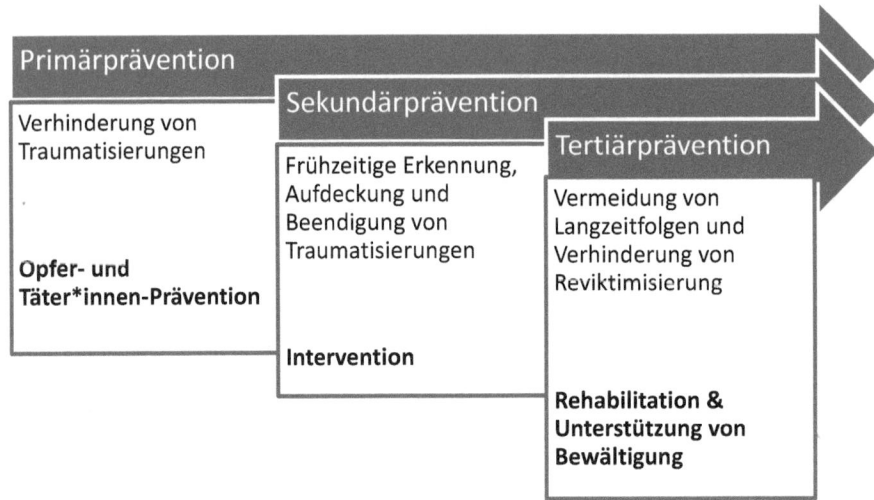

Abbildung 15: Primär-, Sekundär- und Tertiärprävention (eigene Darstellung)

Erstens gibt es die *Primärprävention*, die alle Menschen in den Blick nimmt und verhindern soll, dass es überhaupt zu Traumatisierungen durch Gewalt und Übergriffen in einer Partnerschaft kommt. Ein Beispiel hierfür wäre das EU-Projekt zur Prävention von Gewalt in intimen Teenagerbeziehungen „Heartbeat – Herzklopfen. Respekt in Liebesbeziehungen" für Jugendliche in Schulen. Ziel der Workshops ist es, Jugendlichen Kompetenzen für positive Erfahrungen in gleichberechtigten Liebesbeziehungen zu vermitteln und die Fähigkeiten zum gewaltfreien Umgang mit Beziehungskonflikten zu fördern (DPWV 2010: 12ff.). In diesem Rahmen wäre es zum Beispiel sinnvoll, die Schüler*innen für die Wahrnehmung ihrer Gefühle (siehe Modul 11) sowie ihres Körpers (siehe Modul 13) zu sensibilisieren und ihnen Techniken der Regulation zu vermitteln (siehe Modul 12).

Die *Sekundärprävention* ist zweitens darauf ausgerichtet, Traumatisierungen möglichst frühzeitig zu erkennen und aufzudecken sowie Menschen zu schützen, die aktuell Gewalt in ihren Beziehungen ausgesetzt sind. Sie kann auch als reaktive Prävention oder (Krisen-)Intervention bezeichnet werden (Fischer/Riedesser 2009: 261), wenn das Ereignis schon eingetreten ist, aber langfristige Prozesse einer Traumatisierung gemildert werden sollen. Im Präventionsprogramm Heartbeat werden die Jugendlichen beispielsweise schon frühzeitig auf Warnzeichen von Gewalt in ihren ersten eigenen Liebesbeziehungen aufmerksam gemacht und es werden ihnen durch die Information über Gewaltschutz- und Interventionsmaßnahmen zum Schutz vor Partnerschaftsgewalt sowie über professionelle Hilfs- und Beratungsangebote Wege aus der Gewalt aufgezeigt (DPWV 2010: 12).

Filmtipp: Tina – What's Love Got to Do with It?
In der US-amerikanischen Filmbiographie von Tina Turner wird die Lebensgeschichte der berühmten Rock-Musikerin erzählt, die mit und durch ihren Ehe-

mann Ike Turner berühmt wurde. Doch bereits kurz nach der Hochzeit beginnt er Drogen zu nehmen, verprügelt und vergewaltigt sie. Über Jahre hinweg erträgt sie die Gewalt – aus Angst vor ihm, aber auch vor einem Leben ohne ihn. Erst als Ike sie nach einem Streit halbtot schlägt, verlässt sie ihn endgültig und verliert bei der Scheidung fast alles – bis auf ihren Künstlernamen... Mit ihrem Song „What's Love Got to Do with It" kommt dann überraschend der internationale Durchbruch.

Anhand des Filmes können gut die Dynamiken innerhalb einer Paarbeziehung, die von Kontrollsucht und Gewalt geprägt ist, herausgearbeitet sowie ein Verständnis für die Folgen nach Gewalterfahrungen für die Betroffenen gewonnen werden (siehe Modul 3 und Modul 10).

Und drittens gibt es die *Tertiärprävention*, die Menschen nach traumatischen Erlebnissen fokussiert, die Gewalterfahrungen in ihrer Partnerschaft machen mussten, und es stehen die Vermeidung von Langzeitfolgen und die Verhinderung von Reviktimisierungen im Mittelpunkt, die durch die Unterstützung von Bewältigungsprozessen gewährleistet werden sollen. Als Beispiele können hier die psychosoziale Begleitung und Beratung in Frauenhäusern oder in Beratungsstellen gegen häusliche Gewalt an Frauen und Kindern oder auch therapeutische Angebote genannt werden. Alle Methoden der Stabilisierung, die im Folgenden vorgestellt werden, können für diese Arbeit nach Gewalterfahrungen eingesetzt werden.

Diese Unterteilung in *primäre, sekundäre und tertiäre Prävention* ist natürlich theoretischer Natur, da die Bemühungen im Alltag ineinander übergehen und sich ergänzen. Weitere Unterschiede von Präventionsformen bestehen in der Spezifität von Präventionsmaßnahmen sowie in ihrer Zielgröße. Je nach Zielgruppe werden einzelne Kinder, Jugendliche oder Erwachsene (personale Prävention), potenzielle Opfer oder Täter*innen, Eltern sowie pädagogische Fachkräfte (Verhaltensprävention) oder die gesellschaftlichen bzw. institutionellen Rahmenbedingungen (Verhältnisprävention) unterschieden (Fröhlich-Gildhoff/Rönnau-Böse 2015: 58ff.).

Im Folgenden werden nun in sechs Modulen zentrale Themenfelder vorgestellt, die als *Grundbausteine der Prävention und Intervention einer Sozialen Arbeit nach traumatischen Erfahrungen* gelten können: Mit der *Psychoedukation* (Modul 10) wird eine Grundlage für das Verständnis von Traumata und damit für eine Entlastung der Betroffenen gelegt, indem Informationen vermittelt und gemeinsam Strategien für den Umgang mit den möglichen Folgen entwickelt werden. Darauf aufbauend kann der *Umgang mit den eigenen Gefühlen* (Modul 11) und den *Hilfen zur Selbstregulation* (Modul 12) sowie die *Sensibilisierung für die Signale des Körpers* (Modul 13) in den Blick genommen werden, bevor mit der *Ressourcenaktivierung* (Modul 14) ganz klassische Methoden der Sozialen Arbeit nach traumatischen Erfahrungen dargestellt werden. Die Stabilisierung mithilfe von *Imaginationen und Phantasiebildern* rundet (in Modul 15) diesen praktischen Teil ab und stellt eine sinnvolle Ergänzung der Methoden der Traumaberatung und Traumapädagogik dar. Es gäbe noch viele weitere Bereiche, die ebenfalls hilfreich für die Stabilisierung nach traumatischen Erfahrungen sein können. Zum

Beispiel wäre es eine gute Ergänzung, auf den *Umgang mit Nähe und Distanz*, auf das Thema *Nein-Sagen, Grenzen setzen und Selbstbehauptung* oder auf das Thema *Hilfe-holen* sowie auf *Sexualität* im Allgemeinen sowie *sexualpädagogische Konzepte* im Besonderen näher einzugehen, aber das würde den Rahmen dieses Kompendiums sprengen.

Für alle diese Übungen gilt eines: Es gibt kein Patentrezept für den Umgang mit Adressat*innen nach traumatischen Erfahrungen. Diese Zusammenstellung vieler Übungen hat sich im Laufe der Jahre aus der Praxis der Sozialen Arbeit bewährt und basiert auf den Erfahrungen vieler Menschen. Die *Personalisierung und individuelle Anpassung* ist und bleibt aber der Schlüssel, um Menschen nach traumatischen Erfahrungen zu begleiten und zu unterstützen. Probieren Sie gemeinsam aus, was hilfreich ist! Fügen Sie Einzelheiten hinzu, die für Sie oder Ihre*n Klient*in wichtig sind, entwickeln Sie aus den Vorschlägen Variationen und passen Sie sie gemeinsam für jede*n Klient*in neu an. Ich schließe mich zudem der Forderung des bekannten Traumatherapeuten Peter Levine (2011: 167) an: Experimentieren Sie als professionelle*r Helfer*in mit diesen Übungen zunächst einmal selbst, bevor Sie sie Ihren Klient*innen zeigen oder diese anleiten.

Modul 10 Die Förderung des Selbstverstehens

Zusammenfassung:

Nach einer traumatischen Erfahrung ist es für alle Menschen hilfreich zu verstehen, was ein Trauma eigentlich ist und was für Folgen daraus entstehen können. Im Fachbegriff wird diese Information *Psychoedukation* genannt. Sie ermöglicht im Idealfall ein Verstehen der eigenen möglicherweise unverständlichen Symptomatik (siehe Modul 9.1 zum Konzept des guten Grundes), sodass das traumabasierte Verhalten als normale Reaktion auf ein nicht normales Erlebnis betrachtet werden kann. Woher diese Methode kommt, wie sie bei Menschen nach traumatischen Erfahrungen angewandt werden kann und welche hilfreichen Materialien es zur Psychoedukation gibt, das ist der Inhalt dieses ersten praktischen Moduls.

Fallbeispiel 1:

Auf der Rückfahrt von einem Klassenausflug der dritten Klasse einer Grundschule kam es zu einem Verkehrsunfall, bei dem der Schulbus auf einen PKW auffuhr und diesen auf eine Kreuzung schob. Durch den plötzlichen Aufprall kam es zu einer Erschütterung, bei der viele Schüler*innen von ihren Sitzen fielen und sich leicht verletzten. Ansonsten verlief diese Massenkarambolage für die Schüler*innen aber glimpflich. An der Unfallkreuzung jedoch war ein Motoradfahrer von einem Auto erfasst worden, lag schwer verletzt am Boden und verstarb an seinen Verletzungen, bevor Polizei, Krankenwagen und die Notärztin eintrafen, die nur noch den Tod feststellen konnten. Die Schüler*innen hielten sich eine Zeitlang an der Unfallstelle auf, bevor sie von ihren Eltern abgeholt wurden.

Der Klassenlehrer bemerkte in der folgenden Zeit eine gewisse Unruhe in der Klasse und vermutete, dass dieser Vorfall die Schüler*innen sehr beschäftigte. Daraufhin lud er ein Team von Traumapädagog*innen in den Unterricht ein, um die Schüler*innen über das Ereignis und die möglichen Folgen zu informieren, sie zu entlasten, aber ihnen auch Hilfe bei der Bewältigung anzubieten. Wie könnte eine Psychoedukation in dieser Schulklasse konkret aussehen?

Psychoedukation ist eine Form der Wissensvermittlung, die Betroffene und Angehörige informieren soll, um das Selbstverstehen, ein Verständnis und einen besseren Umgang mit einer Krankheit oder einer aktuellen Belastungssituation zu fördern und die Bewältigung zu unterstützen. Wenn das gelingt, trägt sie durch die Förderung von Wissen und Transparenz zu einer Selbstbefähigung von Menschen bei, wobei sie immer auch die Gefahr des Gegenteils beinhaltet: Durch ‚Patient*innenschulung' von oben herab wird das Gefälle und die Hierarchie zwischen Professionellen und Betroffenen eher verstärkt (Stengler 2008: 289). Daher sollte sich Psychoedukation nicht auf reine Wissensvermittlung beschränken, sondern vielmehr Hilfe zur Selbsthilfe bieten – gemeinsam kann ein Modell erarbeitet werden, das dazu beiträgt, Empfindungen, Reaktionen oder Symptome nach einem traumatischen Erlebnis zu verstehen und richtig einzuordnen (Liedl/Schäfer/Knaevelsrud 2013: 1).

10.1 Bedeutung und Geschichte der Psychoedukation

Unter dem wissenschaftlich unscharfen Begriff Psychoedukation versammeln sich sehr unterschiedliche Ansätze. Der Begriff selbst stammt aus dem Englischen und entstand in den 1980er-Jahren in der US-amerikanischen Psychiatrie durch die Verbindung der Worte ‚psychotherapy' und ‚education'. Wenn der lateinische Wortstamm ‚educare' für ‚herausführen' herangezogen wird, könnte man ableiten, dass die Betroffenen aus ihrem Zustand der Unwissenheit und Unerfahrenheit herausgeführt werden sollen. Hierauf bezieht sich aber auch Kritik an dem Begriff: ‚education', also ein An-die-Hand-Nehmen oder eine Erziehung, scheint bei erwachsenen Menschen nicht angebracht und zementiere eine Hierarchie in der professionellen Hilfebeziehung. Alternativ wird der Begriff Psychoinformation vorgeschlagen, der das dialogische Prinzip aber noch weniger deutlich macht und auf eine reine Wissensvermittlung im Sinne einer Schulung reduziert. Daher soll hier weiterhin der Begriff der Psychoedukation genutzt werden im Bewusstsein, dass die Klient*innen in diesem Prozess als Expert*innen miteinbezogen und ihr Erfahrungswissen ernstgenommen und wertgeschätzt wird (siehe Modul 7). Psychoedukation hat in diesem Sinne das Ziel, dass Fachkräfte Adressat*innen ihr Fach- und Erfahrungswissen verständlich zugänglich machen. Nach Lenz und Wiegand-Grefe (2017: 83 f.) vollzieht sie sich beispielsweise bei Kindern psychisch kranker Eltern in einem wechselseitigen Prozess, indem das subjektive Erleben und das Bedürfnis nach Information der Kinder berücksichtigt und Raum für Fragen und mögliche Ängste geschaffen wird. Ein solches weites Verständnis von Psychoedukation kann eine Art ‚Brückenfunktion' zwischen zwei Welten darstellen: Der Welt der Betroffenen und ihren Angehörigen, die Expert*innen für ihre

Erfahrungen bleiben und der Welt der Professionellen (Bäuml/Pitschel-Walz 2008: S. 25).

Ursprünglich bezeichnete Psychoedukation Programme zur Behandlung von Menschen mit chronischen psychischen Erkrankungen insbesondere im schizophrenen Formenkreis, deren Ziel eine umfassende Aufklärung der Betroffenen im Rahmen der Behandlung war (Bäuml/Pitschel-Walz 2008: 39 f.) und die Erhöhung der sogenannten Compliance, also der Einsicht und der Behandlungsbereitschaft sowie der aktiven Beteiligung. Im Folgenden etablierten sich vor allem in der Verhaltens- und Familientherapie ähnliche Konzepte in modifizierter Form auch in Deutschland. 1996 gründeten verschiedene in der Psychiatrie tätige Anhänger*innen der psychoedukativen Idee in Deutschland die Arbeitsgruppe „Psychoedukation bei Schizophrenen Erkrankungen", aus der die „Deutsche Gesellschaft für Psychoedukation" (DGPE) hervorging. Mit ihrem Konsensuspapier (Bäuml/Pitschel-Walz 2008) legte sie eine umfassende und weite Definition des Begriffs Psychoedukation vor.

> **Definition: Psychoedukation (Bäuml/Pitschel-Walz 2008: 3)**
> „Unter dem Begriff Psychoedukation werden demnach systematische didaktisch-psychotherapeutische Interventionen zusammengefasst, um Patienten und ihre Angehörigen über die Krankheit und ihre Behandlung zu informieren, ihr Krankheitsverständnis und den selbstverantwortlichen Umgang mit der Krankheit zu fördern und sie bei der Krankheitsbewältigung zu unterstützen."

Nachdem in zahlreichen Studien die Wirkung der Psychoedukation beispielsweise in Form einer signifikanten Reduktion der Rückfälle oder der Anzahl der stationären Aufnahmen bei verschiedenen psychischen Erkrankungen nachgewiesen werden konnte, ist sie heute kaum noch aus dem Gesundheitswesen und in der Behandlung verschiedenster Störungsbilder wegzudenken (Bäuml/Pitschel-Walz 2008: 18ff.; Liedl/Schäfer/Knaevelsrud 2013: VII). Inzwischen existieren zahlreiche, zunehmend systematische Gruppenprogramme (sogenannte psychoedukative Manuale), die das Wissen über einzelne Störungsbilder und Erkrankungen den Patient*innen und ihren Angehörigen gut verständlich zugänglich zu machen – so zum Beispiel auch das Manual „Psychoedukation bei posttraumatischen Störungen" von den Psychotherapeutinnen Liedl, Schäfer und Knaevelsrud (2013).

Psychoedukation kann grundsätzlich im Einzel- oder im Gruppensetting erfolgen und wird von unterschiedlichen Berufsgruppen wie Ärzt*innen, Psychotherapeut*innen, aber ebenso Sozialarbeitenden durchgeführt (Bäuml/Pitschl-Walz 2008: 12 ff.). Unterschiedliche didaktische Methoden können dabei eingesetzt werden wie Vorträge, Gruppendiskussionen, Kleingruppenarbeit, Rollenspiele u.v.m. Zur Veranschaulichung können neben Gesprächen auch schriftliche Informationsmaterialien, Flipcharts, Videos, Bilderbücher und weitere kreative Methoden zum Einsatz kommen (Mühlig/Jacobi 2011: 479 f.). Das gemeinsame Anschauen eines Bilderbuches oder das Vorlesen einer Geschichte kann insbesondere für Kinder eine gemeinsame Basis der behutsamen Auseinandersetzung mit dem Thema Trauma bilden. Während die Aufmerksamkeit auf die Bilder oder

Geschichten fokussiert ist, können behutsame Angebote zum Gespräch und zur Übertragung auf die eigene Situation gemacht werden.

Auch für Angehörige, Partner*innen oder weitere Personen im Umfeld – bei Kindern in der Regel für die Eltern – können Informationen hilfreich für den Umgang mit der*dem Betroffenen sein. Gruppenangebote bieten eine gute Möglichkeit, sich über Erfahrungen miteinander auszutauschen, Verständnis zu entwickeln und sich gegenseitig zu stärken. Menschen nach traumatischen Erfahrungen empfinden es oft als erleichternd, dass viele Menschen ähnlich auf ein Trauma reagieren und sie mit ihren leidvollen Erfahrungen nicht alleine sind (Knaevelsrud/Liedl/Stammel 2012: 200; siehe auch Modul 9.3 zur traumaorientierten Gruppenarbeit).

10.2 Psychoedukation nach traumatischen Erfahrungen

Fallbeispiel 2:

Die Bundeswehr hat erkannt, dass Soldat*innen im Einsatz besonderen psychischen Belastungen ausgesetzt sind. Insbesondere bei Auslandseinsätzen verlassen sie ihre gewohnte Umgebung, sind monatelang von Familie und Freund*innen getrennt und leben in einer unsicheren, oft gefährlichen Situation. Im schlimmsten Fall können solche Belastungen zur Entwicklung einer Posttraumatischen Belastungsstörung führen. Daher gibt es inzwischen Angebote speziell für Soldat*innen, ehemalige Bundeswehrangehörige und ihre Angehörigen wie beispielsweise eine Trauma-Hotline, psychotherapeutische und seelsorgerische Angebote sowie Rehabilitation.

Auch Angehörigengruppen werden in Bundeswehrkrankenhäusern angeboten, um die engsten Vertrauten zu stärken, damit diese sich einerseits um ihre eigenen Belastungen und Unsicherheiten kümmern, andererseits aber auch eine Unterstützung für den*die Partner*in leisten können. Durch eine professionelle Anleitung der Gesprächsgruppen und Psychoedukation erhalten Angehörige von traumatisierten Menschen Raum für einen Erfahrungsaustausch, Hilfe und Vernetzung (mehr Informationen unter Bundeswehr 2020: o.S.).

Psychoedukation meint also die Vermittlung von fundiertem Fachwissen im Rahmen von altersentsprechenden Erklärungen für die Folgen eines möglichen Traumas, damit die Kinder, Jugendlichen und Erwachsenen sich selbst besser verstehen und akzeptieren sowie eigene (vielleicht unverständliche) Reaktionen besser einordnen können. Gerade nach traumatischen Erfahrungen machen viele Menschen die Erfahrung, dass sie ihre Symptome „als beängstigend, unverständlich und zum Teil beschämend empfinden" (Liedl/Schäfer/Knaevelsrud 2013: 1) und sich häufig selbst die Schuld an Beschwerden wie z.B. Vergesslichkeit, Nervosität oder Gereiztheit zuschreiben. Es führt bei den Betroffenen häufig zu einer großen Entlastung von Schuld- und Schamgefühlen, wenn sich Verhaltensweisen oder Empfindungen erklären lassen (Liedl/Schäfer/Knaevelsrud 2013: 1; Wittmann 2015: 150).

> Die Ziele einer Psychoedukation nach traumatischen Erfahrungen (Liedl/ Schäfer/Knaevelsrud 2013: 2) sind …
> - Hilfe zur Selbsthilfe anregen, Autonomie stärken und Ressourcen fördern
> - Wissensvermittlung über das traumatische Erlebnis, seine Folgen und mögliche Umgangsweisen mit der Symptomatik
> - Entlastung und Einordnung von Symptomen (z.B. Flashbacks, Schlafstörungen, u.Ä.) durch die Betroffenen
> - Sicherheit geben und Ängste reduzieren
> - Gemeinsames Entwickeln von Hilfsmöglichkeiten

Ausgehend vom *Konzept des guten Grundes* (siehe Modul 9.1) kann eine Soziale Arbeit nach traumatischen Erfahrungen mit den Betroffenen gemeinsam ressourcenorientiert Erleben, Verhalten und Symptome interpretieren. Erstens kann dadurch eine *Normalisierung* stattfinden, wenn verdeutlicht wird, dass es sich um ganz normale Reaktionen auf eine unnormale Situation handelt. Das Selbstverstehen kann unterstützt werden durch die Frage nach dem Grund und der Funktion eines bestimmten Verhaltens (Dehner-Rau/Reddemann 2019: 219). Viele Reaktionen sind unvermeidlich. Der Kinder- und Jugend-Traumatherapeut Andreas Krüger (2012: 70 f.) formuliert die zentrale Botschaft für junge Menschen so:

> **Merke:**
> Schritt 1: die Normalisierungsintervention
> „Du bist völlig normal – doch das, was du erleben musstest, das ist das Verrückte!"

Zweitens können Ressourcen in traumabasiertem Verhalten entdeckt werden, wenn dieses als Überlebensstrategie im Sinne von Kompetenz, Ausdruck von Überlebensstärke und Anpassungsfähigkeit (um-)bewertet wird (siehe auch Modul 14). Und zum Dritten steht das Sinnverstehen im Zentrum dieser Methode. Durch eine kognitive Neubewertung können Menschen ihren guten Grund für sich herausfinden und erkennen (Scherwath/Friederich 2014: 123 f.).

Das professionelle und fundierte Fachwissen kann hilfreich sein, wenn es dazu beiträgt, dass Adressat*innen sich selbst besser verstehen, eigene (vielleicht unverständliche) Reaktionen einordnen und damit ihr Kohärenzgefühl und insbesondere das Gefühl von Verstehbarkeit (sense of comprehensibility) (siehe Modul 6 zur Salutogenese) steigern. Alles, was verstanden und eingeordnet werden kann, ist hilfreich für die Bewältigung traumatischer Erfahrungen (Antonovsky 1997: 34).

Wichtig sind dabei aber das Bewusstsein und die Transparenz, dass Psychoedukation weder ein therapeutisches Angebot ist, noch dieses ersetzen kann. Gerade in Gruppen sollte beispielsweise betont werden, dass in diesem Setting keine Durcharbeitung und Konfrontation der traumatischen Erfahrung erfolgen kann und dass daher auch detaillierte Schilderungen in den geschützten Rahmen eines Einzelkontaktes bzw. in eine Traumatherapie gehören – sonst besteht die Gefahr einer Retraumatisierung, eines Wiedererlebens des traumatischen Ereignisses oder einer Überflutung durch ganz individuelle Trigger. Bereits in einem individuellen Vorgespräch sollten diese Grenzen angesprochen werden, um Enttäuschungen zu vermeiden (Liedl/Schäfer/Knaevelsrud 2013: 2).

10.3 Sprache als Brücke

Um ein Verstehen zu ermöglichen, sind daher Worte, Erklärungen und bildliche Darstellungen hilfreich, die das Gegenüber schnell und gut auffassen und für sich nutzen kann (Scherwath/Friedrich 2014: 122). Generell sollte die Sprache einfach und verständlich gehalten werden (Knaevelsrud/Liedl/Stammel 2012: 119). Besonders hilfreich für das Verständnis ist in diesem Zusammenhang die Arbeit mit Bildern, Symbolen und Metaphern, die unsere Sprache und unser Denken durchdringen (Schmitt 2016: 36 f.; Heidenreich/Schmitt 2014; Priebe/Dyer 2014: 7).

> **Definition: Metaphern (Achterberg/Dossey/Kolkmeier 1996: 131)**
>
> Metaphern sind Sprachbilder oder angedeutete Vergleiche, bei denen ein Wort oder eine Redewendung, das oder die normalerweise zur Beschreibung einer Sache gebraucht wird, sich auf eine andere Bedeutung bezieht.

Ein Großteil des menschlichen Denkens spielt sich in Metaphern und Bildern ab (Dehner-Rau/Reddemann 2019: 23). Sie können daher gut für die Psychoedukation genutzt werden. So können für unterschiedliche Personen ganz verschiedene Modelle hilfreich sein, je nach Alter, intellektuellem oder auch kulturellem Hintergrund. Je nachdem, ob es sich um ein kleines Kind im Vorschulalter, einen Elektro-Installateur oder eine Akademikerin handelt – vielleicht können sogar Beispiele aus der eigenen Lebenswelt gefunden werden, die die Folgen der Traumatisierung anschaulich und verständlich machen. So können Kinder vielleicht eher mit Bildern aus Harry Potter etwas anfangen oder ihnen kann mit einer Zeitmaschine die Charakteristik einer Dissoziation erklärt werden, die einen Menschen auf Knopfdruck in die Vergangenheit katapultieren kann. Während für den Elektrofachmann vielleicht das Bild einer Überspannung, die einen Kurzschluss auslöst als Parallele für das, was während des Notfallprogramms oder während einer Dissoziation passieren kann, einleuchtet, kann die Akademikerin möglicherweise mit hirnphysiologischen und neurobiologischen Vorgängen mehr anfangen. Im dialogischen Austausch oder in der Gruppe ist Psychoedukation damit nicht als einmaliger Vortrag zu verstehen, sondern als Prozess des Verstehens und Einordnens zur Bewältigung der Traumatisierung (Scherwath/Friedrich 2014: 122).

> **Übung:**
>
> Psychoedukation lässt sich allein oder noch besser im kollegialen oder studentischen Austausch üben. Dabei ist die Simulation dieser Übung in einer Gruppe, die in die jeweilige Rolle schlüpft, eine wertvolle Möglichkeit, sich in einem geschützten Rahmen Rückmeldung zu holen und zu überprüfen, ob alles verständlich erklärt wurde. Es kann auch hilfreich sein, ein Thema für unterschiedliche Zielgruppen zu trainieren, um dadurch den verschiedenen Settings gerecht zu werden (Wittmann 2015: 158). Hier sind drei Beispiele zur Auswahl:

1. Stellen Sie sich vor, Sie sind die Traumapädagog*innen aus dem ersten Fallbeispiel, die der Klassenlehrer in die Grundschule eingeladen hat. Was möchten Sie den Schüler*innen mitgeben? Welche Botschaften sind Ihnen wichtig? Welche Informationen brauchen die Schüler*innen jetzt? Wie können diese kindgerecht vermittelt werden? Beschäftigen Sie sich mit möglichen Materialien zur Psychoedukation nach traumatischen Erfahrungen (siehe Literatur zur Einführung). Zu zweit oder zu dritt können Sie eine praktische Einheit vorbereiten und durchführen. Je konkreter Sie sich die Situation ausmalen, desto intensiver ist Ihr Erkenntnisgewinn. Meine Studierenden haben beispielsweise Handpuppen gebastelt, um eine Geschichte zu erzählen oder Poster gemalt, um Kindern das Notfallprogramm zu erklären. Andere haben mit Arbeitsblättern oder mit dem Kindertraumakarteninventar zu den Schreckfolgen gearbeitet (das sind Materialien aus der Kindergeschichte: Der große Schreck von Ahrens-Eipper/Nelius (2015)). Es ist dabei wichtig, viel Zeit für die Geschichte und für den Austausch mit den Schüler*innen über ihre Erfahrungen einzuplanen.
2. Stellen Sie sich vor, Sie werden von der Bundeswehr (Fallbeispiel 2) beauftragt, ein psychoedukatives Gruppenangebot für Partner*innen von heimgekehrten Soldat*innen zu entwickeln und durchzuführen. Welche Inhalte wollen Sie vermitteln? Welche Methoden zum Austausch wollen Sie einsetzen? Wie viele Sitzungen soll eine solche Gruppe umfassen? Ist es eine offene Gruppe, in die immer wieder neue Angehörige dazu stoßen können oder ein geschlossenes Angebot, damit ein vertrauter und sicherer Rahmen entstehen kann? Führen Sie eine psychoedukative Gruppensitzung als Simulation durch. Bereiten Sie diese vor und führen Sie sie durch, als wenn Sie wirklich an einem Bundeswehrkrankenhaus angestellt wären und diese Gruppe anleiten würden.
3. Simulieren Sie eine Beratung mit einer Person nach einer traumatischen Erfahrung, um Sicherheit im Führen solcher Gespräche zu gewinnen. Kommen Sie am besten in Dreiergruppen mit Kommiliton*innen oder Kolleg*innen Ihres Teams zusammen und verteilen Sie folgende Rollen:
   1. Berater*in
   2. Klient*in (ein Kind, ein*e Jugendliche*r oder eine erwachsene Person, die ein Trauma erlebt hat)
   3. Beobachter*in

   Versuchen Sie, in möglichst einfacher Sprache zu erklären, was ein Trauma, eine Dissoziation oder eine mögliche Folge der traumatischen Erfahrung sein kann. Nutzen Sie dafür Bilder, Metaphern oder Vergleiche! Sie können Teile Ihrer psychoedukativen Botschaften auch in Zeichnungen am Flipchart, in Bilder (beispielsweise aus dem Powerbook von Krüger (2012)) oder in Märchen oder andere Geschichten einbetten. Lassen Sie Ihrer Kreativität freien Raum!

   Tauschen Sie anschließend die Rollen, damit jede*r mal in jeder Rolle war und reflektieren Sie im Anschluss die drei Gespräche: Was war gelungen? Wo hat es gehakt? Wie hat sich die jeweilige Person in ihrer Rolle gefühlt? Was kann der*die Beobachter*in zu gelungenen oder noch zu verbessernden Interaktionssequenzen zurückmelden?

Das eigene Durchführen einer psychoedukativen Einheit lässt Sie tiefer in die Thematik eintauchen. Je mehr Zeit Sie sich dafür nehmen, je besser Sie sich in die Rollen einfühlen und je konkreter Sie die Einsatzsituation ausgestalten, desto leichter wird es Ihnen fallen. Für alle drei Beispiele gilt auch, dass es leichter für ein Rollenspiel ist, wenn Sie Ihre Kolleg*innen oder Mitstudierenden genau instruieren. Wenn Sie Ihnen also nicht nur sagen, dass sie jetzt Schüler*innen, Partner*innen von Soldat*innen oder eine Person mit einer traumatischen Erfahrung spielen, sondern Ihnen konkrete Rollen zuweisen. Eine Schülerin kann vielleicht nach dem Unfall nicht mehr einschlafen, ein Schüler möchte überhaupt nicht mehr Bus fahren oder eine Schülerin macht sich Sorgen um ihre beste Freundin. Eine Partnerin leidet unter der Gereiztheit und Aggression ihres Mannes den Kindern gegenüber, seit dieser aus Afghanistan zurückgekehrt ist, wieder ein anderer Partner ist selbst ganz erschöpft, weil die Soldatin jede Nacht schreiend aufwacht, seit dem Hinterhalt in Syrien, und kaum zu beruhigen ist. Für die Einzelberatung können kleine Fallgeschichten ausgedacht werden, die die Simulation vereinfachen. Lassen Sie sich von den Fallbeispielen in diesem Kompendium inspirieren: Elijah, der ein Behandlungszentrum für Folteropfer aufsucht, eine geflüchtete Frau im Frauenhaus, eine Hilfesuchende in einer Fachberatungsstelle bei sexualisierter Gewalt.

Durch eine solche ‚Trockenübung' können sie überprüfen, ob Sie selbst alles verstanden haben und ob es Ihnen gelingt, unterschiedlichen kognitiven Voraussetzungen gerecht zu werden. Üben Sie sich auch in einfacher, leichter Sprache für kleine Kinder oder für Menschen mit Lernbehinderungen. So erlangen Sie mehr und mehr Flexibilität und klingen nicht mehr, als würden Sie einen auswendig gelernten Text vortragen (Wittmann 2015: 158).

Fragen zur Überprüfung und zum Weiterdenken

Was ist das Ziel von psychoedukativen Angeboten einer Sozialen Arbeit nach traumatischen Erfahrungen?

Wie können Sie die Adressat*innen so einbeziehen, dass es ein Dialog mit ihnen und kein Monolog zur Wissensvermittlung wird?

Kennen Sie noch weitere Bilder, Metaphern, Postkarten, Geschichten oder Bilderbücher, die sich für den Einsatz mit unterschiedlichen Zielgruppen anbieten würden und die Sie sammeln können?

Einführende Literatur:

- *Der große Schreck. Psychoedukation für Kinder nach traumatischen Ereignissen (Ahrens-Eipper/Nelius 2015)*

Anhand einer Geschichte vom weisen Drachen Amie und seinen Freund*innen, den Trollen, die mit ihrem Floß in ein Unwetter gekommen und beinahe ertrunken wären, werden Informationen über verschiedene Arten von traumatischen Ereignissen und deren mögliche Auswirkungen an Vor- und Grundschulkinder vermittelt. Dem entwicklungspsychologischen Stand der Kinder entsprechend können die Erfahrungen der Trolle mit dem großen Schreck auf die Situation der Kinder übertragen werden und so durch die Geschichte im ersten Schritt eine schützende Distanz und erst im zweiten Schritt ein Bezug zur eigenen Situation und zur eigenen Person hergestellt werden. Die Trolle durchlaufen mithilfe des Drachen die aufeinander aufbauenden Stufen einer Krisenintervention: Stabilisierung, Ressourcenaktivierung und therapeutische Aufarbeitung. Ideen zum Einsatz sowie ergänzende Materialien in Form von Bildkarten zu den Traumaarten und zu den Traumafolgen (das Kindertraumakarteninventar), Postern und einem Hörspiel runden dieses fachlich fundierte und ansprechend gestaltete Bilderbuch für Kinder zwischen vier und zwölf Jahren ab. Es ist nur schade, dass sexualisierte Gewalterfahrungen als Antatsch-Schreck bagatellisiert werden. Die Materialien können im beraterischen und therapeutischen Kontext zur Psychoedukation, zur Visualisierung und zur Unterstützung der individuellen Bewältigung genutzt werden. Es wurde aus den Praxiserfahrungen der Autorinnen im Umgang mit traumatisierten Kindern entwickelt und basiert auf aktuellen psychologischen Forschungsergebnissen.

- *Powerbook. Erste Hilfe für die Seele. Trauma-Selbsthilfe für junge Menschen (Krüger 2012)*

Dieses Buch erklärt betroffenen jungen Menschen in einfacher Jugendsprache, was ein Trauma eigentlich ist, was nach traumatischen Erfahrungen so alles passieren kann und wie seelische Verletzungen gut versorgt werden können. Durch zahlreiche Fallbeispiele und anschauliche Illustrationen können Jugendliche ermutigt werden, ihre leidvollen Lebenserfahrungen besser zu verstehen und einzuordnen sowie Möglichkeiten zur Selbstheilung zu erkennen. Es ist inzwischen auch auf Englisch übersetzt und einsetzbar.

- *Psychoedukative Broschüre „Was ist los mit mir?" – Stress und Trauma erklärt in leichter Sprache (Frauenhaus Trier/Kap 2018)*

Diese Broschüre ist als psychoedukative Maßnahme im Rahmen der traumasensiblen Beratungsarbeit im Frauenhaus entstanden, um Expert*innenwissen zur Aufklärung und Selbsthilfe an Klient*innen des Hilfesystems weiterzugeben. Neben der anschaulichen Erklärung von Stress- und Traumasymptomen gibt es einen anregenden Übungsteil zur Stabilisierung.

Weiterführende Literatur:

- *Psychoedukation bei posttraumatischen Störungen (Liedl/Schäfer/Knaevelsrud 2013)*

Dieses Manual kann als Leitfaden für die psychoedukative Arbeit mit traumatisierten Erwachsenen im Einzel- oder Gruppensetting dienen. Es ist aus den Erfahrungen der Autorinnen in einem Behandlungszentrum für Folteropfer entstanden und aus einer psychotherapeutischen Perspektive geschrieben.

- *Metaphern, Geschichten und Symbole in der Traumatherapie (Priebe/Dyer 2014)*

In diesem Sammelband beschreiben Autor*innen unterschiedlicher therapeutischer Richtungen anhand eines Fallbeispiels, wie Metaphern in der Traumatherapie eingesetzt werden können. Eine Soziale Arbeit nach traumatischen Erfahrungen kann von den Impulsen profitieren, muss diese allerdings noch auf die eigenen Handlungsfelder übertragen.

- *Psychoedukation bei Traumastörungen: Manual für die Gruppenarbeit mit MigrantInnen und Geflüchteten (Kizilhan 2018)*

Zielgruppenspezifisch wird in diesem Manual ebenfalls die psychoedukative Arbeit für Psycholog*innen und Sozialarbeitende vorgestellt. Dem Buch liegt eine CD mit zahlreichen Arbeitsblättern, Merkblättern und Folien zum direkten Einsatz in der Gruppenarbeit bei.

Modul 11 Die Förderung der Wahrnehmung der Gefühle

Zusammenfassung:

Das Ziel einer Sozialen Arbeit nach traumatischen Erfahrungen ist die behutsame Begleitung auf dem Weg, die eigenen Gefühle und Empfindungen wieder wahrzunehmen, sie als wichtige Signale zu beachten, den Umgang mit ihnen eigenmächtig zu gestalten und im Einklang mit ihnen (gut) leben zu können. Daher werden die folgenden drei Module sich mit Ideen der Selbstbemächtigung im Sinne einer Förderung der Wahrnehmung, Sensibilisierung und Regulation der Gefühle und des Körpers beschäftigen. Die Auseinandersetzung mit den eigenen Gefühlen ist sowohl für die Adressat*innen als auch für Sozialarbeitende zentral. Zunächst beschäftigen wir uns damit, was Gefühle eigentlich sind und wozu wir sie benötigen. Im Anschluss werden Ideen zur Förderung der Wahrnehmung und des Ausdrucks der Gefühle mit vielen Übungen und Materialien vorgestellt.

11.1 Ich fühle, also bin ich

Gefühle wurden lange Zeit eher als Hindernis auf dem Weg zu einem vernünftigen Menschen betrachtet. Menschen und vor allem Männer, die Gefühle zeigten, galten als schwach. Doch die moderne Hirnforschung zeigt, dass Gefühle immer im Dreiklang mit körperlichen Empfindungen und kognitiven Bewertungen auftauchen – im Zusammenspiel von Körper, Geist und Seele (Fritsch 2012: 11ff.). Es ist also eher ein Zeichen von Stärke, wenn Gefühlen Raum gegeben werden kann. Das Ziel einer Sozialen Arbeit nach traumatischen Erfahrungen muss folgerichtig also darin liegen, Empfindungen, Gefühle und Vernunft (wieder) miteinander in Einklang zu bringen – sie spüren, fühlen, denken und ausdrücken zu können.

„Der Zugang zu den eigenen Gefühlen ebnet den Königsweg zu einem erfüllten Leben. Wer je nach Lebenssituation die ganze Bandbreite an Gefühlen empfinden kann, wird seelisch und körperlich gesünder sein. Auch die von uns als negativ, belastend empfundenen Gefühle sind sinnvoll, wenn wir sie als Signale für notwendige Veränderungen begreifen, die uns wachsen und reifen lassen. Tiefe und Lebendigkeit entwickeln sich erst durch Gegensätze: Licht und Schatten, Freude und Trauer, Kämpfen und Aushalten. Ein Bewusstsein für die eigenen Emotionen zu haben und mit diesen achtsam umzugehen trägt zur Ganzheit bei. Das ist nach unserer Überzeugung die Basis für gesundes Selbstvertrauen und ein gelingendes Leben", so formulieren es die beiden Therapeutinnen Cornelia Dehner-Rau und Luise Reddemann (2019: 12). Doch was sind eigentlich Gefühle? Sie sind eine wichtige Informationsquelle über unsere Umwelt, lenken unsere Aufmerksamkeit und steuern unser Verhalten.

Definition: Gefühle (Dehner-Rau/Reddemann 2019: 25ff.)

Gefühle, Stimmungen, Affekte und Emotionen werden häufig synonym verwendet, da sie alle Arten des Sich-selbst-Erlebens und Antworten auf Umwelteinflüsse darstellen. Eine *Emotion* ist eine automatische und unwillkürliche Reaktion auf drei Ebenen: auf körperlicher Ebene (Empfindung), auf kognitiver

Ebene (Gedanken) und auf der Ebene des Verhaltens (Handeln). Die subjektive Wahrnehmung einer Emotion bezeichnet man als *Gefühl*. Es wird durch Lebenserfahrungen, persönliche Vorstellungen und Bewertungen beeinflusst und kann benannt oder auch versteckt werden. *Affekte* sind meist heftige Gefühle, die körperlich deutlich zu spüren sind und meistens soziale Reaktionen auslösen (sogenannte *Affekthandlungen*). Dagegen sind *Stimmungen* eher längerfristige Gefühlszustände oder der atmosphärische Hintergrund.

Es gibt sieben bis zehn Basisemotionen, die bereits im Säuglingsalter kulturübergreifend beobachtet werden können: Freude, Angst/Furcht, Trauer, Wut/Zorn, Ekel, Verachtung, Überraschung, Interesse, Scham und Schuld (Bräutigam 2018: 48). Angesichts der Konfrontation mit den unterschiedlichen Anforderungen des Lebens müssen sich alle Menschen immer wieder mit bestimmten Gefühlen auseinandersetzen und dennoch handlungsfähig bleiben. „Sie leiten uns an, damit wir uns positiven, belohnenden Reizen zuwenden und von möglicherweise schädlichen Reizen Abstand nehmen." (Strüber 2019: 23)

> **Merke (Fritsch 2012: 17):**
>
> Angenehme Gefühle zeigen an, dass wichtige Bedürfnisse erfüllt sind.
>
> Unangenehme Gefühle dagegen sind ein Warnsignal, dass wichtige Bedürfnisse nicht erfüllt sind.

Das können wir schon bei Säuglingen erkennen – wenn sie sich nicht wohl fühlen, weil die Windel voll ist, sie müde sind oder Hunger haben, dann zeigen sie ihre unangenehmen Gefühle durch Wimmern, Weinen und Schreien. Je kleiner ein Wesen, desto geringer sind die Fähigkeiten des Umgangs mit den eigenen Bedürfnissen und Gefühlen. So brauchen Säuglinge und Kleinkinder feinfühlige Erwachsene, die Verantwortung für ihre Bedürfnisse übernehmen und ihre negativen Emotionen beeinflussen und regulieren, indem sie sie beispielsweise beruhigen, trösten, ihre Windel wechseln, sie in den Schlaf wiegen oder füttern (siehe Modul 7). Und sie brauchen Erwachsene, die ihnen einen Wortschatz für die eigenen Gefühle vermitteln, wie es in diesem Beispiel deutlich wird.

> **Fallbeispiel: Gefühle benennen (Strüber 2019: 221ff.)**
>
> An der Bushaltestelle wartet eine Mutter mit ihrem im Kinderwagen halb aufrecht sitzenden Baby auf den Bus. Während die Mutter den Moment nutzt, um sich über Snapchat auf dem Laufenden zu halten, prüft ihr Kind, ob das mit der Schwerkraft auch für Reiswaffeln gilt. Es gilt. Das Kind hat die Konsequenzen nicht bedacht und möchte seine Reiswaffel wiederhaben. Leider landet sie im Kippenhaufen unter der Sitzbank des Wartehäuschens, so dass die Mutter von der Drei-Sekunden-Regel (also dem Countdown bis zur Bakterienkontamination von heruntergefallenen Lebensmitteln) absieht und dem Kind die Reiswaffel vorenthält. Das Kind findet das irgendwie …, irgendwie … – eigentlich weiß es das gar nicht. Was ist das nur für ein unangenehmes Gefühl?
>
> Je nach Temperament verleiht das Kind diesem unbekannten Monster im Bauch Ausdruck und quengelt, weint oder schreit. Die Mutter, feinfühlig und liebevoll

wie sie ist, wendet sich dem Kind zu, sie tröstet es, berührt es, schaut ihm in die Augen. Unbewusst greift sie seine Gefühle auf. Sie spiegelt seine Mimik, überdeutlich zieht sie ihre Augenbrauen hoch und benennt seine Gefühle: »Du hattest dich so über die Waffel gefreut und nun dachtest Du, ich könnte sie Dir einfach wiedergeben, nicht wahr? Und jetzt bist Du enttäuscht, ja?«.

Das Kind weiß nun, wie das, was es fühlt, heißt. In seinem Gehirn werden dabei Netzwerke zur Erkennung und zur Kategorisierung von Gefühlen aktiviert und stabilisiert. Das Kind lernt, mit welcher Mimik sein aktuelles Gefühl verbunden ist. Und es lernt, dass es völlig normal und ok ist, dieses Gefühl zu haben. Dass es von seiner Mutter verstanden, akzeptiert und getröstet wird. All das lernt das Kind.

Nein, halt. Das stimmt doch alles gar nicht! Es lernt das nicht. Seine Mutter muss nämlich gerade über das komische Badewannenfoto aus dem Baby-Blog lachen. Körperlich ist sie anwesend. Sie passt auf, dass der Kinderwagen nicht auf die Straße rollt, sie streichelt dem Kind über den Kopf und murmelt etwas von Enttäuschung, aber mental ist sie nicht beim Kind. Der Augenkontakt fehlt. Ob Spielplatz, Wartezimmer, Supermarktschlange oder Bus: Mütter und Väter schauen auf ihr Handy; tippen, lächeln, sprechen. Was bedeutet es für den Säugling, wenn jeder um sie herum mit seinem Smartphone beschäftigt ist?

Der Psychoanalytiker und Psychotherapeut Arno Gruen (1986) beschreibt sehr eindrücklich die *Selbstentfremdung* und den *Verrat am Selbst*, die entstehen können, wenn Kinder diese Reaktionen nicht erleben, sondern von klein auf mit ihrem Eigenen unterdrückt oder alleingelassen werden. Sie können in Folge keine eigene Identität entwickeln, es mangelt ihnen an Empathie für sich und andere und sie verstecken sich hinter aufgesetzten Rollen, Überlegenheits- und Herrschaftsansprüchen (Dehner-Rau/Reddemann 2019: 207). Eine durch Gehorsam gegenüber Macht und Autorität entstandene Anpassung an das herrschende Erfolgs- und Leistungsdenken lasse Lebendigkeit, Kreativität und Liebesfähigkeit verkümmern und führe zu Abhängigkeit und Unterwerfung. Dagegen ist Autonomie „derjenige Zustand der Integration, in dem ein Mensch in voller Übereinstimmung mit seinen eigenen Gefühlen und Bedürfnissen ist" (Gruen 1986: 17). Sie entwickele sich aus dem „Zugang zum Lebensbejahenden, zu den Gefühlen der Freude, des Leids, des Schmerzes, kurz des Lebendigseins" (Gruen 1986: 17). Es ist ihm in seinen Werken ein Anliegen, „der gefühlsbetonten Welt – im Gegensatz zum Denken und Verstehen, das vom Fühlen abgespalten ist – den rechtmäßigen Platz in unserer wissenschaftlichen Welt zurückzugeben." (Gruen 1986: 12)

Durch den Sozialisierungsprozess vermittelt, basieren die Denkmuster über den eigenen Körper auf Anpassung und Abstraktion, um Sicherheit zu erlangen. Damit komme es aber zu Phänomenen der Abspaltung der eigenen Körperempfindungen und damit auch von den eigenen Gefühlen. Die eigene Lebendigkeit und Lebenslust wird damit zum Feind und in der Konsequenz hat man Angst vor dem eigenen Selbst und verneint die echten Bedürfnisse (Gruen 1986: 37ff.). Auch wenn es nicht leicht ist, das Ausmaß der Trennung von den eigenen Gefühlen und die eigene verneinte Hilflosigkeit zu erkennen, so ist der Schlüssel zur Befreiung und zur Autonomie doch, sie zu spüren und anzunehmen. Doch wie kann es gelingen, sich wieder mit den inneren Gefühlen zu verbinden? Es kann keine Methode oder Technik geben, die zu einem Selbst führen. Der Schlüssel zur Autonomie ist nach Gruen (1986: 161) die Einstellung, die eigene Einzigartigkeit entdecken zu wollen und sich der Liebe und dem Mitgefühl zu öffnen. Es ist das Wagnis, das eigene Selbst zum Erleben zu bringen. *„Um wirklich lebendig zu sein, muss man fühlen, nicht nur reagieren.* Dann verweilt man bei den Dingen, weil die schöpferische Kraft, die jeder besitzt, Zeit braucht, aufzusteigen und in unser Tun einzudringen." (Gruen 1986: 123, Hervorhebung im Original) Die Brücke zu den eigenen Wahrnehmungen ist die lebendige Verbindung zu Freude, Trauer, Mut und Verzweiflung und sie ist die einzige Basis für eine wirkliche Unabhängigkeit (Gruen 1986: 71). Die Wahrnehmung des Selbst und der eigenen Lebendigkeit führt über den Zugang zu den eigenen Gefühlen. Aus diesem Grund sind einem derartigen Zugang die folgenden drei Module gewidmet.

Exkurs: Gefühle in der Neurobiologie und Hirnforschung

Die moderne Wissenschaft bestätigt diese Überlegungen. Die Entwicklungsneurobiologin und -psychologin sowie Hirnforscherin Nicole Strüber (2019) hat auf eine verständliche Weise herausgearbeitet, wie frühe Risiken und Traumatisierungen in der Kindheit die Gefühle und deren biologische Grundlagen, das Gehirn und die Nervenverbindungen, prägen. Durch Umwelterfahrungen werden dauerhafte Netzwerke erzeugt, während nie genutzte Verbindungen beseitigt werden (Strüber 2019: 32 f). Zudem betont sie die Bedeutung der Stoffsysteme und Hormone für die Gefühle und das Verhalten. Sie nennt sie die „Sprache der Seele" (Strüber 2019: 34). So wirken sich Erfahrungen in der Schwangerschaft und in den ersten Lebensjahren auf unsere gesamte Persönlichkeit aus und beeinflussen über die Botenstoffe u.a. die Stressbewältigung (Cortisol und Noradrenalin), die Selbstberuhigung und die Impulshemmung (Serotonin), den Umgang mit Belohnungen (Dopamin, Opioide), die Bindungsfähigkeit (Oxytocin, Opioide) und die Risikobewertung (Acetylcholin, Cortisol) (Strüber 2019: 35). „Gelingt es den Eltern nicht, mit ihrem Kind feinfühlig umzugehen und es zuverlässig zu trösten (was wiederum von einer regelmäßigen stresshemmenden Oxytocinfreisetzung begleitet wäre), und muss es deshalb immer wieder allein mit seinen Alltagsängsten und -frustrationen umgehen, dann kann auch ein gewöhnlicher Alltag sehr belastend für das Kind sein." (Strüber 2019: 37) Eine emotionale Vernachlässigung kann zu einer Verkümmerung der zuständigen Nervenzellpfade führen, wenn diese nicht ausreichend stimuliert, die Gefühle eines Kindes nicht regelmäßig gespiegelt und mit Worten benannt werden (Strüber 2019: 101, 103). Dieser frühe Stress oder traumatische Erfahrungen in den ersten Lebensjahren können dazu führen, dass Menschen langfristig ihre Umwelt als bedrohlich erleben, viel grübeln, entweder zu intensiv fühlen oder apathisch und gleichgültig werden und Schwierigkeiten haben, Bindungen einzugehen, Impulse zu hemmen oder Risiken zu bewerten (Strüber 2019: 38). Bei vielen Menschen nach nicht verarbeiteten traumatischen Erfahrungen und insbesondere nach hochbelasteten Kindheiten wirken sich diese auf das Wahrnehmen, Erkennen, Ausdrücken und Regulieren von Gefühlen aus – „im Extremfall sind sie gefühlsblind" (Strüber 2019: 94). Oder sie haben Probleme, sich vor übermäßigen und anhaltend negativen Gefühlen zu schützen, was das Risiko für sie erhöht, eine psychische Erkrankung zu entwickeln (Strüber 2019: 111; siehe auch Modul 3).

11.2 Gefühle nach traumatischen Erfahrungen

(Komplex) Traumatisierte Menschen haben oft gelernt, ihre eigenen emotionalen und auch körperlichen Wahrnehmungen zu ignorieren und abzuspalten, um sich ganz auf das (gefährliche, angsteinflößende oder leidende) Gegenüber zu konzentrieren. Zudem haben viele traumatisierte Menschen die Erfahrung machen müssen, dass ihre Gefühle nicht beachtet oder übergangen und ihre Grenzen überschritten wurden (Wittmann 2015: 27). Auch nach traumatischen Erfahrungen versuchen viele Menschen oft, die damit verbundenen Gefühle zu vermeiden und spüren sich in der Folge immer weniger (Dehner-Rau/Reddemann 2019: 17). „Während sie zwischen zu heftigen Gefühlen (die sie überwältigen oder überfluten) und zu wenig Gefühlen (Abschalten und Betäubtheit) festsitzen, unfähig, den eigenen Empfindungen zu vertrauen, können traumatisierte Menschen ihren Weg verlieren. Sie haben das Gefühl, nicht mehr ‚sie selbst' zu sein; der Verlust der Empfindungen ist gleichbedeutend mit dem Verlust des Selbstgefühls. Als Ersatz für echte Gefühle können Menschen, die an einem Trauma leiden, auf Erfahrungen aus sein, mit denen sie sich noch mehr betäuben – wie sexuelle Abenteuer oder das Ausleben von Zwängen und Süchten sowie verschiedene Ablenkungen, die verhindern, dass sie sich ihrem Innenleben stellen müssen, das dunkel und bedrohlich für sie geworden ist." (Levine 2011: 176) Doch wer bedrohliche Gefühle in Schach hält und meidet, der hält auch freudige Gefühle von sich fern – man kann das eine nicht ohne das andere haben (Levine 2011: 175). Wer gegen unangenehme oder schmerzliche Gefühle ankämpft, sie vermeidet oder sich davor versteckt, verschlimmert sie und gibt ihnen Macht über das eigene Verhalten und Wohlbefinden (Levine 2011: 227). Die Bewältigung traumatischer Erfahrungen wird durch „ein selbstreflexives Wahrnehmen der Gefühle, des Körpers, des Verstandes, der Sinne, der Energie, des eigenen Stresses und der Grenzen" gefördert (Weiß 2011a: 126). Um sie spüren und aushalten zu können, brauchen Menschen nach traumatischen Erfahrungen Sicherheit und soziale Unterstützung. Gefühle brauchen ihren Raum und sollten nicht durch zu starke Reglementierungen eingegrenzt werden. Vor diesem Hintergrund wenden wir uns nun der *Förderung der Wahrnehmung der Gefühle* zu.

11.3 Wahrnehmung der Gefühle

„Zentraler Bestandteil der Selbstwahrnehmung ist die Unterscheidung von Gefühlen und Empfindungen." (Weiß 2011a: 128) Empfindungen werden im Gegensatz zu Gefühlen über den Körper wahrgenommen, beispielsweise in Form von Spannungszuständen, Zittern, Unruhe, Wärme oder Lähmung – es sind also die physiologischen Prozesse im Körper, die Hinweise auf bestimmte Gefühle geben können. Sie werden daher auch als „Frühwarnsystem unseres Körpers" (Weiß 2013b: 151) bezeichnet. „Es ist ein wesentlicher Schlüssel beim Hindurchbewegen durch ein Trauma, Körperempfindungen, Gedanken, Bilder und Emotionen, die möglicherweise eine Aktivierung hervorrufen, auseinanderhalten zu lernen", so

Modul 11 Die Förderung der Wahrnehmung der Gefühle

formuliert es auch der US-amerikanische Traumaforscher und -therapeut Peter Levine (2014: 64). Im Rahmen dieses Kompendiums werden daher einige Ideen vorgestellt, um die eigenen Gefühle und Empfindungen wahrzunehmen, ihre Zusammenhänge zu verstehen, sie auszudrücken und eine innere Auseinandersetzung anzuregen.

Um die eigenen Gefühle wahrnehmen und verstehen zu können, macht es Sinn, zunächst den *Auslöser für das aktuelle Befinden* zu finden. Dieser kann entweder im Außen liegen, also beispielsweise in sinnlich wahrnehmbaren Ereignissen oder sichtbarem Verhalten, oder im Inneren, dann wäre der aktuelle Zustand durch Gedanken, Erinnerungen, Vorstellungen, Fantasien, Befürchtungen u.v.m. ausgelöst. Auch körperliche Auslöser wie Körperhaltung, Atmung, Mimik, Gestik, sogar der hormonelle Zustand, der Blutzuckerspiegel u.v.m. können Gefühle auslösen (Fritsch 2012: 15). Die Selbstwahrnehmung kann unterstützt werden mit Fragen wie: Warum geht es mir jetzt gerade so? Womit genau fing es an? Gab es einen Auslöser? Was ist geschehen? Oder woran habe ich gedacht? Spüre ich eine körperliche Resonanz? (Fritsch 2012: 16, 18) Mit etwas Übung ist es möglich, Gefühle, Gedanken und Überzeugungen von den ihnen zugrundeliegenden Körperempfindungen zu trennen und damit auch schwierige emotionale Zustände aushalten und durch sie hindurch gehen zu können, ohne überrollt zu werden (Levine 2011: 229).

Übung: Gefühle wahrnehmen				
Gefühle am Beispiel von:	Freude	Angst	Trauer	Wut
Wo in meinem Körper fühle ich dieses Gefühl?				
Wo spüre ich es zuallererst?				
Wie fühlt es sich dort an?				
Welche Gedanken kommen typischerweise mit diesem Gefühl in mir auf?				
Wie verhalte ich mich, wenn ich dieses Gefühl habe?				
Gibt es einen Bewegungsimpuls zu diesem Gefühl?				
Wie könnte ich die Energie dieses Gefühls frei lassen?				
Welche Farbe passt zu meinem Gefühl?				
Wie könnte ich das Gefühl pantomimisch darstellen?				
Welche Musik oder welches Geräusch würde gut dazu passen?				

11.4 Ausdruck der Gefühle

> „Eine bloße Unterdrückung der Gefühle ist ebenso wenig ein Heilmittel, wie Enthauptung gegen Kopfschmerzen."
> (C.G. Jung)

Um sich selbst besser begreifen zu können und um sich anderen mitzuteilen, ist es hilfreich, Gefühle zu benennen (Dehner-Rau/Reddemann 2019: 20) oder anderweitig auszudrücken. Die Verbalisierung emotionaler Erlebnisinhalte durch Fachkräfte kann Kindern und Jugendlichen helfen, sie für eigene Gefühle zu sensibilisieren und im Umgang damit anzuleiten (Wittmann 2015: 27). Wenn die Umwelt verständnisvoll und wertschätzend mit allen Gefühlen umgeht, dann lernen auch Heranwachsende, dass ihre Empfindungen und Gefühle vielleicht unangenehm, aber nicht gefährlich sind (Wittmann 2015: 92). Sie können sie mehr und mehr zulassen und sich ihnen in einem sicheren Umfeld durch die Unterstützung ihrer Bezugspersonen zuwenden. Diese Einstimmung bietet die Chance, dass sie sich verändern können. Wenn sowohl angenehme als auch unangenehme Gefühle und Empfindungen bewusst wahrgenommen und angenommen werden, dann werden sie sich unweigerlich auch wieder verändern, was dazu führt, dass der Körper lernt, stärkere Empfindungen und Emotionen zu halten, ohne in Stress zu geraten (Levine/Kline 2015: 34). Erwachsene brauchen eher einen offenen Raum und ein einfühlsames Zuhören und Anteilnehmen, um sich ihren Gefühlen zu öffnen.

Eine vorsichtige Annäherung an positive Emotionen kann für alle Menschen über die Arbeit mit Literatur und Spielen zum Thema „Gefühle" oder auch über Angebote für kreativen und gestalterischen Ausdruck (ohne Sprache) erfolgen. Theater-, Fotografie- und Musikprojekte, Ausdruckstanzen, Kampfsport oder intuitives Malen können neben sprachlichen Formen wie Schreiben, Bloggen oder Sprechen helfen, Selbstheilungskräfte zu stärken und Zugang zur eigenen Kreativität zu bekommen (Dehner-Rau/Reddemann 2019: 243). Gedichte, Geschichten wie auch Songtexte können Gefühle zum Ausdruck bringen, dem Unaussprechlichen Worte verleihen und die Heilkraft der Sprache anregen. Für viele Dichter und Schriftsteller mag der kreative Akt ein Mittel der Verwandlung ihrer unsagbaren Erfahrungen sein: „Bessel van der Kolk meinte einmal, vielleicht sei jede Literatur der Versuch, traumatische Erfahrungen aufzuarbeiten." (Reddemann 2013: 295) Kreative Aktivitäten wie Musik, Malen, Gestalten, Handwerken, u.v.m. können auch das *Gefühl der Selbstwirksamkeit* stärken (Weiß 2011a: 136ff., siehe auch Modul 9).

Auch belastende *Gefühle wie Wut und Aggression* dürfen aufkommen und können verbal, durch körperliche Aktivität oder im Spiel ausgedrückt werden (Weiß 2011a: 127). Gesellschaftlich gehört Wut zu den tabuisierten und unerwünschten Gefühlen, die Kindern meist schon früh aberzogen werden, damit sie brav, angepasst und ruhig sind. Doch das Gefühl der Wut trägt viel Energie und Lebendigkeit in sich und ist dazu da, dass Menschen feststellen, was sie wollen und was nicht. „Es geht darum, diese Kraft zu kultivieren und konstruktiv zu nutzen." (Dehner-Rau/Reddemann 2019: 195) So kann die Wut dazu führen, dass sie sich für ihre Bedürfnisse und die Wahrung der eigenen Grenzen einsetzen oder etwas in ihrem Leben verändern. Wenn sie sich auf Dinge richtet, die tatsächlich verändert werden können, ist sie eine konstruktive Kraft. Daher ist es wichtig, dass auch das Gefühl der Wut gespürt werden und einen Ausdruck finden darf. Wenn sie einen Platz bekommt, schadet sie weniger, als wenn sie heruntergeschluckt wird (Braun 2007: 28). Möglichkeiten der Abreaktion sollten so kanalisiert werden, dass sie nicht zu Verletzungen von sich selbst oder anderen führen (Wittmann 2015: 27).

> **Übung: Kritzle ein Wut-Bild!**
>
> Eine Möglichkeit, um die eigene Wut zu spüren und zum Ausdruck zu bringen, ist es, ein großes Blatt Papier mit einem Stift und einer Farbe passend zu Deiner Wut zu bekritzeln. Entscheide selbst, ob Du das mit offenen Augen oder mit geschlossenen Augen, mit der rechten oder der linken Hand tun willst – erlaube deinen Händen, sich so zu bewegen, wie sie das wollen. Fühle die Wut und lasse den Stift über das Papier rasen, toben, wüten – in Kreisen oder Zickzack, fester oder leichter...
>
> Wenn die Wut nachlässt, kannst Du auch die zufällig entstandenen Felder mit Farben ausmalen, das kann beruhigen und zentrieren. Wenn die Wut aber immer noch da ist, dann kannst Du das Bild auch fest zusammenknüllen und in eine Ecke werfen.
>
> Tipp:
>
> Weitere Ideen finden sich in: Mein Wut-Kritzel-Buch. Für weniger Wut im Bauch (Dudenko 2015)

Auch das *Gefühl der Angst* hat seinen Sinn. Jeder Mensch trägt in sich den berechtigten Wunsch, sicher zu sein und zu überleben. Doch „ohne Angst aufzuwachsen, wäre alles andere als gesund, auch wenn das Bedürfnis danach verständlich ist" (Braun 2007: 7). Das Angstgefühl soll verhindern, dass wir uns in Gefahr begeben und unser Leben riskieren oder vielleicht auch nur an einer Aufgabe scheitern oder versagen, sie macht vorsichtig und umsichtig. Und Angst ist auch die Voraussetzung für Mut, sich etwas zuzutrauen und zu handeln – trotz oder auch mit Angst. „Und Angst zu bewältigen, ist ein wundervolles Gefühl. Erinnern Sie sich an eine Situation, als es Ihnen gelang, die eigene Angst zu bewältigen und an dieser Herausforderung zu wachsen?" (Braun 2007: 7) Kinder sollten nicht alleine gelassen werden, wenn sie Ängste zeigen oder äußern. Sich brauchen Trost und Sicherheit, die Erwachsene ihnen spenden können. Um die Angst aus dem dunklen, diffusen und oft so sprachlosen Raum ans Licht zu holen, sind Möglichkeiten des Ausdrucks, der Visualisierung und des Darüber-Sprechens hilfreich (Braun 2007: 7 f.). Fragen Sie nach, wie die Angst eigentlich aussieht. „Zeig Dich, Du Angst!" (Braun 2007: 13) und lassen Sie sie sich beschreiben oder malen. So kommen Sie dem Gefühl und seinem Auslöser gemeinsam auf die Spur. Dann wird es im nächsten Schritt auch leichter, ein Gegenbild zu finden. Die Vorstellung eines Krafttieres kann Kindern, Jugendlichen und Erwachsenen helfen, in ihre Kraft (zurück) zu finden.

> **Übung: Mein Krafttier (Gräßer/Hovermann 2015)**
>
> Schließen Sie Ihre Augen und überlegen Sie sich, welches Tier für Sie für Kraft, Mut, Selbstbewusstsein, Stärke oder eine andere positive Eigenschaft steht. Es kann ein Tier sein, dass es gibt oder ein Fantasietier oder ein Tier, das sich aus unterschiedlichen Tieren zusammensetzt.
>
> Wenn Sie das Tier gefunden haben, das lauter positive Eigenschaften verkörpert, stellen Sie es sich ganz genau vor. Wie groß ist es? Welche Farbe hat es? Wie fühlt es sich an? Wenn Sie das Tier jetzt ganz genau vor Augen haben, überlegen Sie sich, warum es für Sie für all diese positiven Eigenschaften steht. Vielleicht sind es die Bewegungen oder das Auftreten an sich, die Körpergröße, ... Denken Sie mal ganz genau darüber nach.
>
> Jetzt stellen Sie sich vor, wie Sie ganz nah an dieses Tier herangehen. Berühren Sie es und werden für einen Moment eins mit ihm. Spüren Sie, wie all seine Kraft oder Gelassenheit auf Sie übergehen? Genießen Sie dieses Gefühl und nehmen Sie all die positiven Eigenschaften Ihres Krafttieres mit, wenn Sie sich wieder von ihm trennen. Wenn Sie mögen, können Sie Ihrem Krafttier auch einen Namen geben. Vielleicht gibt es Ihr Krafttier auch als kleine Spielzeugfigur oder ein Foto als Postkarte, dann können Sie es tatsächlich mitnehmen. Vielleicht finden Sie auch einen Stein oder ein anderes Symbol, das Sie in die Hosentasche stecken können.
>
> So kann Ihr Krafttier von nun an Ihr ständiger Begleiter sein. Wann immer Sie das Gefühl haben, Sie verlieren Ihren Mut oder sind total gestresst, können Sie in Ihrer Vorstellung wieder eins werden mit Ihrem Krafttier und neue Kraft und Energie tanken. Oder Sie nehmen es mit in eine für Sie schwierige Situation. Wenn Sie es brauchen oder wenn Sie Lust haben, es bei sich zu haben, rufen Sie es zu sich. Das Gute ist, dass keiner Ihr Krafttier sehen kann und Sie es immer dabeihaben.
>
> Tipp: Jule und Marie (Braun/Schmitz 2007) ist ein Bilderbuch und ein Film (DVD) über die Freundschaft der 80-jährigen Marie mit der 8-jährigen Jule, die sich gegenseitig helfen, ihre ganz unterschiedlichen Ängste zu bewältigen. Im didaktischen Begleitmaterial finden sich Angebote und Spiele zum Umgang mit Ängsten und Mut für alle Menschen ab 5 Jahren.

Das *Gefühl der Trauer* kann ebenfalls eine sinnvolle Funktion haben, um Dinge abzuschließen, die nicht mehr geändert werden können. Akzeptanz kann erst entstehen, wenn ein Mensch losgelassen hat. Entsteht eine als negativ erlebte Veränderung, so bringt es keine Heilung, wenn wir endlos mit Wut reagieren. Auch zur Bewältigung einer traumatischen Erfahrung gehört in der Regel eine Trauerphase, um dieses Ereignis abzuschließen und das eigene Leben wieder zu leben (siehe die Phase der Integration und des Neuanfangs in Modul 4). Doch viele Menschen bleiben nach einem traumatischen Ereignis in einem der Extreme stecken – sie fühlen vor allem Wut, haben Rachegedanken oder sie fühlen gar nichts mehr. Damit gehen sie dem tieferliegenden Schmerz aus dem Weg, bewegen sich emotional nur noch an der Oberfläche oder funktionieren nur noch. Wenn der Schmerz und die Trauer über die eigene Geschichte durchfühlt wurden, kann (wieder) Raum für Freude und das lebendige Sein entstehen.

Fallbeispiel: Niki de Saint Phalle – ein starkes verwundetes Herz (Schröder 2002; De Saint Phalle 2000)

Die Biographie der französisch-amerikanischen Künstlerin Niki de Saint Phalle (1930–2002) können Sie als Lehrstück für die Bewältigung traumatischer Erfahrungen durch kreativen Ausdruck lesen. Sie wurde in eine wohlhabende Familie aus einem alten französischen Adelsgeschlecht geboren und als junges Mädchen mit 11 Jahren von ihrem Vater sexuell missbraucht. Sie wuchs in New York auf und arbeitete bereits mit 17 als Fotomodell. Doch schon früh floh sie aus ihrer Familie und brannte als 18-Jährige durch, heiratete heimlich und wurde früh Mutter von zwei Kindern. Doch es war die Kunst, die ihr das Leben rettete, so sagte sie später. Als sie mit 22 Jahren wegen eines Nervenzusammenbruchs, Depressionen und suizidalen Gedanken in die Psychiatrie kam, begann sie ernsthaft und so intensiv wie noch nie zuvor in ihrem Leben zu malen. Sie verließ ihre Familie und zog nach Paris in das Atelier des Schweizer Bildhauers und Künstlers Jean Tinguely, der mit seinen beweglichen, maschinenähnlichen Skulpturen ebenfalls berühmt wurde. Die Liebe zur experimentellen Kunst, die Leidenschaft und eine lebenslange Freundschaft verband das ungleiche Paar. In ihren Bildern beschäftigte sich Niki vor allem mit sich selbst. Die Phasen ihres künstlerischen Lebens können beispielhaft für Bewältigungsprozesse betrachtet werden. Die *erste Phase* ihres Schaffens ist geprägt von *Wut, Hass und Aggression*. Sie entwickelte einen ganz eigenen Stil und ließ ihre Bilder bluten, in dem sie in öffentlichen Aktionen auf zuvor mit alten Büchsen, Farbbeuteln und Spraydosen vorbereitete und mit Gips übergossene Bilder mit einem Gewehr schoss, bis die Farbe aus den Einschusslöchern tropfte. Sie konnte ihre Aggressionen auf einer ästhetischen Ebene abreagieren und wurde zum Shooting-Star der Kunstszene. „Statt Terroristin zu werden, wurde ich Terroristin der Kunst", so kommentierte sie ihre spektakulären Schießhappenings der frühen sechziger und ihre grotesken Experimentalfilme der siebziger Jahre. Es ist der Ausdruck ihrer Gefühle und die Auseinandersetzung mit den traumatischen Kindheitserlebnissen und einem darin begründeten Männerhass, den sie in ihrer Kunst durchlebte und so hinter sich lassen konnte. Das Schießen war ihre Form der Therapie. Sie wurde süchtig danach, was sie selber erkannte. Und so entstand bewusst einen Gegenwelt und damit eine neue zweite Schaffensphase. Sie zog sich in eine innere, weiblichere Welt zurück und fing an, Frauen in den unterschiedlichsten Rollen zu gestalten: Bräute, Monster, Gebärende und Huren. Darin findet auch ihre *Trauer* Ausdruck.

Und plötzlich entstanden Sinnbilder von Weiblichkeit und üppigen Rundungen, Freude und bunter, kraftvoller Leichtigkeit. Eine ganz neue *dritte Schaffensphase* begann. Nanas nannte sie ihre Frauenfiguren – Symbole von Schönheit, Mutterschaft, dem Ewig-Weiblichen und der Emanzipation der Frau. Sie machten Niki de Saint Phalle in aller Welt bekannt. 1966 wurde ihre riesige begehbare Schwangere „Hon" mit Eingang durch die Vagina auf der Weltausstellung in Stockholm eine empörende Provokation und gleichzeitig ein riesiger Erfolg. Mit ihrer Parole "Alle Macht den Nanas" griff Niki de Saint Phalle die in der Luft liegenden Ideen der Frauenbewegung auf. Ihre üppigen bunten Nanas stehen als Kultobjekte und Ikonen der Popkultur noch heute überall auf der Welt: Die Werke von Niki de Saint Phalle prägen das Stadtbild von San Diego, Zürich, Hannover, Jerusalem oder Paris. In einer Welt voller Trübsal schuf sie *bunte und fröhliche Objekte*.

Die *vierte Phase* ihrer Kunst war geprägt von ihren durch die giftigen Dämpfe der Farben kranken Lungen. Ihre Skulpturen wurden leichter und spielten mit dem Element der Luft: die Skinnies entstanden. Sie finden sich beispielsweise auch in ihrem Lebenswerk, dem Tarotgarten in der Toskana. Erst 1998 erfüllte sich nach 20 Jahren mit seiner Eröffnung ihr Lebenstraum, in den sie all ihr Geld und all ihre Kraft investierte. Ihre letzte große Werkserie widmete Niki de Saint Phalle ihrem verstorbenen Ehemann Jean Tinguely. Mit den „*Explodierenden Bildern*" schuf sie eine spielerische Hommage an Tinguelys bewegliche Skulpturen sowie an Werden und Vergehen. In Kalifornien lebte sie bis zu ihrem Tod mit 71 Jahren im milden Klima am Meer. Die erlittenen Verletzungen hat sie durch ihre Kreativität ins Schöpferische verwandeln können.

Filmtipp: *Niki de Saint Phalle: Wer ist das Monster – Du oder ich? Ein deutschschweizerischer Dokumentarfilm von Peter Schamoni (1995)*

Haben Sie Lust, die Künstlerin näher kennenzulernen? Auf YouTube finden sich unzählige Videos und Clips.

Doch nicht nur in der Kunst können Gefühle ihren Ausdruck finden. Die beiden Therapeut*innen Dima Zito und Ernest Martin empfehlen beispielsweise auch für den Umgang mit traumatisierten Geflüchteten künstlerische Ausdrucksmöglichkeiten: „Malen, Musik machen, Schreiben ermöglichen manchen Menschen, sich mit ihren Gefühlen auseinanderzusetzen, etwas zu erschaffen. Vielleicht lässt sich eine Malgruppe für die Kinder in der Unterkunft organisieren? Vielleicht gibt es eine gespendete Gitarre für den Mann, der selbst Liedtexte dichtet und Lieder komponiert? Kreativität birgt für alle Menschen ein enormes Heilungs- und Entwicklungspotenzial." (Zito/Martin 2016: 86)

Die emotionalen Kompetenzen in Form einer differenzierten Selbst- und Fremdwahrnehmung der Gefühle sind grundsätzlich die Voraussetzung für ein gelingendes Leben. Je bewusster sich Menschen ihrer Gefühle sind, desto eher können sie Einfluss nehmen (Dehner-Rau/Reddemann 2019: 38, 72). Daher ist dieses Modul ein wichtiger Baustein in vielen personenzentrierten Angeboten der Prävention – sei es, um Gewalt, Mobbing oder Sucht u.v.m. vorzubeugen oder sozial kompetentes Verhalten aufzubauen. Die Kontrolle von impulsivem Verhalten und der adäquate Umgang bzw. die Beeinflussung des eigenen emotionalen Erlebens sind der nächste Schritt. Um diese Fähigkeiten der Selbstregulation soll es im folgenden Modul 12 gehen.

Fragen zur Überprüfung und zum Weiterdenken

Betrachten Sie Ihren eigenen Umgang mit Gefühlen: Wie achtsam sind Sie selbst im Umgang mit Ihren Empfindungen und Gefühlen? Kennen Sie Ihre eigenen Muster und Bewältigungsmechanismen?

Wie glaubwürdig sind Sie als Modell für den Umgang mit Gefühlen?

Haben Sie Lust bekommen, eine der Übungen mit Ihren Kolleg*innen oder Kommiliton*innen als Rollenspiel durchzuführen? Können Sie sich vorstellen, dass eine der Übungen auch für Ihre Klient*innen hilfreich ist? Fallen Ihnen noch Variationen oder eigene Materialien für die Förderung der Wahrnehmung der Gefühle ein?

Einführende Literatur:

- *Gefühle besser verstehen. Wie sie entstehen. Was sie uns sagen. Wie sie uns stärken (Dehner-Rau/Reddemann 2019)*

Aus ihrer therapeutischen Praxis erklären die beiden Autorinnen, wie wichtig die Wahrnehmung und Regulation der Gefühle für einen Weg zu einem gesunden Selbstvertrauen im Allgemeinen und im Besonderen nach traumatischen Erfahrungen ist. Sie beschreiben diese in all ihren Schattierungen als den Motor unseres Lebens.

- *In mir wohnt eine Sonne. Lieder für mutige Mädchen und Jungen... und alle, die es werden wollen (Blattmann 2003)*

In elf Liedern für Kinder im Kindergarten- und Grundschulalter werden unterschiedliche Gefühle wie Freude, Ärger und Scham besungen. Dazu gibt es eine Mappe mit Anregungen, didaktischem Material und Kopiervorlagen für die pädagogisch-therapeutische Praxis (*Blattmann/Mebes, 2004*).

- *Heute bin ich (Van Hout 2015)*

Auf jeder Seite ist ein bunter Fisch in leuchtend schillernden Farben aus Pastell und Wachs abgebildet, der für einen emotionalen Zustand, ein Gefühl oder eine Stimmung steht – einsam, zornig, scheu, nervös oder glücklich? Ab drei Jahren können Kinder dem eigenen Erleben nachspüren, eigene Gefühle entdecken und beim gemeinsamen Anschauen ins Gespräch kommen. Auch Erwachsene sind von den künstlerischen Darstellungen angesprochen, die es auch als Kunstkartenset gibt.

- *Ein Dino zeigt Gefühle (Löffel/Manske 2014)*

Der Dinosaurier ist für Jungs und Mädchen ab 4 Jahren eine Identifikationsfigur, die ihnen verschiedene Emotionen wie Fröhlichkeit, Stress, Erstaunen, Angst oder Geborgenheit vertraut macht. Die Autorinnen zeigen den Dino bildlich in ganz unterschiedlichen Gefühlszuständen, fassen sie in Worte und in lautmalerische Ausrufe. Viele Anregungen machen das Bilderbuch mit didaktischem Begleitmaterial für die pädagogische Praxis für den Einsatz in der Einzelarbeit, in Klein- und Großgruppen oder zu Hause möglich (z.B. das Basteln einer Gefühle-Uhr, u.v.m.).

Weiterführende Literatur:

- *Der Verrat am Selbst. Die Angst vor Autonomie bei Mann und Frau (Gruen 1986)*

In diesem Buch beschreibt der Autor die Mechanismen der Abspaltung von den eigenen Gefühlen. Es ist ein theoretisches, aber flammendes Plädoyer für die Suche nach der eigenen Lebendigkeit.

Modul 12 Die Förderung der Selbstregulation

Zusammenfassung:

In diesem Modul stehen die *Fähigkeiten der Selbstregulation* im Mittelpunkt. Nach einer Einführung, wie Gefühle reguliert werden können und welche Lernprozesse dafür nötig sind, soll es schwerpunktmäßig um die Einschränkungen dieser Fähigkeiten nach traumatischen Erfahrungen gehen. Insbesondere *dissoziative Zustände* können traumatisierte Menschen stark beeinträchtigen. Ganz konkrete Tipps und Übungen einer Sozialen Arbeit nach traumatischen Erfahrungen für den Notfall helfen ihnen, sich wieder zu stabilisieren, im Hier und Jetzt zu re-orientieren und Dissoziationen zu stoppen.

Wenn die eigenen Gefühle (wieder) gefühlt, in Worte gefasst und in Verbindung mit einem größeren Zusammenhang gebracht werden können, ist die Basis für den Umgang mit sich selbst und mit anderen gelegt. Doch die eigenen Gefühlszustände und die Gefühle von anderen Menschen, mit denen Menschen nach traumatischen Erfahrungen interagieren, sind manchmal überwältigend, können belasten, niederdrücken oder sogar Angst machen. Probleme machen zu viele, intensive sowie schmerzhafte Gefühle ebenso wie Emotionstaubheit oder zu wenige Gefühle (Krüger 2014: 193; Dehner-Rau/Reddemann 2019: 140). Wenn die Intensität oder die Nähe bzw. die Distanz nicht passt, dann ist es wichtig, Ideen und Möglichkeiten zu entdecken, wie Gefühle reguliert werden können. Statt von der „Welle der Emotionen" mitgerissen zu werden, können traumatisierte Menschen lernen, „auf der Welle der Emotionen zu surfen" (Krüger 2014: 194). Da sie aufgrund ihres übererregten Nervensystems zu Überreaktionen im Alltag neigen, ist die Fähigkeit zur Selbstregulation ein wichtiges Ziel der Stabilisierungsphase (Tripolt 2016: 135).

12.1 Regulation von Gefühlszuständen

Auch die Neurowissenschaften haben den Stellenwert der Selbstregulierung erkannt und zunehmend erforscht (Heller/LaPierre 2014: 16). In der Regel entwickeln sich die Fähigkeiten der Regulation bereits in der frühen Kindheit durch feinfühlige erwachsene Bezugspersonen (siehe Modul 7). In dem Maße, in dem ihre biologisch bedingten Kernbedürfnisse erfüllt werden, entwickeln sie Kernfähigkeiten, die es ihnen erlauben, „derartige Bedürfnisse im Erwachsenenalter zu erkennen und für ihre Erfüllung zu sorgen" (Heller/LaPierre 2014: 11). Lange Zeit können Kinder nur dadurch ihre Spannung und Anspannung regulieren, indem sie schreien oder weinen, um andere zur Hilfe zu holen. Durch eine angemessene Spannungsregulierung von außen erfahren und lernen sie, was der Körper braucht, um im *Ressourcenbereich* zu bleiben (Hantke/Görges 2012: 44; siehe auch Modul 14 zur Ressourcenaktivierung). Selbstregulation bedeutet also vereinfacht ausgedrückt, dass eine Person in stressbelasteten Situationen gesunde Möglichkeiten zur Verfügung hat, um Stress abzubauen oder dass sie schlafen kann, wenn sie müde ist (Heller/LaPierre 2014: 16).

Traumatisierungen und insbesondere Komplextraumatisierungen können zu einer Einschränkung oder zu einem Verlust selbstregulatorischer Prozesse führen oder diese können im schlimmsten Fall gar nicht erst entwickelt werden. Die Folge können Probleme in Hinsicht auf die Wahrnehmung von sich selbst, die Verarbeitung von Stress und anderen intensiven Gefühlszuständen, die innere Beruhigung und die Impulshemmung sein (van der Kolk 2000: 173ff.; Weiß 2016b: 94). Auch die Fähigkeit, autonome körperliche Funktionen zu regulieren wie z.B. den Atem, den Puls, den Blutdruck oder die Verdauung kann beeinträchtigt sein (Heller/LaPierre 2014: 16f.). Dabei wird sowohl eine Unter- als auch eine Übererregung in der Regel als belastend empfunden (Dehner-Rau/Reddemann 2019: 245). Durch die Abwechslung aus Loslassen und Anspannen, Stress und Entspannung wird die Erweiterung des Ressourcenbereiches erlernt und die Bandbreite an Regulationsmöglichkeiten ausgedehnt (Hantke/Görges 2012: 44f.).

> **Definition: Selbstregulation (Strüber 2019: 94)**
>
> Unter einer Regulation von Gefühlen versteht man das Anpassen von Gefühlen an neue Informationen oder an eine sich verändernde Situation, einschließlich des Loslassens dieser Gefühle, wenn die Situation vorüber ist.

Die Fähigkeit zur Selbstregulation ist gerade in traumatischen Situationen und danach besonders wichtig, z.B. wenn ein Mensch Angst hat oder verletzt ist. „Die meisten Mütter dieser Welt, die das instinktiv wissen, nehmen ihr verängstigtes Kind auf den Arm und beruhigen es, indem sie es wiegen und dicht an ihren Körper halten." (Levine 2011: 32) Die Unterstützung durch einen ruhigen, präsenten anderen Menschen kann die Fähigkeiten zur Selbstregulation unterstützen, Sicherheit und Schutz vermitteln, so dass die regenerativen und unwillkürlichen Reaktionen nach einer Traumatisierung aufsteigen und dann auch wieder herunterkommen können (Levine 2011: 32f.). „Hat eine Klientin erst einmal die Erfahrung gemacht, dass sie ‚nach innen gehen' und anschließend wieder von dort auftauchen kann, ohne daran zu zerbrechen, erweitert sich ihr Toleranzspielraum ganz von selbst." (Levine 2011: 177)

Die Selbstregulation nach traumatischen Erfahrungen umfasst nach der Traumapädagogin Wilma Weiß (2011a: 130) den mentalen Umgang mit Gefühlen und Empfindungen, den Umgang mit körperlichen Manifestationen der belastenden Lebenserfahrungen wie flaches Atmen und einen selbstschützenden und selbststärkenden Umgang mit Erinnerungsebenen wie Rückblenden und traumatischen Übertragungen. Der *erste Schritt zur Förderung der Selbstregulation* besteht nach Weiß (2011a: 130) in der *Identifizierung der Auslöser*, die eine Unter- oder Übererregung oder im konkreten Alltag ein Ausrasten triggern. Diese gemeinsame Suche kann durch Fragen unterstützt werden: Wann steigt Dein/Ihr Stresspegel? Wie hoch ist das Stressniveau jetzt gerade? Woran merken Sie das? Wo in Deinem Körper spürst Du das? Das Nachspüren der Empfindungen von Stress ist die Grundlage.

> **Definition: Trigger**
>
> Der Abzug am Gewehr wird als Trigger bezeichnet. Beim Überschreiten des Druckpunktes löst sich die Kugel und der Schuss geht los. Sie kann dann weder aufgehalten noch zurückgehalten werden. Diese Metapher verweist auf die Unkontrollierbarkeit der alten unverarbeiteten Erinnerungen an ein Trauma – werden sie erst einmal ausgelöst, kommt es zu einer Überflutung und sie können nur schwer wieder eingefangen werden. (Brisch 2015: 18)

Der nächste Schritt ist dann, nach möglichen Bewältigungsstrategien zu suchen (Weiß 2011 a: 131): Was kann in diesem Zustand helfen? Wie kommst Du wieder runter? Was hat Ihnen früher geholfen, um sich zu beruhigen oder zu entspannen? Oder wie kommst Du aus einem Zustand der Erstarrung wieder heraus?

Dabei ist es hilfreich, Adressat*innen nach früheren Erfahrungen mit stressreichen Situationen und ihren Bewältigungsstrategien zu fragen. Gemeinsam könnte eine Liste mit Strategien erstellt werden. Menschen sind so individuell, dass es fatal wäre, die eigenen Tipps und Tricks im Umgang mit Belastungen oder zur Gefühlsregulation auf andere übertragen zu wollen. Stattdessen gilt es, den Menschen in seiner Vielfältigkeit wahrzunehmen. Mit einer Haltung von Offenheit, gepaart mit etwas Neugier, lassen sich gemeinsame – vielleicht überraschende – hilfreiche Lösungen finden. Diese tragen zu einer *Steigerung des Gefühls der Selbstwirksamkeit* bei. „Die Erfahrungen der Kinder und Jugendlichen, in unterschiedlichen Lebenslagen ihren Stress und ihre Gefühle z.B. durch Atmen oder Imaginationsübungen regulieren zu können, subjektive Kontrolle im Erleben oder im Handeln zu erleben und sich kompetent zu fühlen, tragen entscheidend zur Persönlichkeits- und Autonomieentwicklung bei. Die Erhöhung der Selbstregulation und der Selbstkontrolle als Teil derselben im Kontakt mit anderen mobilisiert eine emotional-kognitive Stabilität." (Weiß 2011 a: 132)

> **Merke:**
>
> Die Unterstützung bei der Regulation von Gefühlszuständen ist eine wichtige Aufgabe der Sozialen Arbeit nach traumatischen Erfahrungen. So hilft beispielsweise (Rost/Hofmann 2013: 413):
>
> - bei Angst und Enge: Weite und sich öffnen
> - bei Anspannung und Verspannung: lösen und loslassen
> - bei Festhalten: weglaufen, sich wehren
> - bei Handlungsunfähigkeit oder Lähmung: ins Handeln kommen
> - bei Erstarrung: sich wehren und Wut zulassen.

12.2 Hilfe im Notfall

Im Laufe eines Heilungsprozesses nach traumatischen Erfahrungen kommen Menschen nicht selten in Situationen, in denen sie sich überfordert und von ihren Gefühlen überflutet fühlen. Manchmal wissen sie dann nicht einmal mehr, was sie in diesem Moment tun können oder wo sie Hilfe bekommen könnten. Daher macht es Sinn, mit den Adressat*innen schon im Vorfeld zu überlegen, was ihnen in einer solchen Situation helfen könnte und diese Möglichkeiten auf einer Notfall-Liste zu notieren oder sogar einen Notfallkoffer zu packen. Es ist vergleichbar mit dem Koffer, den eine Schwangere packt, wenn der Entbindungstermin näher kommt – denn wenn es soweit ist, dann muss es schnell gehen und sie wird vermutlich weder seelisch noch körperlich in der Lage sein, in Ruhe und überlegt zu packen (Berg 2014: 77). Auch in der Sozialen Arbeit nach traumatischen Erfahrungen kann es sinnvoll sein, einen ruhigen und klaren Moment im Vorfeld zu nutzen, um sich auf einen Notfall oder eine Krisensituation vorzubereiten. Yvonne Dolan (2009) hat diesen Grundgedanken in eine ansprechende Idee gepackt: Sie schlägt vor, sich selbst einen Regentagbrief zu schreiben.

> **Übung: Regentag-Brief (in Anlehnung an Dolan 2009: 204)**
>
> Für den Fall, dass es einmal regnet, haben Sie einen Regenschirm oder eine Regenjacke mit Kapuze. Und wenn es gerade Erdbeeren gibt oder Bohnen, wissen Sie, dass das nicht immer so ist und Sie frieren sich eine Portion für später ein. Der Regentagbrief ist ein Brief, den Sie an sich selber schreiben. Und zwar sinnvollerweise an einem Tag, an dem es Ihnen gut geht, Sie sich (halbwegs) wohl fühlen und Zugang zu Ihren Fähigkeiten haben. Er ist wie eine emotionale Versicherungspolice für die dunkleren Tage im Leben, die unweigerlich irgendwann kommen – und wieder gehen.
>
> Der Brief sollte folgende Dinge enthalten (und all Ihre zusätzlichen Ideen sind natürlich willkommen):
>
> - Eine Liste der Dinge, die Sie tun können, um sich wohl zu fühlen: sich in die Badewanne legen oder eine heiße Dusche nehmen, spazieren gehen oder sich in den Lieblingssessel verkriechen, eine Tasse Milchkaffee nur für Sie alleine kochen und mit reichlich Kakaopulver verzieren und Ihre Lieblingsmusik hören.
> - Eine Liste der Menschen, die Ihnen lieb sind und an die zu denken Sie unterstützen kann. Manchmal sind das keine realen Personen, z.B. Märchen- oder Fabelwesen oder auch schon verstorbene Menschen, oder niemand, der wirklich kommen könnte. Wenn Sie es genießen können, sich diese Menschen vorzustellen, dann ist das genug.
> - Eine Liste der Menschen (oder Beratungsstellen etc.), die Sie ganz real anrufen können.
> - Eine Liste aller Dinge, die Sie an sich gut oder schön finden: den Fingernagel des kleinen Fingers an der linken Hand oder dass Sie gut pfeifen können.
> - Eine Liste der Überzeugungen, Werte, Glaubenssätze oder Sprüche, die Ihnen Kraft geben: „Alles ist im Fluss", „Alles hat seinen Platz", „Es gibt immer ein Danach" oder wie auch immer Ihr Satz lautet.
> - Eine Liste Ihrer Erfolgserlebnisse: Wann waren Sie mal so richtig stolz auf sich und wie hat sich das angefühlt? Versuchen Sie sich nochmals, so gut es geht, in diese Situation zurückzuversetzen und diese zu beschreiben.
> - Eine Liste all der Dinge, die für Sie im positiven Sinne wichtig sind und die wir hier nicht wissen können, weil nur Sie sie kennen.
>
> Wenn es Ihnen Freude bereitet, wählen Sie für Ihren Brief besonderes, schönes Papier aus, das sich gut anfühlt und wenn Sie möchten, auch gut duftet. Geben

Sie sich Mühe, den Brief ansprechend zu gestalten, damit Sie merken, wie viel Sie dem Absender wert sind. Wenn Sie den Brief geschrieben haben, bewahren Sie ihn an einem Ort auf, wo Sie ihn leicht finden können, wann immer Sie ihn brauchen. Manche Menschen machen sich mehrere solcher Briefe, um ihn überall griffbereit zu haben, stecken ihn in die Aktentasche oder den Geldbeutel oder die Manteltasche, heften ihn an den Spiegel im Flur oder neben die Gewürze in der Küche...

12.3 Dissoziationen als unerwünschte Nebenwirkungen nach traumatischen Erfahrungen

Dissoziationen sind das begriffliche Gegenstück zu Assoziationen (Huber 2012: 54; Friedrich 2014: 15). Statt Verbindungen herzustellen, werden Verbindungen getrennt und abgespalten. In traumatischen Situationen kann dies eine Überlebensstrategie sein, die mit dem *Notfallprogramm* bereits beschrieben wurde (siehe Modul 2.3). Andreas Krüger (2012: 145) bezeichnet sie daher auch als „Überlastungsschutz".

Dissoziative Zustände sind zunächst ein Alltagsphänomen und nicht zwingend pathologisch (Friedrich 2014: 29 f.). Jeder Mensch kennt leichte Formen von Dissoziation aus dem eigenen Alltag: Stellen Sie sich vor, Sie suchen Ihren Schlüssel oder Ihre Brille. Gerade hatten Sie sie doch noch in der Hand – wo haben Sie sie bloß abgelegt? Oder Sie fahren auf der Autobahn und hören eine spannende Sendung im Radio. Plötzlich schrecken Sie hoch und fragen sich, wo Sie eigentlich gerade sind. Während Sie versunken zugehört und im automatischen Modus Ihr Auto gelenkt haben, sind Sie an der Ausfahrt vorbeigefahren, an der Sie eigentlich herausfahren wollten. Das sind Beispiele für leichte Formen von Dissoziationen, die im Alltag und insbesondere bei Stress leicht auftreten können. Sie können auch hilfreich sein, weil sie uns ermöglichen, uns zu fokussieren und uns vor Überreizung schützen – wir blenden unbewusst alles aus, was wir gerade nicht benötigen...

> **Merke:**
>
> Grundsätzlich gilt: Je mehr Stress, desto mehr Dissoziation (Huber 2012: 57).

Das Spektrum dissoziativer Zustände reicht von einem leichten Entrückt-Sein bis hin zu einem Zustand des gänzlich Unverbunden-Seins, der Betäubung, der Abspaltung und des Gefühls von Irrealität oder Unwirklichkeit (Levine 2014: 47). Diese intensiveren Formen von Dissoziationen können insbesondere in und nach wiederholten oder sehr intensiven traumatischen Erfahrungen auftreten – manchmal punktuell, manchmal durchgehend. Die Ausprägung kann von kurzen dissoziativen Episoden bis hin zu komplexeren dissoziativen Zuständen oder sogar dissoziativen Psychosen reichen (Friedrich 2014: 27). In einem dissoziativen Zustand sind extreme Gefühle und Empfindungen wie Schmerzen gedämpft – durch die Ausschüttung körpereigener Betäubungs- und Schmerzlinderungsmittel und durch die Veränderung des Bewusstseinszustandes wird das Unerträgliche erträglicher (Levine 2011: 75). Vielleicht erinnern Sie sich noch an die beiden

Fallbeispiele des jungen Mannes, der von Rechtsextremen angegriffen wird (in Modul 2.3) oder der jungen Frau, die bei ihrem ersten Date brutal vergewaltigt wird (am Anfang des Teil 4) – bei beiden tritt ein dissoziativer Zustand auf, um sie vor dem Schmerz und der Panik zu schützen (Huber 2012: 60).

> **Definition: Dissoziation**
>
> Das allgemeine Kennzeichen dissoziativer Störungen besteht laut des internationalen Klassifikationssystems ICD-10 „in teilwesem oder völligem Verlust der normalen Integration der Erinnerung an die Vergangenheit, des Identitätsbewusstseins, der Wahrnehmung unmittelbarer Empfindungen sowie der Kontrolle von Körperbewegungen" (DIMDI 2020: 44.).

Dissoziationen betreffen also sowohl den Körper als auch die Psyche des Menschen (Friedrich 2014: 27). Im Vordergrund steht eine Störung des Bewusstseins in vielfältigen und individuellen Formen (Beckrath-Wilking et al. 2013: 79). Kommen Dissoziationen als Bewältigungsstrategie jedoch sehr oft in stressigen oder traumatischen Situationen vor, kann dies dazu führen, dass sie auch in alltäglichen Situationen als automatisierte Antwort auf Stress auftreten, wodurch sich letztlich *dissoziative Störungen* entwickeln können (Friedrich 2014: 30). Diese treten dann unwillkürlich und unangepasst auf und können nicht mehr selbst gesteuert und kontrolliert werden. Dadurch schränken sie den Alltag der Betroffenen ein und führen zu einem Leidensdruck (Friedrich 2014: 35ff.).

> **Exkurs: Formen von Dissoziationen (Huber 2012: 56ff.)**
>
> Die *Amnesie* besteht aus biographischen oder alltäglichen Erinnerungslücken oder Zeitverlusten, die über das normale Vergessen hinausgehen. Die *Derealisation* beschreibt einen Zustand, in dem die Umgebung oder Teile davon verfremdet oder gar nicht wahrgenommen werden. Dies kann unterschiedliche Sinnesorgane (Sehen, Hören, Riechen, …) betreffen, die ansonsten normal funktionieren. Bei der *Depersonalisation* sind die Gefühle und das Körpererleben voneinander abgetrennt. „Man hat das Gefühl, neben sich zu stehen, sich selbst von außen zu beobachten, kommt sich im eigenen Körper fremd vor oder erlebt Teile seines Körpers als nicht zu sich gehörig. Man schaut in den Spiegel, weiß vom Kopf her, dass es das eigene Spiegelbild sein muss, dennoch erlebt man sich als fremd." (Dehner-Rau/Reddemann 2019: 115)
>
> Bei der *dissoziativen Fugue* finden sich Menschen an einem anderen Ort wieder und wissen nicht, wie sie dort hingekommen sind. Am Ende des Spektrums der Dissoziationen finden sich die *Dissoziativen Identitätsstörungen* (DIS oder auch multiple Persönlichkeit genannt), bei der ein oder mehrere Persönlichkeitszustände komplett voneinander abgespalten sind. Sie können nebeneinander existieren, über je einen eigenen Willen verfügen und müssen nicht zwangsläufig voneinander wissen. Es handelt sich um eine oder mehrere Spaltungen in Teilidentitäten, die sich in Alter, Geschlecht, Sprache, Charaktereigenschaften und Fähigkeiten u.v.m. unterscheiden können (Friedrich 2014: 18). Je nach Ausprägung werden sie nicht zur eigenen Person gehörend wahrgenommen, aber können durch innere oder äußere Auslösereize die Kontrolle über Erleben und Verhalten übernehmen (Beckrath-Wilking et al. 2013: 81). Sie können durch

massive Traumatisierungen in frühen Lebensjahren entstanden sein, in denen ganze Teile der Persönlichkeit abgespalten werden mussten, um andere Persönlichkeitsteile oder die Gesamtpersönlichkeit überleben zu lassen und zu schützen (beispielweise bei ritueller oder satanistischer Gewalt).

Tipp: Zur näheren Information kann ich das Handbuch „Viele sein" zu Komplextrauma und dissoziativer Identität von Michaela Huber (2011) empfehlen.

In einer Sozialen Arbeit nach traumatischen Erfahrungen kann es immer wieder zu Situationen kommen, in denen Klient*innen innerlich abdriften, nicht mehr ansprechbar sind, in eine andere Zeit abrutschen oder in intensive Gefühlszustände hineingeraten. Dissoziative Phänomene können sich in einer Vielzahl von Möglichkeiten konkret äußern. Dabei steigt oder sinkt die innere Spannung (Hantke/Görges 2012: 87, 211).

Definition: mögliche Erkennungszeichen für Dissoziationen in der Beratung oder Pädagogik (Hantke/Görges 2012: 87f., 211; Beckrath-Wilking et al. 2013: 83f.)	
Hochspannung	Unterspannung
Unruhe	Veränderte Mimik, Gestik, Stimme, Körperhaltung (z.B. Lähmung)
Nervosität	
Schreckhaftigkeit/Angst	Abwesenheit, aus dem Kontakt gehen
Impulsives oder gewalttätiges Verhalten gegenüber sich selbst (z.B. Ritzen) oder anderen Menschen oder Dingen	Kein Blickkontakt
	Träumen/tranceähnlicher Zustand
	Unkonzentriertheit
Heftige Gefühlszustände (z.B. Weinen, Schluchzen oder Krämpfe)	Vergesslichkeit
Plötzliche Identitätswechsel	(Pathologisches) Lügen
	Plötzliches Einschlafen

12.4 Ideen zum Stoppen von Dissoziationen

Grundlegendes Ziel einer Sozialen Arbeit nach traumatischen Erfahrungen ist es, mit den Adressat*innen gemeinsam Ideen zu entwickeln, wie dissoziative Zustände beendet bzw. das Abgleiten in einen solchen meist unangenehmen Zustand schon im Vorfeld verhindert werden kann, was deren Stabilisierung dient. Die Auslöser für dissoziatives Verhalten (Trigger) können beispielsweise ganz alltägliche Dinge, Geräusche, Gerüche oder Berührungen sein, die unbewusste Erinnerungen an Traumata hervorrufen. Um nicht von den negativen Erinnerungen überflutet zu werden oder in einen dissoziativen Zustand hineinzugeraten, hat sich dann all das als hilfreich erwiesen, was die Betroffenen (wieder) im Hier und Jetzt verankert (Hantke/Görges 2012: 212). Denn „für viele Menschen ist der einzig sichere Ort der schmale Grat des ‚Hier und Jetzt'" (Bambach 2003: o.S.)

> **Definition: Dissoziationsstopps (Hantke/Görges 2012: 211ff.)**
> Dissoziationsstopps sind das Handwerkszeug, mit dem die Adressat*innen von außen wieder in ihren Ressourcenbereich und in die Orientierung im Hier und Jetzt zurückgeholt werden können oder ein Werkzeug, das sie in Notsituationen selbst anwenden können. Sie dienen dazu, eine Re-Orientierung zu ermöglichen und sich selbst zu regulieren.

Sie können daher als Entspannungs- oder Einschlafhilfe, zur Unterbrechung von Angst- und Panikattacken sowie zur Impulskontrolle bei akuten Spannungszuständen eingesetzt werden. Wenn das Abrutschen in eine Über- oder Unterspannung auf möglichst einfache, alltagstaugliche und effektive Art und Weise unterbrochen werden kann, dann können auch Selbstverletzungen, anderes selbstschädigendes Verhalten wie Erbrechen, der Konsum von Suchtmitteln oder Gewalt überflüssig werden (Hantke/Görges 2012: 211; Bambach 2003: o.S.).

Es gibt eine Vielzahl von Übungen, die häufig auch als *Skills-Training*[1], als *Notfallliste* oder *Notfallkoffer* bekannt sind. „Alle Dissoziationsstopps haben etwas gemeinsam: Sie stören, unterbrechen, verhindern, wirken unbequem, zunächst vielleicht sogar lästig. Das muss auch so sein, geht es doch um eine Umorientierung und die Unterbrechung von Mustern, sogenannten ‚Dissoziationsmustern'" (Hantke/Görges 2012: 217). Auch hier gilt wieder, dass nicht jede Methode für jede Person geeignet ist und es daher wichtig ist, mit den Adressat*innen möglichst viele Fragen im Vorfeld zu klären. So muss beispielsweise unbedingt geklärt sein, welche Sinnesreize an negative Erfahrungen erinnern und möglicherweise triggern können und ob Körperkontakt als hilfreich oder als übergriffig erlebt wird, an welcher Stelle eine Person berührt werden möchte und welche Strategien bisher erfolgreich waren, um eine Dissoziation zu stoppen (Weiß 2014: 121). Für manche Menschen sind vielleicht laute Musik oder schrille oder dissonante Klänge hilfreich, die andere erschrecken würden. „Was die eine in eine unangenehme Trance versetzt, ist für den anderen die beste Beruhigung" (Hantke/Görges 2012: 228), daher ist ein individuelles Erarbeiten wichtig. Viele der Vorschläge sind sowohl im Kontakt als auch allein anwendbar und müssen immer an die Situation und das Umfeld angepasst werden, dennoch soll die folgende Auflistung Ihnen einige Ideen zur Unterbrechung der Dissoziationsmuster liefern. Ergänzen Sie diese Liste gerne durch Ihre eigenen Ideen oder die Ihrer Klient*innen! Und laden Sie Ihre Klient*innen ein, auszuprobieren, gemeinsam auszuwerten und regelmäßig zu üben, damit die Technik im Notfall schnell zugänglich ist und greift (Hantke/Görges 2012: 218 f.).

---

[1] Im Rahmen der Dialektisch-Behavioralen Therapie (DBT) hat Marsha M. Linehan (2016) das Skills-Training vor allem für Menschen mit Suizidgedanken oder Borderline-Persönlichkeitsstörungen entwickelt.

Merke: Möglichkeiten der Unterbrechung von Dissoziationen (Weiß 2014: 120; Hantke/Görges 2012: 217ff.)

Dissoziationsstopps im Kontakt (in der Beratung/im pädagogischen Alltag)	Dissoziationsstopps zum Mitnehmen/zur Selbstanwendung/zur Selbstregulation
▪ ein Fenster öffnen ▪ ein Glas Wasser oder einen Apfel anbieten ▪ laut ansprechen – vielleicht mit einem falschen Namen, um zu irritieren ▪ klare, direkte Ansprache ▪ eindeutige Aufforderung ▪ Orientierung in Raum und Zeit (Wo sind Sie gerade? Welcher Tag ist heute? Wie spät ist es eigentlich?) ▪ Körperkontakt aufnehmen (wenn vorher besprochen und erlaubt) ▪ Rechen- oder Wortspiele zur kognitiven Re-Orientierung durch logisches Denken ▪ Einen Spaziergang machen	▪ aufstehen und sich bewegen ▪ bewusst atmen ▪ Handmassage ▪ Musik anmachen ▪ Klingelton auf dem Handy ▪ starke Sinnesreize wie z.B. intensive Gerüche oder saure oder scharfe Geschmacksvarianten (Zitrone, Chilischote, Pfefferkörner, scharfe Kaugummis oder Brausetabletten) ▪ Berührungsreize wie z.B. Gummibänder „flitschen" lassen, Igelbälle drücken, einen Eiswürfel oder Coolpacks auf der Haut ▪ Bewegungsspiele oder -angebote/Sport ▪ duschen oder in die Badewanne gehen

Die Bundesarbeitsgemeinschaft Traumapädagogik (2011: 10) schlägt daher vor, dass der pädagogische Alltag den Kindern und Jugendlichen gezielt Angebote zum Erlernen und Verstehen der Funktionen von Dissoziation und zum Verstehen von Rückblenden (Flashbacks) oder Albträumen sowie Anregungen zur Förderung ihrer Achtsamkeit, der Entspannung und der Selbstregulation bieten sollte. Auch Re-Orientierungsmöglichkeiten sowie Notfallstrategien sollen im Alltag erarbeitet und erprobt werden (BAG Traumapädagogik 2011: 10).

Exemplarisch soll hier eine effektive Stabilisierungstechnik vorgestellt werden, die von Yvonne Dolan (1991) speziell als Hilfe für Überlebende von sexuellem Missbrauch entwickelt wurde. Durch die Orientierung der Wahrnehmung nach außen und eine Durchführung der Übung mit geöffneten Augen, unterscheidet sie sich grundlegend von der Mehrzahl anderer Stabilisierungs- und Entspannungstechniken. Dadurch eignet sich diese Übung besonders gut für Adressat*innen nach traumatischen Erfahrungen, die häufig berechtigte Angst davor haben, beim Schließen der Augen oder bei Fokussierung auf das innere Erleben in emotional belastende Gedanken oder Erinnerungen abzuschweifen (Bambach 2003: o.S.). Zudem ist sie alltagstauglich, überall und einfach anzuwenden (Hantke/Görges 2012: 247).

> **Übung: Die 5-4-3-2-1-Übung (Bambach 2003: o.S., Gräßer/Hovermann 2015)**
>
> Finden Sie eine angenehme Position für Ihren Körper und einen Punkt im Raum, auf dem Sie Ihren Blick ruhen lassen. Die Augen sind dabei offen! Sie wissen, dass Sie sich während der ganzen Übung erlauben können, jede körperliche Veränderung durchzuführen, die wichtig ist, um Ihr Wohlbefinden zu erhalten. Sagen Sie sich laut oder in Gedanken, was Sie mit Ihren Sinnen im Moment gerade wahrnehmen! Konzentrieren Sie sich ganz auf das, was Sie jetzt gerade sehen, hören und an Körperempfindungen spüren.
>
> 5 mal: Ich sehe ...! → 5 mal: Ich höre ...! → 5 mal: Ich spüre ...! →
>
> 4 mal: Ich sehe ...! → 4 mal: Ich höre ...! → 4 mal: Ich spüre ...! →
>
> 3 mal: Ich sehe ...! → 3 mal: Ich höre ...! → 3 mal: Ich spüre ...! →
>
> 2 mal: Ich sehe ...! → 2 mal: Ich höre ...! → 2 mal: Ich spüre ...! →
>
> 1 mal: Ich sehe ...! → 1 mal: Ich höre ...! → 1 mal: Ich spüre ...!
>
> Es ist nicht schlimm, immer wieder dieselben Wahrnehmungen zu sehen, hören und spüren und sie immer wieder neu zu benennen. Und wenn z. B. während der Phase des Sehens Geräusche stören, wechseln Sie einfach zum Hören und integrieren Sie die Geräusche auf diese Weise in Ihre Wahrnehmung. Wenn Sie mit der Abfolge der Übung durcheinandergeraten, ist dies ein Zeichen, dass Sie es gut machen und besonders schnell entspannen. Sie können dann entweder in diesem Zustand verweilen oder „raten", wo Sie waren und fortfahren. Wenn Sie während der Übung merken, wie sich die Augen schließen wollen, lassen Sie die Augen sich schließen. Sie können dann entweder die konkreten Wahrnehmungen der geschlossenen Augen beschreiben oder nur noch hören und spüren. Bei manchen verstärkt es den positiven Effekt der Übung, wenn Sie die Wahrnehmungen laut aussprechen und dabei die eigene Stimme hören.
>
> Am Ende der Übung nehmen Sie sich entweder wie bei einem Ihnen schon vertrauten Entspannungstraining zurück oder zählen einfach rückwärts von 4 bis 1. Bei der Zahl 4 bewegen Sie die Füße und Beine wieder, bei der Zahl 3 nehmen Sie die Hände und Arme hinzu, bei der Zahl 2 räkeln und strecken Sie den ganzen Körper mit Rumpf und Kopf, atmen wieder tief und bei der Zahl 1 kommen Sie wieder ganz im Außen an.

> **Fallbeispiel:**
> **Die 5-4-3-2-1-Übung als Gruppenangebot zur ersten Hilfe nach traumatischen Erfahrungen**
>
> In der Firma XY brach aus noch ungeklärten Gründen ein Feuer aus. Da in der Firma mit leicht entzündbaren Materialien gearbeitet wird, breitete es sich sehr schnell aus, obwohl die Feuerwehr mit mehreren Einsatzfahrzeugen sofort anrückte. Viele Mitarbeiter*innen wurden vom Feuer eingeschlossen, manche konnten durch einen Sprung aus dem Fenster entkommen. Viele wurden mit Verletzungen, Brandwunden und Atemproblemen ins Krankenhaus gebracht. Für drei Menschen kam jede Hilfe zu spät und sie starben noch an der Unglücksstelle. Der Geschäftsführer der Firma wandte sich nach einigen Wochen an eine Beratungsstelle, in der einige Sozialarbeiter*innen mit einer Zusatzqualifikation als Traumafachberater*innen bzw. Traumapädagog*innen arbeiteten,

mit dem Wunsch nach Unterstützung für die Überlebenden. Er berichtete, dass viele Mitarbeitende immer wiederkehrende Erinnerungen an das Unglück hätten und daher die Konzentration auf die Arbeit verloren gegangen sei, viele hätten auch mit Albträumen zu kämpfen und die Zahl der Krankmeldungen sei stark angestiegen. Es wurde vereinbart, dass zwei Sozialarbeitende in der Firma ein Gruppenangebot zur Stabilisierung nach traumatischen Erfahrungen je nach Bedarf und Interesse der Belegschaft für mehrere Gruppen mit jeweils 5–10 Teilnehmenden anbieten würden.

Nachdem bereits mehrere Sitzungen zum Kennenlernen und zur Psychoedukation stattgefunden hatten, ging es in der aktuellen Sitzung um das Kennenlernen der 5-4-3-2-1-Übung und die Selbstregulation.

Zunächst erklärte eine Sozialarbeiterin den Zusammenhang von Körperempfindungen und Gefühlen sowie die Bedeutung der Selbstwahrnehmung für das Stoppen von traumatischen Erinnerungen oder Dissoziationen. Gemeinsam sammelten sie in der Gruppe, welche Körperempfindungen seit dem Unglück immer wieder auftreten und eigneten sich so einen Wortschatz für die möglichen Reaktionen des Körpers und die dazugehörigen Gefühlszustände an. Durch die Beobachtung und Versorgung der Empfindungen können ein Anstieg des Stresspegels schon frühzeitig bemerkt und Gegenmaßnahmen ergriffen werden. So kann die Dissoziationsneigung verringert werden (Weiß 2014: 125ff.) – diese Informationen waren wichtig für die Betroffenen und für die Motivation, eine Übung gemeinsam auszuprobieren. Da die Übung für die Krisenintervention, bei Flashbacks und auch für das Training in einer Gruppe leichter anzuwenden ist, wenn die Reihenfolge umgekehrt wird, wurde die 5-4-3-2-1-Übung zu einer 1-2-3-4-5-Übung umgewandelt, den Teilnehmenden erklärt und ihre Hintergründe erläutert. So konnten die Teilnehmenden leichter in die Übung hineinfinden. Auf eine Atemübung als Entspannung wurde bewusst verzichtet, da gerade bei Brandopfern das Atmen und Luft-Bekommen ein sensibler Bereich sein und Trigger auslösen kann.

Stattdessen wurde direkt mit der bewussten Wahrnehmung begonnen. Im Stuhlkreis wurde nun von einer Person laut benannt, was sie gerade sehen kann. Die nächste Person benannte daraufhin ein Geräusch, das sie gerade hören konnte. Die dritte Person in der Reihe wurde anschließend ermuntert, laut eine Körperempfindung zu benennen, die sie gerade spürte. Danach waren die folgenden Personen aufgefordert, dasselbe jeweils zweimal, dreimal, viermal und dann fünfmal fortzuführen. Das Wort wurde dabei immer im Kreis weitergegeben und die anderen Personen, die gerade nicht an der Reihe waren, wurden aufgefordert, leise für sich selber mitzumachen. Anschließend wurde eine gemeinsame Auswertung vorgenommen. Es wurde darauf hingewiesen, dass die Übung auch in umgekehrter Reihenfolge und als Einschlafhilfe oder nach Albträumen durchgeführt werden kann. Dabei wurde von einigen Teilnehmenden zurückgemeldet, dass sie die Übung zunächst skeptisch beurteilt und als „Babykram" eingeschätzt hätten, da sie sich so einfach und banal angehört habe. Im Verlauf der Übung haben sie aber die Wirkung auf die Gruppe und die Entspannung und Beruhigung auch für sich selbst beobachten können, weshalb sie die Technik zuhause mal ausprobieren würden. Als weitere kleine Übung zum Mitnehmen wurde die Aufgabe mitgegeben, bis zum nächsten Gruppentreffen zu beobachten, in welchen Situationen unangenehme Körperempfindungen und Gefühle entstehen, durch was sie möglicherweise ausgelöst werden und was hilft, um diese Zustände wieder zu beenden. Denn beim nächsten Mal soll für alle der Notfallkoffer vorgestellt und dann individuell gepackt werden.

Fragen zur Überprüfung und zum Weiterdenken

Beschreiben Sie das Kontinuum dissoziativer Zustände von der Alltagsdissoziation bis hin zur Dissoziativen Persönlichkeitsstörung.

Woran erkennen Sie Dissoziationen bei Ihren Adressat*innen?

Welche Ideen für das Stoppen von dissoziativen Zuständen nehmen Sie mit? Welche Materialien wollen Sie sich zulegen, um im Notfall darauf zurückgreifen zu können?

Erklären Sie zunächst einer Kolleg*in oder Kommiliton*in, wofür Dissoziationsstopps hilfreich sind und wie sie angewendet werden können, bevor Sie die Übungen mit Adressat*innen durchführen.

Einführende Literatur:

- *Schritt für Schritt zur Freude zurück. Das Leben nach traumatischen Erfahrungen meistern. (Dolan 2009)*

Ein wunderbares Buch zur Selbsthilfe mit vielen praktischen Anregungen der US-amerikanischen Traumatherapeutin Yvonne Dolan.

Weiterführende Literatur:

- *„Als wär ich ein Geist, der auf mich runter schaut" Dissoziation und Traumapädagogik (Weiß et al. 2014)*

Die Traumapädagogin Wilma Weiß versammelt in diesem Buch Kolleg*innen, die aus ihren Erfahrungen das Phänomen und den Umgang mit Dissoziationen im pädagogischen Alltag schildern.

- *Handbuch Traumakompetenz (Hantke/Görges 2012)*

Dieses dicke Buch vermittelt Basiswissen für Therapie, Beratung und Pädagogik, enthält aber auch ganz viele detaillierte Beschreibungen zu vielen Methoden der Stabilisierung.

Modul 13 Die Förderung der Körper- und Sinneswahrnehmung

Zusammenfassung

Die körperlichen Empfindungen lassen sich nicht von den Gefühlen und Gedanken trennen – der Mensch ist eine Einheit aus Körper, Geist und Seele. In diesem Modul erfahren Sie, wie bedeutend der Körper für unser Wohlbefinden ist und wie traumatische Erfahrungen sich auch auf körperlicher Ebene niederschlagen können. Zudem werden Übungen in den drei zentralen Bereichen von Berührung, Achtsamkeit und Bewegung vorgestellt, die für die Stabilisierung nach traumatischen Erfahrungen hilfreich sein können.

> „Der Körper ist der Übersetzer der Seele ins Sichtbare."
> Christian Morgenstern (1906: 240)

Die Wechselwirkungen zwischen Körper und Psyche haben in den letzten Jahrzehnten eine immer größere Bedeutung in verschiedenen Wissenschaftsbereichen, insbesondere in der Psychologie, erlangt. Psychische Zustände drücken sich einerseits über Gestik, Mimik und Körperhaltung im Körper aus, andererseits zeigen sich auch Wirkungen in umgekehrter Richtung: Körperzustände beeinflussen psychische Zustände. Nehmen Sie die Atmung als Beispiel: Während Sie im entspannten Zustand tief und langsam atmen, wird die Atmung immer flacher und schneller, wenn Sie sich aufregen und das wirkt wiederum auf Ihre Versorgung mit Sauerstoff zurück (Dehner-Rau/Reddemann 2019: 115). Diese Zweiseitigkeit ist gerade für die Soziale Arbeit mit traumatisierten Menschen von großer Bedeutung.

Definition: Embodiment (Theiss/Storch 2016: 7ff.)

Unter dem Begriff Embodiment verstehen wir die Perspektive, dass psychische und kognitive Prozesse immer in Bezug zum gesamten Körper gesehen und untersucht werden müssen. Diese Wechselwirkung hat zur Folge, dass unser psychisches System, unsere Stimmungen, Einstellungen und unsere Wahrnehmung ununterbrochen von unserem Körper beeinflusst werden. Dass der Körper die Plattform für den emotionalen und psychischen Ausdruck ist, also gewissermaßen der „Spiegel der Seele", ist bekannt. Aber die Befunde machen deutlich, dass die Psyche auch der „Spiegel des Körpers" ist. Embodiment beschreibt daher eine Verbindung von Körper und Geist, bei der die Prozesse immer zweiseitig ablaufen. In der Verbindung von Körper und Geist herrscht Gegenverkehr.

Übungen: Body2Brain (Croos-Müller 2017)

Claudia Croos-Müller, eine Fachärztin für Neurologie, Nervenheilkunde und Psychotherapie, hat diese Erkenntnisse des Embodiment in praktische Körperübungen für Gehirn und Gefühle verwandelt. In vielen kleinen Büchern (2011, 2012, 2013, 2014, 2016, 2017) und einer kostenlosen App stellt sie ganz konkrete, kleine Übungen für hilfreiche Bewegungen vor, die helfen können, Belastungen, Traumata und die Erinnerungen daran abzuschütteln. Neben der Vorstellung der Soforthilfe-Übungen, die mit lustigen Schafen illustriert sind, werden auch immer Erklärungen über die Wirkweise und wissenschaftliche

Erkenntnisse mitgeliefert. In Bad Feilnbach gibt es sogar einen Gute-Laune-Trimmpfad für Körper und Geist mit 12 Stationen. Aber auch ohne Schautafeln können Sie die Übungen mit einem Spaziergang an der frischen Luft verknüpfen. Für die Übungen werden keine Hilfsmittel benötigt, sondern nur der eigene Körper. Es handelt sich bei vielen Übungen um einfache Bewegungen, die in vielen Positionen sowie im Alltag zwischendurch und unauffällig durchgeführt werden können. Stellen Sie sich doch gleich mal eine Auswahl von Übungen zusammen und probieren Sie sich mit der Anleitung!

13.1 Traumatische Erfahrungen als verkörperte Schrecken

Ein Zweig der Forschung und Behandlung von traumatischen Erfahrungen hat sich mehr und mehr auf den Körper fokussiert. Aus der Erfahrung heraus, dass viele Behandlungsformen, die lediglich den Kopf und die Psyche ansprechen, nicht die erwünschten Erfolge zeitigen, wird heutzutage dem Körper und den Empfindungen ein hoher Stellenwert eingeräumt. „The Body keeps the score" oder auf Deutsch „Verkörperter Schrecken" ist ein grundlegendes Buch über die Bedeutung des Körpers für die Traumaheilung des niederländischen Psychiaters und Forschers Bessel van der Kolk (2016), der in den USA ein Trauma Center für Forschung, Training und Behandlung von unter traumatischem Stress leidenden Kindern und Erwachsenen aufgebaut hat. Er hat zeigen können, dass das Entsetzen und die Isolation im Zentrum eines jeden Traumas buchstäblich Gehirn und Körper verändern können und dass der Körper ein eigenes Gedächtnis hat. Darin sind die abgespaltenen Erfahrungen und nicht mehr bewusst vorhandenen Erinnerungen außerhalb des Bewusstseins enthalten und mit Sinneswahrnehmungen wie Geräuschen, Gerüchen, Körpergefühlen und Emotionen verknüpft (Weiß 2011a: 62). So können sich Traumata weitreichend und in vielfältiger Weise auf den Körper auswirken und psychosomatische Schmerzen verursachen.

Auch der Traumaforscher und -therapeut Peter Levine (2014) geht davon aus, dass eine Traumatisierung nicht durch das Ereignis selbst entsteht, sondern durch im Körper blockierte Energie. Durch eine Bedrohung erzeugt der Körper instinktiv eine große Energiemenge, um fliehen oder kämpfen zu können (siehe das Notfallprogramm in Modul 2.3). Diese mobilisierte Energie kann, wenn sie nicht zur Verwendung kommt, im Körper einfrieren und noch nach Jahren Probleme und Symptome verursachen (Levine 2014: 21). In der Folge gehe die Verbindung verloren – zur eigenen Person, zum eigenen Körper, zur Familie und anderen Menschen sowie zur umgebenden Welt (Levine 2014: 16).

> **Definition: Trauma im Körper (Levine 2011: 419)**
>
> Ein Trauma ist eine heftige Zusammenballung von *Überlebensenergie*, einer Energie, die den angestrebten sinnvollen Handlungsablauf während und nach einer traumatischen Situation nicht zum Abschluss bringen konnte und damit im Körper feststeckt.

Eine Traumatisierung ist für ihn primär ein biologischer Prozess, der ursprünglich den Körper und die Instinkte betrifft und erst im Anschluss mit Auswirkungen auf das Denken und die Emotionen einhergeht (Levine 2014: 34, 38). Nach einem traumatischen Ereignis verfügen alle Lebewesen, Menschen wie Tiere, über einen angeborenen Mechanismus, der die hohe biochemische und neuromuskuläre Ladung aus dem Körper abführt und damit eine spontane Erholung fördert. In Form von „hoch energetischen körperlichen Reaktionen wie Zittern und Beben" verbunden mit „dramatischen spontanen Veränderungen von Körpertemperatur, Herzfrequenz und Atmung" können Entladungen stattfinden (Levine 2011: 418). Allerdings ist vielen Menschen dieses *neurogene Zittern* nicht geheuer, sie haben Angst vor der Intensität ihrer eigenen Energie, weshalb sie es meist unterdrücken. Gerade das erweist sich aber als kontraproduktiv, da die natürlichen Traumafolgen wie Zittern und Beben der Selbstregulation dienen und nicht nur zur Wiederherstellung eines inneren Gleichgewichtes dienen, sondern auch zur Entladung des hohen Stressniveaus beitragen (Levine 2014: 38). Dann bleiben Menschen in den primitiven Reaktionen auf schmerzliche Ereignisse stecken, können die blockierte Energie nicht lösen und die physischen und emotionalen Reaktionen nicht abschließen. „Ein Trauma ist nicht etwas, was uns widerfährt, sondern woran wir, wenn es keine mitfühlenden Zeugen gibt, innerlich festhalten." (Levine 2011: 12)

> **Exkurs: Beobachtungen in der Tierwelt**
>
> Diesen physiologischen Prozess können Sie auch bei freilebenden Beutetieren beobachten: Schauen Sie sich einmal kleine Filmsequenzen im Internet an (z.B. „Polar Bear Alert" (Eisbäralarm) von National Geographics oder Jagdszenen eines Leoparden (z.B. „Impala in and slowly out of collapsed immobility"). Dort können Sie an Tieren studieren, die nur knapp dem Tode entronnen sind, wie sie durch eine Entladung der traumatischen Energie durch Zittern, Beben und tiefe Atemzüge sowie Laufbewegungen wieder zur Normalität zurückkehren. Diese aktive Herausbewegung aus der Schockstarre scheint ein biologischer Mechanismus zu sein, der zum einen hilft, den enormen Stress wieder abzubauen und zum anderen ermöglicht, die Handlung fortzusetzen und abzuschließen (Levine 2014: 33 f.). So können Tiere traumatische Ereignisse überleben, ohne traumatisiert zu werden.

Steven Porges, ein US-amerikanischer Professor für Psychiatrie und Biomedizintechnik, bestätigt mit seiner *Polyvagal-Theorie* und seinem Modell des autonomen Nervensystems diese Überlegungen, wie das Abspeichern traumatischer Erfahrungen und deren Auflösung aus medizinischer Sicht zu erklären ist. Er beschreibt die Erstarrung in der traumatischen Situation als „tonische Immobilität" bzw. als einen plötzlichen Stillstand bei gleichzeitiger höchster Aktivierung des autonomen Nervensystems und Anspannung von Muskeln. Es wäre vergleichbar mit einem Auto, bei dem zugleich das Gas- und das Bremspedal durchgedrückt würden. Diese theoretischen Grundlagen dienen den Überlegungen zur Behandlung von Stress und Traumata (Porges 2019; Lang 2016: 398).

Im Zuge der körperlichen Stabilisierung gilt es daher, dem Zustand der Übererregung entgegenzuwirken, aus der Immobilität herauszukommen, Anspannungszustände zu mildern und durch positive Körpererfahrungen den Bezug zum eigenen Körper (wieder) zu verbessern (Scherwath/Friedrich 2014: 106; Levine 2011: 152). Der Schlüssel dazu liegt in der Förderung der Wahrnehmung des Körpers und der Empfindungen. Sie sind körpergewordene Gefühle und können somit als das Frühwarnsystem des Körpers angesehen werden. Angstschweiß, Erröten, Gänsehaut oder ein schneller Puls und eine flache Atmung können signalisieren, dass irgendetwas nicht stimmt oder Gefahr droht. In traumatischen Situationen führt das Notfallprogramm (siehe Modul 2.3) aber dazu, dass die Empfindungen nicht mehr als real oder gar nicht mehr wahrgenommen werden, um die Situation zu überleben. Die Gefahr besteht darin, dass auch nach der traumatischen Erfahrung das Gefühl für den eigenen Körper verloren bleibt, so dass Betroffene auch in der Gegenwart weder Gefühle noch ihren Körper oder Teile davon wahrnehmen und spüren können. Als Folge von Ausblendungen oder Abspaltungen können auch extreme Verhaltensweisen entstehen wie beispielsweise aggressive Impulse, sexuelle Abenteuer oder Missbrauch von Betäubungssubstanzen bis hin zu Selbstverletzungen. Sie können als Strategien der Selbsthilfe dienen, sich selbst und die eigenen Grenzen zu spüren, Dissoziationen zu stoppen oder auch andere Schmerzen zu überlagern (Assaloni 2013: 106 f.). Um sich des eigenen Selbst wieder zu bemächtigen und sich selbst wieder zu spüren, sind daher auch Angebote zur Körper- und Sinneswahrnehmung hilfreich. Wer die Signale des Körpers spüren und die darin enthaltenen Botschaften deuten kann und bewusst darauf achtet, was einem selbst oder dem Körper gut tut und was ihm schadet, kann besser für sich sorgen und ein besseres Verhältnis zum eigenen Körper entwickeln (Assaloni 2013: 113). Gefühle von Stärke und Sicherheit hängen eng zusammen mit der Wahrnehmung und einem Wohlgefühl im eigenen Körper.

13.2 Angebote für den Körper nach traumatischen Erfahrungen

Durch die Anpassungs- und Regenerationsfähigkeit des Körpers mitsamt seinem Nervensystem und den Funktionen des Gehirns – der sogenannten *Neuroplastizität* – ist selbst nach komplexen Traumatisierungen eine gewisse Erholung möglich. Körperliche und geistige Übungen können positive Auswirkungen hervorrufen (Dehner-Rau/Reddemann 2019: 125) und sollen die eingefrorenen Energien wieder auflösen. Um (wieder) Zugang zum eigenen Körper zu bekommen, spielen drei wichtige Komponenten eine wesentliche Rolle: *Berührung, Achtsamkeit und Bewegung* (Lang 2016: 402 f.), auf die im Folgenden näher eingegangen werden soll. Sie stellen einen wichtigen Bestandteil der Stabilisierungsphase dar (Assaloni 2013: 109).

Allerdings sind gerade körperorientierte Übungen – insbesondere nach körperlichen oder sexualisierten Gewalterfahrungen – oft sehr angst- oder schambesetzt und können alte Erinnerungen antriggern. Für manche Menschen ist das Spüren des eigenen Körpers so unangenehm und mit schwierigen Gefühlszuständen verbunden, dass es einige Zeit in Anspruch nehmen kann, Verbindung mit dem eigenen Körper (wieder) aufzunehmen und sich behutsam anzufreunden (Levine 2014: 43). Daher muss eine Annäherung an den eigenen Körper wohl dosiert, sehr vorsichtig, behutsam und in kleinen Schritten erfolgen (Beckrath-Wilking et al. 2013: 202).

Modul 13 Die Förderung der Körper- und Sinneswahrnehmung

Exkurs: Körperübungen nach traumatischen Erfahrungen

Peter Levine (2014) sieht den Körper als Schlüssel zur Traumaheilung und hat einen ganz eigenen, körpertherapeutischen Zugang entwickelt: das *Somatic Experiencing (SE)*. Die Blockade der Energien könne durch ein Wahrnehmen der Körpererinnerungen oder die Körperresonanz auf Erlebnisinhalte, den sogenannten „Felt Sense" (Levine 2014: 39), erspürt und durch ein Hin-und-Her-Pendeln zwischen der Empfindung und einer positiven Gegenvorstellung entladen werden. Diese Fähigkeit des Körpers zum Pendeln zwischen einer Empfindung des Unwohlseins zu einer Empfindung des Wohlbefindens ist für ihn die größte Ressource überhaupt (Levine 2014: 55). „Diese Herangehensweise an ein Trauma ist keine Psychotherapie und ersetzt sie auch nicht." (Levine 2014: 40). Aber sie stelle eine Möglichkeit dar, durch gezielte Körper- und Energiearbeit eine Traumaheilung zu erfahren. Ähnlich arbeitet auch der klinische Sozialarbeiter David Berceli (2010; 2017), der mit seinen *Trauma Releasing Excercises (TRE)* eine einfache Methode somatischer Entspannung durch *neurogenes Zittern* entwickelt hat, die er überkulturell anwendet und großen Gruppen nach Massentraumatisierungen wie Krieg, politischer Gewalt oder Naturkatastrophen vermittelt. TRE sind eine Reihe einfacher Übungen, bei denen bestimmte Muskelgruppen im ganzen Körper gedehnt und angespannt werden und dabei auf eine kontrollierte und anhaltende Weise neurogenes Zittern hervorrufen. Dies scheint der Mechanismus zu sein, der das Individuum zu einer Reaktion von Ruhe und Entspannung zurückbringt, nachdem die Gefahr vorüber ist und damit zur Prävention und Heilung von posttraumatischen Belastungsstörungen eingesetzt werden kann (Berceli 2010: 148 ff.)

In den letzten Jahrzehnten sind eine Reihe von körperorientierten sowie bewegungs-, atmungs- und wahrnehmungszentrierten Angeboten zur Traumabewältigung entstanden wie traumasensibles Yoga, Qigong, Craniosakral-Therapie, Zapchen somatics und Feldenkrais oder auch Massagen und Achtsamkeitsübungen. Auch Bewegung durch Trommeln, Tanzen, Sport oder Aktivitäten in der Natur können helfen, den eigenen Körper (wieder) zu spüren (Lang 2016: 403 f.). Die Integrative Bewegte Traumatherapie (IBT) ist ein weiteres Beispiel, wie Bewegung als Ressource in der Traumabehandlung z.B. durch freien, bewussten Tanz eingesetzt werden kann (Tripolt 2016).

Merke: Ideen für den pädagogischen Alltag mit Kindern und Jugendlichen (BAG Traumapädagogik 2011: 8)

- Anregungen und Anreize zu riechen, zu schmecken, zu sehen, zu hören und zu spüren
- Angebote, um Körperempfindungen sprachlich ausdrücken zu können
- Förderangebote zum Erlernen und Spüren von Körperempfindungen im Zusammenhang mit Emotionen
- Anregungen, um angenehme und unangenehme körperliche Nähe unterscheiden zu lernen und mit gestärktem Bewusstsein zu entscheiden, welche sie von wem und wann zulassen möchten

- Bewegungs- und Entspannungseinheiten zur Versorgung der traumaspezifischen Auswirkungen auf den Körper (Stresslevel, Erstarrung, somatische Symptome, Trennung von Kopf und Körper, Körperhaltung)

13.3 Berührung

„Die natürlichste Art, auf die wir Menschen uns beruhigen können, wenn wir leiden, sind Berührungen, Umarmungen und wiegende Bewegungen" (van der Kolk 2016: 257). Die Berührungen müssen nicht unbedingt von anderen Menschen, sie können auch selbst am eigenen Körper ausgeführt werden. Das sollte vorher abgeklärt werden, denn für manche Menschen ist der direkte Körperkontakt unangenehm, möglicherweise vorbelastet und kann im schlimmsten Fall traumatische Erinnerungen antriggern. Berührung kann jedoch gerade für Menschen mit traumatischen Erfahrungen heilsam sein, wenn sie sich fundamental zur damaligen traumatischen Situation unterscheidet. Das gilt natürlich nicht nur für Berührungen, sondern grundsätzlich für die Soziale Arbeit nach traumatischen Erfahrungen.

Tabelle 4: Prinzip des maximalen Kontrasts zur traumatischen Situation (Wöller 2013: 235)

Traumatische Situation	Beratung/Therapie
Bedrohung, Unsicherheit	Sicherheit
Kontrollverlust	Kontrolle
Fehlende Entscheidungsfreiheit	Entscheidungsfreiheit, Wahlmöglichkeiten
Missachtung basaler Bedürfnisse	Respektieren basaler Bedürfnisse
Unterlegenheit	Gleichwertige Beziehungsgestaltung
Verwirrung, Intransparenz	Aufklärung, Transparenz
Gefühl, „verrückt" zu sein	Entpathologisierung
Alleingelassensein	Reale Präsenz
Grenzverletzung	Wahrung von Grenzen

Grundsätzlich wird die Aufmerksamkeit durch die Wahrnehmung der Berührung auf das Hier und Jetzt gelenkt und so die Anspannung im Körper gelöst (van der Kolk 2016: 259 f.). Berührungen können zu einem Gefühl der Sicherheit und Geborgenheit führen und Trost, Beruhigung und Entspannung spenden, da bestimmte Neurotransmitter wie Endorphine, Oxytocin oder Dopamin durch Berührungen ausgeschüttet werden (Croos-Müller 2017: 49). Doch auch Mimik, Klang, Tonfall und Rhythmus der menschlichen Stimme haben eine beruhigende Wirkung (Levine 2011: 144). In der folgenden Übung können alle diese Elemente zusammenfließen:

Tipp für Übungen: Ganzheitliche Körpererfahrung für Kinder (Deister/Horn 2013 mit Audio-CD)

Eine spielerische Annäherung bietet in der Arbeit mit Kindern im Kindergarten- oder Grundschulalter das Erzählen oder Vorlesen von Geschichten, die mit den Fingern erzählt werden.

Angeleitete Fantasiereisen wie Sternenhimmel, Gewitter oder Streichelwiese sollen dazu anregen, die Welt mit allen Sinnen zu erfahren und sich selbst oder sich gegenseitig in Zweiergruppen den Rücken zu streichen, zu klopfen oder zu massieren. Sie können mit passender Instrumental-Begleitmusik untermalt werden, um durch ruhige Klänge für eine entspannte Atmosphäre zu sorgen. Wichtig ist, im Vorfeld ausdrücklich darauf hinzuweisen, dass es darum gehen soll, sich wohlzufühlen und auf die Signale des eigenen Körpers zu horchen. Wenn jemand unangenehme Gefühle hat oder sich unwohl fühlt, kann die Übung jederzeit abgebrochen werden oder eine direkte Rückmeldung erfolgen. Es kann auch ein Zeichen für Stopp vereinbart werden.

13.4 Bewegung, Anspannung und Entspannung

Bessel van der Kolk (2016: 322) beschreibt die Fähigkeit zur Entspannung als eine wichtige Voraussetzung zur Überwindung eines Traumas. Durch Entspannungs-, Lockerungs- und Energie-Übungen können Menschen die Erfahrung machen, sich selbst (besser) zu spüren, für sich selbst zu sorgen und Verantwortung für den eigenen Körper und das eigene Leben zu übernehmen (Weiß 2011a: 132 f.). Auch Atemübungen können den Körper und den Geist beruhigen (Achterberg/Dossey/Kolkmeier 1996: 111). Viele verschiedene Techniken zur Entspannung zeigen gute Resultate in Sachen physiologischer Wirksamkeit, so dass ein individuelles Auswählen nach den eigenen Präferenzen der Adressat*innen sinnvoll ist. Achterberg, Dossey und Kolkmeier (1996: 108 f.) beschreiben beispielsweise US-amerikanische Forschungen zum Vergleich von Biofeedback, progressiver Muskelentspannung, autogenem Training und sogar einem klassischen Gebet, die zu dem Ergebnis kamen, dass alle diese Formen einer geschärften inneren Aufmerksamkeit und Kontrolle über den eigenen Bewusstseinszustand zu einer entspannten Ruhe führen können. Wichtig sind dabei drei Faktoren, die beachtet werden sollten:

Merke: Drei hilfreiche Faktoren für eine tiefe Entspannung (nach Achterberg/Dossey/Kolkmeier 1996: 109)

1. Eine ruhige Umgebung
2. Ein Konzentrationspunkt
3. Eine passive, nicht wertende Haltung

Übung: Progressive Muskelentspannung (PME/PMR nach Jacobsen 2019)

Eine beliebte und wirksame Entspannungstechnik ist die der Muskelrelaxation, die Anfang des letzten Jahrhunderts von dem US-amerikanischen Mediziner Edmund Jacobson (1885–1976) entwickelt wurde. Mit seinem Prinzip der Entspannung durch Anspannung werden einzelne Muskelgruppen nacheinander von Kopf bis Fuß für einige Sekunden angespannt, danach lässt man locker und spürt dem gelösten Zustand nach. Konkrete Übungen umfassen beispielsweise Fäuste ballen, das Zusammenkneifen der Augen, Schultern zu den Ohren ziehen, Bauch einziehen oder Zehen krümmen – gefolgt vom jeweiligen Lockerlassen der ausgewählten Muskelregion. Es gibt inzwischen zahlreiche Anleitungen in Büchern oder Audio-Medien oder auch im Internet.

13.5 Achtsamkeit

Das *Konzept der Achtsamkeit* hat in den letzten Jahrzehnten einen regelrechten Boom erlebt, während es im Buddhismus eine jahrtausendelange Tradition hat. Achtsamkeit kann ganz allgemein als ein „menschliches Phänomen, das nicht an eine spezifische Tradition oder Technik gebunden ist", gelten. Bestimmte Traditionen haben allerdings eine „besondere Meisterschaft in der Kultivierung dieses allen Menschen innewohnenden Potentials entwickelt" (Heidenreich/Michalak 2009: 809).

> **Definition: Achtsamkeit**
>
> Nach Jon Kabat-Zinn (1990) stellt Achtsamkeit eine besondere *Form der Aufmerksamkeitslenkung* dar. Dabei wird die Aufmerksamkeit
> (1) *absichtsvoll*,
> (2) *nicht-wertend* und
> (3) auf das *bewusste Erleben des aktuellen Augenblicks* gerichtet (Heidenreich/Michalak 2009: 14).

Achtsamkeit beinhaltet eine offene, unvoreingenommene Geisteshaltung, die die Aufmerksamkeit auf das Hier und Jetzt und auf das aktuelle Tun lenkt. Dazu gehört es auch, momentane Gefühle und Körperempfindungen einfach nur wahrzunehmen und zu beobachten, ohne diese zu bewerten. Je achtsamer man ist, desto besser kann man lernen, seine Emotionen zu regulieren (Dehner-Rau/Reddemann 2019: 222). Eine Betonung des ‚Hier und Jetzt' beschreibt Herbert Assaloni (2013: 107) bereits als Teil einer achtsamkeitsorientierten Grundhaltung.

> **Exkurs: Achtsamkeit in der Behandlung von psychischen Störungen (Heidenreich/Michalak 2009: 15 f.)**
>
> Auch in der Psychotherapie hat das Thema der Achtsamkeit und Akzeptanz in den letzten Jahren vermehrte Aufmerksamkeit erfahren und es wurden Ansätze entwickelt, in denen die therapeutische Haltung oder zentrale Prinzipien dem Achtsamkeits- und Akzeptanzprinzip ähneln. Die Achtsamkeitsbasierte Stressreduktion (MBSR) oder die Achtsamkeitsbasierte Kognitive Therapie (MBCT) wurden sogar als spezifische Programme, z.B. für die Behandlung von körperlichen Erkrankungen sowie bei Angst und Depressionen, entworfen, in deren Kern Achtsamkeitsübungen stehen.

Körperübungen, bei denen der feste Kontakt beider Füße zum Boden wahrgenommen oder die Adressat*innen ermutigt werden, fest zu stampfen, können zu einer Erdung und Standfestigkeit beitragen (Beckrath-Wilking et al. 2013: 203).

Achtsamkeit während des Alltags kann hilfreich sein, um bereits Alltagsaufgaben entspannt und mit Genuss verrichten zu können. Der Autor des kleinen Büchleins „Zen oder die Kunst, den Mond abzustauben" Gary Thorp (2001) überträgt die Haltung des Zen, dem japanischen Wort für Meditation, auf die normalen Verrichtungen des Alltags. Wenn eine bestimmte Bewegung ständig wiederholt wird, kann der einzelne Augenblick des Lebens als einmalige und außergewöhnliche Erfahrung wahrgenommen werden – selbst wenn es kehren oder abwaschen ist. Das eigene Zeitverständnis ändert sich, wenn man konzentriert und sorgfältig ist. „Wenn man sich einer Aufgabe ungeteilt widmet, so wird man eins mit ihr und begegnet unterwegs sich selbst." (Thorp 2001: 22) Wenn Sie also beispielsweise mit dieser Achtsamkeit Ihr Fahrrad reparieren, ist das sowohl für das Fahrrad als auch für Sie selbst besser. In der wissenschaftlichen Forschung zu Glück wurde für diesen Zustand der Begriff des *Flow* (englisch für Fließen, Strömen) geschaffen. Der US-amerikanische Forscher Mihály Csíkszentmihályi (2019) gilt mit seinen wissenschaftlichen Beobachtungen und Analysen des Prozesses des völligen Aufgehens und des Einswerdens mit einer Tätigkeit als Schöpfer der Flow-Theorie. Ein als beglückend erlebtes Gefühl des Schaffensrausches und der Funktionslust stellt sich ein, wenn wir Anforderungen ausgesetzt sind, die unsere volle Aufmerksamkeit erfordern und im Rahmen unserer Fähigkeiten erreichbar sind – Anforderungen, die also weder zu hoch sind und uns gescheitert und frustriert zurücklassen noch zu niedrig sind und uns langweilen (Reddemann/Dehner-Rau 2008: 150f.).

In der Arbeit mit Menschen nach traumatischen Erfahrungen geht es immer darum, den Adressat*innen zu helfen, in der Gegenwart zu leben, ohne durch die alten Gefühls- und Verhaltensmuster dabei zu sehr gestört zu werden (van der Kolk 2006: 277f). Die Ängste aus der Vergangenheit oder in der Zukunft können eine Person weniger erreichen, wenn sie gegenwärtig ist (Reddemann 2014: 34). Durch das bewusste Spüren des Körpers kann die Aufmerksamkeit in die Gegenwart gelenkt und der Kontakt zur Realität intensiviert werden, was gerade bei dissoziativen Zuständen und im Umgang mit Flashbacks und Intrusionen hilfreich sein kann (siehe auch Modul 12).

> **Übung: Eine einfache Anleitung zu Achtsamkeit (in Anlehnung an Gräßer/Hovermann 2015)**
>
> Suchen Sie sich einen bequemen und ruhigen Platz. Finden Sie eine für Sie angenehme Körperhaltung – je nach räumlichen Möglichkeiten im Liegen oder Sitzen. Schließen Sie die Augen, wenn dies für Sie möglich und angenehm ist. Falls Sie die Augen lieber offenlassen möchten, suchen Sie sich eine Stelle im Raum, auf der Sie Ihren Blick ruhen lassen können und wenden Sie Ihren Blick langsam von außen nach innen.
>
> Spüren Sie erst einmal, wo Ihr Körper Kontakt mit dem Boden hat. Beobachten Sie, wie Sie sitzen und wo im Körper Sie Spannungen wahrnehmen, ob es irgendwo unbequem ist. Versuchen Sie an diesen Stellen, so gut es geht, zu entspannen. Wenn die Spannungen bestehen bleiben, begegnen Sie ihnen wohlwollend, akzeptierend. Es geht nur darum, bewusst wahrzunehmen, dass Ihr Körper Kontakt hat oder angespannt ist, nicht um richtig und falsch.

Während Sie sich langsam entspannen, können Sie darauf achten, wie der Körper atmet. Jedes Mal, wenn Sie ein- und wieder ausatmen, macht er dabei kleine Bewegungen. Nehmen Sie diese Bewegungen wahr. Nehmen Sie wahr, wie sich Ihr Brustkorb hebt und senkt ... Und dass sich die Bauchdecke hebt und senkt ... Und wenn Sie ganz genau hin spüren, können Sie bemerken, wie Ihre Nasenflügel beben. Während Sie das beobachten, können Sie andere Teile des Körpers und den Geist einladen, sich zu entspannen, loszulassen.

Bleiben Sie einige Augenblicke bei der Wahrnehmung der Bewegungen des Körpers beim Atmen ...

Nehmen Sie dann langsam wieder den Kontakt Ihres Körpers mit dem Boden oder der Unterlage wahr, öffnen Sie Ihre Augen und orientieren Sie sich wieder im Hier und Jetzt.

Strecken und räkeln Sie sich!

Tipp: *Gesund durch Meditation: Das große Buch der Selbstheilung mit MBSR* ist das Grundlagenwerk des US-amerikanischen Wissenschaftlers Jon Kabat-Zinn (1990/2019), der unter anderem den *Body-Scan* als Achtsamkeitsmeditation für das achtwöchige „Mindfulness-Based Stress Reduction (MBSR)"-Programm (Stressbewältigung durch die Praxis der Achtsamkeit) entwickelt hat.

Fragen zur Überprüfung und zum Weiterdenken

Wie reagiert der Körper auf traumatische Situationen?

Welche körperlichen Folgen können sich nach traumatischen Erfahrungen entwickeln?

Beschreiben Sie an einem Beispiel die Wechselwirkungen von Körper und Psyche.

Welche Übungen zur Berührung, Bewegung oder Achtsamkeit haben Sie besonders angesprochen?

Welche möchten Sie für sich selbst oder mit Ihren Klient*innen einmal ausprobieren?

Wann steht die Zeit für Sie still? Fragen Sie doch Ihre Klient*innen einmal, wann sie in Flow-Zustände hineinkommen – beim Sport, beim Malen, beim Lesen, im Gespräch oder in einer ganz anderen Situation?

Einführende Literatur

- *Alles Liebe und Alles gut – die kleinen Überlebensbücher (Croos-Müller 2016, 2017)*

Um die Theorie des Embodiment kennenzulernen und ganz praktisch auszuprobieren, empfehlen sich die kleinen Bücher von Claudia Croos-Müller. Diese beiden

Bücher beschäftigen sich insbesondere mit liebevollen Berührungen und mit der Soforthilfe nach Traumatisierungen.

Weiterführende Literatur

- *Sprache ohne Worte (Levine 2011)*

Dieses Buch ist das persönliche Lebenswerk und die Summe der langjährigen Forschungen über das Wesen von Stress und Trauma des körperorientierten Traumatherapeuten Peter Levine. Die Sprache des Körpers wird dabei zum Schlüssel der Traumatransformation und -heilung zum Beispiel in seinem Ansatz des somatic experiencing.

- *Körperübungen für die Traumaheilung (Berceli 2017)*

In diesem kleinen Büchlein werden Körperübungen zur Entspannung, zum Stressabbau und zur Aktivierung eines psychogenen Zitterns vorgestellt, die einen Prozess der Traumabewältigung körperlich begleiten und unterstützen können.

- *Die Entdeckung der Achtsamkeit in der Arbeit mit psychisch erkrankten Menschen (Knuf/Hammer 2013)*

In diesem Sammelband wird das Konzept der Achtsamkeit für den beruflichen Alltag im sozialpsychiatrischen Bereich ausbuchstabiert, darunter auch in einem Kapitel mit dem Fokus auf der Behandlung traumatisierter Menschen.

Modul 14 Die Aktivierung der Ressourcen

Zusammenfassung

In diesem Modul steht die Frage im Mittelpunkt, wie Menschen dazu angeregt werden können, ein positives Selbstbild aufzubauen und ihr Selbstwertgefühl und ihr Selbstbewusstsein wachsen zu lassen. Menschen und insbesondere Kinder und Jugendliche nach traumatischen Erfahrungen brauchen Möglichkeiten, sich und das, was sie tun, (wieder) mehr und mehr als wertvoll zu erleben. Jeder Mensch hat ganz eigene und besondere Fähigkeiten und Begabungen. Der erste Schritt in Beratung und Pädagogik besteht in deren Wahrnehmung, im zweiten Schritt sollen sie aktiviert und genutzt werden. Dabei kann beispielsweise ein Genusstraining helfen, um mit allen Sinnen wahrnehmen und genießen zu können.

14.1 Ressourcenorientierung

Lange Zeit dominierten im biomedizinischen Denkmodell der Blick auf das Pathologische, die Defizite und die Störungen. Auch Adressat*innen der Sozialen Arbeit befinden sich oft in einem defizitfokussierten Zustand der Hoffnungslosigkeit, können ihre eigenen Fähigkeiten und Stärken durch traumabedingte negative Überzeugungen gar nicht sehen oder haben es aufgegeben, an ihre eigenen Möglichkeiten zu glauben (Beckrath-Wilking 2013: 155; Flückiger/Wüsten 2015: 10, 19). Doch „wenn wir uns auf dysfunktionale Aspekte konzentrieren, laufen wir Gefahr, diese Dysfunktionalität noch zu verstärken. Stellen wir Defizite und Schmerz in den Mittelpunkt, so werden wir (oder unsere Klienten) wahrscheinlich immer besser im Erleben von Schmerz und Defiziten." (Heller/LaPierre 2014: 10) Die Salutogenese (siehe Modul 6) hat diese Perspektive infrage gestellt und eine Blickerweiterung eingefordert: Neben einer Erfassung der vorliegenden Probleme und Einschränkungen soll auch nach traumatischen Erfahrungen der Blick auf die zur Verfügung stehenden oder (wieder) zugänglich zu machenden Ressourcen gerichtet werden. Mit einer Ressourcenorientierung soll „das unmittelbar positive emotionale Erleben der Person" (Flückiger/Wüsten 2015: 19) angesprochen und als Quelle der Unterstützung nutzbar gemacht werden, die es ermöglichen, mit belastenden Lebensumständen konstruktiv umgehen zu können (Lackner 2004: 80). Die Ressourcenorientierung ist daher eine wichtige Grundhaltung der Sozialen Arbeit nach traumatischen Erfahrungen. Darin steckt sinnbildlich das Wort „*source*", was auf Englisch und Französisch so viel wie Quelle oder Ursprung bedeutet (Herriger 2006: 7). Es gilt also, die eigenen Kraftquellen zu finden, vorhandene Ressourcen zu stärken und neue Ressourcen zu entdecken sowie sie besser nutzen zu lernen. „Diese Quellen trägt jeder Mensch mehr oder weniger sprudelnd in sich" (Krüger 2012: 141). Norbert Herriger (2006: 3) beschreibt sie als „jene positiven Personenpotentiale („personale Ressourcen") und Umweltpotentiale („soziale Ressourcen") […], die von der Person (1) zur Befriedigung ihrer Grundbedürfnisse, (2) zur Bewältigung altersspezifischer Entwicklungsaufgaben, (3) zur gelingenden Bearbeitung von belastenden Alltagsanforderungen, (4) zur Realisierung von langfristigen Identitätszielen genutzt werden können und damit zur Sicherung ihrer psychischen Integrität, zur Kontrolle von Selbst und Umwelt sowie zu einem umfassenden biopsychosozialen Wohlbefinden beitragen." Oder etwas einfacher formuliert:

> **Definition: Ressourcen**
>
> Ressourcen können etwas oder jemand sein, der das Gefühl von körperlichem, emotionalem, mentalem und spirituellem Wohlbefinden unterstützt und nährt (Levine 2014: 53). Sie umfassen „alle Fähigkeiten, Eigenschaften, Tätigkeiten, auch Dinge, die von außen kommen und Kraft, Gesundheit und Wohlbefinden geben oder schlicht das Überleben sichern." (Krüger 2012: 149)

Doch „schon nach einem einzigen traumatischen Erlebnis können Ressourcen verloren gehen oder in Vergessenheit geraten. Wenn sich das Trauma im Säuglingsalter oder in einem frühkindlichen Entwicklungsstadium ereignet, kann es vorkommen, dass von Anfang an wenig Ressourcen zur Verfügung stehen. Doch selbst schwer vernachlässigte oder missbrauchte Kinder finden Ressourcen für sich, vielleicht einen Baum, ein Tier, einen unsichtbaren Freund. Es ist erstaunlich, welche Ressourcen Kinder für sich finden, um durch diese schlimmen Erfahrungen zu kommen." (Levine 2014: 54) Jeder Mensch reagiert anders auf traumatische Erlebnisse. Ob und wie sie verarbeitet werden, ob jemand sich erholt oder chronische Traumafolgestörungen entwickelt, hängt auch von den persönlichen Ressourcen und den Schutzfaktoren in der Umgebung ab (siehe Modul 4). Kann eine betroffene Person auf genügend Bewältigungsressourcen zurückgreifen, können akute Belastungssymptome innerhalb weniger Tage bis Wochen abklingen (Sack/Gromes 2020: 64ff.). Oft wird die Sicht auf die eigenen Stärken aber traumabedingt durch ein negatives Selbstbild oder *erlernte Hilflosigkeit* blockiert (Beckrath-Wilking et al. 2013: 76 f., siehe auch Modul 9.2). Vielleicht sind bei Betroffenen in der Beratung aktuell wenige Ressourcen sichtbar und es scheint so, als wenn wenig Kraft und Energie vorhanden wäre. Führen Sie sich immer vor Augen, welche Kraft im Überleben eines traumatischen Erlebnisses steckt und gehen Sie davon aus, dass sie vorhanden ist – vielleicht etwas versteckt hinter all dem offensichtlichen Leid. Nun gilt es, gemeinsam die Ressourcen (wieder-) zu finden, die für den*die Klient*in erreichbar, greifbar und ausbaubar sind (Hantke/Görges 2012: 153 f.).

Um die Kraftquellen in der eigenen Person „genauer unter die Lupe zu nehmen", schlägt Andreas Krüger (2012: 91) für Jugendliche vor, zu visualisieren, wie das Gehirn ‚normalerweise' funktioniert und was nach einem Trauma passieren kann: Es komme zu einer Verdrängung der positiven Gedanken und zu einer Ausbreitung und Beherrschung durch die negativen Gedanken, die mit der traumatischen Erfahrung zusammenhängen (Krüger 2012: 92 f.). Er möchte die Jugendlichen dazu motivieren, den Negativbereich wieder zurückzudrängen, die positiven Gedanken zu vermehren und so das Gehirn wieder umzuprogrammieren – das Notfallprogramm war früher zwar hilfreich, aber „jetzt gehört es ausgeschaltet" (Krüger 2012: 95). Um Kraftquellen und Power zu trainieren, braucht es Übung und so schlägt er u.a. vor, eine Liste der eigenen Kraftquellen oder ein Spaß- und Freudetagebuch anzulegen (Krüger 2012: 96 f.).

> **Merke:**
> In einer Sozialen Arbeit nach traumatischen Erfahrungen geht es neben der Auseinandersetzung mit all dem Schweren und Belastenden (siehe Modul 10 zur Psychoedukation) immer auch darum, die eigenen Quellen der Freude und der Kraft zu finden. Um überhaupt belastende Gefühle zulassen und wahrnehmen zu können, sind Erfahrungen von Freude, Geborgenheit und Erfüllung hilfreich (Dehner-Rau/Reddemann 2019: 215).

14.2 Ressourcenaktivierung

Kann ein Mensch auf alle Möglichkeiten von Körper, Seele und Geist optimal zugreifen, sprechen Hantke und Görges (2012: 42) von dem sogenannten *Ressourcenbereich*. Wenn alle Rhythmen des Körpers im Ressourcenbereich anpassungs- und schwingungsfähig sind, kann der Mensch „lernen, Spannung regulieren und tolerieren, wahrnehmen, was in der Welt und im eigenen Körper passiert, anderen Menschen begegnen, Selbstbild und Werte ausbilden." (Hantke/Görges 2012) Es geht in einer Sozialen Arbeit nach traumatischen Erfahrungen also darum, hilfreiche Übungen zu finden, die zur Aktivierung oder Deaktivierung des Nervensystems beitragen können, mit dem Ziel einer Balance bzw. dem Verbleiben im Ressourcenbereich (siehe auch Modul 12 zur Selbstregulation).

Durch die Ressourcenaktivierung kann es zu einem positiven Rückkopplungsprozess kommen, der beispielsweise die Motivation für die Beratung oder Pädagogik positiv beeinflusst, die Arbeitsbeziehung verbessert und sich durch größere Offenheit und Kooperation auszeichnet sowie eigene Problembewältigungsversuche anregt (Flückiger/Wüsten 2015: 19). Sie zielt auf einen sich selbst verstärkenden Prozess, indem positive Erfahrungen zu einer Verbesserung des Selbsterlebens, der Handlungskompetenz und des Wohlbefindens führen. Dies kann wiederum neue Bewältigungsressourcen freisetzen (Sack/Gromes 2020: 68 f.).

Abbildung 16: Positiver Rückkopplungsprozess (nach Beesdo-Baum 2011: 493)

Es beginnt schon mit einer *ressourcenorientierten Gesprächsführung* (Beckrath-Wilking et al. 2013: 162), mit der der Blick auf die Möglichkeiten und Fähigkeiten der Adressat*innen gerichtet werden kann, mithilfe derer sie es geschafft haben, trotz des traumatischen Erlebens das Leben zu bewältigen. Viele Menschen haben nach traumatischen Erfahrungen erstaunliche Fähigkeiten und Stärken entwickelt, um ihr Leben zu meistern. Eine Würdigung dieser oft nicht bewussten Ressourcen ist ein erster Schritt. Ressourcenaktivierung ist somit einerseits eine Haltung Adressat*innen gegenüber, andererseits aber auch eine Technik. Es gibt inzwischen viele hilfreiche Materialien, die Sozialarbeitende unterstützen können, den Blick auf die Ressourcen zu richten: Von der Ressourcendiagnostik mit Hilfe von Ressourcenanalysen, -interviews oder -fragebögen (siehe z.B. Herriger 2006; Flückiger/Wüsten 2015: 13ff.) bis hin zu möglichen, spezifischen Fragen zur Erkundung von Ressourcen für Beratungsgespräche mit Menschen nach traumatischen Erfahrungen (z.B. Beckrath-Wilking et al. 2013: 162; Flückiger/Wüsten 2015: 15). Auch die *Wunderfrage*, die ursprünglich aus dem systemischen, lösungsorientierten Ansatz (von de Shazer/Berg) stammt, kann den Gestaltungsspielraum erweitern und eine Vision für die Zukunft eröffnen (Beispiele finden sich z.B. in Flückiger/Wüsten 2015: 59 f.; Dolan 2009: 111).

> **Übung: Die Wunderfrage (de Shazer/Dolan 2018: 70ff.)**
>
> Ich möchte Ihnen jetzt eine ungewöhnliche Frage stellen: Stellen Sie sich vor, während Sie heute Nacht schlafen und das ganze Haus ruhig ist, geschieht ein Wunder. Das Wunder besteht darin, dass das Problem, das Sie hierhergeführt

hat, gelöst ist. Allerdings wissen Sie nicht, dass das Wunder geschehen ist, weil Sie ja schlafen. Wenn Sie also morgen früh aufwachen, was wird dann anders sein, das Ihnen sagt, dass ein Wunder geschehen und das Problem, das Sie hierhergeführt hat, gelöst ist?

Tipp: Ressourcium (Huber o.J.)

Das Ressourcium von Michaela Huber besteht aus 99 kleinen Fragekärtchen, die positive Erinnerungen oder Assoziationen wecken sollen. Sie eignen sich sowohl für den Einzelkontakt als auch für die Arbeit mit Gruppen. Es beinhaltet beispielsweise Fragen nach vergangenen Erlebnissen oder positiven Bildern und Vorstellungen: Wann hast Du das letzte Mal etwas ganz Verrücktes gemacht? Schildere das perfekte Blau. Was bedeutet für Dich Freundschaft?

Daneben gibt es nicht die eine Übung oder Methode, die garantiert erfolgsversprechend ist, sondern vielmehr eine Vielzahl, aus der je nach individuellen Vorlieben, dem jeweiligen Bedarf und den Umständen für die einzelne Person oder eine Gruppe ausgewählt und entsprechend angepasst werden sollte. Im Folgenden werden einige Ideen vorgestellt.

Merke:

Sich selbst mit seinen Fähigkeiten zu erleben und selbst schätzen zu lernen, wird ermöglicht, wenn gemeinsam der Fokus auf die eigenen Leidenschaften und Fähigkeiten gesetzt wird und Ausschau danach gehalten wird, wo Stärken vorhanden sind und was gerne gemacht wird. Es ist wichtig, einen Gegenpol zu bilden zu dem Schweren, das Menschen durch die Traumatisierung widerfahren ist, ihr Selbstbewusstsein zu fördern durch Kreativität, Spiel, Musik und Sport sowie Bedingungen zu schaffen, in denen sie sich ihren Begabungen und Fähigkeiten entsprechend entwickeln können (BAG Traumapädagogik 2011: 5).

Fallbeispiel: Pippilotta Viktualia Rollgardina Pfefferminz Efraimstochter Langstrumpf

„Eine Kindheit ohne Bücher wäre keine Kindheit.
Es wäre, als ob man aus dem verzauberten Land ausgesperrt wäre,
aus dem man sich die seltsamste aller Freuden holen könnte."
(Astrid Lindgren)

Die schwedische Kinderbuchautorin Astrid Lindgren (1907–2002) hat viele Geschichten für Kinder geschrieben. Die Geschichten der Kinder sind zwar auch von Risiken, Traumata, Einsamkeit und Traurigkeit geprägt, aber sie vermitteln eine unglaubliche Kraft, Stärke und Hoffnung. Sie schuf in ihren Geschichten Figuren, die ihren Platz in der Welt gefunden haben (Reddemann/Dehner-Rau 2008: 142). Pippi Langstrumpf beispielsweise ist ein neunjähriges Mädchen, das ohne Eltern aufwächst, ganz allein in der Villa Kunterbunt mit Herrn Nilsson, ihrem Äffchen und ihrem Pferd, kleiner Onkel. Pippi ist unabhängig von den Erwachsenen, sie kommt ausgezeichnet alleine zurecht. Außerdem ist sie das stärkste Mädchen auf der Welt. Aber: „Pippi muss mutig sein, weil sie eine große Angst bekämpft, die Angst vor dem Traurigsein." (ebd.) So erlebt sie viele Abenteuer und muss sich immer wieder wehrhaft gegen autoritäre Erwachsene,

Ungerechtigkeit und enges Denken durchsetzen (Reddemann und Dehner-Rau 2008: 142 ff.).

„Wunderbar! Bezaubernd!"

„Was findest du so bezaubernd?", fragte Tommy.

„Mich", sagte Pippi zufrieden."

(aus: Pippi Langstrumpf geht an Bord)

„Wer mit der Kraft am Ende ist, kann sein Trauma nicht integrieren. Umgekehrt heißt das: Wer erfolgreich am eigenen Trauma arbeiten will, muss Zeit für Regeneration, Erholung, Spaß und Spiel einplanen. Diese Zeit ist nicht Luxus, sondern bittere Notwendigkeit, um wieder Boden unter den Füßen zu bekommen. Und nur wer mit beiden Beinen auf dem Boden steht, kann sich mit früheren Schrecken auseinandersetzen." (Huber 2013: 97) Ein wichtiger Grundsatz der Traumapädagogik ist daher *das gemeinsame Erleben von Spaß und Freude*. Wenn Sie sich den emotionalen Zustand einer Person als Waage vorstellen, dann kann es durch traumatische Erfahrungen zu einem Ungleichgewicht kommen, in welchem belastende Gefühle von Angst, Ohnmacht, von Schuld und Scham, Trauer, Wut oder auch Ekel überhandnehmen. Es ist daher wichtig, die Gegenseite der Freude, Fröhlichkeit und Leichtigkeit (wieder) zu stärken und positives Erleben sowie die Gesundheit von Kopf und Körper zu fördern (BAG Traumapädagogik 2011: 7).

Exkurs: Optimismus

Optimismus gilt als einer der wichtigen Resilienzfaktoren (siehe Modul 4.3) und beeinflusst den Blick auf die Welt. Wer zuversichtlich bleiben kann und mit Hoffnung eine problematische Situation erlebt, erfährt dadurch Halt und innerliche Stärke, diese schwere Zeit durchstehen zu können. Es ist eine bewusste Entscheidung für den Glauben an das Gute im Leben und für die Hoffnung auf ein gutes Ende – was vor dem Hintergrund traumatischer Erfahrungen eine große Herausforderung darstellt (Berg 2014: 19 f.). In einer positiven Lebenseinstellung steckt ein enormes Kraftpotenzial, das trainiert werden kann, indem Schönes überhaupt wahrgenommen und gewürdigt wird, indem man sich mit der Kraft des Positiven verbindet und bewusst angenehme Zustände herbeiführt (Berg 2014: 23 f.). Es bedeutet allerdings nicht, nur noch positiv zu denken und alles Belastende und Schwierige auszublenden. Luise Reddemann (2014: 33) rät, „die Schale des Glücks so aufzufüllen, dass sie ein Gegengewicht bilden kann zur Schale des Unglücks" (siehe auch Modul 15).

Diese Fokussierung auf das Positive und das Licht im Dunkel der scheinbaren Defizite hat nicht nur Auswirkungen auf die Adressat*innen, sondern ebenso auf Sie als Sozialarbeiter*in oder als Sozialpädagog*in – die Selbstfürsorge (siehe Modul 1) und die Ressourcenorientierung können als zwei Seiten derselben Medaille betrachtet werden und helfen auch Ihnen, den Grundton und die Atmosphäre Ihrer Zusammenarbeit positiv zu verändern. Das verstärkt natürlich auch Ihre eigene Arbeitszufriedenheit (Hantke/Görges 2012: 175). Nutzen Sie die Übungen und Methoden also im Sinne einer guten Selbstsorge auch für sich selbst. Welche konkreten Ideen gibt es denn nun zur Ressourcenaktivierung?

Übung: Finde Deinen Mutsatz (Potreck-Rose 2009: 41ff., Weiß/Sauerer 2018: 17)

Nimm Dir einen Moment Zeit zum Nachdenken: Was sind Deine persönlichen Mutsätze? Was hilft Dir, Zuversicht und Mut zu finden? Wenn du einen starken Satz kennst oder gefunden hast, schreib ihn Dir auf z.B. auf eine schöne Postkarte, die Du als Lesezeichen benutzen kannst oder die Du Dir sichtbar aufhängst. Oder Du speicherst diesen Satz als Hintergrund oder Bildschirmschoner auf Deinem Handy oder PC. Es können z.B. auch ermutigende Sätze von Menschen sein, die du gerne magst, denen du vertraust oder denen du schon mal begegnet bist. Hier ein paar Beispiele:

„Du bist ok, so wie du bist!"

„Hey, ich bin normal!"

„Du schaffst das!"

„Du bist gut!"

„Du hast schon viel erreicht!"

„Du findest einen Weg!"

„Du darfst nie aufhören, an dich zu glauben!"

„Ich bin stark!"

„Du darfst stolz auf Dich sein."

„Ich kann mich auf mich verlassen."

„Jeder kleine Schritt zählt."

„Das kannst Du gut genug!"

14.3 Genusstraining

Die Selbstakzeptanz, das Selbstwertgefühl und die Selbstwahrnehmung haben einen ausgeprägten körperlichen und sinnlichen Aspekt. Ressourcen können darüber aktiviert werden, sich im eigenen Körper (wieder) wohl zu fühlen und die Sinneswahrnehmungen anzuregen. Doch mit allen Sinnen zu genießen, ist nicht selbstverständlich, sondern muss wie andere Fähigkeiten auch trainiert werden (Dehner-Rau/Reddemann 2019: 225). Euthyme Verfahren wie das Genusstraining haben ihre Wurzeln in der Verhaltenstherapie. Bei vielen psychischen Erkrankungen wie Depressionen, Zwangserkrankungen, Essstörungen, Schmerzstörungen und vielen mehr wird es seit vielen Jahren erfolgreich eingesetzt. Genuss ist gleichzusetzen mit dem bewussten Zugang zu positiven Emotionen, wie Freude, Lachen, Wohlfühlen, Glücksmomenten, Entspannung, Tagträumen und vielen mehr (Handler 2015: 18).

Merke: Regeln für den Genuss (nach Handler 2015: 184ff.)

1. Genuss braucht Zeit. Ein positiver gefühlsmäßiger Zustand entwickelt und entfaltet sich langsam – doch diese Zeit und diesen Freiraum für Genuss kann man sich schaffen.
2. Genuss muss erlaubt sein. Menschen nach traumatischen Erfahrungen haben manchmal das Gefühl, dass sie aufgrund von Schuld- und Schamgefühlen nicht genießen dürfen. Doch jeder Mensch hat das Recht zu genießen!
3. Genuss geht nicht nebenbei. Meist machen Menschen mehrere Dinge gleichzeitig. Je aufmerksamer man sich ausrichtet, desto intensiver ist das Genusserleben.

4. Wissen, was einem gut tut. Gehen Sie mit Ihren Adressat*innen auf die Suche nach individuellen Vorlieben, Wünschen und Genussmomenten.
5. Weniger ist mehr. Es liegt in der Natur der Sache, dass wir Dinge, die uns gefallen, möglichst unbegrenzt um uns haben wollen. Bei einem Überangebot ist Genuss nicht mehr möglich. Sättigung schließt Genuss aus. Quantität schlägt nicht in Qualität um.
6. Ohne Erfahrung kein Genuss. Weinkenner können sich ganz gezielt den Wunsch nach einer Geschmacksnuance erfüllen. Feine Unterschiede dieser Art erkennen zu können, kann erlernt werden.
7. Genuss ist alltäglich. Genuss ist im alltäglichen Leben auffindbar. Es bedarf keiner außerordentlichen Ereignisse, damit Genuss erfahrbar wird. Tägliche Genusssituationen sind so wichtig wie Zähneputzen.
8. Askese kann Genuss erhöhen. Nach einer körperlichen Anstrengung kann manches Genusserlebnis intensiver sein. Ein Spaziergang in der Kälte wird den Genuss eines wohlschmeckenden heißen Tees erhöhen, ein heißer Sommertag wiederum den Genuss eines Eistees.

Um Genießen zu erlernen, können die Sinneswahrnehmungen daraufhin erforscht werden, was Menschen nach traumatischen Erfahrungen Freude macht, sich gut anfühlt oder zu einem Lächeln oder gar Lachen führt. Meist mischen sich beim Genießen mehrere Sinne, aber zum Training können die Sinnesorgane auch einzeln angesprochen werden (Dehner-Rau/Reddemann 2019: 226).

Sehen

Unsere optische Wahrnehmung ist unser dominanter Sinn und gleichzeitig sehr subjektiv und durch unsere individuelle Vorerfahrung, Befindlichkeit und unsere Bedürfnisse geprägt. Farben, Strukturen und Bewegungsabläufe können im Außen wahrgenommen werden, Imaginationen, Erinnerungen und Fantasie im Inneren (Dehner-Rau/Reddemann 2019: 230, siehe auch Modul 15). So einzigartig auch die Wahrnehmung jedes Einzelnen ist, so außergewöhnlich kann das Genusserleben durch einen schönen Anblick sein: Kaleidoskope, Steinsammlungen, Landschaft, Architektur, Tiere, Menschen, Farben ... Aufmerksam und offenen Auges durch den Alltag zu gehen, kann einem kraftvolle und farbenfrohe Genussmomente verschaffen. (Handler 2015: 110ff.)

Hören

Der Hörsinn ist ein sehr differenzierter Sinn. Aber was ein Mensch als angenehmes Hörerlebnis empfindet, ist sehr unterschiedlich und kann sehr vielfältig sein. Hörgenuss wird schnell mit Musik verbunden, denn sie kann Gefühlen und Stimmungen Ausdruck und Raum geben. Welches Lied oder Musikstück passt gerade zu diesem Moment? (Dehner-Rau-Reddemann 2019: 231) Aber hören kann man auch viele alltägliche Geräusche und Klänge: Papierrascheln, Zeitungsumblättern, Wasser eingießen, ein Streichholz oder Feuerzeug anzünden, ein Windspiel, Regenplätschern, Vogelstimmen, Hundebellen, Baumrauschen. Auch Stille ist hörbar (Handler 2015: 126).

Riechen

Das Riechhirn steht in enger Verbindung zum limbischen System, welches vor allem für die Verarbeitung von Emotionen zuständig ist. Die Verknüpfung mit Erinnerungen ist besonders stark. Gute Düfte können schnell die Stimmung heben, anregen und sind selbst für Menschen in depressiven Zuständen noch zugänglich (Dehner-Rau/Reddemann 2019: 227): Ätherische Öle in der Wohnung, frische Kräuter, ein Wald nach einem Regenguss, ein angenehmes Parfüm, eine Nase voll Teeduft, frisch gebrühter Kaffee, ... (Handler 2015: 136ff.)

Schmecken

Die vier Geschmacksqualitäten süß, sauer, bitter, salzig können wahrgenommen werden. Wenn man den Geschmackssinn erforscht und trainiert, ist es wichtig, sich beim Schmecken und Kauen Zeit zu lassen. Langsam zu Essen ist fürs Genießen sehr wichtig und auch trainierbar (Handler 2015: 147). Auch Nahrungsmittel können mit Erinnerungen verknüpft sein. Sammeln Sie mit Ihren Klient*innen angenehme Erinnerungen, bevorzugte Geschmacksrichtungen und Lieblingsrezepte – je konkreter, desto besser ...

Spüren und Tasten

Tasten ist in unserer Kultur und Zeit ein eher verkümmerter Sinn. Die Haut ist das größte „Tastwerkzeug" neben den Händen, Füßen, Lippen, der Zunge und der Mundhöhle. Viele Sinneseindrücke werden über das Spüren vermittelt, wie Temperatur, Größe, Oberflächenbeschaffenheit, Gewicht oder Material. Mit geschlossenen Augen lässt sich der Tastsinn noch intensivieren und zu genussvoller Entspannung beitragen: Ein Handschmeichler aus Stein oder Holz halten, eine flauschige Katze streicheln, barfuß über eine Wiese, einen Waldboden oder einen Sandstrand laufen, ein Schaumbad, Eincremen mit Körperlotion, ein Lieblingskleidungsstück auf der Haut spüren, ... (Handler 2015: 168)

Je konkreter die folgende Übung durchgeführt wird, desto hilfreicher sind die Ideen. Es macht auch Vergnügen, sich im Anschluss in einer Gruppe auszutauschen, was jede*r als Ideen für sich aufgeschrieben hat – so bekommen alle noch neue Anregungen, mit was sie ihre Liste noch ergänzen könnten ...

> **Übung: Ressourcenaktivierung für Kinder – Schatzkiste (Gräßer/Hovermann 2015)**
>
> Stell dir eine Schatzkiste vor, die randvoll mit schönen und wertvollen Dingen gefüllt ist. Was macht diese Kiste so besonders? Welche Schätze würdest du in deine Schatzkiste hineinlegen?
>
> Hier ein paar Ideen:
>
> - Dinge, die für dich eine ganz besondere Bedeutung haben, vielleicht ein Brief von deinem*deiner besten Freund*in, eine Muschel, die du am Strand gefunden hast, eine Eintrittskarte von einem Konzert oder Kinobesuch
> - Dinge, die du sehen kannst: Fotos, die dich an schöne Erlebnisse oder Menschen, die du gerne magst, erinnern, deine Klebebildersammlung

Modul 14 Die Aktivierung der Ressourcen

- Dinge, die du hören kannst: deine Lieblingsmusik oder ein Hörspiel, das dich zum Lachen bringt, Entspannungs- oder Atemübungs-CD, eine Sprachnachricht
- Dinge, die du riechen kannst: ein Duftölfläschchen in deiner Lieblingssorte
- Dinge, die du schmecken kannst: ein Teebeutel mit deinem Lieblingstee, vielleicht ein Schokoriegel
- Dinge, die du fühlen kannst: ein Kuscheltier, ein Stein, der sich schön anfühlt, oder Murmeln
- Heldenzubehör: Zauberstab, Spielzeugpistole, Schutzschild, Pfeil und Bogen
- Für dich wichtige Dinge, z. B.: Dein Lieblingsbuch oder Comic, gute, hilfreiche Gedanken
- Deine Lieblingsübungen, die du in der Therapie gelernt hast und die dir gut helfen

Versteck deine Kiste unter deinem Bett oder stell sie dorthin, wo du sie immer sehen kannst.

Fragen zur Überprüfung und zum Weiterdenken

Woraus können Menschen Kraft ziehen?

Wie können Ressourcen in der Beratung oder Pädagogik aktiviert werden?

Welche der Übungen spricht Sie persönlich an?

In welcher Form könnte in Ihrer Organisation ein Genusstraining angeboten werden?

Was erfreut Ihr Auge zu Hause, bei der Arbeit, in der Natur, in der Stadt?

Was bedeutet für Sie alles Hörgenuss? Wie genussvoll ist es, Stille zu hören?

Welcher Geruch und welcher Geschmack lässt Sie lustvoll die Augen schließen?

Tasten Sie beim Essen auch mit Ihrer Zunge? Welches Tasterlebnis ruft Genuss, Wohlbefinden und Entspannung in Ihnen hervor?

Einführende Literatur:

- *Von der Freude, den Selbstwert zu stärken (Potreck-Rose 2009)*

In ihrem Buch stellt die Psychotherapeutin Friederike Potreck-Rose in sieben Schritten Anregungen vor, wie das Vertrauen in die eigenen Fähigkeiten wachsen und wie mehr Wohlwollen für sich selbst entwickelt werden kann.

- *Echte Schätze! Die starke-Sachen-Kiste für Kinder (Petze 2012)*

In diesem kleinen Buch für Kinder in Kita und Vorschule sammeln Kinder und die Katze Kim in einer Schatzkiste alles, was stark macht und lernen dabei, den allergrößten Schatz zu hüten und zu schützen: sich selbst! In kurzen, in sich abgeschlossenen Szenen aus dem Kita-Alltag werden zentrale Präventionsbotschaften vorgestellt (auch in Englisch, Türkisch, Russisch, Arabisch, Französisch, Polnisch, Albanisch und Farsi erhältlich).

- *Ressourcenübungen für Kinder und Jugendliche und noch mehr Ressourcenübungen für Kinder und Jugendliche (Gräßer/Hovermann/Botved 2015/2020)*

Die Autor*innen haben zwei ansprechend illustrierte Kartensets mit vielen Ideen und Übungen zusammengestellt, mit deren Hilfe sich Kinder und Jugendliche in schwierigen Zeiten auf ihre eigenen Ressourcen besinnen und diese sofort einsetzen können. Es ist auch gut geeignet als Ideensammlung für den beraterischen und therapeutischen Kontext.

Weiterführende Literatur:

- *Mit allen Sinnen leben. Tägliches Genusstraining (Handler 2015)*

Dieses Buch können Sie für sich selbst zur Selbstsorge verwenden oder als Arbeitsmaterial in der Beratung oder Pädagogik, allerdings liegt der Schwerpunkt nicht auf der Arbeit nach traumatischen Erfahrungen, sondern ganz allgemein auf dem Training von Genuss.

Modul 15 Stabilisierung durch Imaginationen

Zusammenfassung

Imaginationen sind innere Bilder oder Vorstellungen, die alle Sinneswahrnehmungen umfassen können und sich als Bilder, Empfindungen, Gefühle oder Geschichten imaginieren lassen. Sie können bei der Traumabewältigung eine wichtige Rolle spielen. In diesem Modul werden Sie zunächst mit der Geschichte der Arbeit mit inneren Bildern bekannt gemacht, bevor Ihnen konkrete Ideen vorgestellt werden, wie Imaginationen in der Sozialen Arbeit nach traumatischen Erfahrungen zur Stabilisierung eingesetzt werden können.

15.1 Die Arbeit mit inneren Bildern als Heilkunst

Seit Jahrhunderten suchen Menschen Schutz, Ermutigung und Heilung in magischen Geschichten, Märchen und Fantasiewelten (Ahrens-Eipper/Nelius 2015: 47). Bildersprache und Phantasiebilder werden auch als die älteste und mächtigste Heilquelle in der Geschichte der Medizin und als eine Methode der Vermittlung zwischen Körper, Geist und Seele beschrieben, um Veränderungen im Körper, in der Einstellung und im Verhalten zu bewirken (Achterberg/Dossey/Kolkmeier 1996: 80). Auch in vielen schamanischen Ritualen wird beispielsweise mit veränderten Bewusstseinszuständen und inneren Bildern gearbeitet, um Selbstheilungskräfte zu aktivieren (Achterberg 1987: 12; Reddemann 2014: 42). Allerdings war die vermeintliche Unkontrollierbarkeit der inneren Bilder sowohl der Kirche als auch der Wissenschaft lange Zeit suspekt, zu irrational und ein Dorn im Auge (Reddemann 2013: 293). Die Entdeckung des Unbewussten und der Träume als „Königsweg zum Unbewussten" (Freud 1939) innerhalb der Psychoanalyse führte dennoch zu einer tieferen Auseinandersetzung mit inneren Bildern. Carl Gustav Jung hat den Begriff der *Imagination* als „Urstoff des Lebens" in die Psychologie eingeführt, „um die inneren Bilder zu bezeichnen, die unter bestimmten Voraussetzungen vor den geschlossenen Augen eines Menschen erscheinen können" (Maas 1981: 11). Archetypische Symbole existieren nach seiner Auffassung in einem „kollektiven Unbewussten" und drücken sich in Bildern und Symbolen universaler Menschheitserfahrungen aus. In den Urbildern von Mythen, Märchen, Träumen, aber auch von Religion, Kunst und Literatur entfalten die Archetypen ihre Wirkkraft auf die Psyche des Menschen (Jung 2019a). Doch im Unterschied zum Traum, der immer erst im Nachhinein analysiert werden kann, entstehe bei der *aktiven Imagination* ein Dialog mit den auftauchenden inneren Bildern und Phantasien, so dass diese bewusst beeinflusst und in der Psychotherapie eingesetzt werden können. Der Wachzustand ermöglicht die freie Entscheidung, wenngleich Imaginationen auch aus der Tiefe des Unbewussten aufsteigen können (Maas 1981: 11). C.G. Jung hat selbst, z.B. im Roten Buch (2019b), seine damaligen Emotionen und Imaginationen zu eindrucksvollen Bildern gestaltet. Bilder als eine Brücke zwischen Bewusstem und Unbewusstem spielen für ihn in jeder Form – in Gestalt von Traumbildern, von imaginierten Bildern oder von gemalten Bildern – eine entscheidende Rolle bei Heilungsprozessen (Riedel/Henzler 2016).

15.2 Imaginationen in der Traumabewältigung

„Unsere Fähigkeit zu imaginieren ist das Hilfsmittel, das uns in Kontakt bringt mit dem Heilsamen in uns."
(Reddemann 2014: 16)

Der lateinische Begriff ‚*imago*' steht für ein Bild, eine Vorstellung oder ein Abbild. Der Gehirnforscher Gerald Hüther schreibt ihnen eine große Wirkmacht zu – aus Bildern können Menschen Mut, Zuversicht und Ausdauer schöpfen oder sie können Menschen in Hoffnungslosigkeit, Verzweiflung und Resignation stürzen lassen (Hüther 2015: 9).

> **Definition: Imagination**
>
> Imaginationen sind aufsteigende Phantasiebilder oder aktiv erzeugte Gedanken, die sich aller Sinne bedienen: Sehen, Hören, Geschmack, Geruch, Bewegungsempfinden, Berührung, innere Empfindung (felt sense). Der Körper, die Seele und der Geist reagieren auf lebhafte Phantasiebilder, *als ob* die vorgestellten Ereignisse oder Wahrnehmungen sich in der äußeren Welt tatsächlich ereigneten.

Es ist also mehr als eine innere Visualisierung, da ungefähr ein Viertel aller Menschen die Vorstellungen selten oder nie *sehen*, sondern dafür andere Sinne in ihrer Bildsprache einsetzen. Für viele ist der visuelle Sinn jedoch von zentraler Bedeutung bei der Arbeit mit Phantasiebildern (Achterberg/Dossey/Kolkmeier 1996: 81). Wenn Menschen sich vorstellen zu laufen oder etwas zu hören oder zu sehen, dann produzieren ihre Nerven und Muskeln winzige, aber messbare Bewegungen oder elektrochemische Verbindungen im entsprechenden Bereich des Gehirns (Achterberg/Dossey/Kolkmeier 1996: 102). „Neurobiologisch werden beim Imaginieren weitgehend die gleichen neuronalen Netzwerke aktiviert wie bei konkretem Handeln" (Beckrath-Wilking et al. 2013: 181) – unabhängig davon, ob man eine Situation tatsächlich erlebt oder lediglich imaginiert. So konnte im Rahmen von Forschungen zur Neuroplastizität gezeigt werden, dass sich das Gehirn je nach Art und Intensität der Benutzung verändert, neu vernetzt oder vorhandene Bahnen festigt. Vorstellungsbilder können also im Körper zu nachweislichen Veränderungen führen (Reddemann 2008: 61; Hüther 2015: 9). Auch wenn es anfangs vielleicht etwas ungewohnt ist, sich auf innere Bilder oder Wahrnehmungen einzulassen, kann mit der Zeit z.B. durch die Vorstellung von Entspannung ein körpereigenes inneres Beruhigungsmittel aktiviert werden. Die Verbindungspfade können sich durch Übung öffnen und es wird mit der Zeit immer leichter, sich den Bildern oder Empfindungen zu öffnen. Leistungssportler*innen nutzen diesen Trainingseffekt des Gehirns, um ihre Koordinationsleistungen zu verbessern (Ludwig 2006: o.S.) oder trotz Verletzungen geistig weiter zu trainieren (Reddemann 2008: 61). Die Wirksamkeit der Arbeit mit Imaginationen konnte in zahlreichen Studien u.a. für Traumafolgestörungen (z.B. im Rahmen der Schematherapie) bestätigt werden (Zens/Seebauer 2019: 56 f.).

Exkurs: Imaginationen in der Traumatherapie

Imaginationen werden häufig in der Traumatherapie eingesetzt, können aber auch außerhalb des Therapierahmens zur Stabilisierung verwandt werden. Es gibt viele therapeutische Konzepte mit imaginativen Techniken wie beispielsweise die *aktive Imagination* nach C.G. Jung, die *Hypnotherapie* nach Milton Erickson oder aktuell die *Psychodynamisch imaginative Traumatherapie (PITT)* von Luise Reddemann (2008). Luise Reddemann entdeckte im Rahmen ihrer Psychotherapien, dass schwer traumatisierte Menschen oft berichteten, dass sie traumatische Erlebnisse in ihrem Leben nur überstehen konnten, weil sie sich tröstende Phantasiewelten und innere Helfer ausgemalt haben. Kinder stellen sich imaginäre Freund*innen vor, sprechen mit ihren Kuschel- oder Haustieren und können sich in bedrohlichen Situationen über die Phantasie an einen Ort der Sicherheit beamen. Im eigenen Inneren oder, wie Luise Reddemann (2014: 23) formuliert, „auf der inneren Bühne", kann „eine ganz und gar gute Welt" geschaffen werden, „um dort den Rückhalt, die Stärke und den Trost zu finden, die im Äußeren niemals in der gewünschten Vollkommenheit anzutreffen sind". Sie empfiehlt, eigene stimmige Bilder zu suchen, die positiv besetzt sind und als „Gegenbilder zu den Schreckensbildern" (Reddemann 2014: 29 f.) dienen, um zwischen diesen beiden Bildern hin- und herpendeln zu können. Statt das negative Bild zu unterdrücken, können Adressat*innen etwas machen und fühlen sich nicht länger hilflos ausgeliefert: Wenn ein Gegenbild da ist, gibt es eine Wahl für sie (Reddemann 2014: 30). „Sich wenigstens für einen Moment mit heilsamen Bildern zu beschäftigen, ehe man sich wieder auf die unheilvollen Bilder konzentriert" (Reddemann 2013: 300), das ist die Grundidee der imaginativen Traumatherapie.

Insbesondere zur Vorbereitung und Durchführung einer Traumakonfrontation wurden spezielle Imaginationen entwickelt, wie beispielsweise die Bildschirmtechnik. Auf diese wird hier aber nicht näher eingegangen, da diese ausschließlich im geschützten Rahmen der Psychotherapie stattfinden sollen.

Auch die Arbeit mit verletzten inneren Anteilen oder dem sogenannten Inneren Kind ist ein wichtiger Bestandteil der traumatherapeutischen Arbeit (Reddemann 2018: 53): Die Vorstellung, dass alles, was je verletzt wurde, in jedem Menschen weiterlebt und nach Heilung strebt, ist der Kern. „Verletzungen der Seele heilen nach allem, was man jetzt weiß, am besten durch mitmenschliche Zuwendung, Verständnis, Anerkennung des Leidens und Trost. Wurde ein Mensch seelisch verletzt und kann er davon nicht genesen, hat das viel damit zu tun, dass der eben genannte Trost- und Heilungsprozess nicht stattfand. […] Das verletzte, ungetröstete Kind lebt im Selbst weiter." (Reddemann 2015: 53) Durch Trost, Mitgefühl und ‚Nachbeelterung' des Inneren Kindes können Menschen in ihrem Heilungsprozess durch Psychotherapie unterstützt werden.

In der Sozialen Arbeit nach traumatischen Erfahrungen können ebenfalls viele verschiedene Imaginationen oder Phantasiereisen eingesetzt werden. Die Imaginationsübungen dienen der Stabilisierung, der Selbsttröstung und -beruhigung und sollen ein Gegengewicht zu möglichen Flashbacks und Intrusionen schaffen (siehe Modul 12) oder bei der Heilung von verletzten inneren jüngeren Kindern helfen (Krüger 2012: 148). Sie können eine innere Kraftquelle darstellen und die innere Sicherheit fördern (Beckrath-Wilking et al. 2013: 174).

> **Merke:**
>
> Imaginationen sollten (wie alle stabilisierenden und ressourcenaktivierenden Übungen nach Huber 2013: 94) am besten so gestaltet werden, dass sie
>
> - schöne, angenehme Bilder schaffen;
> - mit Ruhe und Frieden assoziiert sind;
> - alle Sinnesqualitäten ansprechen: Hören, Riechen, Schmecken, auf der Haut fühlen, es im Körper fühlen und es anschließend ‚verkörpern';
> - mit einer angenehmen Bewegung oder Aktivität verbunden werden;
> - gut verankert werden mit Hilfe von Worten, Symbolen oder Selbstberührungen, die helfen sollen, den angenehmen Zustand später wieder aufsuchen zu können.

15.3 Anleitung von Imaginationen

> Gäbe es nur eine Wahrheit,
> könnte man nicht hundert Bilder zu einem Thema malen.
> (Pablo Picasso zitiert nach Reddemann 2013: 293)

Imaginationen können alleine, in einer Beratungssituation im Einzelkontakt oder auch in einer Gruppe durchgeführt werden. Schauen Sie nach den Vorlieben Ihrer Klient*innen und fragen nach vielleicht schon vorhandenen inneren Bildern. Probieren Sie die Übungen zunächst für sich selber oder in Ihrer Übungsgruppe aus! Es ist sowohl hilfreich, die Anleitung für andere zu übernehmen und sich selbst, den Einsatz der eigenen Stimme, die Geschwindigkeit beim Vorlesen sowie die Atempausen auszuprobieren, als auch einmal selbst zu erleben, wie angeleitete Imaginationsübungen auf Sie selber wirken. Es gibt verschiedene Arten der Durchführung von Imaginationsübungen. In der Regel können fünf Phasen voneinander unterschieden werden: die Phase der Vorbereitung, der Entspannung, der inneren Bilder, der Rückkehr in die äußere Welt und der Austausch über das Erlebte.

Die Vorbereitung

Schaffen Sie einen angenehmen und möglichst sicheren Rahmen für die Übung. Stellen Sie sicher, dass Sie während der Übung nicht gestört werden und kein Telefon oder Handy klingelt. Sie können zum Beispiel mit Blumen, Tüchern oder Kerzen eine Mitte gestalten oder durch eine Abdunkelung des Raumes, einen Duft in der Luft oder eine entspannende Hintergrundmusik für eine wohltuende Atmosphäre sorgen. Die Imagination kann von einer CD abgespielt werden, vorgelesen oder frei gesprochen werden – achten Sie dabei auf eine beruhigende Stimme und ein langsames Tempo (Friebel 2014: 8).

Die Entspannungsphase

Bevor die Imagination selbst beginnt, ist es sinnvoll, zur Einstimmung einen Zustand der Entspannung und einer neugierig-offenen Haltung zu ermöglichen. Es sollte eine Einladung ausgesprochen werden, eine entspannte und bequeme Sitz- oder Liegeposition einzunehmen (Friebel 2014: 9). Für manche Klient*innen kann es aber auch sinnvoll sein, sich zu bewegen oder fest zu stehen (Hantke/Görges 2012: 329). Es muss Ihnen bewusst sein, dass durch Entspannungstechniken immer auch traumatische Erinnerungen aktiviert werden können. Daher erleben viele traumatisierte Menschen klassische Entspannungsverfahren auch nicht als hilfreich, da viele dieser Ansätze darauf ausgelegt sind, einen innerlich leeren Raum zu erzeugen. Gerade dieser innerlich leere Raum kann aber leicht von alten, belastenden Gefühlen überflutet werden. Daher ist es ein wesentliches Prinzip der Anleitung, dass der*die Klient*in jederzeit die Kontrolle behält (Reddemann 2013: 44 f.). Die Adressat*innen müssen sich bei der Übung also nicht vollständig entspannen. Ein Teil des Körpers kann bewusst angespannt bleiben, um sicher zu sein, dass die Kontrolle jederzeit vorhanden ist. Es reicht auch, über den Inhalt der Übung einfach ohne Entspannung nachzudenken und sich die Ideen ggf. aufzuschreiben (Ludwig 2006: o.S.). „Es kommt nicht darauf an, dass sie tief in die Entspannung hineingehen. […] Man kann sich darin trainieren, sowohl – ein wenig – nach innen zu gehen und gleichzeitig außen wahrzunehmen, also eine Form doppelter Aufmerksamkeit zu praktizieren" (Reddemann 2014: 41).

Während der Imagination begünstigt das Schließen der Augen das Aufsteigen innerer Bilder. Dafür ist aber Vertrauen notwendig, was es für viele traumatisierte Menschen schwierig macht. Da das Erleben von Kontrolle den höchsten Stellenwert hat, sollte daher angeboten werden, die Augen offen zu lassen und stattdessen auf einem Punkt im Raum ruhen zu lassen, um langsam die Konzentration von außen auf das Innere zu richten. Oft reicht schon der Entschluss, sich eine gewisse Zeitlang einzulassen, damit der Körper sich beruhigt und entspannt (Reddemann 2014: 35).

Imaginationen können gut mit Entspannungsübungen kombiniert werden. Sie können dabei helfen, den eigenen Körper achtsam wahrzunehmen, sich im Hier und Jetzt zu verankern oder auch den Fokus auf eine bestimmte Sache zu richten. Auch diese Übungen können individuell und bedarfsgerecht aus einer Vielzahl von Übungen ausgewählt werden (Reddemann 2014: 43ff.): Progressive Muskelentspannung nach Jacobsen, Atemübungen oder Achtsamkeitsmeditationen bieten sich an (siehe Modul 13). Hier ein möglicher Vorschlag für Kinder:

Meditation für Kinder und Jugendliche (nach Gräßer & Hovermann 2015)

Meditation ist eine uralte Technik. Es geht darum, einen Zustand zu erreichen, bei dem man an nichts denkt. Kannst du dir vorstellen, wie schön das sein kann, wenn du mal nicht an die Klassenarbeit, deine Schmerzen oder Ähnliches denkst? Wenn du es ausprobieren möchtest, setze dich in den Schneidersitz auf ein Kissen, einen bequemen Stuhl oder deinen Lieblingssessel. Sorge dafür, dass dich keiner stört. Wenn du eine bequeme Position gefunden hast, konzentriere dich auf deinen Atem und achte darauf, wie du langsam ein- und ausatmest. Wenn du möchtest, kannst du die Augen schließen, ansonsten suche dir einen Punkt an der Wand, den du anschaust. Wann immer du von deinem Atem durch vorbeifliegende Gedanken abgelenkt wirst, stelle dieses fest, lass den Gedanken vorbeiziehen und konzentriere dich wieder darauf, wie du langsam ein- und ausatmest. Wann immer du das das Gefühl hast, du sitzt nicht mehr bequem oder dir tut etwas weh, nimm es wahr, benenne es, verändere deine Position und kehre dann zu deinem Atem zurück und atme wieder ein und aus. Nun versuche einfach mal, dich für einige Minuten nur auf das Ein- und Ausatmen zu konzentrieren.

Wenn du nichts anderes als deinen Atem im Kopf hast, dann hast du etwas Großartiges vollbracht! Genieße diesen Moment ...

Die Phase der inneren Bilder

Nach der Entspannungsphase beginnt die Wanderung in die innere Vorstellungswelt (Friebel 2014: 10). Mit Hilfe von Vorschlägen werden innere Bilder angeregt. Die innere Welt kann betrachtet, gehört, gerochen oder gespürt, ihre Wirkung erfahren, verändert und entfaltet werden. Durch die Aktivität kann auf die Bilder Einfluss genommen werden. Zahlreiche Übungen sind inzwischen verfügbar und können individuell angepasst werden. Luise Reddemann (2013: 297, 2014) benennt viele Bilder, die sich im Laufe der Jahre bewährt haben, wie hilfreiche Wesen, das Genährt-Werden mit Hilfe eines Baumes, Gepäck ablegen, die imaginative Reinigung durch Wasser oder Atem u.v.m.. Ein typisches heilendes Phantasiebild ist beispielsweise Licht, das als Strahl, Strom oder Kugel in weiß oder einer anderen Farbe, die mit Heilung oder Wohlgefühl assoziiert ist, imaginiert wird. Michaela Huber (2010, 2015) hat einige Übungsbücher (mit CDs) zur Verfügung gestellt, in denen Ressourcen aktiviert, Stress bewältigt, Trost vermittelt und Geborgenheit gespendet werden sollen.

Ein beliebtes Phantasiebild und der Klassiker unter den Imaginationsübungen ist die Vorstellung eines guten inneren Ortes, an dem sich ein Mensch vollkommen sicher und entspannt fühlt. Die folgende Übung wurde dem Buch „Imagination als heilsame Kraft" von Luise Reddemann (2014) entnommen und liegt auch als CD vor. Der innere sichere Ort soll die Erfahrung von Wohlbefinden, Sicherheit und Geborgenheit vermitteln. Gerade früh und komplex traumatisierte Menschen wurden in ihrer Sicherheit wesentlich beeinträchtigt, ja geradezu herausgerissen – wenn sie diese jemals erlebt haben. Da viele Betroffene sich einen solchen sicheren Ort nicht vorstellen können, verwendet Luise Reddemann (2014) inzwischen auch den Begriff *Wohlfühlort*.

Man kann sich seinen Wohlfühlort frei wählen und in der Phantasie ausgestalten, beispielsweise festlegen, ob er sich auf der Erde oder außerhalb befindet, z.B. auf einem anderen Planeten. Wichtig ist, dass man sich keine realen Menschen einlädt, die man kennt, denn dieser Ort soll nur gut sein und Menschen sind nie nur gut. Aber man kann sich hilfreiche Wesen z.B. aus Märchen und Mythen einladen. Der Ort kann frei phantasiert oder auch ein ideal umgestalteter realer Ort aus der Erinnerung sein. Auch sichere Grenzen für den Ort (wie Bilder von Mauern, Hecken oder Flüssen) können eine wichtige Rolle spielen, um das Sicherheitsgefühl zu erhöhen (Beckrath-Wilking et al. 2013: 186). So besteht die Möglichkeit, dass dieser Ort ganz nach den eigenen Vorstellungen und Bedürfnissen der Adressat*innen gestaltet und jederzeit gut erreicht werden kann (Hantke/Görges 2012: 328).

Alle Menschen können diese Vorstellung als Einschlafhilfe nutzen oder um sich selbst zu beruhigen und zu entspannen. Das Praktische an diesen Imaginationen ist, dass Sie diese inneren Bilder immer bei sich haben, dass niemand sie Ihnen wegnehmen kann und sie daher auch jederzeit aktiviert werden können.

> **Übung: Imagination des Wohlfühlortes oder inneren sicheren Ortes (in Anlehnung an Reddemann 2014: 45 f.)**
>
> Ich bitte Sie jetzt, dass Sie in Ihrem Inneren schauen nach einem sicheren Ort, an dem Sie sich ganz wohl fühlen und den nur Sie allein betreten können. Vielleicht sehen Sie Bilder, vielleicht spüren Sie etwas, vielleicht denken Sie zunächst auch nur an einen solchen Ort. Lassen Sie auftauchen, was immer auftaucht, und nehmen Sie es an. Wenn Sie möchten, können Sie mir jetzt Ihren sicheren Ort beschreiben. Wenn es Ihnen lieber ist, mir nichts darüber zu sagen, ist das für mich in Ordnung. Bitte prüfen Sie, ob Sie sich dort wirklich ganz und gar wohl, sicher und geborgen fühlen. Schauen Sie nach, ob Sie es sich dort wirklich bequem machen können. Es ist wichtig, dass Sie sich vollkommen wohl, sicher und geborgen fühlen. Richten Sie sich Ihren sicheren Ort also bitte so ein, dass dies möglich ist. Spüren Sie jetzt bitte ganz genau, wie es Ihrem Körper damit geht, an diesem inneren sicheren Ort zu sein. Was sehen Sie? Was hören Sie? Was riechen Sie? Wenn es noch etwas gibt, was Sie verändern möchten, dann können Sie dies jetzt tun... Vielleicht hilft Ihnen dabei die Vorstellung eines Zauberstabes oder eines Zauberrings. Nehmen Sie bitte alles so genau wie möglich wahr, damit Sie wissen, wie es sich anfühlt, an diesem Ort zu sein... Verabreden Sie jetzt mit sich ein Zeichen, mit dessen Hilfe Sie jederzeit an den sicheren Ort gehen können. Sie können zum Beispiel eine Faust machen oder sich durch die Haare streichen. Immer wenn Sie diese Geste machen werden, können Sie an den sicheren Ort gehen, wenn Sie es möchten. Führen Sie diese Gestik bitte jetzt aus, damit Ihr Körper sich erinnert. Spüren Sie bitte noch einmal, wie gut es Ihnen jetzt an diesem sicheren Ort geht, und kommen Sie dann bitte wieder zurück ins Hier und Jetzt.

Die Rückkehr in die äußere Welt

Zum Ausklang lösen sich die inneren Bilder langsam wieder auf. Es ist wichtig, die Beteiligten in den Alltag zurückzuführen und sie wieder im Hier und Jetzt zu verankern. Durch das Beenden der Imagination mit einem bewussten Augenöffnen, kräftigem Recken und Strecken und tiefem Durchatmen oder Gähnen kann der Körper dabei unterstützt werden, sich zu re-orientieren (Ludwig 2006: o.S.). Eventuell kann auch die Achtsamkeitsübung vom Anfang zur Orientierung im Hier und Jetzt nochmals aufgegriffen werden (Reddemann 2014: 44).

Austausch oder Vertiefung des Erlebten

Für viele Menschen ist es hilfreich, im Anschluss über das Erlebte zu sprechen. Doch die inneren Bilder sind immer privat und intim, weshalb ein gewisses Vertrauensverhältnis hilfreich ist und niemand gedrängt werden sollte, von den eigenen Erfahrungen zu berichten. Sie sollten auch weder bewertet noch analysiert werden – jedes Erleben ist individuell und einzigartig. Die Erfahrungen aus der

Imagination können auch aufgeschrieben oder gemalt werden, was die Imagination nochmals intensiviert (Hantke/Görges 2012: 330).

Einführende Literatur:

- *Frederick (Lionni 1967/2004)*

Das Bilderbuch von Leo Lionni ist eine gute Möglichkeit, um die Wirkung von Imaginationen auch kleinen Kindern verständlich zu machen. Die kleine Feldmaus sammelt Sonnenstrahlen, Farben und Worte für die kommenden schweren Zeiten und tröstet im Winter durch Imaginationen die anderen Feldmäuse.

Weiterführende Literatur:

- *Imagination als heilsame Kraft (Reddemann 2014)*

Der Klassiker für die Verwendung imaginativer Techniken in der Traumatherapie. Es beinhaltet aber auch viele klassische Übungen zur Stabilisierung, die für eine Soziale Arbeit nach traumatischen Erfahrungen geeignet sind, wie beispielsweise die Baumübung oder Gepäck ablegen.

- *Der innere Garten (Huber 2010)*

Auch Michaela Huber hat viele Imaginationsübungen entwickelt und veröffentlicht. Einige beliebte Übungen finden sich in diesem kleinen Büchlein mit CD.

16. Fazit

Die konzeptionellen Überlegungen einer Sozialen Arbeit in diesem Kompendium sind ein deutliches Plädoyer für eine Unterstützung für Menschen nach traumatischen Erfahrungen, die sich durch eine biopsychosoziale Perspektive auszeichnet. Neben der Psychiatrie und der Psychotherapie sollte eine Soziale Arbeit nach traumatischen Erfahrungen in Form von professioneller Beziehungsarbeit, traumasensibler psychosozialer Beratung und Krisenintervention sowie traumapädagogischer Angebote eine wichtige dritte Säule in der Versorgung darstellen. Durch die mehrdimensionale Perspektive kann Menschen nach traumatischen Erfahrungen eine ambitionierte parteiliche, soziale und politische Unterstützung angeboten werden, die sie weder individualisiert noch ihre Erlebnisse pathologisiert, sondern Bewältigungsprozesse nach Traumatisierungen fachlich begleitet (Gebrande 2017a: 65 f.). Ein internationales Forschungsteam zu traumatischem Stress um Hobfoll et al. (2007: 284) diskutierte über psychosoziale Interventionsformen nach Katastrophen und Massengewalt und legte gemeinsam einen Überblick über empirische Untersuchungen aus den USA, Australien, Israel, Südafrika, Holland und vielen weiteren Ländern vor. Sie leiten fünf empirisch überprüfte Wirkfaktoren ab, die zusammenfassend anhand des derzeitigen Forschungsstandes herauskristallisiert werden können. Zur Förderung der Resilienz von Einzelnen, Gruppen und Gemeinschaften nach traumatischen Erfahrungen sollten psychosoziale Interventionen kurz- bis mittelfristig fünf zentrale Prinzipien unterstützen, mit denen ich dieses Kompendium abschließen möchte.

> **Merke: Prinzipien der psychosozialen Interventionen nach Katastrophen und Massentraumata[2] (Hobfoll 2007: 285 f.)**
> 1. Promote sense of safety.
> 2. Promote calming.
> 3. Promote sense of self- and collective efficacy.
> 4. Promote connectedness.
> 5. Promote hope.

Ich hoffe, dass deutlich wurde, dass dieses Kompendium von diesen fünf Wirkfaktoren durchdrungen ist, genauso wie ich Ihnen wünsche, dass Ihre Arbeit mit Adressat*innen nach traumatischen Erfahrungen davon durchdrungen sein wird! Nehmen Sie sich Zeit und bleiben Sie geduldig, dann können auch große Aufgaben wie die Bewältigung einer Traumatisierung Schritt für Schritt gelingen.

---

[2] 1. Förderung eines Gefühls von Sicherheit, 2. Förderung von Beruhigung, 3. Förderung der Selbstwirksamkeit und der kollektiven Wirksamkeit, 4. Förderung der menschlichen Verbundenheit sowie 5. Förderung der Hoffnung (eigene Übersetzung).

16. Fazit

> **Merke: Schritt für Schritt zur Traumabewältigung – mach es wie Beppo!**
> *(Die Geschichte von Beppo Straßenkehrer aus: Momo von Michael Ende 1973)*
>
> „Siehst du, Momo", sagte er dann zum Beispiel, „es ist so: Manchmal hat man eine sehr lange Straße vor sich. Man denkt, die ist so schrecklich lang; das kann man niemals schaffen, denkt man."
>
> Er blickte eine Weile schweigend vor sich hin, dann fuhr er fort: „Und dann fängt man an, sich zu eilen. Und man eilt sich immer mehr. Jedes Mal, wenn man aufblickt, sieht man, dass es gar nicht weniger wird, was noch vor einem liegt. Und man strengt sich noch mehr an, man kriegt es mit der Angst, und zum Schluss ist man ganz außer Puste und kann nicht mehr. Und die Straße liegt immer noch vor einem. So darf man es nicht machen."
>
> Er dachte einige Zeit nach. Dann sprach er weiter: „Man darf nie an die ganze Straße auf einmal denken, verstehst du? Man muss nur an den nächsten Schritt denken, an den nächsten Atemzug, an den nächsten Besenstrich. Und immer wieder nur an den nächsten."
>
> Wieder hielt er inne und überlegte, ehe er hinzufügte: „Dann macht es Freude; das ist wichtig, dann macht man seine Sache gut. Und so soll es sein."
>
> Und abermals nach einer langen Pause fuhr er fort: „Auf einmal merkt man, dass man Schritt für Schritt die ganze Straße gemacht hat. Man hat gar nicht gemerkt wie und man ist nicht außer Puste." Er nickte vor sich hin und sagte abschließend. „Das ist wichtig."

Ich danke Ihnen – den Leser*innen, die mir bis zum Ende dieses Kompendiums gefolgt sind! Ich wünsche Ihnen Räume zum Nachdenken über die vermittelten Themen und hoffe, dass Sie die Lektüre anregen konnte, einerseits, genau hinzuschauen, wenn Ungerechtigkeit, Gewalt und Trauma in dieser Welt passieren und andererseits, Teil einer Bewegung zu werden, die diese Zustände nicht länger hinnimmt und sich darum bemüht, Mitmenschlichkeit, Solidarität und Freude zu leben.

Ich habe dieses Buch meinen Patenkindern gewidmet, weil ich mir für sie eine solche Welt wünsche, in der sie sicher, geborgen und glücklich aufwachsen können. Ich bin dankbar und erfüllt, dass ich sie in ihrem Aufwachsen und Leben ein Stückweit begleiten darf. Danke!

Ich möchte vielen Menschen danken, die zur Entstehung dieses Buches beigetragen haben. Zuallererst möchte ich meinen Klient*innen danken, die mich an ihrem Erfahrungswissen über Heilungsprozesse und im Rahmen meiner Begleitung durch die Höhen und Tiefen ihrer Bewältigung der Traumatisierungen teilhaben ließen. Aber auch meine Studierenden – insbesondere die Teilnehmenden des Beratungsseminars „Psychosoziale Beratung und Traumapädagogik in der Sozialen Arbeit mit traumatisierten Menschen" – haben viele Anregungen und Impulse für die Ausarbeitung dieses Kompendiums gegeben und durch ihre eigenen praktischen Übungen und Erfahrungen aus den Praxissemestern zu der Entwicklung vieler Fallbeispiele und Übungen beigetragen. Ich danke der Hochschule Esslingen für den Freiraum in Lehre und Forschung, der mir ermöglicht hat, mich intensiv diesen Themen zu widmen und den vielen Vorbildern in Ausbildung, Fort- und Weiterbildung und in der scientific community, die mich geprägt haben und mit denen ich teilweise freundschaftlich verbunden bin. Und ich danke meinem Lektor Alexander Hutzel vom Nomos-Verlag für die Idee zu diesem Kompendium.

Literaturverzeichnis

A

Achterberg, Jeanne (1987): Die heilende Kraft der Imagination: Heilen durch Gedankenkraft. Grundlagen und Methoden einer neuen Medizin. Bern: Scherz.

Achterberg, Jeanne/Dossey, Barbara/Kolkmeier, Leslie (1996): Rituale der Heilung. Die Kraft von Phantasiebildern im Gesundungsprozess. München: Goldmann Verlag.

Adorno, Theodor W. (1977): Was bedeutet: Aufarbeitung der Vergangenheit. In: Gesammelte Schriften. Kulturkritik und Gesellschaft II: Eingriffe. Frankfurt/Main: Suhrkamp.

Ahrens-Eipper, Sabine/Nelius, Katrin (2015): Der große Schreck. Psychoedukation für Kinder nach traumatischen Ereignissen. Halle/Saale: kjp-Verlag.

Andreae de Hair, Ingeborg/Bausum, Jacob (2013): Partizipation als Grundhaltung. Die Grundhaltung der BAG Traumapädagogik. In: Lang, Birgit/Schirmer, Claudia/Lang, Thomas/Andreae de Hair, Ingeborg/Wahle, Thomas/Bausum, Jacob/Weiß, Wilma/Schmid, Marc (Hrsg.): Traumapädagogische Standards in der stationären Kinder- und Jugendhilfe. Eine Praxis- und Orientierungshilfe der BAG Traumapädagogik. Weinheim: Beltz Juventa, S. 115–118.

Andreatta, Pia (2012): Erschütterung des Selbst- und Weltverständnisses durch Traumata. Auswirkung von primärer und sekundärer Traumaexposition auf kognitive Schemata. 4. Auflage. Kröning: Asanger.

Antonovsky, Aaron (1997): Salutogenese. Zur Entmystifizierung der Gesundheit. Deutsche erweiterte Herausgabe von Alexa Franke. Tübingen: DGVT.

Assaloni, Herbert (2013): Achtsamkeitsprozesse und Werteorientierung in der Behandlung von traumatisierten Menschen. In: Knuf, Andreas/Hammer, Matthias (Hrsg.): Die Entdeckung der Achtsamkeit in der Arbeit mit psychisch erkrankten Menschen. Köln: Psychiatrie Verlag, S. 106–133

B

BAG FORSA (2014): BAG FORSA Leitbild. https://bag-forsa.de/de/wir/leitbild/ [16.7.2020]

BAG Traumapädagogik (2011): Traumapädagogische Standards in der stationären Kinder- und Jugendhilfe. Eine Praxis- und Orientierungshilfe der BAG Traumapädagogik. Bundesarbeitsgemeinschaft Traumapädagogik. https://fachverband-traumapaedagogik.org/standards.html?file=files/bag-trauma/Dokumentationen%20und%20Protokolle/positionspapier_11-2011.pdf [26.09.2020]

Baierl, Martin/Götz-Kühne, Cornelia/Hensel, Thomas/Lang, Birgit/Strauss, Jochen (2014): Traumaspezifische Fähigkeiten und Fertigkeiten der Mitarbeiterinnen und Mitarbeiter. In: Gahleitner, Silke/Hensel, Thomas/Baierl, Martin/Kühn, Martin/Schmid, Marc (Hrsg.): Traumapädagogik in psychosozialen Handlungsfeldern. Ein Handbuch für Jugendhilfe, Schule und Klinik. Göttingen: Vandenhoeck & Ruprecht. S. 59–71.

Bange, Dirk (2007): Sexueller Missbrauch an Jungen: Die Mauer des Schweigens. Göttingen: Hogrefe.

Bambach, Steffen (2003): Die 5-4-3-2-1-Übung. www.traumatherapie.de/users/bambach/hydratext.html [30.09.2020]

Baron, Jenny/Schriefers Silvia (2015): Versorgungsbericht zur psychosozialen Versorgung von Flüchtlingen und Folteropfern in Deutschland. Berlin: Bundesweite Arbeitsgemeinschaft der Psychosozialen Zentren für Flüchtlinge und Folteropfer. www.baff-zentren.org/news/versorgungsbericht-2/ [16.7.2020]

Bäuml, Josef/Pitschel-Walz, Gabi (2008): Psychoedukation bei schizophrenen Erkrankungen. Konsensuspapier der Arbeitsgruppe „Pychoedukation bei schizophrenen Erkrankungen". 2. Auflage. Stuttgart: Schattauer.

Bausum, Jacob (2011): Ressourcen der Gruppe zur Selbstbemächtigung: „Ich bin und ich brauche euch". In: Bausum, Jacob/Besser, Lutz/Kühn, Martin/Weiß, Wilma (Hrsg.):

Traumapädagogik. Grundlagen, Arbeitsfelder und Methoden. 2. Aufl. Weinheim: Beltz Juventa, S. 189–198.

Bausum, Jacob (2013): Über die Bedeutung von Gruppe in der traumapädagogische Arbeit in der stationären Jugendhilfe. In: Lang, Birgit/Schirmer, Claudia/Lang, Thomas; Andreae de Hair, Ingeborg/Wahle, Thomas/Bausum, Jacob/Weiß, Wilma/Schmid, Marc (Hrsg.): Traumapädagogische Standards in der stationären Kinder- und Jugendhilfe. Eine Praxis- und Orientierungshilfe der BAG Traumapädagogik. Bundesarbeitsgemeinschaft Traumapädagogik. Weinheim: Beltz Juventa. S. 175–186.

Becker, David (2002): Flüchtlinge und Trauma. Interview mit Dr. David Becker. www.userpage.fu-berlin.de/~wolfseif/verwaltet-entrechtet-abgestempelt/texte/becker_trauma.pdf [16.07.2020]

Becker, David (2014): Die Erfindung des Traumas. Verflochtene Geschichten. Neuauflage der 2. Aufl. Gießen: Psychosozial Verlag.

Beckrath-Wilking, Ulrike/Biberacher, Marlene/Dittmar, Volker/Wolf-Schmid, Regina (2013): Traumafachberatung, Traumatherapie und Traumapädagogik. Ein Handbuch für Psychotraumatologie im beratenden, therapeutischen und pädagogischen Kontext. Paderborn: Junfermann Verlag.

Beesdo-Baum, Katja (2011): Ressourcenaktivierung. In: Wittchen, Hans Ulrich/Hoyer, Jürgen: Klinische Psychologie und Psychotherapie. Berlin/Heidelberg: Springer, S. 491–502.

Bender, Doris/Lösel, Friedrich (1998): Protektive Faktoren der psychisch gesunden Entwicklung junger Menschen: Ein Beitrag zur Kontroverse um saluto- versus pathogenetische Ansätze. In: Margraf, Jürgen/Siegrist, Johannes/Neumer, Simon (Hrsg.): Gesundheits- oder Krankheitstheorie? Saluto- versus pathogenetische Ansätze im Gesundheitswesen. Berlin: Springer Verlag, S. 117 – 138.

Bengel, Jürgen/Meinders-Lücking, Frauke /Rottmann, Nina (2009): Schutzfaktoren bei Kindern und Jugendlichen – Stand der Forschung zu psychosozialen Schutzfaktoren für Gesundheit. Köln: Bundeszentrale für gesundheitliche Aufklärung (BZgA). www.bzga.de/infomaterialien/fachpublikationen/fachpublikationen/band-35-schutzfaktoren-bei-kindern-und-jugendlichen/ [15.7.2020]

Bengel, Jürgen/Strittmatter, Regine/Willmann, Hildegard (2001): Antonovskys Modell der Salutogenese – Diskussionsstand und Stellenwert. Köln: Bundeszentrale für gesundheitliche Aufklärung (BZgA). www.bzga.de/infomaterialien/fachpublikationen/band-06-was-erhaelt-menschen-gesund-antonovskys-modell-der-salutogenese/ [16.7.2020]

Berceli, David (2010): Neurogenes Zittern. Eine körperorientierte Behandlungsmethode für Traumata in großen Bevölkerungsgruppen. In: Trauma & Gewalt 4, H. 2, S. 148–157.

Berceli, David (2017): Körperübungen für die Traumaheilung und zur Stressreduktion im Alltag. Papenburg: Norddeutsches Institut für Bioenergetische Analyse e.V. (NIBA).

Berg, Fabienne (2014): Übungsbuch Resilienz. 50 praktische Übungen, die der Seele helfen, vom Trauma zu heilen. Paderborn: Junfermann Verlag.

Besser, Lutz Ulrich (2011): Wenn die Vergangenheit Gegenwart und Zukunft bestimmt. Wie Erfahrungen und traumatische Erlebnisse Spuren in unserem Kopf hinterlassen, Gehirn und Persönlichkeit strukturieren und Lebensläufe determinieren. In: Bausum, Jacob/Besser, Lutz Ulrich/Kühn, Martin/ Weiß, Wilma (Hrsg.): Traumapädagogik. Grundlagen, Arbeitsfelder und Methoden für die pädagogische Praxis. 2. Aufl. Weinheim: Beltz Juventa. S. 38–53.

Biberacher, Marlene (2011): Traumaberatung in der Sozialarbeit. In: Huber, Michaela (Hrsg.): Viele sein. Ein Handbuch: Komplextrauma und dissoziative Identität – verstehen, verändern, behandeln. 2. Aufl., Paderborn: Junfermann. S. 416–432.

Bildungstalk Podcast-Projekt am Fachbereich Erziehungswissenschaften der Goethe-Universität Frankfurt (2009): Traumapädagogik. www.bildungstalk.uni-frankfurt.de/bildungstalk-folge-traumapaedagogik/ [15.7.2020]

Bitzan, Maria/Bolay, Eberhard (2017): Soziale Arbeit – die Adressatinnen und Adressaten. Opladen: Barbara Budrich.

Literaturverzeichnis

Blattmann, Sonja (2003): In mir wohnt eine Sonne. Lieder für mutige Mädchen und Jungen... und alle, die es werden wollen. Köln: Mebes & Noack.

Blattmann, Sonja/Mebes, Marion (2004): In mir wohnt eine Sonne. koPPischoPP – Didaktisches Material. Köln: Mebes & Noack.

Bliemetsrieder, Sandro/Maar, Katja/Schmidt, Josephina/ Tsirikiotis, Athanasios (2018): Partizipation in sozialpsychiatrischen Handlungsfeldern. Reflexionen und Forschungsbericht. Hochschule Esslingen: https://hses.bsz-bw.de/frontdoor/index/index/docId/612 [07.10.2020]

Bösel, Maren/Gahleitner, Silke Birgitta (2020): Soziale Interventionen in der Psychotherapie. Interdisziplinär und interprofessionell denken und handeln. Stuttgart: Kohlhammer.

Bowlby, John (1969): Attachment. Attachment and Loss: Vol. 1. Loss. New York: Basic Books.

Braun, Brigitte (2007): Jule und Marie. Didaktisches Begleitmaterial für Eltern, PädagogInnen, TrainerInnen im Sportverein und alle, die mit Mädchen und Jungen arbeiten und leben. Köln: Mebes und Noack.

Braun, Brigitte/Schmitz, Ka (2007): Jule und Marie. Bilderbuch mit Film-DVD und Begleitheft. Köln: Mebes und Noack.

Bräutigam, Barbara (2018): Grundkurs Psychologie für die Soziale Arbeit. München: Ernst Reinhardt.

Brenssell, Ariane (2013): Trauma als Prozess – wider die Pathologisierung struktureller Gewalt und ihrer innerpsychischen Folgen. www.medico.de/fileadmin/_migrated_/document_media/1/trauma-als-prozess.pdf [16.7.2020].

Brenssell, Ariane (2014): Traumaverstehen. In: Brenssell, Ariane/Weber, Klaus (Hrsg.): Störungen. Hamburg: Argument Verlag. S. 123–150.

Brenssell Ariane (2019): „Kontextualisierte Traumaarbeit" Schlaglichter einer partizipativen Forschung. In: Widersprüche 39, H. 152. Münster: Westfälisches Dampfboot Verlag, S. 89–102.

Brisch, Karl-Heinz (2012): Bindungsstörungen und Trauma. Grundlagen für eine gesunde Bindungsentwicklung. In: Brisch, Karl-Heinz/Hellbrügge, Theodor (Hrsg.): Bindung und Trauma. Risiken und Schutzfaktoren für die Entwicklung von Kindern. 4. Aufl. Stuttgart: Klett-Cotta, S. 105–135.

Brisch, Karl-Heinz (2015): Kindergartenalter. In: Brisch, Karl-Heinz (Hrsg.): Bindungspsychotherapie, Bindungsbasierte Beratung und Therapie. Stuttgart: Klett-Cotta.

Brisch, Karl-Heinz (2020): Bindungsstörungen: Von der Bindungstheorie zur Therapie. 17. Aufl., Stuttgart: Klett-Cotta.

Brisch, Karl-Heinz/Hellbrügge, Theodor (2012): Bindung und Trauma. Risiken und Schutzfaktoren für die Entwicklung von Kindern. 4. Aufl. Stuttgart: Klett-Cotta.

Bundesministerium des Innern, für Bau und Heimat (2020): Verfassungsschutzbericht 2019. Berlin: BMI. www.verfassungsschutz.de [16.7.2020]

Bundesministerium für Familie, Senioren, Frauen und Jugend (2009): 13. Kinder- und Jugendbericht "Mehr Chancen für gesundes Aufwachsen – Gesundheitsbezogene Prävention und Gesundheitsförderung in der Kinder- und Jugendhilfe". Berlin. www.bmfsfj.de/blob/jump/93144/13-kinder-jugendbericht-data.pdf [16.7.2020]

Bundeswehr (2020): Umgang mit PTBS: So helfen Sie als Angehörige. www.bundeswehr.de/de/betreuung-fuersorge/ptbs-hilfe/informationen-ptbs-angehoerige [14.08.2020]

Butler, Judith (1991): Das Unbehagen der Geschlechter. Frankfurt am Main: Suhrkamp.

C

Csikszentmihalyi, Mihaly (2019): Flow. Das Geheimnis des Glücks. 4. Aufl., Stuttgart: Klett-Cotta.

Croos-Müller, Claudia (2011): Kopf hoch – das kleine Überlebensbuch: Soforthilfe bei Stress, Ärger und anderen Durchhängern. München: Kösel.

Croos-Müller, Claudia (2012): Nur Mut – das kleine Überlebensbuch: Soforthilfe bei Herzklopfen, Angst, Panik & Co. München: Kösel.

Literaturverzeichnis

Croos-Müller, Claudia (2013): Viel Glück – das kleine Überlebensbuch: Soforthilfe bei Schwarzsehen, Selbstzweifeln, Pech und Pannen. München: Kösel.
Croos-Müller, Claudia (2014): Schlaf gut – das kleine Überlebensbuch: Soforthilfe bei Schlechtschlafen, Albträumen und anderen Nachtqualen. München: Kösel.
Croos-Müller, Claudia (2016): Alles Liebe – das kleine Überlebensbuch. Soforthilfe bei Kummer, Kränkungen und weiteren Unfreundlichkeiten. München: Kösel.
Croos-Müller, Claudia (2017): Alles gut – das kleine Überlebensbuch. Soforthilfe bei Belastung, Trauma & Co. München: Kösel.

D

Daniels Judith (2006): Sekundäre Traumatisierung – kritische Prüfung eines Konstruktes. Dissertation der Universität Bielefeld.
De Beauvoir, Simone (1949/2000): Das andere Geschlecht. Sitte und Sexus der Frau. Reinbek: Rowohlt.
De Shazer, Steve/Dolan, Yvonne (2018): Mehr als ein Wunder: Lösungsfokussierte Kurzzeittherapie heute. 6. Aufl., Heidelberg: Carl Auer Verlag.
De Saint Phalle, Niki (2000): Traces. Eine Autobiographie, Remembering 1930–1949. Lausanne: Acatos Verlag.
DeGPT/Fachverband Traumapädagogik (2017): Mindeststandards zur Zusatzqualifikation: „Traumapädagogik/Traumazentrierte Fachberatung" nach den Empfehlungen der DeGPT und des Fachverbands Traumapädagogik. Verfügbar unter: https://www.degpt.de/curricula/traumap%C3%A4dagogik-und-traumazentrierte-fachberatung.html [16.7.2020]
DGfPI (2018): BeSt – Beraten & Stärken. Bundesweites Modellprojekt 2015 – 2020 zum Schutz von Mädchen und Jungen mit Behinderung vor sexualisierter Gewalt in Institutionen. www.dgfpi.de/files/was-wir-tun/best/2017_BeSt_Konzept_8_Seiten.pdf [04.10.2020]
DGfPI (2020): Schutz vor sexualisierter Gewalt in Einrichtungen für Mädchen und Jungen mit Beeinträchtigungen – Ein Handbuch für die Praxis. Düsseldorf: Deutsche Gesellschaft für Prävention und Intervention von Kindesmisshandlung, -vernachlässigung und sexualisierter Gewalt.
Dehner-Rau, Cornelia/Reddemann, Luise (2019): Gefühle besser verstehen. Wie sie entstehen. Was sie uns sagen. Wie sie uns stärken. 2. Aufl. München: Goldmann.
Deister, Marion/Horn, Reinhard (2013): Streichelwiese: Ganzheitliche Körpererfahrung für Kinder (Heft): Ganzheitliche Körpererfahrung für Kinder. Geschichten, die mit den Fingern erzählt werden. Lippstadt: KONTAKTE Musikverlag.
Deutsches Institut für Medizinische Dokumentation und Information (DIMDI)(2020): ICD 10: F 43. bzw. 44. www.dimdi.de/static/de/klassifikationen/icd/icd-10-gm/kode-suche/htmlgm2020/block-f40-f48.htm#F43 [17.6.2020]
DPWV – Deutscher Paritätischer Wohlfahrtsverband Baden-Württemberg (2010): Heartbeat – Herzklopfen. Beziehungen ohne Gewalt. Ein Arbeitspaket zur schulischen und außerschulischen Prävention von Gewalt in intimen Teenagerbeziehungen. www.tima-ev.de/images/tima-dokumente/Handbuch_Herzklopfen.pdf [11.08.2020]
Dewe, Bernd (2015): Soziale Arbeit als „Experten wider Willen". Zum Phänomen der Reduktion von Beratungswissen auf „Handlungsrezepte" aufgrund sozialtechnischer Erwartungen ratsuchender Klienten – Ein Fall bedrohter Professionalität von „unten". In: Becker-Lenz, Roland/Busse, Stefan/Ehlert, Gudrun/Müller-Hermann, Silke (Hrsg.): Bedrohte Professionalität. Einschränkungen und aktuelle Herausforderungen für die Soziale Arbeit. Wiesbaden, S. 317–345.
Dittmar, Volker (2013): Traumatherapeutisches Phasenmodell. In: Beckrath-Wilking, Ulrike/Biberacher, Marlene/Dittmar, Volker/Wolf-Schmid, Regina (Hrsg.): Traumafachberatung, Traumatherapie und Traumapädagogik. Ein Handbuch für Psychotraumatologie im beratenden, therapeutischen und pädagogischen Kontext. Paderborn: Junfermann Verlag.

Dolan, Yvonne (1991): Resolving Sexual Abuse. New York: Norton.
Dolan, Yvonne (2009): Schritt für Schritt zur Freude zurück. Das Leben nach traumatischen Erfahrungen meistern. Heidelberg: Carl Auer Verlag.
Dudenko, Julia (2015): Mein Wut-Kritzel-Buch. Für weniger Wut im Bauch. Radolfzell: Pattloch Verlag.

E

Egger, Josef W. (2005): Das biopsychosoziale Krankheitsmodell: Grundzüge eines wissenschaftlich begründeten ganzheitlichen Verständnisses von Krankheit. In: Forschung und Lehre 16, H.2, S. 3–12.
Ende, Michael (1973): Momo oder: Die seltsame Geschichte von den Zeit-Dieben und von dem Kind, das den Menschen die gestohlene Zeit zurückbrachte. Stuttgart: Thienemann.
Enders, Ursula (2003): Zart war ich, bitter war's. Handbuch gegen sexuellen Missbrauch. Köln.
Engel George L. (1977): The need for a new medical model: a challenge for biomedicine. In: Science 196, H. 4286, S. 129–136.
Engfer, Anette (2015): Formen der Misshandlung von Kindern – Definitionen, Häufigkeiten, Erklärungsansätze. In: Egle, Ulrich T./Joraschky, Peter/Lampe, Astrid/Seiffge-Krenke, Ingrid/Cierpka, Manfred (Hrsg.): Sexueller Missbrauch Misshandlung Vernachlässigung. Erkennung, Therapie und Prävention früher Stresserfahrungen. 4. Auflage. Stuttgart: Schattauer. S. 3–23.
Erikson, Erik (1973): Identität und Lebenszyklus. Suhrkamp, Frankfurt.
Erikson, Erik (1992): Der vollständige Lebenszyklus. Suhrkamp, Frankfurt.

F

Filipp, Sigrun-Heide (1997): Geleitwort. In: Tesch-Römer, Clemens/Salewski, Christel/Schwarz, Gudrun (Hrsg.): Psychologie der Bewältigung. Weinheim: Beltz, S. vii-viii.
Fischer, Gottfried/Riedesser, Peter (2009): Lehrbuch der Psychotraumatologie. 4., aktualisierte und erweiterte Aufl., München: Ernst Reinhardt.
Flatten, Guido/Gast, Ursula/Hofmann, Arne/Knaevelsrud, Christine/Lampe, Astrid/Liebermann, Peter/Maercker, Andreas/Reddemann, Luise/Wöllern, Wolfgang (2011): S3 – Leitlinie Posttraumatische Belastungsstörung ICD-10: F43.1. In: Trauma & Gewalt 5, H. 3, S. 202–210.
Fleischhauer, Gunda (2010): Ich weine und ich lache Tränen: Von Lebensräumen und Lebensträumen traumatisierter Kinder. Bonn: Westkreuz Verlag.
Flückiger, Christoph/Wüsten, Günther (2015): Ressourcenaktivierung. Ein Manual für Psychotherapie, Coaching und Beratung. 2. aktualisierte und erweiterte Aufl., Bern: Huber-Verlag.
Fooken, Insa/Zinnecker, Jürgen (2007): Trauma und Resilienz. Chancen und Risiken lebensgeschichtlicher Bewältigung von belasteten Kindheiten. Weinheim und München: Juventa Verlag.
Foucault, Michel (1986/2019): Die Sorge um sich. Sexualität und Wahrheit 3. Frankfurt: Suhrkamp.
Foucault, Michel (1993): Technologien des Selbst. Frankfurt: Fischer.
Frank, Pascal Akira (2019): Kintsugi – Scherben bringen Glück: Die Kunst, unsere Wunden zu heilen. München: Gräfe und Unzer Verlag.
Franke, Alexa/Witte, Maibritt (2009): Das HEDE-Training®. Manual zur Gesundheitsförderung auf Basis der Salutogenese. Bern: Huber.
Frankl, Victor E. (1982/2003): …trotzdem Ja zum Leben sagen. Ein Psychologe überlebt das Konzentrationslager. 23. Aufl. München: dtv-Verlag.
Fraser, Nancy (2001): Die halbierte Gerechtigkeit. Gender Studies. Frankfurt am Main: Suhrkamp.

Literaturverzeichnis

Frauenhaus Trier/Kap, Jutta (2018): Was ist los mit mir? Stress und Trauma erklärt in leichter Sprache. Trier: Frauenhaus Trier. http://frauenhaus-trier.de/psychoedukative-bro schuere-was-ist-los-mit-mir-stress-und-trauma-erklaert-in-leichter-sprache/ [14.11.2020]

Freud, Sigmund (1896): Zur Ätiologie der Hysterie. In: Sigmund Freud (Hrsg.): Gesammelte Werke. Band 1. Frankfurt: Fischer, S. 423–459.

Freud, Sigmund (1912): Zur Dynamik der Übertragung. www.textlog.de/freud-psychoanaly se-dynamik-uebertragung.html [17.7.2020]

Freud, Sigmund (1939): Die Traumdeutung. Leipzig: Franz Deuticke.

Friebel, Volker (2014): Aufbrüche: Die Kraft der inneren Bilder zur Selbstveränderung. Tübingen: Edition Blaue Felder.

Friedrich, Esther Kamala (2014): Dissoziation und Multiplizität. In: Weiß, Wilma/Friederich, Esther Kamala/Picard, Eva/Ding, Ulrike (Hrsg.): „Als wär ich ein Geist, der auf mich runterschaut" Dissoziation und Traumapädagogik. Weinheim: Beltz Juventa, S. 13–59.

Fritsch, Gerlinde Ruth (2012): Der Gefühls- und Bedürfnisnavigator. Eine Orientierungshilfe für Psychosomatik- und Psychotherapieopatienten. 2. Aufl. Paderborn: Junfermann.

Fröhlich-Gildhoff, Klaus/Rönnau-Böse, Maike (2015): Resilienz. München: Ernst Reinhardt Verlag/UTB.

G

Gäckle, Annelene (2020): ÜberzeuGENDERe Sprache: Leitfaden für eine geschlechter-sensible und inklusive Sprache. https://gb.uni-koeln.de/e2106/e2113/e16894/2019_Leitfaden_ GendergerechteSprache_19022020_32_Poster_Webausgabe_ger.pdf [13.7.2020]

Gahleitner, Silke Birgitta (2005): Sexuelle Gewalt und Geschlecht. Hilfen zur Traumabewältigung bei Frauen und Männern. Gießen: Psychosozial-Verlag.

Gahleitner, Silke Birgitta (2011): Das Therapeutische Milieu in der Arbeit mit Kindern und Jugendlichen. Trauma- und Beziehungsarbeit in stationären Einrichtungen. Bonn: Psychiatrie-Verlag.

Gahleitner, Silke Birgitta (2016): Milieutherapeutische und -pädagogische Konzepte. In: Weiß, Wilma/Kessler, Tanja/Gahleitner, Silke (Hrsg.): Handbuch Traumapädagogik. Weinheim: Beltz. S. 56–66.

Gahleitner, Silke Birgitta (2017a): Trauma. In: Deutscher Verein für öffentliche und private Fürsorge e.V./Mulot, Ralf/Schmitt, Sabine (Hrsg.): Fachlexikon der Sozialen Arbeit. 8. Aufl., Baden-Baden: Nomos, S. 916–917.

Gahleitner, Silke Birgitta (2017b): Soziale Arbeit als Beziehungsprofession. Weinheim: Beltz Juventa.

Gahleitner, Silke Birgitta (2019): Professionelle Beziehungsgestaltung in der psychosozialen Arbeit und Beratung. Tübingen: dgvt.

Gahleitner, Silke Birgitta/Hintenberger, Gerhard/Kreiner, Barbara/Jobst, Angelika (2014): Biopsychosoziale Diagnostik: Wie geht das konkret? Plädoyer für ein „integratives diagnostisches Verstehen". In: Resonanzen. E-Journal für biopsychosoziale Dialoge in Psychotherapie, Supervision und Beratung2. H. 2, S. 134–152. www.resonanzen-journal. org/index.php/resonanzen/article/view/336 [16.7.2020].

Gahleitner, Silke Birgitta/Pauls, Helmut (2010): Soziale Arbeit und Psychotherapie. Zum Verhältnis sozialer und psychotherapeutischer Unterstützungen und Hilfen. In Thole, Werner (Hrsg.): Grundriss Soziale Arbeit. Ein einführendes Handbuch, 3., überarb. Aufl., Wiesbaden: VS-Verlag. S. 367–374.

Gahleitner, Silke Birgitta/Reddemann, Luise (2014): Trauma und Geschlecht – ein Verhältnis mit vielen Schattierungen. In: Trauma & Gewalt 8, H. 3, S. 180–190.

Gahleitner, Silke/Hensel, Thomas/Baierl, Martin/Kühn, Martin/Schmid, Marc (2014): Traumapädagogik in psychosozialen Handlungsfeldern. Ein Handbuch für Jugendhilfe, Schule und Klinik. Göttingen: Vandenhoeck & Ruprecht.

Gahleitner, Silke Birgitta/Rothdeutsch-Granzer, Christina (2016): Traumatherapie, Traumaberatung und Traumapädagogik – ein Überblick über aktuelle Unterstützungsformen zur Bewältigung traumatischer Erfahrungen. In: Psychotherapie Forum 21, H. 4, S. 142–148.

Gahleitner, Silke Birgitta/Schulze, Heidrun (2009): Psychosoziale Traumatologie – eine Herausforderung für die Soziale Arbeit. In: Klinische Sozialarbeit Zeitschrift für psychosoziale Praxis und Forschung 5, H. 1, S. 4–7.

Gebrande, Julia (2007): Psychische Gesundheit in der Arbeit mit traumatisierten Menschen. Eine quantitative Studie zu Sekundärtraumatisierung und Burnout bei Mitarbeiterinnen in Fachberatungsstellen bei sexualisierter Gewalt. Hochschule Esslingen: unveröffentlichte Masterarbeit.

Gebrande, Julia (2011): Rezension zu: Gunda Fleischhauer (2010): Ich weine und ich lache Tränen. In: socialnet Rezensionen, www.socialnet.de/rezensionen/11972.php [04.10.2020]

Gebrande, Julia (2014): Kinder mit sexualisierter Gewalterfahrung unterstützen. Bedarfsanalyse von pädagogischen Fachkräften in Kindertageseinrichtungen. Opladen: Budrich UniPress.

Gebrande, Julia (2016 a): Die Entstehung der Beratungsstellen gegen sexualisierte Gewalt und der Forschung über Kinder mit sexuellen Missbrauchserfahrungen. In: Baader, Meike/Jansen, Christian/König, Julia/ Sager, Christine (Hrsg.): Zwischen Enttabuisierung und Entgrenzung. Sexuelle Revolution, Kindheit und Sexualität im historischen Kontext der 1970er und 1980er Jahre. Wien, Köln, Weimar: Böhlau Verlag.

Gebrande, Julia (2016 b): Trauma: Flucht. In: Stuhr, Malte/Von Grönheim, Hannah (Hrsg.): Soziale Arbeit und Gesundheit im Gespräch: Flucht – Migration und Soziale Arbeit. Willkommen heißen – Teilhabe gestalten. Eine Handreichung für Sozialarbeitende und Studierende im Arbeitsfeld Asyl und Migration in Anlehnung an den gleichnamigen Fachtag. Hildesheim: HAWK Hochschule für angewandte Wissenschaft und Kunst Hildesheim/Holzminden/Göttingen, S. 67–82.

Gebrande, Julia (2017 a): Kritisch ambitionierte Soziale Arbeit mit Frauen, die durch sexualisierte Gewalt traumatisiert wurden. In: Gebrande, Julia/Melter, Claus/Bliemetsrieder, Sandro (Hrsg.): Kritisch ambitionierte Soziale Arbeit. Praxeologische Perspektiven. Weinheim und Basel: Beltz Juventa.

Gebrande, Julia (2017 b): Wissensbasierte und informierte Soziale Arbeit. In: Gebrande, Julia/Melter, Claus/Bliemetsrieder, Sandro (Hrsg.): Kritisch ambitionierte Soziale Arbeit. Praxeologische Perspektiven. Weinheim: Beltz Juventa.

Gebrande Julia (2018 a): Traumabewältigung zwischen Hoffnung und Machbarkeitswahn. Forum Gemeindepsychologie 23, H. 1. www.gemeindepsychologie.de/166.html [13.7.2020]

Gebrande, Julia (2018 b): Kritische Impulse zur Trauma-Diagnostik in der Klinischen Sozialarbeit. In: Bliemetsrieder,Sandro/Maar, Katja/Schmidt, Josephina/Tsirikiotis, Athanasios (Hrsg.): Partizipation in sozialpsychiatrischen Handlungsfeldern. Reflexionen und Forschungsbericht. Esslingen: open access, S. 112–126. www.hses.bsz-bw.de/files/612/Partizipation+fertig.pdf [16.7.2020]

Gebrande, Julia/Clemenz, Tim (2016): Schutz vor sexueller Belästigung und Gewalt an der Hochschule Esslingen. In: Bliemetsrieder, Sandro/Gebrande, Julia/Jaeger, Arndt/Melter, Claus/Schäfferling, Stefan (Hrsg.) (2016): Bildungsgerechtigkeit und Diskriminierungskritik. Historische und aktuelle Perspektiven auf Gesellschaft und Hochschulen. Weinheim und Basel: Beltz Juventa. S. 214–223.

Gebrande, Julia/Heidenreich, Thomas (2012): Sekundärtraumatisierung in der Beratung von traumatisierten Menschen. In: Beratung aktuell, Zeitschrift für Theorie und Praxis der Beratung 13, H. 1, S. 27–41.

Gebrande, Julia/Lebküchner, Janine (2020): Mehrdimensionale Bewältigung von traumatischen Erfahrungen – Die Bedeutung sozialer Interventionen für traumatisierte Menschen. In: Bösel, Maren/Gahleitner, Silke Birgitta (Hrsg.): Soziale Interventionen in der

Psychotherapie. Interdisziplinär und interprofessionell denken und handeln. Stuttgart: Kohlhammer, S. 164–175.

Gebrande, Julia/Melter, Claus/Bliemetsrieder, Sandro (2017): Kritisch ambitionierte Soziale Arbeit -intersektionale praxeologische Perspektiven. Einleitende Überlegungen/Anregungen für Orientierungspunkte und Analysekriterien einer kritisch ambitionierten Sozialen Arbeit. In: Gebrande, Julia/Melter, Claus/Bliemetsrieder, Sandro (Hrsg.): Kritisch ambitionierte Soziale Arbeit. Praxeologische Perspektiven. Weinheim: Beltz Juventa.

Gebrande, Julia/Schäfferling, Stefan (2019): Traumatisierung durch medizinische Behandlungen. Zur psychosozialen Situation von Kindern und Jugendlichen mit einer körperlichen Behinderung. In: Kindesmisshandlung und -vernachlässigung. Interdisziplinäre Fachzeitschrift für Prävention und Intervention 22, H. 2, S. 202–211.

Gebrande, Julia/Teubert, Anja (2018): Hinsehen, Handeln und Schützen mit Ben und Stella. Prävention sexualisierter Gewalt bei Jungen und Mädchen mit Behinderungen in Institutionen. In: FORUM Sexualaufklärung und Familienplanung, H. 2: Prävention sexualisierter Gewalt, S. 26–29.

Goffman, Erving (1973): Asyle – Über die soziale Situation psychiatrischer Patienten und anderer Insassen. Frankfurt: Suhrkamp.

Gräbener, Jens (2013): Basiswissen: Umgang mit traumatisierten Menschen. Köln: Psychiatrie-Verlag.

Gräßer, Melanie/Hovermann, Eike/Botved, Annika (2015): Ressourcenübungen für Kinder und Jugendliche. Kartenset mit 60 Bildkarten. Weinheim: Beltz-Verlag.

Gräßer, Melanie/Hovermann, Eike/Botved, Annika (2020): Noch mehr Ressourcenübungen für Kinder und Jugendliche. Kartenset mit 60 Bildkarten. Weinheim: Beltz-Verlag.

Green, Norm/Green, Kathy (2009): Kooperatives Lernen im Klassenraum und im Kollegium. Das Trainingsbuch. Seelze-Velber: Kallmeyer.

Greve, Werner/Leipold, Bernhard/Meyer, Tamara (2009): Resilienz als Entwicklungsergebnis: Die Förderung der individuellen Adaptivität. In: Linden, Martin/Weig, Wolfgang (Hrsg.): Salutotherapie in Prävention und Rehabilitation. Köln: Deutscher Ärzte-Verlag, S. 173–184.

Grün, Anselm (2016): 50 Engel für das Jahr. Freiburg: Herder.

Gruen, Arno (1986): Der Verrat am Selbst. Die Angst vor Autonomie bei Mann und Frau. München: Deutscher Taschenbuch Verlag.

Gruhl, Monika (2009): Die Strategie der Stehauf-Menschen. Resilienz – so nutzen Sie Ihre inneren Kräfte. 2. Aufl. Freiburg: Herder Verlag.

Gussone, Barbara/Schiepek, Günther (2000): Die „Sorge um sich". Burnout-Prävention und Lebenskunst in helfenden Berufen. Tübingen: dgvt-Verlag.

H

Handler, Beate (2015): Mit allen Sinnen leben. Tägliches Genusstraining. Wien: Goldegg Verlag.

Hantke, Lydia (2015): Traumakompetenz in psychosozialen Handlungsfeldern. In: Gahleitner, Silke Birgitta/Frank, Christina/Leitner, Anton (Hrsg.): Ein Trauma ist mehr als ein Trauma. Biopsychosoziale Traumakonzepte in Psychotherapie, Beratung, Supervision und Traumapädagogik. Weinheim: Beltz Juventa.

Hantke, Lydia/Görges, Hans-Joachim (2012): Handbuch Traumakompetenz. Basiswissen für Therapie, Beratung und Pädagogik. Paderborn: Junfermann.

Hantke, Lydia/ Görges, Hans-Joachim (2019): Ausgangspunkt Selbstfürsorge. Strategien und Übungen für den psychosozialen Alltag. Paderborn: Junfermann.

Heller, Laurence/LaPierre, Aline (2014): Entwicklungstrauma heilen: Alte Überlebensstrategien lösen – Selbstregulierung und Beziehungsfähigkeit stärken – Das Neuroaffektive Beziehungsmodell zur Traumaheilung NARM. 3. Aufl., München: Kösel.

Hecker, Tobias/Maercker, Andreas (2015): Komplexe posttraumatische Belastungsstörung nach ICD-11. In: Psychotherapeut 60, H. 6, S. 547–562.

Heidenreich, Thomas/Michalak, Johannes (2009): Achtsamkeit und Akzeptanz in der Psychotherapie: Ein Handbuch. 3.überarbeitete und erweiterte Aufl. Tübingen: dgvt.
Heidenreich, Thomas/Schmitt, Rudolf (2014) (Hrsg): Verhaltenstherapie und psychosoziale Praxis, Schwerpunkt: Metaphern. Heft 4/2014. Tübingen: DGVT.
Herman, Judith Lewis (1992/2014): Die Narben der Gewalt. Traumatische Erfahrungen verstehen und überwinden. Paderborn: Junfermann.
Herriger, Norbert (2006): Ressourcen und Ressourcendiagnostik in der Sozialen Arbeit. www.empowerment.de/empowerment.de/files/Materialien-5-Ressourcen-und-Ressourcendiagnostik.pdf [26.09.2020]
Herriger, Norbert (2020): Empowerment in der Sozialen Arbeit. Eine Einführung. 6. Erweiterte und aktualisierte Auflage. Stuttgart: Kohlhammer.
Hobfoll, Stevan E./Watson, Patricia/Bell, Carl C./Bryant, Richard A./Brymer, Melissa J./ Friedman, Matthew J./Friedman, Merie/Gersons, Berthold P.R./de Jong, Joop T.V.M./ Layne, Christopher M./ Maguen, Shira/Neria, Yuval/Norwood, Ann E./Pynoos, Robert S./Reissman, Dori/Ruzek, Josef I./Shalev, Arieh Y./Solomon, Zahava/Steinberg, Alan M./ Ursano, Robert J. (2007): Five Essential Elements of Immediate and Mid-Term Mass Trauma Intervention: Empirical Evidence. In: Psychiatry Interpersonal & Biological Processes 70, H. 4, S. 283–315.
Horowitz, Mardi J. (2013): Persönlichkeitsstile und Belastungsfolgen. Integrative psychodynamische-kognitive Psychotherapie. In: Maercker, Andreas (Hrsg.): Posttraumatische Belastungsstörungen. Berlin/Heidelberg: Springer, S. 259–280.
Huber, Michaela (2007): Die Phobie vor dem Trauma überwinden. Ein Gespräch mit Onno van der Hart. In: Trauma & Gewalt. Forschung und Praxisfelder. Heft 1, 58–61.
Huber, Michaela (2010): Der innere Garten. Ein achtsamer Weg zur persönlichen Veränderung. Übungen mit CD. 4. Aufl., Paderborn: Junfermann.
Huber, Michaela (2011): Viele sein – ein Handbuch: Komplextrauma und dissoziative Identität – verstehen, verändern, behandeln. 2. Aufl., Paderborn: Junfermann.
Huber, Michaela (2012): Trauma und die Folgen. Trauma und Traumabehandlung. Teil 1. 5. Aufl., Paderborn: Junfermann.
Huber, Michaela (2013): Wege der Traumabehandlung. Trauma und Traumabehandlung. Teil 2. 5. Aufl., Paderborn: Junfermann.
Huber, Michaela (2015): Der geborgene Ort. Sicherheit und Beruhigung bei chronischem Stress. Ein Übungsbuch mit CD. Paderborn: Junfermann.
Huber, Michaela (o.J.): Ressourcium. Köln: KIKT-Therapeutische Materialien.
Hüther, Gerald (2015): Die Macht der inneren Bilder. Wie Visionen das Gehirn, den Menschen und die Welt verändern. Göttingen: Vandenhoeck & Ruprecht.

I

Interessenvertretung Selbstbestimmt Leben in Deutschland e.V. (ISL) (2020): Online-Handbuch Empowerment. Abschlussübungen: http://www.handbuch-empowerment.de/index.php/empowerment-ganz-praktisch-in-der-praxis/materialien/abschlussuebungen [07.10.2020]
International Federation of Social Workers (IFSW) (2014): Definition of Social Work. www.ifsw.org/wp-content/uploads/2019/07/20161114_Dt_Def_Sozialer_Arbeit_FBTS_DBSH_01.pdf [13.7.2020]

J

Jacobson, Edmund (2019): Entspannung als Therapie: Progressive Relaxation in Theorie und Praxis. 9.Aufl., Stuttgart: Klett-Cotta.
Jegodtka, Renate (2016): Sekundäre Traumatisierung. Existenzielle Berührungen und Selbstfürsorge in pädagogischen Arbeitsfeldern. In: Weiß, Wilma/Kessler, Tanja/Gahleitner, Silke Birgitta (Hrsg.): Handbuch Traumapädagogik. Weinheim: Beltz. S. 139–151.
Jung, Carl Gustav (2019a): Archetypen: Urbilder und Wirkkräfte des Kollektiven Unbewussten. 2. Aufl. Ostfildern: Patmos-Verlag.

Jung, Carl Gustav (2019 b): Das rote Buch. 3. Aufl. Ostfildern: Patmos-Verlag.
Jungnitz, Ludger/Puchert, Ralf/Schrimpf, Nora/Schröttle, Monika/Mecke, Daniel/Hornberg, Claudia (2013): Lebenssituation und Belastung von Männern mit Behinderungen und Beeinträchtigungen in Deutschland. Abschlussbericht. Bundesministerium für Arbeit und Soziales (BMAS). www.bmas.de/SharedDocs/Downloads/DE/PDF-Publikationen/Forsch ungsberichte/fb435.pdf?__blob=publicationFile [19.7.2020]

K

Kabat-Zinn, Jon (1990/2019): Gesund durch Meditation: Das große Buch der Selbstheilung mit MBSR. München: Knaur Verlag.
Kappeler, Manfred (2000): Der schreckliche Traum vom vollkommenen Menschen. Rassenhygiene und Eugenik in der Sozialen Arbeit. Marburg: Schüren.
Kappeler, Manfred (2010): Gewalt und Fremdbestimmung in der Sozialen Arbeit im 20. Jahrhundert. In: Widersprüche, H. 118, S. 21 – 38.
Karpman, Stephen (1968): Fairy tales and script drama analysis. In: Transactional Analysis Bulletin 26 H. 7, S. 39–43.
Kavemann, Barbara/Nagel, Bianca (2018): Fortbildung als wesentlicher Bestandteil der Prävention von sexualisierter Gewalt in Kindheit und Jugend. Eine Erhebung im Auftrag der Bundeszentrale für gesundheitliche Aufklärung. Köln: BZgA.
Kavemann, Barbara/Nagel, Bianca/Doll, Daniel/Helfferich, Cornelia (2019): Erwartungen Betroffener sexuellen Kindesmissbrauchs an die gesellschaftliche Aufarbeitung. Berlin: Unabhängige Kommission zur Aufarbeitung sexuellen Kindesmissbrauchs. www.aufarbe itungskommission.de/studie_erwartungen-an-gesellschaftliche-aufarbeitung/ [16.7.2020]
Katsch, Matthias (2013): „Denkfigur Aufarbeitung" – Vorgehensmodell für die gesellschaftliche Auseinandersetzung mit dem sexuellen Missbrauch in Deutschland. www.bea uftragter-missbrauch.de/fileadmin/Content/pdf/Der_Beauftragte/Hearings_Dialog_Kinde smissbrauch/3._Hearing/130513_Denkfigur_und_Text.pdf [16.7.2020]
Kechaja, Maria (2019): Was ist Empowerment? Selbstverständnis von adis e.V.. https://adis -ev.de/wp-content/uploads/2019/05/Empowerment_Text_adis-mk.pdf [20.7.2020]
Keilson, Hans (1979/2005): Sequentielle Traumatisierung. Deskriptiv-klinische und quantifizierend-statistische follow-up Untersuchung zum Schicksal der jüdischen Kriegswaisen in den Niederlanden. Gießen: Psychosozial-Verlag.
Kessl, Fabian (2005): Der Gebrauch der eigenen Kräfte: Eine Gouvernementalität Sozialer Arbeit. Weinheim: Beltz Juventa.
Kessler, Tanja (2016): Äußere Eindrücke und innere Erwartungen. Theoretische Aspekte zu den Dynamiken von Übertragung und Gegenübertragung in der traumapädagogischen Arbeit. In: Weiß, Wilma/Kessler, Tanja/Gahleitner, Silke (Hrsg.): Handbuch Traumapädagogik. Weinheim: Beltz. S. 123–130.
Kestenberg, Milton (2016): Diskriminierende Aspekte der deutschen Entschädigungspraxis: Eine Fort-setzung der Verfolgung. In: Bergmann, Martin/Jucovy, Milton/Kestenberg, Judith (Hrsg.): Kinder der Opfer. Kinder der Täter. Psychoanalyse und Holocaust. Unveränderte Neuauflage von 1995. Frankfurt: S. Fischer Verlag.
Keupp, Heiner (2013): Handlungsfähigkeit als zentrale Ressource. Von der Notwendigkeit der Integration von Subjekt- und Strukturkategorien. In: Schaller, Johannes/Schemmel, Heike (Hrsg.): Ressourcen… Ein Hand- und Lesebuch zur psychotherapeutischen Arbeit. 2. Vollständig überarbeitete und erweiterte Aufl., Tübingen: dgvt. S. 735–767.
Keupp, Heiner (2018): Lebensführung nach Erfahrungen sexuellen Missbrauchs und Misshandlungen in Institutionen. Projektvorstellung. www.aufarbeitungskommission.de/kom mission/projekte/projekt-heiner-keupp/ [12.09.2020]
Keupp, Heiner (2019): Aufarbeitung des sexuellen Kindesmissbrauchs als gesellschaftliche Aufgabe. In: Seidler, Günter H./Freyberger, Harald J./Glaesmer, Heide/Gahleitner, Silke Birgitta (Hrsg.): Handbuch der Psychotraumatologie. 3. Vollständig überarbeitete und erweiterte Aufl., Stuttgart: Klett-Cotta, S. 591–601.

Keupp, Heiner/Mosser, Peter (2018): Aufarbeitung sexualisierter Gewalt an behinderten Menschen in Institutionen. In: Gemeinsam leben, H.1, Weinheim: Beltz Juventa, S. 37–45.
Kizilhan, Jan Ilhan (2018): Psychoedukation bei Traumastörungen: Manual für die Gruppenarbeit mit MigrantInnen und Geflüchteten. Lengerich: Pabst Science Publishers.
Knaevelsrud, Chistine/Liedl, Alexandra/Stammel, Nadine (2012): Posttraumatische Belastungsstörungen: Herausforderungen in der Therapie der PTBS. Weinheim: Beltz Juventa.
Knuf, Andreas/Hammer, Matthias (Hrsg.) (2013): Die Entdeckung der Achtsamkeit in der Arbeit mit psychisch erkrankten Menschen. Köln: Psychiatrie Verlag.
Köhler-Saretzki, Thomas (2017): Wo ist Wilma? Ein Bilderbuch über Bindungsmuster. Köln: BALANCE buch + medien.
Kölsch-Bunzen, Nina (2016): „Nur dem Gesunden, Tüchtigen, dem Wertvollen in unserem Volke soll unsere Fürsorge gelten." – Dr. Margarete Junk plädiert im Nationalsozialismus als Leiterin der »Frauenschule für Volkspflege« des Deutschen Frauenwerks, Gau Württemberg-Hohenzollern, Schwäbischer Frauenverein e. V. Stuttgart für einen Paradigmenwechsel von der Wohlfahrtspflege zur »Volkswohlfahrt«. In: Bliemetsrieder, Sandro/Gebrande, Julia/Jaeger, Arndt/Melter, Claus/Schäfferling, Stefan (Hrsg.): Bildungsgerechtigkeit und Diskriminierungskritik. Historische und aktuelle Perspektiven auf Gesellschaft und Hochschulen. Weinheim: Beltz Juventa. S. 24–42.
Korittko, Alexander (2016): Posttraumatische Belastungsstörungen bei Kindern und Jugendlichen. Heidelberg: Carl-Auer Verlag.
Krause, Christina (2009): Das Ich-bin-ich-Programm: Selbstwertstärkung im Kindergarten mit Pauline und Emil. Berlin: Cornelsen Verlag.
Krüger, Andreas (2012): Powerbook. Erste Hilfe für die Seele. Trauma-Selbsthilfe für junge Menschen. 2. Aufl. Hamburg: Elbe & Krueger Verlag.
Krüger, Andreas (2015): Erste Hilfe für traumatisierte Kinder. 5. Aufl. Ostfildern: Patmos.
Krüger, Antje (2014): Verbesserung der Emotionsregulation – Emotionssurfen. In: Priebe, Kathlen/Dyer, Anne (Hrsg.): Metaphern, Geschichten und Symbole in der Traumatherapie. Göttingen: Hogrefe. S. 193–198.
Kühn, Martin (2011 a): Macht Eure Welt endlich wieder zu meiner! Anmerkungen zum Begriff der Traumapädagogik. In: Bausum, Jacob/Besser, Lutz/Kühn, Martin/Weiß, Wilma (Hrsg.): Traumapädagogik. Grundlagen, Arbeitsfelder und Methoden. 2. Aufl. Weinheim: Beltz Juventa, S. 25–35.
Kühn, Martin (2011 b): Traumapädagogik und Partizipation. Zur entwicklungslogischen, fördernden und heilenden Wirksamkeit von Beteiligung in der Kinder- und Jugendhilfe. In: Bausaum, Jacob/ Besser, Lutz/Kühn, Martin/Weiß, Wilma (Hrsg.): Traumapädagogik. Grundlagen, Arbeitsfelder und Methoden für die pädagogische Praxis. 2. Aufl. Weinheim: Beltz Juventa, 138–148.
Kühner, Angela (2002): Kollektive Traumata. Eine Bestandsaufnahme, Annahmen, Argumente, Konzepte nach dem 11. September. Berlin: Berghof Forschungszentrum für konstruktive Konfliktbearbeitung.

L
Lackner, Regina (2004): Wie Pippa wieder lachen lernte: Fachliche Hilfe für traumatisierte Kinder. Wien: Springer Verlag.
Landolt, Markus A. (2012): Psychotraumatologie des Kindesalters. Grundlagen, Diagnostik und Interventionen. 2. Überarbeitete und erweiterte Auflage, Göttingen: Hogrefe.
Lang, Birgit (2013): Stabilisierung und (Selbst-)Fürsorge für pädagogische Fachkräfte als institutioneller Auftrag. In: Bausum, Jacob/Besser, Lutz Ulrich/Kühn, Martin/ Weiß, Wilma (Hrsg.): Traumapädagogik. Grundlagen, Arbeitsfelder und Methoden für die pädagogische Praxis. 3. Aufl. Weinheim: Beltz Juventa. S. 220–228.
Lang, Birgit/Schirmer, Claudia/Lang, Thomas/Andreae de Hair, Ingeborg/Wahle, Thomas/ Bausum, Jacob/Weiß, Wilma/Schmid, Marc (2013): Traumapädagogische Standards in

der stationären Kinder- und Jugendhilfe. Eine Praxis- und Orientierungshilfe der Bundesarbeitsgemeinschaft Traumapädagogik. Weinheim: Beltz Juventa.

Lang, Thomas (2013): Bindungspädagogik – Haltegebende, verlässliche und einschätzbare Beziehungsangebote für Kinder und Jugendliche. In: Lang, Birgit/Schirmer, Claudia/Lang, Thomas; Andreae de Hair, Ingeborg/Wahle, Thomas/Bausum, Jacob/Weiß, Wilma/Schmid, Marc (Hrsg.): Traumapädagogische Standards in der stationären Kinder- und Jugendhilfe. Eine Praxis- und Orientierungshilfe der BAG Traumapädagogik. Bundesarbeitsgemeinschaft Traumapädagogik. Weinheim: Beltz Juventa. S. 187–217.

Lang, Thomas (2016): Trauma und Körper. In: Weiß, Wilma/Kessler, Tanja/Gahleitner, Silke (Hrsg.): Handbuch Traumapädagogik. Weinheim: Beltz. S. 394–405.

Laurenz, Lisa (2008/2009): Die Schlüsselrolle der Empathie. In: Funkkolleg Psychologie – Wer wir sind und wie wir sein könnten. https://lernarchiv.bildung.hessen.de/anbieter/hr/fk_psychologie/index.html [04.10.2020]

Lemke, Jürgen (2006): Sekundäre Traumatisierung. Klärung von Begriffen und Konzepten der Mittraumatisierung. Kröning: Asanger Verlag.

Lenz, Albert (Hrsg.)(2011): Empowerment. Handbuch für die ressourcenorientierte Praxis. Tübingen: dgvt.

Lenz, Albert/ Wiegand-Grefe, Silke (2017): Kinder psychisch kranker Eltern. Göttingen: Hogrefe.

Lévinas, Emanuelle (2012): Die Spur des Anderen: Untersuchungen zur Phänomenologie und Sozialphilosophie. 6. Aufl., Freiburg: Alber Verlag.

Levine, Peter (2011): Sprache ohne Worte. Wie unser Körper Trauma verarbeitet und uns in eine innere Balance zurückführt. 9. Aufl., München: Kösel Verlag.

Levine, Peter (2014): Vom Trauma befreien. Wie Sie seelische und körperliche Blockaden lösen. Mit 12 Übungen auf CD. 8. Aufl., München: Kösel Verlag.

Levine, Peter/Kline, Maggie (2015): Verwundete Kinderseelen heilen. Wie Kinder und Jugendliche traumatische Erlebnisse überwinden können. 9. Aufl., München: Kösel.

Liedl, Alexandra/Schäfer, Ute/Knaevelsrud, Christine (2013): Psychoedukation bei posttraumatischen Störungen. 2. Auflage. Stuttgart: Schattauer.

Linehan, Marsha M. (2016): Handbuch der Dialektisch-Behavioralen Therapie (DBT) zur Behandlung psychischer Störungen. Skills Training Manual. 2. Aufl., Gießen: Psychosozial-Verlag.

Lionni, Leo (1967/2004): Frederick. MiniMax. Weinheim: Beltz & Gelberg.

Löffel, Heike/Manske, Christa (2014): Ein Dino zeigt Gefühle. Bilderbuch mit didaktischem Begleitmaterial für die pädagogische Praxis. 13. Aufl., Köln: Mebes und Noack.

Lohner, Johannes (2015): Baustein Fallreflexion – vom „Bauchgefühl" zur Gegenübertragung. In Pauls, Helmut/Viehhauser, Ralph/Lohner, Johannes (Hrsg.): Didaktische Bausteine und Übungen zur Klinischen Sozialarbeit in der Lehre. ZKS-online: https://zks-verlag.de/baustein-5-baustein-fallreflexion-vom-bauchgefuehl-zur-gegenuebertragung/ [04.10.2020]

Ludwig, Ulrike (2006): Imaginationsübungen – Tipps und Tricks. www.ludwig-ulrike.de/fileadmin/Ulrike-Ludwig/Dokumente/imaginationsuebungen_tipps_und_tricks.pdf [23.09.2020]

M

Maass, Herrmann (1981): Der Therapeut in uns. Heilung durch aktive Imagination. Freiburg: Walter.

Maercker, Andreas (2013): Posttraumatische Belastungsstörungen. Heidelberg: Springer Verlag.

Maercker, Andreas (2017): Trauma und Traumafolgestörungen. München: C.H. Beck.

Maio, Giovanni (2014): Geschäftsmodell Gesundheit. Wie der Markt die Heilkunst abschafft. Berlin: Suhrkamp.

May, Angela (1997): Nein ist nicht genug. Prävention und Prophylaxe. Inhalte, Methoden und Materialien zum Fachgebiet Sexueller Missbrauch. Ruhnmark: Donna Vita Verlag.

Maywald, Jörg (2013): Kinderschutz in der Kita. Ein praktischer Leitfaden für Erzieherinnen und Erzieher. Freiburg: Herder.

Morgenstern, Christian (1906): Weltbild: Episode, Tagebuch eines Mystikers. In: Morgenstern, Christian (1918): Stufen. Eine Entwicklung in Aphorismen und Tagebuch-Notizen. München: Pieper.

Mosser, Peter/Schlingmann Thomas (2013): Plastische Chirurgie an den Narben der Gewalt – Bemerkungen zur Medizinisierung des Traumabegriffs. In: Forum Gemeindepsychologie 18, H. 1, www.gemeindepsychologie.de/fg-1-2013_04.html [16.7.2020]

Mühlig, Stefan/Jacobi, Frank (2011): Psychoedukation. In: Wittchen, Hans-Ulrich/Hoyer, Jürgen (Hrsg.): Klinische Psychologie und Psychotherapie. 2. Aufl. Berlin: Springer, S. 477–488.

Mührel, Eric (2018): Menschenrechte und Soziale Arbeit. Reflexionen im Kontext des Forschungsprojektes „Partizipation in sozialpsychiatrischen Handlungsfeldern". In: Bliemetsrieder, Sandro/Maar, Katja/Schmidt, Josephina/Tsirikiotis, Athanasios (Hrsg.): Partizipation in sozialpsychiatrischen Handlungsfeldern. Reflexionen und Forschungsbericht. Hochschule Esslingen. www.hses.bsz-bw.de/files/612/Partizipation+fertig.pdf [19.7.2020]

N

Nestmann, Frank (2002): Verhältnis von Beratung und Therapie. In: Psychotherapie im Dialog 3, H.4, S. 404–409.

Niederland, William G.(1980): Folgen der Verfolgung: Das Überlebenden-Syndrom. Seelenmord. Frankfurt a.M.: Suhrkamp.

O

Oehler, Regina/ Bernius, Volker/Wellmann, Karl-Heinz (2009): Was kann Psychologie? Wer wir sind und wie wir sein könnten. Weinheim: Beltz Verlag.

Oevermann, Ulrich (2009): Die Problematik der Strukturlogik des Arbeitsbündnisses und der Dynamik von Übertragung und Gegenübertragung in einer professionalisierten Praxis von Sozialarbeit. In: Becker-Lenz, Roland/Busse, Stefan/Ehlert, Gudrun/Müller, Silke (Hrsg.): Professionalität in der Sozialen Arbeit. Standpunkte, Kontroversen, Perspektiven. Wiesbaden: VS Verlag für Sozialwissenschaften. S. 113–142.

Osa, Rex (2016): Interview mit Rex Osa über die Selbstorganisierung von Refugees. www.thevoiceforum.org/node/4051 [16.7.2020]

P

Parker, Pat (1978): Movement in Black: The Collected Poetry of Pat Parker, 1961–1978. New York: Diana Press.

Pauls, Helmut (2013): Klinische Sozialarbeit. Grundlagen und Methoden psycho-sozialer Behandlung. 3., überarbeitete Auflage. Weinheim: Beltz Juventa.

Pearlman, Laurie Anne/Saakvitne Karen W. (1995): Trauma and the Therapist: Countertransference and Vicarious Traumatization in Psychotherapy with Incest Survivors. New York: W.W. Norton & Company.

Petermann, Franz/Niebank, Kay/Scheithauer, Herbert (2004): Entwicklungswissenschaft. Entwicklungspsychologie-Genetik-Neuropsychologie. Berlin/Heidelberg: Springer Verlag.

Petze Institut für Gewaltprävention (2012): Echte Schätze! Die Starke-Sachen-Kiste für Kinder. Köln: Mebes & Noack.

Petze Institut für Gewaltprävention (2020): Postkarte Schutzkonzepte in Einrichtungen. www.petze-institut.de/tag/schutzkonzept/ [14.11.2020]

Porges, Stephen (2019): Die Polyvagal-Theorie und die Suche nach Sicherheit: Traumabehandlung, soziales Engagement und Bindung. 3. Aufl., Lichtenau: G.P. Probst Verlag.

Poulsen, Irmhild (2009): Burnoutprävention im Berufsfeld Soziale Arbeit. Perspektiven zur Selbstfürsorge von Fachkräften. Wiesbaden: VS Verlag für Sozialwissenschaften.

Potreck-Rose (2009): Von der Freude, den Selbstwert zu stärken. 5. Aufl. Stuttgart: Klett-Cotta.
Prasad, Nivedita (2017): Soziale Arbeit als Menschenrechtsprofession im Kontext von Flucht. In: Gebrande, Julia/Melter, Claus/Bliemetsrieder, Sandro (Hrsg.): Kritisch Ambitionierte Soziale Arbeit. Praxeologische Perspektiven. Weinheim: Beltz Juventa, S. 349–368.
Priebe, Kathlen/Dyer, Anne (2014): Vorwort. In: Priebe, Kathlen/Dyer, Anne (Hrsg.): Metaphern, Geschichten und Symbole in der Traumatherapie. Göttingen: Hogrefe, S. 7–9.
Projekt Ombudschaft Jugendhilfe (2020): Machtausgleich im Dialog. Aushandeln statt aushalten. Abschlussbericht des Projekts Ombudschaft Jugendhilfe Baden-Württemberg. Freiburg: Caritas-Verband.
Pross, Christian (1988/2001): Wiedergutmachung – Der Kleinkrieg gegen die Opfer. Philo Verlagsgesellschaft Berlin.

R

Reddemann, Luise (2003): Einige Überlegungen zu Psychohygiene und Burnout-Prophylaxe von TraumatherapeutInnen. Erfahrungen und Hypothesen. In: Trauma Zeitschrift für Psychotraumatologie und psychologische Medizin (ZPPM) 1, H. 1, S. 79–86.
Reddemann, Luise (2008): Psychodynamisch Imaginative Traumatherapie. PITT – Das Manual. 5. Aufl., Stuttgart: Klett-Cotta.
Reddemann, Luise (2013): Imagination als Ressource. In: Schaller, Johannes/Schemmel, Heike (Hrsg.): Ressourcen... Ein Hand- und Lesebuch zur psychotherapeutischen Arbeit. 2. Vollständig überarbeitete und erweiterte Aufl., Tübingen: dgvt. S. 293–303.
Reddemann, Luise (2014): Imagination als heilsame Kraft. Zur Behandlung von Traumafolgen mit ressourcenorientierten Verfahren. 18. Aufl., Stuttgart: Klett Cotta.
Reddemann, Luise (2015): Kriegskinder und Kriegsenkel in der Psychotherapie. Folgend der NS-Zeit und des Zweiten Weltkrieges erkennen und bearbeiten – Eine Annäherung. Stuttgart: Klett-Cotta.
Reddemann, Luise/Dehner-Rau, Cornelia (2008): Trauma. Folgen erkennen, überwinden und an ihnen wachsen. Ein Übungsbuch für Körper und Seele. 3. vollständig überarbeitete Aufl., Stuttgart: TRIAS Verlag.
RefugeesHelp (2016): Eine Notunterkunft für geflüchtete Menschen in Esslingen am Neckar. Die Situation vor Ort aus der Perspektive von Ehrenamtlichen. In: Bliemetsrieder, Sandro/Gebrande, Julia/Jaeger, Arndt/Melter, Claus/Schäfferling, Stefan (Hrsg.): Bildungsgerechtigkeit und Diskriminierungskritik. Historische und aktuelle Perspektiven auf Gesellschaft und Hochschulen. Weinheim: Beltz Juventa, S. 264–271.
Reh, Sabine/Baader, Meike/Helsper, Werner/Kappeler, Manfred/Leuzinger-Bohleber, Marianne/Sielert, Uwe/Thole, Werner/Thompson, Christiane (2012): Sexualisierte Gewalt in pädagogischen Institutionen – eine Einleitung. Sondierungen und Verständigungen zu einem bislang vernachlässigten Thema. In: Deutsche Gesellschaft für Erziehungswissenschaften (DGfE) (Hrsg.): Sexualisierte Gewalt, Macht und Pädagogik. Opladen: Barbara Budrich, S. 13–23.
Reiners-Kröncke, Werner/Röhrig, Sindy/Specht, Hanna (2009): Burnout: Burnout in der sozialen Arbeit. Augsburg: Zielverlag.
Retkowski, Alexandra/Thole, Werner (2012): Professionsethik und Organisationskultur. Sozialpädagogische Professionalität und sexualisierte Gewalt – Erkundungen zu einem vernachlässigten Thema. In: Deutsche Gesellschaft für Erziehungswissenschaften (DGfE) (Hrsg.): Sexualisierte Gewalt, Macht und Pädagogik. Opladen: Barbara Budrich, S. 291–315.
Riedel, Ingrid/Henzler, Christa (2016): Maltherapie – Auf Basis der Analytischen Psychologie C.G. Jungs. Ostfildern: Patmos Verlag.
Rizzolatti, Giacomo/Sinigaglia, Corrado (2008): Empathie und Spiegelneurone: Die biologische Basis des Mitgefühls. Frankfurt am Main: Suhrkamp.

Röhr, Laura/Hoeft, Linda (2011): Oft gemeint und trotzdem überhört. Ein Leitfaden zum gendersensiblen Sprachgebrauch. epub.sub.uni-hamburg.de/epub/volltexte/2013/18924/pdf/Broschuere_Gendergerechte_Sprache.pdf [13.7.2020]

Rost, Christine/Hofmann, Arne (2013): Ressourcenarbeit mit EMDR. In: Schaller, Johannes/Schemmel, Heike (Hrsg.): Ressourcen... Ein Hand- und Lesebuch zur psychotherapeutischen Arbeit. 2. Vollständig überarbeitete und erweiterte Aufl., Tübingen: dgvt. S. 409–423.

Rothdeutsch-Granzer, Christina/Weiß, Wilma (2016): Reformerische und emanzipatorische Pädagogik. Inspirationen für die traumapädagogische Praxis und Theoriebildung. In: Weiß, Wilma/Kessler, Tanja/Gahleitner, Silke Birgitta (Hrsg.): Handbuch Traumapädagogik. Weinheim: Beltz Verlag, S. 33–43.

Runder Tisch „Heimerziehung in den 50er und 60er Jahren" (2010): Abschlussbericht. Berlin: AGJ. www.fonds-heimerziehung.de/fileadmin/de.fonds-heimerziehung/content.de/dokumente/RTH_Abschlussbericht.pdf [18.7.2020]

S

Sabin-Farrell, Rachel/Turpin, Graham (2003): Vicarious traumatization: Implications for the mental health of health workers? Clinical Psychology Review 23, H. 3, S. 449–480.

Sack, Martina/Gromes, Barbara (2020): Schonende Traumatherapie: Ressourcenorientierte Behandlung von Traumafolgestörungen. Stuttgart: Schattauer.

Sanders, Rudolf (2004): Die Beziehung zwischen Ratsuchendem und Berater. In: Nestmann, Frank/Engel, Frank/Sickendiek, Ursel (Hrsg): Handbuch der Beratung. Tübingen: dgvt. S. 797–807.

Schaller, Johannes/Schemmel, Heike (2013): Ressourcen. Ein Hand- und Lesebuch zur therapeutischen Arbeit. 2. Überarbeitete und erweiterte Auflage. Tübingen: dgvt.

Schauer, Maggie/Ruf-Leuschner, Martina/Landolt, Markus (2014): Dem Leben Gestalt geben – Die Lifeline in der Traumatherapie von Kindern und Jugendlichen. In: Priebe, Kathlen/Dyer, Anne (Hrsg.): Metaphern, Geschichten und Symbole in der Traumatherapie. Göttingen: Hogrefe. S. 177–186.

Scherwath, Corinna/Friedrich, Sibylle (2014): Soziale und pädagogische Arbeit bei Traumatisierung. 2. Aufl., München: Ernst Reinhardt Verlag.

Schirmer, Claudia (2011): Traumatisierte Kinder und Jugendliche in der stationären Jugendhilfe: Traumapädagogisches Praxiskonzept der Evangelischen Jugendhilfe Menden. In: Evangelischer Erziehungsverband (EREV): Evangelische Jugendhilfe 88, H. 5, S. 288–298.

Schirmer, Claudia (2013): Institutionelle Standards – Worauf es bei traumapädagogischen Konzepten in den Institutionen ankommt. In: Lang, Birgit/Schirmer, Claudia/Lang, Thomas; Andreae de Hair, Ingeborg/Wahle, Thomas/Bausum, Jacob/Weiß, Wilma/Schmid, Marc (Hrsg.): Traumapädagogische Standards in der stationären Kinder- und Jugendhilfe. Eine Praxis- und Orientierungshilfe der Bundesarbeitsgemeinschaft Traumapädagogik. Weinheim: Beltz Juventa. S. 241–267.

Schmid, Marc (2012): Forschung an der Schnittstelle von Psychiatrie und Sozialpädagogik aus medizinisch-psychologischer Perspektive. In: Schmid, Marc/ Tetzer, Michael/ Rensch, Katharina/Schlüter-Müller, Susanne (Hrsg.): Handbuch Psychiatriebezogene Sozialpädagogik. Göttingen: Vandenhoek & Ruprecht. S. 110–127.

Schmid, Marc (2013): Warum braucht es eine Traumapädagogik und traumapädagogische Standards? In: Lang, Birgit/Schirmer, Claudia/Lang, Thomas; Andreae de Hair, Ingeborg/Wahle, Thomas/Bausum, Jacob/Weiß, Wilma/Schmid, Marc (Hrsg.): Traumapädagogische Standards in der stationären Kinder- und Jugendhilfe. Eine Praxis- und Orientierungshilfe der Bundesarbeitsgemeinschaft Traumapädagogik. Weinheim: Beltz Juventa. S. 56–82.

Schmid, Marc (2016): Nutzen der traumapädagogischen Haltungen. Konzepte für ethische Fragestellungen im pädagogischen Alltag. In: Weiß, Wilma/Kessler, Tanja/Gahleitner, Silke (Hrsg.): Handbuch Traumapädagogik. Weinheim: Beltz. S. 80–92.

Literaturverzeichnis

Schmid, Marc/Fegert, Jörg/Petermann, Franz (2010): Aktuelle Kontroverse. Trauma-entwicklungsstörung: Pro und Contra. In: Kindheit und Entwicklung 19, H. 1, S. 47–63.
Schmid, Marc/Lang, Birgit (2012): Was ist das Innovative und Neue an einer Traumapädagogik? In: Schmid, Marc/ Tetzer, Michael/ Rensch, Katharina/Schlüter-Müller, Susanne (Hrsg.): Handbuch Psychiatriebezogene Sozialpädagogik. Göttingen: Vandenhoek & Ruprecht. S. 337–350.
Schmidbauer Wolfgang (1977): Hilflose Helfer: Über die seelische Problematik der helfenden Berufe. Reinbek: Rowohlt.
Schmitt, Rudolf (2016): Arbeiten in und mit Metaphern: eine konzeptionelle Anregung. Resonanzen. In: E-Journal für biopsychosoziale Dialoge in Psychotherapie, Supervision und Beratung 4(1), S. 25–44. https://www.resonanzen-journal.org/index.php/resonanzen/article/view/383 [13.08.2020]
Schröder, Stefanie (2002): Ein starkes verwundetes Herz – Niki de Saint Phalle. Ein Künstlerleben. Freiburg: Herder Verlag.
Schröttle, Monika/Glammeier, Sandra/Sellach, Brigitte/Hornberg, Claudia/Kavemann, Barbara/Puhe, Henry/Zinsmeister, Julia (2013): Lebenssituation und Belastungen von Frauen mit Behinderungen und Beeinträchtigungen in Deutschland. www.bmfsfj.de/bmfsfj/service/publikationen/lebenssituation-und-belastungen-von-frauen-mit-beeintraechtigungen-und-behinderungen-in-deutschland/80576?view=DEFAULT [19.7.2020]
Seidler, Günter H./Freyberger, Harald J./Glaesmer, Heide/Gahleitner, Silke Birgitta (Hrsg.): Handbuch der Psychotraumatologie. 3. Vollständig überarbeitete und erweiterte Aufl., Stuttgart: Klett-Cotta.
Seligman, Martin E. P. (1975/2016): Erlernte Hilflosigkeit. 5. Aufl., Weinheim: Beltz Verlag.
Sektion Klinische Sozialarbeit (2020): Klinische Sozialarbeit. www.dgsainfo.de/sektionen/klinische-sozialarbeit/ [16.7.2020].
Shapiro, Francine (1998): EMDR: Grundlage und Praxis. Paderborn: Junfermann.
Sommerfeld, Peter/Dällenbach, Regula/Rüegger, Cornelia/Hollenstein, Lea (2016): Klinische Soziale Arbeit und Psychiatrie: Entwicklungslinien einer handlungstheoretischen Wissensbasis. Wiesbaden: Springer.
Stahlberg, Dagmar/Sczesny, Sabine (2001): Effekte des generischen Maskulinums und alternativer Sprachformen auf den gedanklichen Einbezug von Frauen. In: Psychologische Rundschau 52, H. 3, S. 131–140.
Staub-Bernasconi, Silvia (2010): Soziale Arbeit als Handlungswissenschaft. Systemtheoretische Grundlagen und professionelle Praxis – Ein Lehrbuch. 2. Auflage. Bern/Stuttgart/Wien: UTB.
Stengler, Katarina (2008): Selbsthilfebewegungen von Patienten und Angehörigen. In: Bäuml, Josef/Pitschel-Walz, Gabi: Psychoedukation bei schizophrenen Erkrankungen. Konsensuspapier der Arbeitsgruppe „Pychoeduaktion bei schizophrenen Erkrankungen". 2. Auflage. Stuttgart: Schattauer.
Stiftung Liebenau Teilhabe (2014): Leitlinien zum Umgang mit sexuellem Missbrauch und Behinderung. Meckenbeuren.
Strüber, Nicole (2019): Risiko Kindheit. Die Entwicklung des Gehirns verstehen und Resilienz fördern. Stuttgart: Klett-Cotta.

T
Tauwetter (2015): Betrifft Professionalität. Verfügbar unter: https://www.tauwetter.de/de/presse/betroffenenkontrollierter-ansatz.html [19.06.2020]
Tedeschi, Richard/Calhoun, Lawrence (2004): Posttraumatic Growth: Conceptual Foundations and Empirical Evidence. In: Psychological Inquiry 15, H. 1, S. 1–18.
Terr, Leonore C. (1991): Childhood traumas: an outline and overview. In: American Journal of Psychiatry 148, H. 1, S. 10 – 20.
Theiss, Carolin/Storch, Maja (2016): Embodiment – der Einfluss der Körperhaltung auf die Psyche. DIE SÄULE. 4. www.maiastorch.de/wp-content/uploads/2020/04/Artikel-Saeule-2016-4_Embodiment-S6-12.pdf [08.09.2020]

Thorp, Gary (2001): Zen oder die Kunst, den Mond abzustauben. Freiburg: Herder Verlag.
Tripolt, Romana (2016): Bewegung als Ressource in der Traumabehandlung: Praxishandbuch IBT – Integrative Bewegte Traumatherapie. Stuttgart: Klett-Cotta.

U
Unabhängiger Beauftragter für Fragen des sexuellen Kindesmissbrauchs (2020): Schutzkonzepte. https://beauftragter-missbrauch.de/praevention/schutzkonzepte [04.10.2020]
Unabhängige Kommission zur Aufarbeitung sexuellen Kindesmissbrauchs (2017): Geschichten, die zählen. Zwischenbericht. Berlin. www.aufarbeitungskommission.de/infothek/publikationen/#toggle-id-1 [16.7.2020]
Unicef (2020): Die UN-Kinderrechtskonvention. www.unicef.de/informieren/ueber-uns/fuer-kinderrechte/un-kinderrechtskonvention [02.10.2020]

V
Van der Kolk, Bessel (2000): Die Vielschichtigkeit der Anpassungsprozesse nach erfolgter Traumatisierung: Selbstregulation, Reizdiskriminierung und Entwicklung der Persönlichkeit. In: Van der Kolk, Bessel/McFarlane, Alexander/Weisaeth, Lars (Hrsg.): Traumatic Stress. Grundlagen und Behandlungsansätze. Theorie, Praxis und Forschung zu posttraumatischem Stress sowie Traumatherapie. Paderborn: Junfermann. S. 169–194.
Van der Kolk, Bessel (2006): Clinical implications of neuroscience research in PTSD. In: Annuals oft he New York Academy of Science, 1071, S. 277–293.
Van der Kolk, Bessel (2016): Verkörperter Schrecken. Traumaspuren in Gehirn, Geist und Körper und wie man sie heilen kann. 2. Auflage. Lichtenau: G.P. Probst Verlag.
Van Hout, Mies (2015): Heute bin ich. 12. Aufl. Zürich: aracari Verlag.
Von Cranach, Michael/Schneider, Frank (2010): In Memoriam – Erinnerung und Verantwortung. Ausstellungskatalog. Heidelberg: Springer Verlag.

W
Wahle, Thomas (2013): Chance zur sozialen Teilhabe. In: Lang, Birgit/Schirmer, Claudia/Lang, Thomas; Andreae de Hair, Ingeborg/Wahle, Thomas/Bausum, Jacob/Weiß, Wilma/Schmid, Marc (Hrsg.): Traumapädagogische Standards in der stationären Kinder- und Jugendhilfe. Eine Praxis- und Orientierungshilfe der BAG Traumapädagogik. Bundesarbeitsgemeinschaft Traumapädagogik. Weinheim: Beltz Juventa. S. 157–174.
Weinberg, Dorothea (2017): Traumatherapie mit Kindern. Strukturierte Trauma-Intervention und traumabezogene Spieltherapie. 6. Aufl.; Stuttgart: Klett-Cotta.
Weiß, Wilma (2011 a): Philipp sucht sein Ich. Zum pädagogischen Umgang mit Traumata in den Erziehungshilfen. 6. Aufl. Weinheim: Beltz Juventa.
Weiß, Wilma (2011 b): Selbstbemächtigung – ein Kernstück der Traumapädagogik. In: Bausum, Jacob/Besser, Lutz Ulrich/Kühn, Martin/ Weiß, Wilma (Hrsg.): Traumapädagogik. Grundlagen, Arbeitsfelder und Methoden für die pädagogische Praxis. 3. Aufl. Weinheim: Beltz Juventa. S. 167–181.
Weiß, Wilma (2013 a): Traumapädagogik – Geschichte, Entstehung und Bezüge. In: Lang, Birgit/Schirmer, Claudia/Lang, Thomas/Andreae de Hair, Ingeborg/Wahle, Thomas/Bausum, Jacob/Weiß, Wilma/Schmid, Marc (Hrsg.): Traumapädagogische Standards in der stationären Kinder- und Jugendhilfe. Eine Praxis- und Orientierungshilfe der BAG Traumapädagogik. Weinheim: Beltz Juventa, S. 32–44.
Weiß, Wilma (2013 b): Selbstbemächtigung/Selbstwirksamkeit – ein traumapädagogischer Beitrag zur Traumaheilung. In: Lang, Birgit/Schirmer, Claudia/Lang, Thomas/Andreae de Hair, Ingeborg/Wahle, Thomas/Bausum, Jacob/Weiß, Wilma/Schmid, Marc (Hrsg.): Traumapädagogische Standards in der stationären Kinder- und Jugendhilfe. Eine Praxis- und Orientierungshilfe der BAG Traumapädagogik. Weinheim: Beltz Juventa, S. 145–156.
Weiß, Wilma (2014): Möglichkeiten der Traumapädagogik zur Regulation und Selbstregulation störungswertiger dissoziativer Zustände. In: Weiß, Wilma/Friederich, Esther

Kamala/Picard, Eva/Ding, Ulrike (Hrsg.): „Als wär ich ein Geist der auf mich runter schaut" Dissoziation und Traumapädagogik. Weinheim: Beltz Juventa, S. 97–165.
Weiß, Wilma (2016a): Traumapädagogik: Entstehung, Inspirationen, Konzepte. In: Weiß, Wilma/Kessler, Tanja/Gahleitner, Silke (Hrsg.): Handbuch Traumapädagogik. Weinheim: Beltz. S. 20–32.
Weiß, Wilma (2016b): Die Pädagogik der Selbstbemächtigung. Eine Einführung. In: Weiß, Wilma/Kessler, Tanja/Gahleitner, Silke (Hrsg.): Handbuch Traumapädagogik. Weinheim: Beltz. S. 93–105.
Weiß, Wilma (2016c): Die Pädagogik der Selbstbemächtigung. Eine traumapädagogische Methode. In: Weiß, Wilma/Kessler, Tanja/Gahleitner, Silke (Hrsg.): Handbuch Traumapädagogik. Weinheim: Beltz. S. 290–302.
Weiß, Wilma (2020): Selbstbemächtigung. www.wilmaweiss.de/ [19.7.2020]
Weiß, Wilma/Kessler, Tanja/Gahleitner, Silke Birgitta (2016): Zur Einführung. In: In: Weiß, Wilma/Kessler, Tanja/Gahleitner, Silke (Hrsg.): Handbuch Traumapädagogik. Weinheim: Beltz. S. 10–17.
Weiß, Wilma/Sauerer, Anja (2018): „Hey, ich bin normal!" Herausfordernde Lebensumstände im Jugendalter bewältigen. Perspektiven von Expertinnen und Profis. Weinheim: Beltz Juventa.
Werner, Emmy/Smith, Ruth (2001): Journeys from Childhood to Midlife: Risk, Resilience, and Recovery. New York: Cornell University Press.
Weltgesundheitsorganisation (WHO) (1946/2020): Satzung. http://apps.who.int/gb/bd/PDF/bd47/EN/constitution-en.pdf [14.11.2020]
Widersprüche (2019): Trauma in Zeiten globaler Selbstoptimierung. Zu diesem Heft. In: Widersprüche Heft 39, H. 152. Münster: Westfälisches Dampfboot Verlag, S. 3–10.
Winnicott, Donald W. (1976/2020): Von der Kinderheilkunde zur Psychoanalyse. Gießen: Psychosozial Verlag.
Wittmann, Anna Julia (2015): Kinder mit sexuellen Missbrauchserfahrungen stabilisieren. Handlungssicherheit für den pädagogischen Alltag. München: Ernst Reinhardt.
Wittmann, Anna Julia (2014): Qualifizierung im Bereich der Tertiärprävention von sexuellem Missbrauch: didaktisch-methodische Aspekte für die Aus-, Fort- und Weiterbildung. In: Originalia. Verhaltenstherapie mit Kindern und Jugendlichen – Zeitschrift für die pädagogische Praxis 10, H.2, S. 83–93.
Wöller, Wolfgang (2013): Trauma und Persönlichkeitsstörungen: Ressourcenbasierte Psychodynamische Therapie (RPT) traumabedingter Persönlichkeitsstörungen. 2. Aufl., Stuttgart: Schattauer Verlag.
Wöller, Wolfgang/Kruse, Johannes (2018): Tiefenpsychologisch fundierte Psychotherapie. Basisbuch und Praxisleitfaden. 5. Aufl. Stuttgart: Schattauer.
Wustmann Seiler, Corina (2012): Resilienz. Widerstandsfähigkeit von Kindern in Tageseinrichtungen fördern. 4. Aufl. Berlin: Cornelsen Verlag.

Y
Yalom, Irvin D. (1995/2015): Theorie und Praxis der Gruppenpsychotherapie. Ein Lehrbuch. 5. Aufl. Stuttgart: Klett-Cotta.

Z
Zens, Christine/Seebauer, Laura (2019): Imagination in der Schematherapie. In: Verhaltenstherapie & Verhaltensmedizin 40, H.1, S. 41–58.
Zito, Dima/Martin, Ernest (2016): Umgang mit traumatisierten Flüchtlingen. Ein Leitfaden für Fachkräfte und Ehrenamtliche. Weinheim: Beltz Juventa.
Zitelmann, Maud (2001): Kindeswohl und Kindeswille: im Spannungsfeld von Pädagogik und Recht. Münster: Votum.
Zöller, Ulrike (2015): Die Stimme der Betroffenen. Ehemalige Heimkinder in Baden-Württemberg. In: Pilz, Nastasja/ Seidu, Nadine/ Keitel, Christian (Hrsg.): Verwahrlost und

gefährdet? Heimerziehung in Baden-Württemberg 1949–1975. Die Begleitpublikation zur Wanderausstellung. Stuttgart, S. 16–23.

Stichwortverzeichnis

Die Angaben verweisen auf die Seitenzahlen des Buches.

Achtsamkeit 135, 136, 183, 187, 190, 194–197

Anerkennung 20, 22, 64, 67, 69–73, 76–78, 80, 81, 84, 95–97, 103, 120, 127, 138, 213

Aufarbeitung 23, 51, 54, 70, 71, 77, 78, 160

Ausdruck 14, 27, 44, 70, 135, 138–141, 156, 164, 169, 170, 172, 173, 187, 206

Basisemotionen 164

Beratung 11, 23, 46, 62–66, 83–85, 90, 92, 97, 101, 107, 108, 112, 151, 158, 181, 183, 186, 192, 199–201, 208, 209, 219, 220

Berührung 17, 187, 190, 192, 196, 212

Bewältigung 11, 13, 15, 16, 19, 36, 39, 41–43, 52–56, 59–61, 63, 66, 69, 73, 75–78, 86, 87, 97, 125, 137, 153, 156, 157, 160, 167, 171, 172, 199, 219, 220

Bewegung 68, 88, 92, 125, 136, 187, 190, 191, 193, 195, 196, 214, 220

Beziehungsgestaltung 46, 95, 96, 101, 115, 192

Bindung 48, 59, 99, 102–105, 112, 118

Burnout 18–20, 22, 30, 123

Diagnostik 65, 67, 69, 73, 74, 76, 81, 84

Dissoziation 37, 145, 157, 158, 179, 180, 182, 183

Dissoziationsstopps 37, 182, 183, 186

Embodiment 187, 196

Empathie 24, 98, 99, 103, 104, 116, 144, 165

Empowerment 135, 136, 146, 147

Entspannung 61, 176, 183, 185, 191–193, 197, 205, 207, 208, 212, 214, 215

Gegenübertragung 95, 107–110, 114, 115, 117

Gemeinschaft 97, 105, 106, 136

Genusstraining 199, 205, 208

Gesundheit 21, 22, 46, 49, 84–88, 91, 102, 108, 142, 143, 200, 204

Gruppenarbeit 138, 145, 146, 155, 161

Imagination 211–218

Immobilität 189

Intrusionen 43, 47, 195, 213

Klinische Sozialarbeit 83, 84, 88, 116

Konzept des guten Grundes 46, 135, 138, 139, 152, 156

(Körper)Empfindungen 14, 22, 28, 43, 98, 108, 109, 116, 137, 153, 155, 163, 165, 167–169, 173, 176, 179, 180, 184, 185, 187, 188, 190, 191, 194, 211, 212

Kreativität 158, 165, 169, 173, 203

Menschenrechte 79, 88, 89

Mentalisierung 98, 99

Metaphern 157–160

Notfallprogramm 33, 37, 38, 158, 179, 188, 190, 200

Optimismus 59, 204

Parteilichkeit 54, 89, 93

Partizipation 13, 79, 87, 92, 129, 130, 135, 138, 141–144, 147, 148

Posttraumatisches Wachstum 51

Psychoedukation 61, 145, 151–158, 160, 161, 185, 201

Psychohygiene 18, 22, 26, 30

Reinszenierung 110, 118

Resilienz 55, 57–61, 66, 86, 101, 135, 137, 219

Ressourcen 15, 18, 22, 25, 59, 60, 80, 87, 125, 130, 135, 136, 141, 146, 156, 199, 200, 202, 205, 208, 209, 216

Risiko- und Ressourcenanalyse 129

Risikofaktoren 20, 47, 55, 57, 58, 60, 61, 69, 79, 149

Salutogenese 83, 86, 87, 93, 156, 199

Schutzfaktoren 22, 29, 34, 55, 57, 59–61, 79, 87, 118, 149, 200

Schutzkonzept 128, 129, 133

Sekundäre Traumatisierung 21, 31

Selbstbemächtigung 15, 18, 83, 135–137, 147, 163

Stichwortverzeichnis

Selbstentfremdung 165

Selbstfürsorge 17, 18, 22, 25–28, 30, 31, 62, 204

Selbstreflexion 26, 28, 29, 135

(Selbst)Regulation 15, 25, 48, 59, 62, 137, 138, 150, 151, 163, 173–177, 183, 185, 189, 201

Selbstsorge 14, 15, 17, 18, 20, 21, 24, 25, 28, 30, 41, 114, 204, 209

Sexualisierte Gewalt 42, 127

Stabilisierung 14, 15, 17, 23, 25, 30, 44, 55, 61, 62, 64–66, 79, 83, 92, 93, 111, 114, 121, 125, 135, 147, 149, 151, 159, 160, 181, 185–187, 189, 211, 213, 218

Supervision 19, 20, 27, 29, 116

Transparenz 14, 79, 87, 92, 123, 125, 142, 143, 153, 156, 192

Traumapädagogik 12, 14, 17, 25, 47, 55, 60, 75, 83, 90–94, 97, 100, 105, 112, 119, 121–125, 132, 135, 137, 138, 141–143, 146, 147, 149, 151, 183, 191, 203, 204, 220

Traumatherapie 20, 23, 30, 38, 46, 53, 65, 72, 75, 156, 160, 191, 213, 218

Traumatische Situation 192

Trigger 41, 43, 54, 108, 157, 177, 181, 185

Übererregung 46, 48, 65, 176, 189

Übertragung 95, 104, 107, 108, 110, 114, 115, 117, 155

Vermeidung 43–46, 48, 103, 121, 151

Bereits erschienen in der Reihe
KOMPENDIEN DER SOZIALEN ARBEIT

Recht für die Kindheitspädagogik
Von Prof. Dr. Christopher Schmidt, Prof. Dr. Annette Rabe
2021, ca. 190 Seiten, broschiert, ISBN 978-3-8487-8076-1

Jungen als Opfer sexueller Gewalt
Von Clemens Fobian, Prof. Dr. Michael Lindenberg, Rainer Ulfers
2018, 183 Seiten, broschiert, ISBN 978-3-8487-5100-6

Sozialleistungsansprüche für Flüchtlinge und Unionsbürger
Von Prof. Dr. Gabiele Kuhn-Zuber
2018, 304 Seiten, broschiert, ISBN 978-3-8487-3206-7

Einladung zur Sozialen Arbeit
Von Prof. Dr. Peter Löcherbach, Prof. Dr. Ria Puhl
2016, 216 Seiten, broschiert, ISBN 978-3-8487-2224-2

Beratung und Beratungswissenschaft
Von Prof. Dr. Tanja Hoff, Prof. Dr. Renate Zwicker-Pelzer
2015, 247 Seiten, broschiert, ISBN 978-3-8487-1422-3